RESEARCH ON
OPEN-SHARING MANAGEMENT OF
NATIONAL R&D FACILITIES

国家科技研发设施开放共享管理研究

成 森 田林涛 钱翰博 编著

北京理工大学出版社
BEIJING INSTITUTE OF TECHNOLOGY PRESS

版权专有　侵权必究

图书在版编目（CIP）数据

国家科技研发设施开放共享管理研究/成森，田林涛，钱翰博编著. —北京：北京理工大学出版社，2019.6
ISBN 978 – 7 – 5682 – 7164 – 6

Ⅰ.①国…　Ⅱ.①成…　②田…　③钱…　Ⅲ.①科学技术管理 – 研究 – 中国　Ⅳ.①F204

中国版本图书馆 CIP 数据核字（2019）第 131246 号

出版发行 /	北京理工大学出版社有限责任公司
社　　址 /	北京市海淀区中关村南大街 5 号
邮　　编 /	100081
电　　话 /	（010）68914775（总编室）
	（010）82562903（教材售后服务热线）
	（010）68948351（其他图书服务热线）
网　　址 /	http://www.bitpress.com.cn
经　　销 /	全国各地新华书店
印　　刷 /	三河市华骏印务包装有限公司
开　　本 /	710 毫米 × 1000 毫米　1/16
印　　张 /	31.25
字　　数 /	423 千字
版　　次 /	2019 年 6 月第 1 版　2019 年 6 月第 1 次印刷
定　　价 /	125.00 元

责任编辑 / 申玉琴
文案编辑 / 申玉琴
责任校对 / 周瑞红
责任印制 / 李志强

图书出现印装质量问题，请拨打售后服务热线，本社负责调换

前言

国家科技研发设施是国家实施创新发展战略的物质基础。国家科技研发设施体系的建设与开放共享运行管理是国家实施科技创新管理的重要方面,提高国家科技研发设施体系的效能与效益是国家科技创新管理的重要目标。国家科技研发设施体系的建设和运行依附于科技研发机构体系,科技研发机构的制度设计、运行体制机制深深影响着科技研发设施效能的发挥与效益的获得。在现代社会,创新驱动发展成为世界主要国家的发展战略,各国纷纷加强科技研发体系建设,改革完善科技研发机构制度和体制机制,追求最大限度的开放共享,包括国防科技研发设施,以期在新的科技革命和产业革命中抢占先机。我国各相关管理部门高度重视国外国家科技研发设施体系的建设与运行管理分析研究,结合我国科技创新发展进程加以学习借鉴。本书是在国外科技研发设施开放共享管理研究等课题基础上,进一步深入分析研究而成。

全书以国家科技研发设施开放共享管理研究为主线,以国家战略性科技研发设施(如国防科技研发设施等)为重点,分五篇论述。第一篇为"国家科技研发设施开放共享管理综述",主要追溯了科技研发设施和科技研发机构的产生、发展和变革,提炼了在开放共享管理方面的发展历程、主要结果和发展趋势。第二篇为"美国科技研发设施开放共享管理",主要追溯美国科技研发体系的产生和发展,重点阐述美国科技创新体系构成、国家科技治理体系、科技研发机构发展和开放共享管理。第三篇为"欧洲科技研发设施开放共享管理",主要追溯英、法、德、俄等国家科技研发设施开放共享管理和欧盟在欧洲科技研发设施开放共享中的作用。第四篇为"其他国家科技研发设施开放共享管理",主要追溯以色列、印度、日本和韩国等国家科技研发设施开放共享管理。第五篇为"中国科技研发设施开放共享管理"，主要追溯了新中国成立以来科技研发设施体系的建设发展，重点阐述了在国家创新驱动发展战略引领下，国家创新体系建设不断发展，科技研发设施开放共享形成的新局面及深入发展问题。本书从科技研发设施与科技研发机构的关联入手，聚焦设施开放共享，分析研究了科技研发设施开放共享运行管理问题，提出了我国在国家科技创新战略和军民融合战略指引下，在加强科技研发设施体系建设同时，通过科技研发机构改革完善，完善科技研发设施体系运行管理，使科技研发设施发挥出体系效能，以取得更好效益。有必要指出的是，这样的研究视角是首次尝试，会存在问题和不足，我们希望以本书为契机，广听意见建议，共同继续进行深入研究。

本书是全体课题组与编著人员共同努力的结果，成森、田林涛和钱翰博负责全书总体思路设计和撰写工作，课题组成员分别参加了相应的撰写工作。在成书过程中，刘建峰、吴帅、武锴等同志参与了资料收集整理和部分章节的编写工作。

目 录

第一篇 国家科技研发设施开放共享管理综述

1 国家科技研发设施的构建 …… 3
1.1 科技研发设施的形成 …… 3
1.1.1 科学研究设施 …… 4
1.1.2 技术开发设施 …… 4
1.1.3 国家科技创新体系 …… 5
1.2 国家科技研发设施的相关概念 …… 6
1.2.1 国家科技研发设施的定义 …… 6
1.2.2 国家科技研发设施的定位 …… 7
1.2.3 国家科技研发设施的管理载体 …… 7
1.3 主要国家科技研发设施管理基础 …… 8
1.3.1 国家科技研发设施依法建立 …… 8
1.3.2 国家科技研发设施依章程建立 …… 8
1.3.3 国家科技研发设施管理体系依法建设 …… 9

2 国家科技研发设施开放共享管理概念 …… 11
2.1 国家科技研发设施的分类 …… 11
2.1.1 公共科技研发设施 …… 11
2.1.2 战略科技研发设施 …… 11
2.1.3 社会科技研发设施 …… 12
2.2 科技研发设施开放共享的必要性 …… 12
2.2.1 国家科技研发设施开放共享实施进展 …… 12
2.2.2 国家科技研发设施开放共享新需求 …… 14
2.3 研究国家科技研发设施开放共享管理的重点 …… 15
2.3.1 以战略科技研发设施为重点 …… 15
2.3.2 重点国家的重点案例 …… 15
2.3.3 系统解析重点方面 …… 16

3 国家科技研发设施开放共享管理要点 ……………………… 17
3.1 以法律、法规、政策为基础 ……………………………… 17
3.1.1 科技研发设施开放共享相关法律 ……………… 17
3.1.2 科技研发设施开放共享的国家规章体系 ……… 18
3.1.3 科技研发设施开放共享的国家政策体系 ……… 18
3.2 建立并不断完善组织管理体制及运行模式 …………… 19
3.2.1 分类管理模式 ……………………………………… 19
3.2.2 规范的内部管理制度 ……………………………… 19
3.2.3 搞好设施管理顶层机构设置 ……………………… 20
3.2.4 设施建设与运行维护模式 ………………………… 20
3.2.5 建立有效的科技创新转移机制 …………………… 21
3.2.6 建立开放共享中心 ………………………………… 21
3.2.7 科技研发综合体 …………………………………… 22
3.3 运行经费来源 ……………………………………………… 22
3.3.1 合同采购类科研设施经费来源 …………………… 23
3.3.2 拨款合作类科研设施经费来源 …………………… 23
3.3.3 基金类科研设施经费来源 ………………………… 23
3.4 产权归属及处置办法 ……………………………………… 24
3.4.1 合同采购类科研设施产权归属 …………………… 24
3.4.2 拨款合作类科研设施产权归属 …………………… 24
3.4.3 研究设施产权归国家所有 ………………………… 24
3.5 依托单位的责任和义务 …………………………………… 25
3.5.1 设施管理的原则 …………………………………… 25
3.5.2 依托单位的责任和义务 …………………………… 25
3.6 开放共享服务渠道及方式 ………………………………… 25
3.6.1 以网络服务平台为主 ……………………………… 25
3.6.2 以提供使用与技术支持为主 ……………………… 26
3.7 开放共享的收费机制 ……………………………………… 26
3.7.1 合同采购类开放共享收费 ………………………… 26

  3.7.2 拨款合作类开放共享收费 ………………………………… 27
  3.7.3 其他开放共享服务收费 …………………………………… 27
 3.8 开放共享的考核评估 …………………………………………… 27
  3.8.1 合同采购类科研设施的开放共享考核评估 …………… 27
  3.8.2 拨款合作类科研设施的开放共享考核评估 …………… 28
 3.9 开放共享的保密管理问题 ……………………………………… 28
  3.9.1 开放共享保密的要义 ……………………………………… 28
  3.9.2 开放共享敏感信息管控 …………………………………… 28
 3.10 相关配套保障 …………………………………………………… 29
  3.10.1 实验人员管理方式 ……………………………………… 29
  3.10.2 开放共享预约系统 ……………………………………… 29
  3.10.3 开放共享的应急维护 …………………………………… 30
  3.10.4 实行共享会员制 ………………………………………… 30

4 加强国家科技研发设施开放共享管理的启示 …………………… 31
 4.1 主要国家科技研发设施开放共享管理比较 ………………… 31
  4.1.1 美国科技研发设施开放共享管理 ……………………… 31
  4.1.2 欧盟科技研发设施开放共享管理 ……………………… 32
  4.1.3 以色列科技研发设施共享管理 ………………………… 33
  4.1.4 印度科技研发设施共享管理 …………………………… 34
 4.2 加深对科技研发设施开放共享的认识 ……………………… 35
  4.2.1 对国家经济和社会发展的作用 ………………………… 35
  4.2.2 对国防科技工业发展的影响 …………………………… 36
 4.3 完善国家科技研发设施开放共享管理的启示 ……………… 37
  4.3.1 从国家战略高度设计科技研发设施开放
     共享管理 …………………………………………………… 37
  4.3.2 国家科技研发设施开放共享以法律法规
     为依据 ……………………………………………………… 38
  4.3.3 强化科技研发设施开放共享制度建设 ………………… 38
  4.3.4 适时调整政策措施推进科技研发设施

开放共享 ………………………………………………………… 39

第二篇 美国科技研发设施开放共享管理

1 美国科技研发设施体系 ……………………………………… 43
  1.1 战略性科技研发设施体系的构成 ………………………… 43
    1.1.1 能源部管理的国家实验室 ……………………………… 43
    1.1.2 国防部管理的国家实验室 ……………………………… 47
    1.1.3 航天局管理的国家实验室 ……………………………… 51
    1.1.4 其他政府部门管理的有关机构 ………………………… 52
  1.2 其他科技研发设施体系 …………………………………… 53
    1.2.1 企业科技研发设施体系 ………………………………… 53
    1.2.2 大学科技研发设施体系 ………………………………… 53
    1.2.3 社会科技研发设施体系 ………………………………… 54

2 美国科技研发设施管理体系 ………………………………… 55
  2.1 依据法律建立和管理 ……………………………………… 55
    2.1.1 依据法律进行建立 ……………………………………… 55
    2.1.2 依据法律进行管理 ……………………………………… 56
  2.2 依据科技政策进行调整 …………………………………… 56
    2.2.1 政府管理基础研究和国防技术研发 …………………… 56
    2.2.2 政府介入民用共性技术研发 …………………………… 57
    2.2.3 政府组织国家关键需求技术研发 ……………………… 57
  2.3 分级分类的国家实验室管理体制 ………………………… 58
    2.3.1 "国有国营"模式 ……………………………………… 58
    2.3.2 "国有民营"模式 ……………………………………… 59
    2.3.3 "民有民营"模式 ……………………………………… 59
  2.4 国家实验室的运行机制 …………………………………… 60
    2.4.1 实验室负责人的产生制度 ……………………………… 60
    2.4.2 灵活的用人机制 ………………………………………… 61
    2.4.3 设施与项目紧密结合的机制 …………………………… 62

  2.4.4　开放共享的机制 …………………………………… 62
  2.4.5　合作与竞争并存的运行机制 ……………………… 63
  2.4.6　技术转移的机制 …………………………………… 63

3　科技研发设施开放共享管理 …………………………………… 65

3.1　科技研发设施的分类 ……………………………………… 65
  3.1.1　按科研设施的通用程度分类 ………………………… 65
  3.1.2　按科研设施采购的研发项目性质分类 ……………… 65
  3.1.3　按科研设施的受控程度进行分类 …………………… 66
  3.1.4　美国国防实验室开放共享的科研设施
     分类实践 ……………………………………………… 66

3.2　科技研发设施开放共享相关法律、政策
   和战略 ……………………………………………………… 67
  3.2.1　美国法律制度中涉及国家科技资源的
     相关内容 ……………………………………………… 68
  3.2.2　构建科技资源共享制度基础的国家法律 ………… 70
  3.2.3　注重科技资源开放共享的联邦政府政策体系 …… 71
  3.2.4　持续积累科技信息资源的国家科技报告体系 …… 74
  3.2.5　分类管理科学数据，促进私营部门加入科技
     资源共享 ……………………………………………… 76
  3.2.6　强调共享和避免重复购置的科研设施管理体系 … 76

3.3　相关战略与规划研究 ……………………………………… 78
  3.3.1　出台《国家创新战略》，从军民融合高度统筹
     调配科技资源 ………………………………………… 78
  3.3.2　建立顶层战略规划体系，引导开放式协作
     创新 …………………………………………………… 79
  3.3.3　制定国防科技专项战略与规划，注重国防
     科技管理创新 ………………………………………… 80
  3.3.4　组建战略管理工作体系，协同管理科技创
     新资源 ………………………………………………… 81

4 美国战略性科技研发设施共享实施 ·············· 83
4.1 合同采购类科技研发设施的共享机制 ············ 83
4.1.1 购置及运行维护费用来源 ················ 83
4.1.2 科研设施投资情况 ···················· 84
4.1.3 产权归属情况 ······················ 85
4.1.4 依托单位的责任和义务 ················ 85
4.1.5 共享及收费机制 ···················· 86
4.1.6 保密管理规定 ······················ 86
4.1.7 科研设施使用的考核评估 ·············· 87
4.2 拨款合作类科技研发设施的共享机制 ············ 88
4.2.1 购置及经费来源 ···················· 89
4.2.2 产权归属及处置办法 ·················· 89
4.2.3 共享及收费机制 ···················· 90
4.3 大型承包商的资源共享合作 ·················· 90
4.3.1 资源共享合作主要做法 ················ 91
4.3.2 资源共享合作主要特点 ················ 91
4.4 国防科技研发设施管理与共享的特点 ············ 92
4.4.1 以提高国家核心竞争力为目标 ············ 92
4.4.2 以开放为手段促进技术成果转化 ·········· 92
4.4.3 科研设施产权及管理权归属明确 ·········· 92
4.4.4 科研设施的购置及审批程序清晰 ·········· 92
4.4.5 科技资源共享收益机制完备 ·············· 92

5 科技研发设施开放共享管理典例 ················ 94
5.1 航空航天局为商业航天活动提供开放服务 ········ 94
5.1.1 商业航天相关法规依据 ················ 94
5.1.2 商业航天相关准入管理制度 ············ 95
5.1.3 商业航天与航天商业化的发展 ············ 97
5.1.4 NASA 支持商业航天发展 ·············· 101
5.2 阿姆斯特朗飞行研究中心开放共享管理 ·········· 102

5.2.1　阿姆斯特朗飞行研究中心基本情况 ………… 102
　　5.2.2　《设备管理指南》规定设备管理职责 ………… 103
　　5.2.3　设备管理程序 ………………………………… 105
　　5.2.4　自我评估及改进 ……………………………… 105
5.3　军队实验室推动开放式协同创新的典例分析 ……… 106
　　5.3.1　海军实验室积极与其他科研机构交流互动 …… 106
　　5.3.2　陆军实验室实施开放业务模式 ……………… 107
　　5.3.3　空军实验室注重全方位多领域的开放式合作 …… 108
5.4　环试体系对试验资源开放的要求 ………………… 109
　　5.4.1　环试体系概况 ………………………………… 109
　　5.4.2　管理方针的调整更适应市场发展 …………… 110
　　5.4.3　试验资源管理强调开放共享 ………………… 111
5.5　国防部 FFRDC 管理计划 …………………………… 112
　　5.5.1　国防部和 FFRDC 之间建立长期战略关系 …… 112
　　5.5.2　FFRDC 的工作权限 …………………………… 113
　　5.5.3　科学的工作量分配，确保资源优先配置 …… 113
　　5.5.4　FFRDC 的年度绩效评估 ……………………… 113
5.6　斯坦福加速器国家实验室直线加速相干光源
　　　共享管理 …………………………………………… 113
　　5.6.1　LCLS 基本情况 ………………………………… 113
　　5.6.2　LCLS 的运行管理 ……………………………… 114
　　5.6.3　LCLS 开放共享机制分析 ……………………… 115
　　5.6.4　LCLS 开展科研设施国际合作 ………………… 116
5.7　劳伦斯伯克利国家实验室开放运行管理 ………… 117
　　5.7.1　实验室概况 …………………………………… 117
　　5.7.2　实验室的组织体制 …………………………… 117
　　5.7.3　实验室的开放运行机制 ……………………… 118

6　启示 …………………………………………………… 120
　6.1　对宏观和行业政策的启示 ………………………… 120

  6.1.1 国防科研设施开放共享需要有法律法规依据……120

  6.1.2 推进国防技术转移有助于促进科技资源的

     交流与共享……120

 6.2 对执行层面相关措施的启示……121

  6.2.1 国防科研设施共享的前提是要有清晰的产权……121

  6.2.2 不同类别的科研设施平台应有不同的共享

     机制……121

附表……123

 附表1 美国能源部实验室部分名录……123

 附表2 美国国防部实验室部分名录……124

 附表3 美国航空航天局实验室部分名录……125

 附表4 世界100强企业中美国企业名录……125

 附表5 世界100强高校中美国高校名录……127

 附表6 美国硅谷社会科技研发机构部分名录……129

 附表7 美国大学附属研究机构部分名录……130

 附表8 美国联邦政府资助的研发机构部分名录……130

参考文献……131

第三篇 欧洲科技研发设施开放共享管理

1 英国科技研发设施开放共享管理……137

 1.1 国家科技研发设施体系……137

  1.1.1 国家科技研发设施体系构成……137

  1.1.2 国家科技研发设施管理体系……138

 1.2 国家科技研发设施开放共享模式……140

  1.2.1 开放共享的对象……140

  1.2.2 申请使用国家科技研发设施的方式……140

  1.2.3 收费标准……142

  1.2.4 考核与评估……142

 1.3 大学科技研发设施开放共享模式……143

  1.3.1 政府相关扶持计划 ………………………………… 143
  1.3.2 开放共享平台 …………………………………… 144
 1.4 战略科技研发设施的开放共享管理 …………………… 145
  1.4.1 国防科技研发机构体系构成 ……………………… 145
  1.4.2 国防科技研发机构开放共享政策 ………………… 146
 1.5 典例分析 ………………………………………………… 146
  1.5.1 英国国家物理实验室 …………………………… 146
  1.5.2 英国脱欧对于科技研发设施开放共享的影响 …… 151

2 法国科技研发设施开放共享管理 ………………………… 154
 2.1 国家科技研发设施体系 …………………………………… 154
  2.1.1 国家科技研发设施体系构成 ……………………… 154
  2.1.2 国家科技研发设施管理体系 ……………………… 155
  2.1.3 相关政策措施 …………………………………… 156
  2.1.4 保障经费投入 …………………………………… 157
 2.2 国家科技研发设施开放共享模式 ……………………… 158
  2.2.1 构建技术平台网络 ……………………………… 158
  2.2.2 设立国家联络点 ………………………………… 158
  2.2.3 研究机构和高校开展合作 ……………………… 158
 2.3 战略科技研发设施的开放共享管理 …………………… 159
  2.3.1 国防科技研发机构体系构成 ……………………… 159
  2.3.2 国防科技研发机构开放共享政策 ………………… 160
 2.4 典例分析 ………………………………………………… 160
  2.4.1 国家航空航天研究院（ONERA） ……………… 160
  2.4.2 国家信息与自动化研究所 ………………………… 162

3 德国科技研发设施开放共享管理 ………………………… 165
 3.1 国家科技研发设施体系 …………………………………… 165
  3.1.1 国家科技研发设施体系构成 ……………………… 165
  3.1.2 国家科技研发设施管理体系 ……………………… 166
  3.1.3 设施建设审批 …………………………………… 167

3.1.4 设施经费来源 …… 169
3.2 设施开放共享模式 …… 169
  3.2.1 申请使用设施的方式 …… 169
  3.2.2 使用收费标准 …… 170
3.3 战略科技研发设施的开放共享管理 …… 170
  3.3.1 国防科技研发机构体系构成 …… 170
  3.3.2 国防科技研发机构开放共享政策 …… 171
3.4 设备设施开放共享典例 …… 172
  3.4.1 马克斯·普朗克科学促进会 …… 172
  3.4.2 亥姆霍兹协会 …… 173
  3.4.3 弗朗霍夫协会 …… 174

4 俄罗斯科技研发设施开放共享管理 …… 177
4.1 国家科技研发设施体系 …… 177
  4.1.1 国家科技研发设施体系构成 …… 177
  4.1.2 国家科技研发设施管理体系 …… 180
4.2 国家国防科技研发设施管理 …… 181
  4.2.1 俄罗斯国防科技研发管理体制 …… 181
  4.2.2 俄罗斯国防科技研发设施管理体系 …… 181
  4.2.3 俄罗斯国防科技研发机构管理的改革 …… 183
  4.2.4 国防科技研发设施开放共享管理 …… 184
4.3 典例分析 …… 186
  4.3.1 俄罗斯科学院 …… 186
  4.3.2 莫斯科航空学院 …… 186

5 欧盟科技研发设施开放共享管理 …… 188
5.1 欧盟的管理体系 …… 188
  5.1.1 顶层机构 …… 188
  5.1.2 欧洲科研基础设施战略论坛（ESFRI） …… 189
  5.1.3 欧洲科研基础设施联盟（ERIC） …… 190
5.2 欧盟防务军事一体化 …… 190

  5.2.1 伽利略计划 …………………………………………… 192
  5.2.2 国际空间站欧洲舱段 …………………………………… 193
 5.3 欧盟科技研发一体化 ………………………………………… 195
  5.3.1 欧盟框架计划 …………………………………………… 196
  5.3.2 连接欧洲设施（Connecting Europe Facility）……… 197
  5.3.3 欧洲研究区（European Research Area）…………… 198
  5.3.4 欧洲科研基础设施联盟中心（CERIC）……………… 199
 5.4 欧盟科技研发设施开放共享管理 …………………………… 200
  5.4.1 欧盟科研基础设施分类与分布 ……………………… 200
  5.4.2 欧盟科研基础设施运营管理 ………………………… 200
  5.4.3 欧盟科研基础设施开放共享的主要做法 …………… 204
  5.4.4 欧盟科研设施开放共享的经验与启示 ……………… 209

附表 ……………………………………………………………………… 212
 附表1 英国主要科技研发机构部分名录 ……………………… 212
 附表2 法国主要科技研发机构部分名录 ……………………… 213
 附表3 德国主要科技研发机构部分名录 ……………………… 214
 附表4 俄罗斯有代表性研发机构名录 ………………………… 221

参考文献 ………………………………………………………………… 222

第四篇　其他国家科技研发设施开放共享管理

1 以色列科技研发设施开放共享管理 ………………………………… 227
 1.1 国家科技研发设施体系 ……………………………………… 227
  1.1.1 国家科技研发设施体系构成 ………………………… 227
  1.1.2 国家科技研发设施管理体系 ………………………… 228
 1.2 国家科技研发设施开放共享管理 …………………………… 229
  1.2.1 制定实施以产业需求为导向的创新政策体系 …… 229
  1.2.2 实行满足多层次产学研合作需求的科技计划
     体系 ……………………………………………………… 229
  1.2.3 建立运行有效的技术孵化机制 ……………………… 231

1.3 战略科技研发设施的开放共享管理 ………………………… 232
    1.3.1 国防科技研发机构体系构成 ……………………… 232
    1.3.2 国防科技研发机构开放共享政策 ………………… 233
1.4 典例分析 ………………………………………………………… 234
    1.4.1 特拉维夫大学及其独资子公司的技术支持
         服务 …………………………………………………… 234
    1.4.2 魏茨曼科学研究院 ………………………………… 234

2 印度科技研发设施开放共享管理 ……………………………… 236
2.1 国家科技研发设施体系 ………………………………………… 236
    2.1.1 国家科技研发设施体系构成 ……………………… 236
    2.1.2 国家科技研发设施管理体系 ……………………… 236
2.2 国家科技研发设施开放共享管理 ……………………………… 237
    2.2.1 政府鼓励开放共享的相关政策及运行机制 ……… 237
    2.2.2 现行管理体系和运行机制 ………………………… 239
2.3 战略科技研发设施的开放共享管理 …………………………… 243
    2.3.1 国防科技研发机构体系构成 ……………………… 243
    2.3.2 国防科技研发机构开放共享政策 ………………… 243
2.4 典例分析 ………………………………………………………… 244
    2.4.1 DST 典例——地区精密仪器中心 ………………… 244
    2.4.2 DST 典例——科学工程研究理事会科研
         设施项目 …………………………………………… 245
    2.4.3 UGC 典例——核科学中心（Nuclear Science
         Centre）……………………………………………… 247
2.5 效果和特点分析 ………………………………………………… 249
    2.5.1 政府定位明晰、职责明确 ………………………… 249
    2.5.2 优化资源利用、营造自主创新发展环境 ………… 249

3 日本国家科技研发设施管理 …………………………………… 250
3.1 国家科技研发设施体系 ………………………………………… 250
    3.1.1 国家科技研发设施体系构成 ……………………… 250

3.1.2　国家科技研发设施管理体系 ………………………… 251
　　3.1.3　国家战略科技研发设施的管理 …………………… 251
3.2　国家科技研发设施开放共享管理 …………………………… 251
　　3.2.1　完善的法律政策保障体系 ………………………… 251
　　3.2.2　高效的人才战略体系 ……………………………… 252
　　3.2.3　优惠的创新投资财税体系 ………………………… 252
　　3.2.4　健全的知识产权保护体系 ………………………… 253
　　3.2.5　科学的产学研联动体系 …………………………… 253
　　3.2.6　积极的国际科技合作与交流促进体系 …………… 254
3.3　三重螺旋创新体系演进 ……………………………………… 254
　　3.3.1　产学官联盟与三重螺旋理论 ……………………… 255
　　3.3.2　三重螺旋创新体系的演进绩效 …………………… 256
3.4　科技管理信息系统 …………………………………………… 260
　　3.4.1　e-Rad 系统建立背景 ………………………………… 261
　　3.4.2　e-Rad 系统的管理和服务对象 ……………………… 261
　　3.4.3　e-Rad 系统的功能架构 ……………………………… 262
3.5　国家科技研发设施管理 ……………………………………… 263
　　3.5.1　国立研究机构重大科研仪器设施政策和
　　　　　措施 …………………………………………………… 263
　　3.5.2　设备管理学会 ………………………………………… 265
3.6　典例分析 ……………………………………………………… 266
　　3.6.1　产业技术综合研究所促进知识产权共享 ………… 266
　　3.6.2　国立大学共同利用体制促进科研设施
　　　　　共享 …………………………………………………… 267

4　韩国科技研发设施开放共享管理 ………………………………… 269
4.1　国家科技研发设施体系 ……………………………………… 269
　　4.1.1　国家科技研发设施体系构成 ……………………… 269
　　4.1.2　国家科技研发设施管理体系 ……………………… 270
　　4.1.3　国家战略科技研发设施的管理 …………………… 270

4.2 科技研发设施投入和建设管理 … 271
　4.2.1 审批购置情况 … 271
　4.2.2 产权归属情况 … 272
　4.2.3 技术管理人员情况 … 272
4.3 促进开放共享的典型做法 … 273
　4.3.1 立法保障开放共享 … 273
　4.3.2 设立专门机构集中管理 … 273
　4.3.3 网络信息服务系统 … 274
　4.3.4 实行共享会员制 … 274
　4.3.5 收费及考核评估 … 274
4.4 国家级实验室和研究实验基地内部体制机制 … 275
　4.4.1 内部管理体制及组织结构 … 275
　4.4.2 研究人员的薪酬、聘任和开放流动机制 … 275
　4.4.3 经费来源与分配机制 … 276
　4.4.4 资源共享机制 … 277
　4.4.5 科研机构评估监督机制 … 277

附表 … 279
　附表1 以色列科技研发机构部分名录 … 279
　附表2 印度科技研发机构部分名录 … 279
　附表3 日本科技研发机构部分名录 … 281
　附表4 韩国科技研发机构部分名录 … 282

参考文献 … 284

第五篇　中国科技研发设施开放共享管理

1 科技研发体系 … 289
　1.1 科技研发机构体系的建立 … 289
　　1.1.1 民用科技研发机构体系 … 289
　　1.1.2 军工科技研发机构体系 … 291
　　1.1.3 军队科技研发机构体系 … 293

- 1.2 科技研发设施体系的建设与管理 …… 294
  - 1.2.1 民用科技研发设施体系的建设与管理 …… 294
  - 1.2.2 国防科技工业研发设施体系的建设与管理 …… 296
  - 1.2.3 军队科技研发设施体系的建设与管理 …… 296
- 1.3 国家科技体制改革进程 …… 296
  - 1.3.1 第一阶段改革 …… 296
  - 1.3.2 第二阶段改革 …… 297
  - 1.3.3 第三阶段改革 …… 298
- 1.4 以管理创新为目标的体系建设 …… 299
  - 1.4.1 实验室类 …… 299
  - 1.4.2 工程中心类 …… 300
  - 1.4.3 国家企业技术中心 …… 301
  - 1.4.4 新型研发机构 …… 301
- 1.5 军工科技研发设施体系管理改革发展 …… 303
  - 1.5.1 军工科研院所进入集团公司 …… 303
  - 1.5.2 建设国防科技重点实验室 …… 303
  - 1.5.3 建立创新中心体系 …… 303

2 科技研发设施开放共享的现状 …… 305
- 2.1 科技研发设施开放共享的需求 …… 305
  - 2.1.1 实现创新资源合理配置和高效利用的迫切要求 …… 305
  - 2.1.2 推动科技进步、提升企业创新能力的重要保障 …… 305
  - 2.1.3 提高国际影响力、推动国际科技合作交流的重要内容 …… 306
- 2.2 科技资源共享的相关法律与政策现状 …… 306
  - 2.2.1 法律对科技资源共享做出了原则规定 …… 306
  - 2.2.2 民口科技资源共享法规政策 …… 307
  - 2.2.3 军民融合相关法规政策 …… 307

2.2.4　军工资产管理政策 …………………………………… 314
2.3　国家科技基础条件平台建设与运行实践 …………………… 317
　　2.3.1　国家科技基础条件平台发展历程 ………………………… 317
　　2.3.2　科技平台建设整合工作全面开展 ………………………… 318
　　2.3.3　共享平台成为财政科技投入的重要方向 ………………… 319
　　2.3.4　共享服务成效显著 ………………………………………… 319
　　2.3.5　"后补助"方式的激励效果显著 ………………………… 319

3　地方促进科技研发设施开放共享的主要做法 ………………… 321
　3.1　北京市：首都科技条件平台 ………………………………… 321
　　3.1.1　资源整合 …………………………………………………… 321
　　3.1.2　服务推广 …………………………………………………… 322
　　3.1.3　军民融合平台 ……………………………………………… 322
　3.2　上海市：上海研发公共服务平台 …………………………… 323
　　3.2.1　重视法制建设，立法推动开放共享 ……………………… 323
　　3.2.2　集聚科技资源，优化资源配置 …………………………… 324
　3.3　陕西省：陕西省科技资源统筹中心 ………………………… 324
　　3.3.1　军民融合示范基地 ………………………………………… 324
　　3.3.2　开放融合发展政策措施 …………………………………… 325
　3.4　四川省：绵阳科技城 ………………………………………… 326
　　3.4.1　坚持创新驱动，自主创新能力显著增强 ………………… 326
　　3.4.2　坚持军地联动，军民融合步伐明显加快 ………………… 327
　　3.4.3　坚持开放促动，开放合作纵深推进 ……………………… 327

4　高校科技研发设施开放共享管理 ……………………………… 329
　4.1　A大学科技研发设施开放共享管理 ………………………… 329
　　4.1.1　组织管理 …………………………………………………… 330
　　4.1.2　收费管理 …………………………………………………… 330
　　4.1.3　考核激励与监督 …………………………………………… 331
　4.2　B大学科技研发设施开放共享管理 ………………………… 331
　　4.2.1　组织管理 …………………………………………………… 331

4.2.2　开放服务费用管理 …………………………………… 332
　　4.2.3　开放共享绩效考核 …………………………………… 332
4.3　C大学科技研发设施开放共享管理 ……………………………… 333
　　4.3.1　管理体制 ……………………………………………… 333
　　4.3.2　共享使用程序和方法 ………………………………… 333
　　4.3.3　收费管理 ……………………………………………… 334
　　4.3.4　评价和奖惩 …………………………………………… 334

5　军工科技研发设施开放共享实践 …………………………………… 336
5.1　军工科技研发设施的特殊性 ……………………………………… 336
　　5.1.1　政治重要性 …………………………………………… 336
　　5.1.2　相对封闭性 …………………………………………… 337
　　5.1.3　高风险性 ……………………………………………… 337
5.2　军工科技研发设施开放共享的原则要求 ………………………… 337
　　5.2.1　强军为本 ……………………………………………… 337
　　5.2.2　确保安全 ……………………………………………… 337
　　5.2.3　健全制度 ……………………………………………… 337
　　5.2.4　统筹资源 ……………………………………………… 338
　　5.2.5　分类管理 ……………………………………………… 338
　　5.2.6　信息共享 ……………………………………………… 338
　　5.2.7　奖惩结合 ……………………………………………… 338
5.3　军工科技研发设施开放共享的形势需求和政策
　　　重点 ……………………………………………………………… 338
　　5.3.1　应对革命性创新挑战的必然要求 …………………… 338
　　5.3.2　国家科技政策的重点导向 …………………………… 339
　　5.3.3　实现军民融合战略的重要体现 ……………………… 340
5.4　军工科技研发设施开放共享的进展 ……………………………… 341
　　5.4.1　军工行业内军民两用资源共享的进展 ……………… 341
　　5.4.2　民口科技资源积极参与国防建设 …………………… 342
　　5.4.3　军工科技研发设施开放共享进展滞后 ……………… 342

5.4.4 军民大型设备设施共享工作 …………………………… 343
5.5 军工科技研发设施开放共享存在的主要问题 ………………… 344
　　5.5.1 开放共享法规政策缺位 …………………………………… 344
　　5.5.2 统筹不够和信息不畅造成共享潜力挖掘不够 ………… 345
　　5.5.3 军品任务与开放共享的客观冲突 ……………………… 346
　　5.5.4 内在动力不足成为推进开放共享的障碍 ……………… 346
　　5.5.5 创新模式和市场机制运用不足 ………………………… 346

6 军工科技研发设施开放共享的启示与建议 …………………… 348
6.1 国外国防科技研发设施开放共享的启示 ……………………… 348
　　6.1.1 法律制度，规范健全 ……………………………………… 348
　　6.1.2 管理方式，系统有效 ……………………………………… 349
　　6.1.3 市场收费，机制灵活 ……………………………………… 349
　　6.1.4 资源管理，高效配置 ……………………………………… 349
6.2 中国步入建设科技强国的新征程 ……………………………… 349
　　6.2.1 国家科技研发设施的发展需求 ………………………… 350
　　6.2.2 新时代建设创新型国家的战略目标 …………………… 351
　　6.2.3 有效集成科技资源，实现新突破 ……………………… 351
　　6.2.4 科技研发设施体系建设 ………………………………… 352
6.3 对于中国战略性科技研发设施开放共享的建议 ……………… 353
　　6.3.1 完善相关法律法规制度 ………………………………… 354
　　6.3.2 按照国家一体化战略体系，加强顶层设计 …………… 354
　　6.3.3 先行先试，分级分类开放共享 ………………………… 354
　　6.3.4 依托信息平台完善开放共享服务机制 ………………… 355
　　6.3.5 鼓励"互联网+"思维运用 ……………………………… 355
　　6.3.6 加强激励机制建设 ……………………………………… 355

附表 ………………………………………………………………… 357
附表1 中国科学院主要研究机构 ……………………………… 357
附表2 国家专业科技研发机构部分名录 ……………………… 361
附表3 "211""985""双一流"大学 …………………………… 362

附表 4	军工科研院所部分名录	366
附表 5	转制科研院所部分名录	372
附表 6	转制公益性科研机构部分名录	379
附表 7	国家重点实验室部分名录	382
附表 8	国家工程实验室部分名录	403
附表 9	国家工程技术研究中心部分名录	412
附表 10	国家工程研究中心部分名录	432
附表 11	国家企业技术中心部分名录	457
附表 12	国防科技重点实验室部分名录	468
附表 13	国家实验室部分名录	471

参考文献 …… 474

第一篇　国家科技研发设施开放共享管理综述

  本篇以对美国、英国、法国、俄罗斯、以色列、印度、日本、韩国和我国国家科技研发设施开放共享管理的分析为基础，结合科技创新与体制改革的新发展，进行比较、研究、提炼，以得到加强国家科技研发设施开放共享管理的启示。

1 国家科技研发设施的构建

国家科技研发设施是国家实施创新发展战略的重要物质基础。国家科技研发设施体系的建设与运行管理是国家实施科技创新管理的重要方面，提高国家科技研发设施体系的效能与效益是国家科技创新管理的重要目标。国家科技研发设施体系的建设和运行依附于科技研发机构，科技研发机构的制度设计、运行体制机制深深影响着科技研发设施效能的发挥与效益的获得。在现代社会，创新驱动发展成为世界主要国家的发展战略，各主要国家纷纷加强科技研发体系建设，改革完善科技研发机构制度和体制机制，追求最大限度的开放共享，以期在新的科技革命和产业革命中抢占先机。分析研究主要国家在推动科技研发设施开放共享方面的法规、制度、政策、管理模式、典型做法等，研究其如何通过设施共享和相互协作的方式，发挥并逐步提高本国国防科研基础设施的整体力量和国家实力，对于提升我国科技研发设施的价值发挥具有重要的借鉴作用。

1.1 科技研发设施的形成

科技研发是科学研究和技术开发的简称，科技研发设施的形成随着科技研发需要而构建和发展，并构成国家科技研发设施体系。对国家科技研发设施建立与发展的分析研究，可以从科学研究设施、技术开发设施和国家科技创新体系建设三个方面展开。

1.1.1 科学研究设施

现代意义上的国家科学研究设施建设，始于17世纪的法国。当时，科学研究开始对研究设施有了专业需求，伴随着建设科研设施，同时建立了相应的科研机构。1635年2月22日，法国科学院诞生。16—17世纪，以牛顿为代表的科学家建立了现代科学理论体系和实验研究方法，标志着近代科学的形成。1660年，英国皇家学会成立。之后德国科学院、俄罗斯科学院等相继成立。这些研究机构聚集了一批科学家专职从事科学研究，开启了职业科学研究时代。这些科研机构的成立，标志着科学研究作为一种社会建制确立起来，标志着国家开始建设科研设施时代的到来，科学研究开始成为有组织机构、有专业设施的独立社会职业。伴随着科技革命和工业革命的蓬勃兴起和发展，代表国家基础研究水平的科学研究设施在西方发达国家实现现代化的进程中率先发挥了重要作用。近现代以来，主要国家都建立并不断发展国家科学院及专业研究机构等，科学研究成为国家社会发展的主要部分。进入21世纪，科学与技术的结合不断密切，科学技术成为社会发展的基础力量。

1.1.2 技术开发设施

技术开发起源于企业产品发展的需求。德国是最早出现企业技术研究开发机构的国家，其诞生于德国化学染料行业。美国则是技术开发设施建设的主要发源地。面向新技术、新工艺、新产品开发的实施载体主要是工业实验室、企业技术中心等。美国的第一个工业实验室是发明家托马斯·阿尔瓦·爱迪生于1876年在美国新泽西州投资建立的实验室，这个实验室后来为美国通用电气公司所有。爱迪生一生在技术开发中取得了2 000多项专利。以后，其他大公司开始仿效他的做法，19世纪80年代，钢铁工业在卡内基等人的大力提倡下创办了工业实验室；1889年，贝尔创立了"贝尔电话实验室"；1902年，杜邦公司创办了工业实验室；等等。到第一次世界大战前夕，工业实验室已发展到375个。50年代以后，又发展起来"工业园"，把研究和生产更紧密地结合起来。

工业实验室的建立有三个前提：一是科学自身发展证实了它对经济发展有直接的促进作用；二是私人实验室的出现证明了实验研究和工业发展有密不可分的联系；三是大公司的出现为工业实验室提供了财政基础。技术创新是与新技术的研发、生产以及商业化应用有关的经济技术活动。它们关注的不仅仅是一项新技术的发明，更重要的是要将技术发明的成果纳入经济活动中，形成商品并打开市场，取得经济效益，促进社会发展。技术创新概念的出现把科学、技术、市场更加紧密地结合起来，需要处理好技术发展与科学研究的关系、技术创新与面向市场的关系、体系最优和局部最优的关系。在进行技术创新决策时，需要综合分析和考虑市场需求、技术储备、资金状态、设施状态，以及开发周期等重要因素，尽可能做到整个组织系统最优，技术创新将技术开发设施建设运行提升到新时期。

1.1.3 国家科技创新体系

在科学技术成为社会发展的基础力量后，科技创新必然提升到国家层面，科技创新不再仅仅是科研机构和企业自身的事情，而是政府和科研机构及企业共同的事业，其标志就是国家进入建设国家科技创新体系时代。科技创新体系主要由创新主体、创新设施、创新资源、创新环境、外界互动等要素组成。1994年，经济合作与发展组织（OECD）首先开展了国家创新体系研究，国家创新体系的内核就是科技创新体系。国家科技创新体系是指一个国家各有关部门和机构间相互作用而形成的推动创新的网络，是国防、经济和科技等组织机构组成的科技创新推动网络。科技创新涉及新思想、新知识、新发明的产生、产品设计、试制、生产、经营和市场化等一系列活动，涉及多个部门和组织，需要创新系统的生成。国家科技创新体系的制度安排和网络结构是一个国家科技创新活动的重要决定因素，通过影响知识的生产，进而影响社会各个方面的发展。国家科技创新体系把科学知识与技术知识结合，形成完整的科技研发系统，包括了国家科技研发设施的建设和运行。国家科技创新体系的形成是一个演化与积累的过程。在现代，国家科技创新体系是国家实施科技创新战略的必然产物，带来了科技研发机构的变革。围绕最大限度发挥国家科技研发实施的效益，国家科技研发体系不断变革发展。

1.2 国家科技研发设施的相关概念

在我们对科学研究设施、技术开发设施和科技创新体系加以分析的基础上，从定义、定位和管理载体三方面，对国家科技研发设施的相关概念进行界定分析。

1.2.1 国家科技研发设施的定义

（1）科技研发设施

设备指可供人们在生产中长期使用，并在反复使用中基本保持原有实物形态和功能的生产资料和物质资料的总称。设施指为某种需要而建立的机构、系统、组织、建筑等。设备有通用设备和专用设备两类。通用设备包括机械设备、电气设备、特种设备、办公设备、仪器仪表、计算机及网络设备等；专用设备包括化工专用设备、航空航天专用设备、公安消防专用设备等。国内常说的科技研发设备设施及科研仪器平台等，在西方发达国家一般被称为科学研究设施（Scientific Facility）或共享设施（Shared Resource Facility、Shared Use Facility）。一般国外将这些科研基础设施定义为科学界在各自领域开展高水平研究活动所用到的研究设施、资源及相关服务。这是有道理的，因为仪器设备（特别是大型仪器设备）都是在相应的基础设施条件下使用和发挥功能的。本研究中将科技研发设备、设施等统称为科技研发设施。

（2）国家科技研发设施

国家科技研发设施的概念和内涵随着社会发展而不断发展和丰富。传统上，国家科技研发设施一般定义为以国家为主投资建设的，用于持续、稳定开展科技研发活动，以实现国家科技发展目标的设备、仪器和场所等。随着创新成为国家发展战略，在国家创新体系构架下，在国家创新计划牵引下，多元化投资建设和运行的国家科技研发设施体系成为现实。现在，广义的国家科技研发设施是国家为探索未知世界、发现自然规律、实现技术变革提供研究与开发手段的由设备、仪器和场所等构成的系统，是突破科学前沿、解决经济社会发展和国家安全等战略科技问题的物质技术基础。

1.2.2 国家科技研发设施的定位

国家科技研发设施关系着国家长远发展战略、国家国防安全利益和战略产业等全局性发展，是国家竞争力的集中体现。国家科技研发设施的使命主要包括：服务国家目标，进行战略性、基础性、前沿性研究开发，建设国家创新平台，开展技术转移与技术服务，培养科技人才，开展国际科技合作，为国家产业创新发展提供基础技术等。基于本研究视角，我们将涉及国防、核能、航空航天等战略性研发设施，定位于国家战略科技研发设施，这类科技研发设施建设运行管理，特别是开放共享管理，是近年来科技管理研究的重点。需要进一步理解的是，国家科技研发设施的定位并不是说只有国家投资建设的设施履行这一定位，在科技创新发展进程中，越来越多的企业和新型研究机构融入国家科技研发设施体系中。

1.2.3 国家科技研发设施的管理载体

承担探索、研究、开发和创新的物质基础是科技研发设施。探索是探索未知的事物；研究是钻研某个已知对象；开发是把研究得到的发现或一般科学知识应用于产品和工艺上的技术活动。创新是以现有的思维模式提出有别于常规或常人思路的见解为导向，利用现有的知识和物质，在特定的环境中，本着理想化需要或为满足社会需求而改进或创造新的事物，包括但不限于各种产品、方法、元素、路径、环境，并能获得一定有益效果的行为。科技研发设施是具有一定功能的物质集合，而其功能的发挥需要借助于相应的管理载体。国家创新体系建设要求把科技研发设施建设与载体设置管理紧密结合，并不断改革创新载体的管理，以提高科技创新的效率、效益。现在，国家科技研发设施的管理载体主要是国家科技研发院所、高等院校、企业研发机构和社会研发组织等，可统称为国家科技研发机构。从政府治理的层面，国家科技管理改革发展的重点是国家投资建设的科技研发机构的开放共享，并通过国家科技计划带动企业、社会科技研发机构共同推进国家创新发展。

1.3 主要国家科技研发设施管理基础

国家建设科技研发设施必然对其所依附的科技研发机构实施管理，管理的基础是法规制度。国外科技研发设施依附研发机构，依法建立、建设和运行。依据不同国家的法律体系及其国家科技研发设施的管理需求，国家科技研发机构管理大体上分为依据国家法案建立、依据机构规程建立及其他方式。

1.3.1 国家科技研发设施依法建立

美国、英国等国的由国家所有的科技研发机构，如美国能源部所属实验室、英国国家物理实验室等，需要政府先向国会、议会提交议案，经国会、议会通过并形成法律条文后，再实施建设、运行和管理。美国与国家实验室直接相关的法律主要是机构法、授权法和各种专项法。联邦法典第5卷"政府机构与雇员法"详细规定了政府机构的组织结构、权利与义务、运作、行为，雇员的雇用与管理等。该法为政府机构的通法。每个联邦政府机构及其下属机构成立时都必须合乎法律程序，关于某机构成立的法律一般都以该机构的名称命名，如《国家标准与技术研究院法》等，更具体地规定了国家标准与技术研究院的职能、组织结构、人员数、机构负责人的职责等，其本身就是政府职能部门的一部分，主管部门对它们的管理基本上同其他职能部门一样。在日本，政府对国家科研机构也是以相应的法律、政令来进行管理的，政府在成立某一研究机构时，相应地制定一项具体的法规，如《航空宇宙技术研究所组织规则》《理化学研究所法》《理化学研究所法施行令》《理化学研究所法施行规则》等，依法对航空宇宙技术研究所、理化学研究所等进行管理。

1.3.2 国家科技研发设施依章程建立

德国、法国等国的属国家管辖性质的科技研发机构，通常以私法人性质存在，包括财团法人和社团法人等，设立时需要制定章程报所在地政府批准。如德国的马普学会和法国国家科研中心等的财团法人的法律地位，决定了马普学会等既不是政府部门，也不是政府下属的科技研发机构，而是有完全自主权的独立机构，依据章程，接受政府投资，推进国家科技创新发展。德国的亥姆霍兹协会包括16个大研究中心，这些研究中心均由政府创办，但其组织则以各种民间机构的形式出现。以公司形式成立的有生物技术研究所、环境与健康研究所、数理信息处理研究所、Julich核能研究所、核子科学研究所、HMI核能研究所、重离子研究所等；以团体法人形式出现的有极地海洋研究所、同步辐射加速器研究所、癌症研究中心；以社团法人形式出现的有航空太空研究所等。德国国立研究机构之所以能够与高等院校和企业保持密切的联系，其中原因之一是受益于这种民间机构的组织形式。韩国的国立研究机构中有一类称为"政府资助研究机构"，它们是根据1973年制定的《特定研究机构育成法》由政府创建的，但是以非营利财团法人的形式出现，它们完全是以满足国家战略产业的技术需求为出发点，开展定向性研究，这些机构由政府无偿提供建设费和昂贵的设备费等非经常性开支，这种管理模式的机构有韩国科学技术研究院、韩国原子能研究所和能源研究所等。

1.3.3 国家科技研发设施管理体系依法建设

国家创新系统的制度安排和网络结构是一个国家创新活动的重要决定因素，主要国家在实施创新发展过程中，在政策、法规、制度上不断完善，以支持科技研发，实施体系建设，集聚创新资源，促进创新发展。美国等主要国家从政策等方面入手，以增强国家创新能力为导向，在加强基础研究的同时，转向支持产业共性技术创新开发，通过国家计划来牵引国家设施、大学、企业联合科技创新的政策等，完善科技管理法规，推进国家科技研发设施体系的新发展。近些年的实践表明，发达国家形成了国家科技研发机构、大学和企业研发机构共同组成的国家科技研发设施体系和运行机制。依法案建立的或是依据机构规程建设的国家科技研发设施，其机构体系的组织基础是依法依章、规范运行，在具体运行管理中，形成了不同的管理方式，主要有：政府直接管理独立管理运行的机构、政府委托管理方式和依托法人机构管理方式。无论是独立管理运行，还是委托管理运行，抑或依托法人机构运行，国家都是依法规进行管理，对于法案或章程规定的科技研发设施的使命、定位、目标、领域、经费、组织、开放等，科技研发机构都必须遵照法案或章程规定进行。

2 国家科技研发设施开放共享管理概念

科技研发设施开放共享是指在为其机构相关研发项目服务的同时,对机构内外其他科技研发项目提供服务,以发挥其最大效率、效能和效益。

2.1 国家科技研发设施的分类

通过对主要国家科技研发设施管理的分析,可以看出,一般依据对社会贡献的功能不同,国家科技研发设施可以分为公共科技研发设施、战略科技研发设施和社会科技研发设施。

2.1.1 公共科技研发设施

公共科技研发设施是根据国家社会发展需要,依据法律法规设立、建设、运行的基础性、公益性等特质的科技研发机构。这类科技研发设施一般在法规上就明确要求是对社会开放共享的。这类设施现在已经发展为"单址式""分布式""虚拟式"等不同模式,以实现更好效益的开放共享。

2.1.2 战略科技研发设施

战略科技研发设施一般是指国家为开展战略性、基础性和前瞻性科技研发所投资建设和运行的科技研发设施,如美国国防部、能源部和航空航天局所管辖的国家实验室等。从科技研发设施管理需要角度，战略科技研发设施可分为军用和军民两用研发设施。战略科技研发设施按照通用程度，可以分为通用类和专用类。通用类即是一般设施，通常是指用于科技研发所需的通用型设施，比如检测设施、仪器仪表等，一般对辅助设施条件和服务人员要求较低；专用类一般是指专门针对某一种或某一类对象，以实现特定功能的设施，这类设施往往精度高、价值含量大、针对性强，一般对辅助设施条件和服务人员要求较高。按照采购性质，战略科技研发设施主要分为两类，第一类是政府通过与平台依托单位签订研发合同进行采购，研发活动主要服务于政府部门；第二类是政府资助研发项目中购置科学设施，这类研发项目不是直接为政府的利益服务，但是其研发活动也具有一定的公益性质。按受控程度，战略科技研发设施分为受控设施与非受控设施。战略科技研发设施逐步授权开放共享，对外提供服务，一般需要明确非受控设施，以保证国家安全利益不受损害。

2.1.3 社会科技研发设施

社会科技研发设施是企业等社会组织为发展需要，依据国家法规和组织章程设立、建设、运行的专业性科技研发机构，这类科技研发设施是否对社会开放共享，由国家法规和组织章程决定。社会科技研发设施主要包括企业科技研发设施及由社会资本建设的独立社会研发设施。在国家科技创新体系构架中，社会科技研发机构的作用不可或缺，特别是企业科技研发资源是国家科技创新的重要推动力，企业是创新的主体。

2.2 科技研发设施开放共享的必要性

国家科技研发设施体系制度建设的一个重要方面是科技研发设施开放共享管理，其重要性、必要性、基础性等日益显现。

2.2.1 国家科技研发设施开放共享实施进展

依法案建立的或是依据机构规程建设的国家科技研发设施，其开放共享都是依据法规、章程确定的。近些年来，对于建设初衷是以国防等国家战略性为目的科技研发设施，也通过相应补充性规章推进其开放共享。在具体运行管理中，国家科技研发设施对于法案或章程规定的科技研发设施的使命、定位、目标、领域、经费、组织、开放等必须遵循。

美国政府在大量投资建设科技研发设施的同时，强调依法，非常重视以法的形式保障政府对投入的管理，如《2001年美国国家科学基金会授权法》《研究设施法》等，都明确规定对设施投资与管理。日本则主要通过国会特别拨款以及补助预算等方式对科研设施投入，国立科研机构在购置设备前，要向相关省厅提出特别预算申请，以避免重复购置，待审查合格后，才可购置。印度政府集中优势资源建立科学中心，以拨款方式投入科研基础设施。在大量投入建设的同时，设施的开放共享就成为必须研究解决的问题。

关于设施开放共享，美、日等国都针对设施分类颁布了相关法律法规，规范开放共享行为并明确无偿和有偿的界限。如美国明确规定"公益性用途不收费，运营成本由政府拨付"，但对私营部门为获得专利而使用的仪器设备，则按照"全部成本回收"原则收费。日本亦制订了相应条例，规定科研试验设备必须接受企业的试验委托，向社会开放。印度的"地区精密仪器中心"对外开展有偿服务，用户对象是工业企业、研究员和学生，同时规定企业可向中心捐赠仪器设备，开展合作研究，政府减免这些企业的税费，同时中心对这些企业提供优先使用权。

在实际的涉及国家战略性设施开放共享中，美国法律对参与主体进行了限制，包括服务对象限制和服务内容限制。依据美国法律，各个国家实验室等机构会根据法律的基本要求制定更具体的规定。首先，服务对象并不完全禁止具有外国背景的机构；其次，美国本土制造企业和中小企业优先；再次，保护美国和私营企业的利益。美国政府从20世纪80年代开始逐步授权国防部根据国家利益开放共享其国防实验室的部分设备、技术、研究能力，对外提供有偿服务。在使用国防实验室的设施时，为了维护国家利益和企业利益，通常会对适用的范围进行限定，同时，美国政府主要对开放共享过程中涉及的敏感信息、涉密信息、军事关键技术信息、有害物质、人体实验、放射性物质及敏感资源物品进行管控。

2.2.2 国家科技研发设施开放共享新需求

进入创新发展新时期，国外科技研发设施开放共享呈现出新的发展趋势，在保证国家安全的前提下，从总体来说，向着持续、更加开放的方向发展，以适应科技革命、产业革命的新需求。现在，科技革命和工业革命迅猛发展，对国家经济、安全、社会发展，特别是战略性产业发展能力带来重大影响。颠覆性、革命性技术创新得到优先考虑，利用商业化成熟技术开发国防技术产品逐渐成为各国的选择。面对革命性技术可能改变游戏规则的重大态势，即使是全球技术领先的美国都感到了担忧，如对增材制造、自主系统、定向能、网络电磁（赛博）能力、增强或降级人类能力等技术给予了特别关注，实施了建立国家重大创新机构和国家计划行动，引导企业和研究机构加强军政产学研结合，以加强创新能力，其显著特点是使开展广泛的军民融合成为不可逆转的趋势。

在工业领域，主要发达国家正向着以智能制造为主导的第四次工业革命迈进。典型标志是德国将工业4.0纳入《高技术战略》，标志着工业4.0正式成为其国家发展战略。新一代信息技术与传统工业领域加速融合，形成的互联网+概念，为先进制造业迎来发展良机，这对未来国防制造将产生重大影响，特别是军工企业的数字化、网络化制造成为趋势，需要军民融合发展。信息通信技术融入传统制造，对各种技术的综合集成要求将扩大，将打破设备设施的地域限制和物理阻隔，基于新一代智能装备生产组织方式将广泛普及。网络众包、异地协同设计、大规模个性化定制正在构建企业新的竞争优势。工业4.0的核心是单机智能设备、智能生产线、智能车间及智能工厂可以自由、动态地组合，以满足不断变化的制造需求。也就是要求装备之间、产品之间、装备和人之间，以及企业、产品、用户之间实现实时的互联互通、高效协同。这就客观上要求我们改变理念，适应新的转变，形成适应智能制造下的生产体系，变革制造方式。这就迫切要求打破国家资源封闭格局，特别是打破科技研发设施孤立的局面，实施军民融合发展，实施开放共享，以通过资源共享、相互协作，提高实验室等机构整体力量，加强集成创新，充分优化整合现有资源，建立开放共享的机制，提高资源共享功效，其开放共享不仅有利于充分发挥投入效益，更重要的是适应了新的产业革命性发展模式的必然选择。

2.3 研究国家科技研发设施开放共享管理的重点

2.3.1 以战略科技研发设施为重点

研究国家科技研发设施开放共享管理的重点需要放在国家战略性、基础性、前瞻性科技研发实施上，战略科技研发设施是科研机构及相关高校开展国家任务包括军工科研及军品研制生产的基本手段和必备条件，也是国家综合实力、国防和工业实力的重要体现，还是发展水平的重要标志。为促进科技研发设施的开放和科技资源的共享，各国典型科研机构和组织在实践中摸索出各具特色的战略科技研发设施开放共享的方式、方法，并在实践中取得良好效果，具有一定的参考和借鉴意义。

2.3.2 重点国家的重点案例

美国和欧洲国家等世界主要国家，国情不同，在世界上的角色不同，对科技研发设施开放共享的管理也不尽相同，不同的开放共享案例具有不同的特定情境和各自的特点，需要以系统科学思想为指导，按照系统性、典型性、代表性原则，尽量较为全面地展现不同国家、不同类型、不同管理模式下的科技研发设施开放共享形式，深入分析案例中相关科技研发设施依托单位的管理体制、组织模式、运营机制、国际合作情况、开放共享举措等内容。

（1）系统性

围绕国外战略性、基础性、前瞻性科技研发实施的科技资源开放共享、提供开放技术服务的相关内容以及管理方式等选取案例，对我国有参考和借鉴意义，同时，选取的案例不宜太过复杂，但也要尽量涵盖各种管理类型，要能够为系统分析研究科技研发设施开放共享管理服务，每一个案例需针对开放共享管理等进行侧重分析。

（2）典型性

在选择案例时，尽量以其在某个方面有显著代表性为基准。如"斯坦福加速器国家实验室直线加速相干光源共享管理"的案例，突出的是美国能源部下属的国家实验室的运行管理模式（GOCO模式）及开放共享机制的特点；阿姆斯特朗飞行研究中心的案例，突出的是美国国家航空航天局（GOGO模式）对设施开放共享管理的要求和规定；美国三军实验室的案例，反映美国国防部推动包括设施开放共享在内的开放式协同创新典型举措；以色列特拉维夫大学提供开放技术服务的案例，突出以色列通过技术转移的方式完成资源共享对接的特点。

（3）代表性

选取国外科技研发设施开放共享案例时，将具有代表性的做法作为分析的落脚点，在研究中所选择的典型案例应至少在某一方面具有一定的代表性，他们的做法对于我国开展军工科技研发设施的开放共享应具有一定的参考和借鉴意义。因此，我们研究中选择不同的有代表性国家的不同典型案例，以期系统分析开放共享的实施问题。

2.3.3　系统解析重点方面

对美国和欧洲国家等世界主要国家战略性、基础性、前瞻性科技研发相关机构、重点实验室、行业协会实现设备设施开放共享的典型案例进行研究分析，主要从以下几个方面分类展开：一是涉及国家战略性，如国防军工科技研发机构的方面，分析国外主要国家国防和军工相关机构（包括军队实验室）对于国家科技资源管理和配置的有关规定及开放共享的实际运行与管理做法等。二是国家实验室及高校等科技研发机构的方面，主要分析国外主要国家的国家实验室和高校科技研发设施管理方式及制度规范，以及涉及开放共享和国际合作的相关规定与做法等。三是社会科技研发团体方面，主要分析国外科技研发组织与行业协会科技研发设施开放共享的管理内容。

3 国家科技研发设施开放共享管理要点

国家科技研发设施开放共享管理需要系统性安排进行，其要点包括法律、法规、政策、体制、机制、运行模式等方面。

3.1 以法律、法规、政策为基础

现代科学技术的迅猛发展以及未来国家发展面临问题的复杂性和艰巨性，对国家科技研发设施提出了新的要求。政府重视资源开放共享管理，通过制定国家的法律、法规和政策实现其管理基础。

3.1.1 科技研发设施开放共享相关法律

以美国、英国、日本、印度为代表的国家对于国家科技研发设施的设立、建设、运行、开放等管理都是依据相关法律进行的，并通过修改完善法律以完善科技研发设施的管理，其中，包括作为科技研发设施开放共享依据的法律。美国法律就政府采购设备的开放共享做出了规定。保证承担单位管辖的政府资产最大限度地在联邦政府部门中再利用，政府财产通常应该经过授权后无偿提供使用，但是非政府的商业目的性质的使用应该收取费用。实验室有义务将设施按以下顺序开放：本实验室项目使用，给予资助联邦政府部门其他项目，其他联邦政府部门的项目，工业界等（须经政府批准且收费）。这为政府投资的科研仪器设备对外开放以及公私部门合作研发提供了法律基础。

3.1.2 科技研发设施开放共享的国家规章体系

以法国、德国、美国、日本为代表的国家对于国家科技研发设施的设立、建设、运行、开放等管理在依据相关法律基础上，通过制定部门管理规章、机构管理章程等进行，并通过修改完善规章制度以完善科研发设施的管理，其中，包括作为科技研发设施开放共享依据的规章制度。美国联邦政府部门均在国家法律制度基础上，制定了相应的部门规章，要求联邦研发经费的申请和核准信息、联邦经费资助所产生的科学数据、购置的仪器设备等，都须本着服务国家利益的目标，在最大限度上公开和共享。在科研设施开放共享管理方面，美国能源部、美国航空航天局、国家科学基金会、国家标准和技术研究院等部门通过部门规章，要求科研设施开放共享，将设施使用情况、用户满意度等作为监管的重点。

3.1.3 科技研发设施开放共享的国家政策体系

世界主要国家对于国家科技研发设施的设立、建设、运行、开放等管理在依据相关法律规章基础上，还根据国家科技创新需要，通过制定政策和计划等国家行为进行落实，特别是科技研发设施开放共享的实施，同国家政策和计划是密不可分的。美国政府制定国家科技创新战略，统筹调配科技资源，指导和牵引科技创新发展，定期出台《国家创新战略》，提出科技创新的方向目标、重点任务，以及包括资源统筹调配在内的管理举措等内容，提出着力发挥市场在推动科技创新及调配科技创新资源中的作用，明确政府作为创新机制的保护者与促进者的角色，注重国家科技资源的共享共用，发挥企业尤其是中小企业的科技创新主体地位与作用，提出采用奖励机制调动全民的创造力，并要求将美国政府建设成创新型政府。美国政府还通过制订实施重大科技计划，如"国家纳米技术计划""通过推动创新型神经技术开展大脑研究计划"等，组织军民协同参与，共同研究开发，实现技术和资源的共享共用，推进重大科技领域创新发展。

3.2 建立并不断完善组织管理体制及运行模式

科技研发机构只有在国家制定了法律、建立了规章制度的基础上，建立并不断完善组织管理体制及运行模式，才能实现科技研发设施开放共享好的效益。

3.2.1 分类管理模式

美国、英国等国家对于国家实验室等科技研发设施平台的管理，构建了分类模式，建立了系统的管理体制和运行机制。管理模式主要分为"国有国营""国有民营""民有民营"三类。"国有国营"模式实现政府拥有资产、政府直接管理运营。"国有民营"模式实现政府拥有资产、政府委托承包机构进行管理。"民有民营"模式实现政府提供资助，与大学或企业界共同建设。通过不同模式的组合，便于政府、企业、高等院校在研发过程中相互合作，提高工作效率，有利于多出成果，有利于人才培养，服务国家创新发展，实现国家利益。

3.2.2 规范的内部管理制度

世界主要国家对于国家科技研发设施的内部管理都建立了规范、有效的管理制度。内部管理制度主要包括负责人产生制度、用人制度、科研项目结合制度、开放共享制度、合作与竞争制度和技术转移制度等。负责人的产生，除了要衡量其学术水平之外，还要衡量其组织协调能力、发现新研究方向的能力、社会活动和吸引资金的能力等。灵活的用人机制和政策，呈现多元化、多层次的特点，世界范围内选拔和聘任，吸引全世界优秀人才。突出高水平仪器设备与大型科研项目紧密结合的机制，有效建立起高水平人才、高水平仪器设备与大型研究项目相结合的管理体制，以高水平仪器设备为依托，以团队方式开展科学研究，保持持续创新的能力水平。强调科技资源面向国内外科学家的开放共享，注重与大学、企业界的合作，在发挥各自优势基础上，实现优势互补，共同解决学科发展前沿和关系经济社会发展及国家安全的重大创新问题。形成合作与竞争并存的运行机制，有效提高资金使用效益和资源优化配置、有效提高工作效率。建立技术转移制度,形成技术成果与市场相联系网络,开展交流合作,掌握市场需求,识别研发机遇,寻求解决方案,有效促进技术转移和成果转化。

3.2.3 搞好设施管理顶层机构设置

世界主要国家对于国家科技研发设施管理都注重搞好顶层机构设计,在建设初期就成立了董事会和监事会,并建立了相应的管理组织,依规章管理,负责设施建设与运行。在设施管理顶层机构设置中注重开放共享和国际化管理,为实现设施开放共享和向国际化发展提供组织和制度保障。如欧盟设立了欧洲科研基础设施联盟,发布的《欧洲科研基础设施联盟(ERIC)条例》中赋予欧洲科研基础设施一个独特的法律地位,条例规定 ERIC 将具有与主要国际组织相同的法律地位,按照国际组织的规则运行,其主要任务为:不以营利为目的投入最大资源建设和运营欧洲科研基础设施,以促进科技创新和技术转移,同时,允许ERIC 从事有限的与主要任务密切关联的经济活动。

3.2.4 设施建设与运行维护模式

世界主要国家在科技研发设施建设与运行维护中,形成了不同的模式。美国、以色列等国家没有统管科技的政府部门,美国的国家实验室等科技研发设施的建设运行是由能源部、国防部、航空航天局等政府部门分别管理,以色列是由科技部、工贸部、国防部、农业部、卫生部、通信部、教育部、环境部、国家基础设施部等部门以及科学与人文科学院等机构共同组成了国家的科技管理体系。欧洲国家多设有政府科技管理部门,如英国贸工部是英国科技的政府主管部门,负责国家重大科研仪器设施投入、建设和共享管理,涉及预算管理、国家科研仪器设施购置计划及其申报条件和审批管理、政府或机构的管理协调体制、购置与运行费用来源等。欧盟委员会从整个欧洲利益出发,培育并建设新的科研基础设施,通过欧洲科研基础设施论坛建立了欧洲科研基础设施的战略路线图,确定新建及改造项目,新科研基础设施在立项之初就将每年的运行费与建设费一起纳入整体预算中,对于有共享资格的成员国研人员，将开放服务发生的费用纳入运行费，不再另行收费。

3.2.5 建立有效的科技创新转移机制

国家科技研发设施开放共享的主要目的之一是建立有效的科技创新转移机制，促进科技成果推广转化，世界主要国家的科技研发设施管理都注重了这一目的的实现。以色列将研究与开发分为从实验室伸展到市场的基础研究、战略研究和工业研究，充分利用大学和政府的科技研究设施，以孵化器运行实现产学研结合机制，充分发挥政府、企业、研究所、大学、军方、中介等各方的作用，实现军民融合共同发展。

3.2.6 建立开放共享中心

印度、俄罗斯、韩国等建立了国家科技开放共享中心，为社会各个科技研发机构和个人提供服务。

印度国家科技研发设施有两个主要的管理体系：一个是政府科技部门所属科研院所、国家实验室的大型科研仪器设施中心，简称科技部体系（DST体系）；另一个是高校体系，即大学拨款委员会（UGC）下设的校际中心（UGC体系）。DST体系的主管部门是印度科技部。该体系又分为两个部分：一是专门的科技研发设施共享中心，如地区精密仪器中心（RSIC）；二是按项目资助方式进行筹划和管理的大型科技研发共享设施，具体事务由印度科技部内设的科学工程研究理事会（SERC）负责。作为印度高等教育最主要的主管部门，大学拨款委员会（UGC）致力于发展国内的教育，向各大学、学院提供不同形式的资助和支持。在科研设施共享方面，科技部（DST）和大学拨款委员会（UGC）之间也有合作。政府认为高校是高素质人力资源的主要来源。国家发展离不开科技的发展，而科技的发展离不开高校的支持。

新时期俄罗斯注重国家科研基础设施建设，重大科技基础设施建成运行后，不仅仅为专业技术人员提供科研基地，同时也将作为公共研究平台对全社会提供科技服务。许多重大科技基础设施都设有开放共享平台，既可对外提供科学研究数据，又可提供进行科学试验的仪器与装置设施。俄罗斯就通过建立俄联邦科研设备共享中心，将属于政府机构和国立科学院的五千余台专业和特殊科研设备、仪器提供给全国的科研机构、大学和企业等单位使用。

韩国国家级重大科技研发设施主要集中在基础科学支援研究院及下属的6个分所，一部分配置在各大学和科研机构。政府为提高国家投入购置的科技研发设施的使用效率，建立科学的投入、管理、运行、共享使用机制，于1988年成立了韩国基础科学支援研究院。几十年来，该研究院在确保本国拥有最高水平的科技研发设施、构筑全国支援网、营造良好的基础科学研究环境等方面发挥着积极作用。

3.2.7 科技研发综合体

德国、俄罗斯等国家通过建立协会、综合体和科技研发联盟等改革，实行科技资源的开放共享。德国形成了以四大科技研究开发协会为主体的国家科技创新结构体系。俄罗斯推出《俄联邦国防工业军转民法》等法律法规，进行国防科技工业结构重组，通过建立俄罗斯军工综合体，国防科技工业开始向建立军民一体化的高科技工业集团过渡。俄罗斯国防科技工业逐渐扩大一体化的规模，使重要的企业和组织实现联合，建立了一系列国家控股的大型股份公司，这种联合有利于整合资源，保证适当竞争，避免浪费。俄罗斯军工综合体拥有雄厚的技术设备基础和创新潜力，如果政府既定的国防拨款计划能够得到落实，军工企业有可能会不负众望，实现总统和政府2020年使军队武器装备更新70%的目标。这些规划体现了俄罗斯新一轮国防工业改革的出发点：一是不把有限的资源闲置分散在所有国防企业中，大力推进资源的整合和共享；二是以市场机制为导向，以行业和技术体系为链条，成立控股公司，完善设计局和专业制造厂之间的技术联系；三是创造条件，发挥智力和技术优势，让国防工业成为高新技术军品和民品的科研与生产基地，打造有国际竞争力的俄罗斯精品。

3.3 运行经费来源

世界主要国家的科技研发设施投资建设及运行维护的经费管理主要

有合同采购类、拨款合作类和基金类等方式。

3.3.1 合同采购类科研设施经费来源

合同采购类科研设施所依托的研发项目一般是直接为国家利益服务的，因此所需设施的购置计划一般都由相应的政府管理部门制订。政府管理部门分别按照各自的职能负责对研发合同的立项进行管理。其购置费和运行费通常都由政府部门全额支持，主要有两种方式：一种是在科研项目的合同中包含用于设施建设和购置的经费；另一种是给相关机构专项经费用于购置科研设施。国家重大科研设施通常都设在国家实验室和研发中心，国家实验室和研发中心一般以合同的方式为政府部门进行项目研究，研发项目内容不同，合同条款和双方的责任、义务也不尽相同。

3.3.2 拨款合作类科研设施经费来源

拨款合作类科研设施一般包含在由政府以合作协议方式资助的非营利机构研发项目中，属于政府对符合公共利益的项目给予的拨款资助，但并不是整个研发项目经费都来自政府。依托单位根据研发项目需要对科研设施提出购置计划，由负责提供资助的政府部门批准。购置费和运行费的资助比例要视项目而定，政府可以给予全部或部分购置费和运行费。美国联邦政府通常要求科研设施的购置费不能超过整个研发项目经费的30%。

3.3.3 基金类科研设施经费来源

基金类科研设施资金是欧盟等支持科研基础设施建设与开放共享的主要方式，重点支持新建、升级、运行科研基础设施以及相关政策研究和项目执行。为解决区域差距问题，欧盟通过结构性基金帮助落后地区建立科研基础设施。欧盟委员会和欧洲投资银行（EIB）联手建立风险分担的创新性的金融工具，促进私人公司或公共机构在研究、技术开放示范和创新投资方面获得债务融资。融资对象包括：科研基础设施的业主或经营者、参与技术开发或设施建设的供应商及致力于科研基础设施商业化服务的实体。欧洲科研基础设施联盟（ERIC）法律框架已于

2009年8月28日生效,以促进会员国参与联盟并按贡献享有与成员国同等的票权,联盟陆续启动了一些建设项目,如全球海洋观测基础设施、欧洲先进医学研究设施、中欧材料科学分析和合成设施联盟、生物库和生物资深科研基础设施及人文领域数字化科研基础设施等。

3.4 产权归属及处置办法

3.4.1 合同采购类科研设施产权归属

根据合同签署对象,即平台依托单位的不同,产权归属可以分为两种情况:一是平台依托单位为政府资助的研发中心和国家实验室。在这种情况下,根据研发合同购置的仪器设备平台,其所有权归政府,政府资助的研发中心、国家实验室只有使用权,并依据有关国家资产管理标准和使用要求进行管理和使用。二是平台依托单位为高等教育机构、医院及非营利机构。在这种情形下,产权归属依据仪器设备价格不同分为归依托单位所有和合同约定产权两类。美国联邦政府规定按照5 000美元进行分类。

3.4.2 拨款合作类科研设施产权归属

与合同采购类的科研设施不同,拨款合作类科研设施的所有权通常归属于设施依托单位。当平台依托单位的研发项目已经结束且不再需要仪器设备时,可依据市场价格对仪器设备进行处置。美国联邦政府通常按照折旧后的市场单价进行分类:低于市场单价的仪器设备依托单位可以保留、他用、出售或进行其他方式的处置,对给予项目资助的联邦政府部门不再承担任何责任;高于市场单价的仪器设备,依托单位在付给政府补偿费后可留作他用。

3.4.3 研究设施产权归国家所有

日本等国家明确规定国家出资建设的科技研发设施产权归国家所有。在研究设施的设备等购置方面,日本国立研究机构可以向有关省厅提出特别预算申请,在通过专门委员会和省厅的相关部门审查合格后,就可以购置所需的仪器设备。这些仪器设备应该是具有公用性的,是可以开放共享的,仪器设备报废前的产权全部归国家所有。

3.5 依托单位的责任和义务

3.5.1 设施管理的原则

设施管理原则是各国政府在组织科技研发设施建设运行活动中,为达到基本目标而在管理基本要素及其相互关系时所遵循和依据的准绳。以美国为例,根据美国《联邦政府采购法》中对平台依托单位所占有政府资产(包括科研仪器设备)的管理规定,首先要坚持几条基本原则:一是最大限度地消除平台依托单位因占用政府资产带来的竞争优势,避免不公平竞争;二是要求平台依托单位最大限度地利用政府资产履行合同内容,并应依据政府资产管理标准对政府资产进行管理;三是保证平台依托单位所占有的政府资产可以最大限度地在联邦政府部门中再利用。

3.5.2 依托单位的责任和义务

世界主要国家都明确了科技研发设施依托单位的定位、责任和义务。依托单位是承担科技研发设施建设、运行、维护和管理的组织机构。作为依托单位必须履行其责任和义务,主要包括:严格遵守法律、法规进行建设和研发定位;制定规章制度保障设施良好运行,履行合同,规范开展研发活动;保护知识产权,推进科技成果产出,定期向政府部门报告等。同时,依托单位有义务履行国家行为,对不正当使用负有责任,确保国家科技创新项目优先使用设施,不以营利为目的促进设施开放共享,服务国家经济社会发展。

3.6 开放共享服务渠道及方式

科技研发设施开放共享的服务渠道及方式,对于实现开放共享和取得良好效益是很重要的,需要不断创新和完善。

3.6.1 以网络服务平台为主渠道

在开放共享信息发布渠道方面,美国和欧洲国家等均建立了网络信息服务系统，并辅以多渠道的宣传推广。以美国为例，美国高校的大型仪器平台一般都放在公用空间，非常方便使用，也方便用户之间、用户与管理人员之间交流，营造了较为开放的科学研究环境。此外，为了方便用户查询和使用，高校大型仪器平台十分注重信息化建设，建立了平台专门网站，详细介绍平台的职能、服务以及主要大型仪器的详细信息、应用领域及典型用户、联系方式、申请使用流程、收费标准等。此外，网站还提供使用大型仪器设备必需的培训教材、安全教育内容等信息。许多平台印刷了专门的宣传彩页，介绍实验室的仪器、服务、特色及详细联系方式。这些平台通过多种渠道扩大影响，鼓励用户使用公共平台设施及技术。用户在使用高校大型仪器公共平台资源时，需要填写详细申请表，在发表论文时需要注明提供支持的公共平台。

3.6.2 以提供使用与技术支持为主

在服务方式方面，一般来说，开放共享的科技研发设施的开放服务类型包括提供开放使用服务以及提供技术咨询和技术支持等，不同的开放服务类型要结合设施具体性质和现实状况而定。以欧洲高校为例，根据科研仪器设备的价值不同，通俗来讲可将设备分为一般设备、较贵重设备和贵重设备，不同价值的设备其开放方式有所不同。使用者可以在实验技术员指导下直接使用一般设备；对于较贵重设备，首先要在实验技术人员的指导下操作，实验技术人员确定使用者已经可以熟练操作后，签字允许使用者独立操作；对于贵重设备，必须由实验技术人员本人操作，使用者预约后将样品以及实验所需条件告知实验技术人员并进行交流沟通，实验结束后直接取回样品或者结果。

3.7 开放共享的收费机制

3.7.1 合同采购类开放共享收费

合同采购类设施主要是政府投资建设，因此，这一类科研设施共享的收费机制根据用户性质和使用目的的不同分为两种：对于非营利目的的使用，原则上不向用户收取费用；对于营利性部门为获得专利或其他收益而进行的平台使用,要按照"全部成本回收"的原则收取服务费,因为这些用户的研究成果不会开放共享,不会对全社会的科技发展和创新做出贡献。

3.7.2 拨款合作类开放共享收费

拨款合作类科研设施依托单位在不妨碍该平台所属研发项目正常运行的条件下,有义务向其他研究项目开放,但依托单位在未得到法律授权的情况下,不能将开放共享的政府资助经费购置和直接给予的仪器设备,以低于私有部门提供相同服务的价格为其他机构提供有偿服务,以免造成不公平竞争,扰乱市场秩序。有偿服务所获得的服务费收入作为项目收入,按项目收入的有关规定使用,项目收入归依托单位所有,但是在项目执行期内只能用于项目支出。项目结束后,项目收入可由依托单位自行支配。

3.7.3 其他开放共享服务收费

只要向社会开放,日本的大型仪器基本上都是免费的,但根据使用目的不同,也可以进行收费。如国立健康营养研究所对其大型仪器设备开放共享提出了"研究设施、设备相互利用等推进办法",规定属于国、公、私立大学和研究机构的研究人员因研究需要,可以申请使用这些仪器设备,使用前需要提交"共同利用申请书",并收取一定的电热费、数据分析人工费、专门指导费等。使用时,基本上都是通过该研究所的仪器设备负责人进行。

3.8 开放共享的考核评估

3.8.1 合同采购类科研设施的开放共享考核评估

合同采购类科研设施是政府投资建设运行的,因此,其开放共享考核评估以政府为主体组织,评估重点是依托单位的责任履行。合同采购类科研设施的依托单位有责任最大化提高科研设施的使用效率,因此有义务促进其开放共享。对开放共享的激励和约束机制主要来自科研设施依托单位的绩效考核机制。政府职能部门根据合同约定的内容对合同采购类科研设施进行考核，并以考核为依据拨付运行维护经费。

3.8.2 拨款合作类科研设施的开放共享考核评估

由政府资助合作建设运行的科研设施的开放共享考核评估，由专业机构采用社会评估方式进行。如开放考核评估，有关部门对政府资助购置的科研设施向社会开放情况进行考核、评估，依据其向社会开放的业绩决定对其科研设施运行费用的支援。同时，为了促进科研设施共享，政府认为有必要在购置设备初期，经过有关部门评议，对信誉度高、向社会开放好的科研机构在购置费方面予以优先考虑。

3.9 开放共享的保密管理问题

3.9.1 开放共享保密的要义

开放共享与保密是相关联的。设施开放共享并不意味着没有保密问题。保密就是不让秘密泄露，保守事物的秘密的行为。设施开放共享涉及的秘密包括国家秘密、技术秘密、商业秘密、工作秘密以及设施管理单位有关秘密等。从广义上讲，保密是一种社会行为，是人或社会组织在意识到关系自身利益的事项如果被他人知悉或对外公开，可能会对自己造成某种伤害时，对该事项所采取的一种保护行为。从狭义上讲，保密就是保护好具体保密事项与信息。保密工作就是围绕保护好秘密事项而进行的组织、管理、协调、服务等职能活动，需要通过法律手段、行政手段、技术手段和必要的经济手段，来约束和规范组织和个人的涉密行为，使他们的行为能够符合设施开放共享的保密要求。

3.9.2 开放共享敏感信息管控

在科技研发设施开放中，各主要国家涉及保密问题多以敏感信息管控进行。以美国为例，美国政府主要对开放共享过程中涉及的敏感信息、涉密信息、军事关键技术信息、有害物质、人体实验、放射性物质进行管控。在接触敏感信息资格控制上，主要通过访问卡来确保合作方具有进入其内部建筑、受控空间、计算机网络或信息系统的资格。如果合作过程中需要接触涉密信息，主要根据规定来制定安全管理措施，进行审查和控制。在合作过程中,除了敏感和涉密信息以外,对一些敏感资源物品也有相应的管理措施,按照不同资源类型开展管控工作。

3.10 相关配套保障

3.10.1 实验人员管理方式

科技研发设施开放共享需要实验技术人员等的保障。在日本,申请大型仪器时多数要求使用人员具备技术人员的资质,大型仪器的运行操作必须由熟练的专业技术人员完成。欧洲高校实验室的设备主要由实验技术人员管理,每个系都有充足的实验技术人员保障实验室的顺利运行。此外,欧洲实验室的高新设备全部由实验技术人员操作和维护,所有实验技术人员均能熟练操作其所负责的设备,并能为结果分析提供建议。

3.10.2 开放共享预约系统

为使科技研发设施按计划规范提供开放共享服务,欧洲国家等建立有开放共享预约系统。欧洲高校实验室仪器设备使用前须预约,使用后须登记;所有仪器设备都有书面的操作步骤和维护措施,可以随时查阅,大部分都共享在网络上;仪器设备均有完整的使用记录,有专人定期检查维护仪器设备,做到高效运转。韩国基础科学支援研究院在网上为各科研机构及使用者提供了内容详尽的服务系统。在网上开设的服务项目有以下几方面:①研究支援:研究设备及预约、新近购置的设备、国家指定研究室、本月教育训练、远程共同研究试验、核聚变、知识信息服务、研究设备信息、仪器会员制。②研究院介绍:设立目的/主要机能、组织/部门机能、远期规划/目标、国际合作、考察指南。③部门介绍:核聚变研究开发事业团、分所、企划室。④主要工作:尖端研究设备共享、国家大型共同研究设施设置/运营、世界大型共同研究设施开发。⑤研究成果:主要事业成果、前几年支援业绩、当年支援业绩。⑥尖端研究设备:研究设备目录及预约、教育训练、尖端仪器共享、远程共同研究实验系统、分析服务支援系统等。同时,开设了仪器共享指南、现有仪器目录、仪器使用申请和受理人等，使用者可通过网络、直接访问、传真、邮寄、E‐mail 申请。

3.10.3 开放共享的应急维护

科技研发设施在开放共享中，需要应急维护以保障持续运行，应急维护一般由实验技术人员负责。欧洲高校实验室仪器设备维护由实验技术人员直接负责，实验过程中设备使用人员发现设备有问题时必须马上通知实验技术人员，实验技术人员在第一时间维修或者联系厂家维修设备。通常设备出现一般故障后，一周之内均可解决；如果故障严重，则通常在一周内联系专业维修人员或者返厂修理。

3.10.4 实行共享会员制

科技研发设施开放共享是一项科技工作，需要技术交流以更好利用设施，实行共享会员制是有效的方式。韩国基础科学支援研究院为了提高该院现有的尖端仪器设施的使用效率，对通过使用仪器取得良好业绩的使用者，给予优惠待遇，特实行尖端仪器共享会员制：通过研究设备信息网和尖端仪器共享互联网服务统管的研究设备网吸纳会员并对其进行研究业绩登记管理，欲入会者可随时通过会员制入会。至于入会 1 年后能否享受会费优惠，要根据其被登记的业绩，每年年底由研究院尖端仪器共享会员评选委员会评选，被选为可享受优惠会员后方可享受。

4 加强国家科技研发设施开放共享管理的启示

对主要国家,特别是美国、欧洲、以色列和印度的涉及国防等战略性科技研发设施开放共享管理特点的综合比较分析,联系我国实际,可以带给我们一些思考、参考和借鉴的地方。

4.1 主要国家科技研发设施开放共享管理比较

通过比较分析,可以看到美国、欧洲、以色列和印度在科技研发设施开放共享管理方面有共同的地方,但又各具特点。

4.1.1 美国科技研发设施开放共享管理

美国是科技研发设施体系最为全面、水平最高的国家,以下主要分析美国国防等战略性科技研发设施开放共享管理的特点。

(1) 开放共享以提高国家核心竞争力为目标

美国是一个国家利益高于一切的国家,以提高国家核心竞争力为总体目标和基本立场来开展科技资源的共享共用。美国在增强国防核心技术实力的同时,利用自己在世界科技领域的领先地位开展各种技术层面、资源层面的对外开放合作,并以综合实力的不断增强来维护国家的安全与利益。

(2) 以开放共享为手段促进技术成果转移、转化

孵化器是美国成果转化的重要助推器。孵化器为科学家和中小企业

成果转化搭建了一个成长的平台,有效地促进了科研成果的孵化。美国大学孵化器多为非营利机构,主要收入为政府支持资金以及为孵化企业提供的技术咨询服务收入,收入主要用于人员费、设备维护费等。孵化器通过提供物理空间、基础设施及一系列服务,使社会使用者能够便利地利用实验室资源开展科学研究,提高了实验室仪器设备的使用效率,并通过开展技术服务等各类开放活动,促进科技成果转化。

(3) 开放共享产权及管理权归属明确

美国政府各部门(如能源部、航空航天局等)的科技研发设施购置及审批程序清晰。首先根据研发需要进行立项,在经费预算通过国会批准后,同国家实验室、研发中心签订研发合同开展R&D项目,包括购置研发活动中所需的科研仪器设备,并对项目所需国防科研设施的购置及审批管理负责。由美国联邦政府经费购置的国防科研设施通常都设在国家实验室和联邦政府资助的研发中心,其产权归属虽根据实际情况有所不同,但均为具有公益性质的机构和部门,产权及管理权的归属规定明确。

(4) 开放共享收益机制完备

美国联邦政府规定,拥有联邦政府经费购置科研仪器设施的项目承担方,在满足本部门项目需要前提下,有义务向其他政府部门及非政府部门或机构提供服务,但必须征得给予资助政府部门的批准,同时规定对外服务费用不低于私营机构同类服务价格,避免造成不公平竞争。

4.1.2 欧盟科技研发设施开放共享管理

欧盟是欧洲多个国家组成的政治、科技、经济等的联盟,其科技研发设施开放共享有以下特点。

(1) 建立科研设施开放共享地图

欧盟科研设施分布图直接挂在欧盟门户网站中的研究和创新栏目下,并与该网站的其他功能整合,形成了一个有效促进欧洲科研基础设施共享的功能平台。直观的地图可以使科研人员方便地查找和选择距离自己最近、最符合自己需要的科研设施,有利于提高科技资源的利用效率。

（2）建立多层次的中间组织，完善科技资源管理体系

欧洲科研基础设施有多种机构参与管理，如欧洲科研基础设施战略论坛、欧洲科研基础设施联盟、欧洲政府间研究组织论坛、欧洲科学协会和欧洲国家研究设施协会，相互之间都有着明确的分工和协作，从不同层面协调着成员国、会员国和多渠道建设方的利益，使其符合欧洲的整体利益和共同需求。

（3）坚持建设与运行并重的全成本预算，广开融资渠道

欧洲科研基础设施的建设和运行并重，对于新建设备设施采取全成本预算方法（包括准备、建设、运行、退役等各阶段），将年度运行费用纳入整体预算。同时，为降低财务风险，注意引入多元化的投资形成组合金融工具，并将投资与共享资格联系起来。

（4）参与国际合作，提升运行水平

欧洲科研基础设施过去仅限于欧盟内部共享，但欧债危机使得这些设施的建设资金趋紧，建设周期有很多不确定性。因此欧盟在互联网上推出分布地图，某种程度上可以视为欧洲向全世界传递出一个共建共享的信号，以缓解资金压力。2012年，欧盟修订联盟条例，允许非欧盟成员国以会员国的身份参建，目前日本、澳大利亚已经参与了一些合作项目。

4.1.3 以色列科技研发设施共享管理

以色列通过产学研和军民融合体制，实现科技研发设施开放共享，使有限的科技研发设施资源得到充分应用，主要特点有以下两点。

（1）联盟式研发有利于资源共享，避免重复研发

通过国有与民营两种体制主体的联盟合作，可以最大限度发挥国有单位在实验室、稀缺设备等硬件资源上的巨大优势，通过对资源的开放与共享，避免重复建设，提高资源利用率。通过联盟，还可以有效地消除国防专利与普通专利间的信息壁垒，使军民双方可以迅速了解对方领域内的相似技术，通过合同、协议等方式直接应用或进行二次开发，避免重复研发。

(2) 专业服务机构是科技成果共享对接的桥梁

以色列技术转移公司的作用贯穿于其国内技术成果转移、转化工作的全过程，科技资源共享平台效果显著。对我国而言，建立专业化的技术成果转化服务机构，或是依托现有军工单位、高校体制内的骨干机构，是技术成果跨越军民两大领域、完成共享对接的最好桥梁与纽带。

4.1.4 印度科技研发设施共享管理

印度是科技创新与战略性产业发展很快的新兴大国，其对于科技研发设施管理有以下特点。

(1) 政府定位明晰、职责明确

印度政府认为科学研究是国家的事业，需要政府的投入和扶持，作为科研院所、实验室的研究人员和科学家开展科学研究活动必备的科研设施更需要政府加大投入，应以有利于科研活动的开展为取向，而不强调创收。本着这个原则，科研设施管理人员的主要职责就是管理和维护设施，并不像其他专门从事科研的科学家或是研究人员那样直接从事科学研究。这些管理人员是一支专业化的队伍，其研究对象就是科研设施，不沿用论文发表等评比标准。国家通过采取工资政策、职称渠道等手段鼓励他们从事这项工作，平衡与其他类别的科学家和研究人员的差异。

(2) 优化资源利用、营造自主创新发展环境

印度政府鼓励国防自主创新发展，在国力、财力和人力等资源都有限的情况下，建立科学中心，配以先进的科研仪器设备，确保集中优势资源，重点投入，优化资源配置。以地区精密仪器中心为例，在一个区域范围内建设一个仪器设备中心，既可以把有限的经费集中起来配置最先进的仪器，与世界同步，又可以在时间上充分地利用这些科研设施。同时，由于中心经常举办一些研讨会、论坛和协作研究等活动，汇聚了来自各地的科学家、研究人员等人才，在一定程度上形成了一个学术交流和研究中心，易于产生"盆地"效应，有利于开展科研和学术活动，有助于提升自主创新能力。

4.2 加深对科技研发设施开放共享的认识

当今世界,在科技创新和产业创新的革命性发展中,更需要对科技研发设施开放共享的重要作用进行深入认识。

4.2.1 对国家经济和社会发展的作用

国家科技研发设施体系是国家各方投资建设的,是国家的财富。科技研发设施的开放共享,有利于优化科技资源配置,凝聚科技创新合力,增强自主创新能力,可以促进国家经济和社会发展。

(1) 实现科技研发设施利用高效化

推动国家科技研发设施开放共享,能够有效整合科技创新资源,提高科研设施的利用率和使用效益。一是可有效盘活大量闲置的科研设施,提高设施使用效率,并缓解一部分超负荷运行设施的使用压力;二是可有效解决设施不足对技术研发的制约,帮助社会使用者低成本使用科研设施开展研发活动,降低创新研发成本;三是可有效避免科研设施的重复购置,节约设施购置经费,集中有限经费加大创新活动投入;四是通过计划安排减少设施开机频率,可有效提高设施单次运行有效机时,提升设施的利用率和使用效益。

(2) 促进科技研发设施应用专业化

实现科技研发设施开放共享,可有效解决专业技术人员短缺的问题,促进技术服务的专业化。一是通过科研设施有偿开放共享,增加依托单位服务收入,解决"养人"的成本问题,为打造一支高素质、专业化的技术服务团队提供必要的经费支持;二是通过科研设施共享,进一步提升技术人员对设施的使用、维护、开发能力与水平,固化相应的技能工种,促进设施使用专业化;三是专业化、社会化技术服务的出现,有助于提高科研设施的使用效率,从而进一步提升设施的共享程度与范围,实现科研设施的效益最大化。

(3) 推动区域科技创新协同化

推动科技研发设施开放共享是开展协同创新的重要内容,其能够将不同单位、不同领域的科研人员和研究成果聚集在一起,有效推动学科交叉和学术交流,增强区域科技创新能力,有效促进全社会协同创新。一是科研设施往往直接服务于科学前沿研究与高精尖技术研发,在共享过程中必然会集成同一领域乃至不同领域最新技术和方法,客观上推动了学科交叉与融合进程,有助于在新的技术领域形成新突破;二是科研设施共享使用过程,通常为区域内科研机构、企业等多类创新主体,以及设计、研发、生产、推广等多部门人员交互学习的过程,其间设施管理或操作人员依据以往操作经验,能够为使用机构技术研发提供有益参考,客观上形成了产学研用各部门的紧密合作,推动了区域协同创新。

(4) 加快科技创新成果产业化

科技研发设施开放共享,能够为科技型企业创新活动提供高端、高质、高效的技术服务,有利于加快科技创新成果转化和产业化。一是实现科研设施,特别是专业性检验检测设施的区域共享,帮助使用机构及时获取新产品技术参数,加快产品改进及相关计量标准审核进程,加速创新成果转化和产业化;二是科研设施开放共享能够有效减少企业在选择及购置方面的资金投入,集中力量开展企业核心业务。同时,科研设施依托单位,能够根据社会使用者的技术研发需求,为其提供设施选用、方案设计等方面的参考,帮助企业,特别是创新能力不强的中小微企业提升技术研发成功率,促进成果转化和产业化。

4.2.2 对国防科技工业发展的影响

国防科技工业是国家战略性产业,实施国家科技研发设施开放共享对于建设先进国防科技工业体系具有重要影响。

(1) 有利于军民融合深度发展等重大问题的解决

国防科技工业科技研发设施开放共享问题一直是军民融合深度发展中的难点问题,也是实施军民融合国家战略必须要解决的具有带动性的问题。实现国防科技工业科技研发设施共享,有利于军民融合深度发展等重大问题的解决,能够促进军工改革发展,能够有更多科技成果产出,能够发现和培养更多军工科技人才,服务于国防与军队建设,服务于社会、科技和经济发展。国防科技工业科技研发设施开放共享的关键就在于其涉及军民融合发展中的多部门协调、保密解密、投资管理体制、所有权与管理权的分离、部门利益等核心问题。如果在这些问题上能够提出有效的解决办法，预示着会在这些问题上取得一定的突破，具有示范效应，可以为其他军民融合深度发展重大问题的解决提供解决思路。

（2）有利于推动国防科技工业可持续发展

国防科技工业科技研发设施开放共享是实现国防科技工业协同创新、可持续发展的重要基础条件。通过实现国防科技工业科技研发设施的开放共享，释放国防科技资源潜力，体现出国防科技工业作为国家战略性产业，在推动国家科技进步、服务经济社会方面发挥了重要和积极作用。同时，充分利用了国家已投入国防科技工业的资源，节约了社会企业的投入，减少了浪费，提高了效率，推动了创新速度的提升。另外，通过向社会提供科技服务获取一定收益，在一定程度上减少了国防科技研发设施维护的投入，减轻了国家负担，可以更好地实现国防科技工业的可持续发展。

4.3 完善国家科技研发设施开放共享管理的启示

通过对世界主要国家科技研发设施开放共享的分析比较，结合我国科技研发设施开放共享的现状和发展要求，得到完善国家科技研发设施开放共享管理的几点启示。

4.3.1 从国家战略高度设计科技研发设施开放共享管理

进入 21 世纪以来，全球科技创新进入空前密集、活跃和竞争的新时期，新一轮科技革命和产业变革正在突飞猛进发展，重构全球创新版图、重塑全球经济结构。以信息、生命、制造、能源、空间、海洋等的原创突破为前沿技术、颠覆性技术提供了更多创新源泉，学科之间、科学和技术之间、技术之间、自然科学和社会科学之间日益呈现交叉融合趋势，科学技术从来没有像现在这样深刻影响着国家前途命运，为此，创新驱动发展成为国家发展战略。创新是一个系统工程，实施创新驱动发展战略需要科技创新、制度创新两个轮子一起转,既需要各自创新,又需要协同创新。国家科技研发设施的建设、运行、发展,涉及多领域科学技术、各方面人才和依托单位等管理环境,需要在国家战略体系指引下,科技创新与制度创新协同推进。只有这样才能实现从国家战略高度设计科技研发设施开放共享管理,更好发挥出国家科技研发设施的体系效益。

4.3.2 国家科技研发设施开放共享以法律法规为依据

在法治国家,国家科技研发设施开放共享以法律法规作为依据,特别是对于国防等战略性科技研发设施开放共享更需要有相关的法律法规作为保障依据。没有以法律形式确立开放共享的基本理念和原则等,在推进科技研发设施开放共享方面就缺乏依据。没有法律主体地位,开放共享中的人事、财务、运行管理难以独立持续,因此,需要通过法律法规规定科技研发设施建设、运行管理中投资者和依托单位的定位、责任和义务,以及不同类科技研发设施开放共享的规定性,以确保科技研发设施的开放共享。通过促进原始创新和技术转移等配套法律法规体系,解决好建设与运行投资、军民融合、知识产权保护、国际化和开放共享服务收益等问题,推进国家科技研发设施与创新主体之间的人员、技术、设备、信息等方面的交流与合作,实现科技研发设施开放共享持续开展。

4.3.3 强化科技研发设施开放共享制度建设

制度是法律法规实施的保障,科技研发设施开放共享制度建设需要不断强化和完善,以使科技研发设施开放共享更好地规范、持续开展。科技研发设施开放共享制度建设包括体制建设和机制建设。在体制上要打破条块分割、各自为政,在机制上要建立有效的保障机制、激励机制和制约机制,使相关各方以优化运作方式相互联系、相互协同。不断强化科技研发设施开放共享制度建设,实现在国家战略指引下,按照法律法规建立统筹科技资源的体制、机制。通过多元投资、体系建设、分类开放、有效共享,为科技研发设施开放共享管理提供条件保障,实现科技研发设施开放共享规范持续开展,把科技研发设施建设运行为科研开发的聚集地和原始创新的发源地。

4.3.4 适时调整政策措施推进科技研发设施开放共享

科技政策是国家为实现一定时期的科学技术发展任务而规定的指导方针和策略原则,起着协调控制的作用,保证在国家法律制度下,科技创新朝着一定的目标,沿着正确的路线有序发展。科技政策要与国家发展战略相一致,符合科技自身发展规律,实现科技与社会、经济协调发展。面对全球新一轮科技创新和产业革命带来的重大历史机遇,科技创新实现"领跑",在政策上需要率先作出前瞻性安排,全面实施创新驱动发展战略,充分发挥科技创新的支撑引领作用,进一步激发各类创新主体的积极性和创造性,加快科技创新能力建设,实施科技研发设施开放共享,释放新技术、新产业、新业态的发展活力,加快建设更高水平的创新国家。科技研发设施开放共享需要围绕科技创新战略、发展规划和新形势需要,适时调整政策措施,加强管理。既要处理好科学技术活动领域内的各种关系,又要处理好科技与社会、经济的相互关系以及国际关系,实现产业链资源开放共享、高效配置和良好效益。

第二篇　美国科技研发设施开放共享管理

本篇介绍了美国国家科技研发设施体系、科技研发设施管理体系和科技研发设施开放共享管理情况，并着重分析了国防等战略性科技研发设施的开放共享管理。

1 美国科技研发设施体系

美国科技研发设施体系主要由政府投资的科技研发设施、企业科技研发设施、大学科技研发设施和社会科技研发设施构成，表现形态为国家实验室、企业研发机构、大学实验室和社会研发机构等。政府投资的国家实验室主要集中在国家安全、国防等战略性领域。企业研发机构和大学实验室是美国传统技术创新的骨干力量。社会科技研发设施主要依托独立的非营利性科技研发机构。

1.1 战略性科技研发设施体系的构成

美国战略性科技研发设施体系主要有能源部、国防部、国家航空航天局等政府部门，依据法律授予的职责，进行管理。美国拥有世界上最为庞大而完整的国防科研体系，其国防科研力量体现了以美联邦政府实验室为核心，大学、企业等广泛参与的基本特征。根据属性和管理支持方式的不同，美国国防科研力量可分为政府直属的国防科研机构、政府投资为主的研发中心、企业科研机构和大学科研机构。其中政府直属的国防科研机构是美国国防科研的核心力量，主要隶属于国防部、能源部和国家航空航天局等。

1.1.1 能源部管理的国家实验室

能源部依据《能源部组织法》等法律授权履行职责。其职责包括实施协调统一的国家能源政策，建立和实施统一的节能战略，开发太阳能、地热能和其他可再生能源，确保成本低、价格合理、充足可靠的能源供应。具体包括各种能源生产和利用形式的能源资源应用，能源研究与开发；环境保护的职责；国际项目和国际政策；与核武器管理、研究和开发相关的国家安全职责；政府间政策和交往，尤其是与州政府和地方政府的关系；能源产业中的消费者保护与竞争；核废物管理；能源节约，包括制定统一的国家能源节约战略；电力市场建设；公众与国会的关系。

（1）重要领域

1）科学与能源领域

能源部将科学研究、应用能源研发及商业化活动紧密整合，在创造就业岗位和推动经济增长的同时，为实现清洁能源提供了一条新的路径。除整合科学与能源技术项目之外，能源部还将跨学科的技术力量集中在一些关键挑战上，以协调从基础研究到新兴商业方案方面的创新投资；并且整合数据、模型以及分析，以加深对各种系统的认知。能源部将继续充当向决策者、能源市场和民众提供能源情报的主要信息源，并通过加深对能源及其与经济、环境等的相互作用的认识来促进合理的决策。能源部的工作重心之一是为白宫国内政策委员会和科学政策办公室领导的四年期能源审议提供支持。

2）核安保领域

能源部在国家安全方面的使命是为满足核安保、情报与反情报以及国家安全等需求提供支持。2010年《核态势评估》的颁布以及《新削减战略武器条约》的批准突显了能源部核安保使命的重要性：只要核武器存在，能源部就必须保持一个安全、安保、可靠的核武库。《核态势评估》提出了一种在允许遵守国际核不扩散机制的国家和平使用核能的同时降低全球核安保威胁的方法。能源部将通过两种方式来推进总统关于无核武器世界的构想，即拆除退役核武器，通过增加透明度和建立信心等措施来增强全球稳定性。

能源部通过国家核军工管理局的核安保事业在保持安全、安保、有效的核威慑以及打击核扩散及核恐怖活动方面扮演重要角色。核安保事业中的科学、技术、工程和制造能力可以巩固能源部的下述能力：执行核武库维护工作的能力，应对违约核查、打击核恐怖主义和核扩散以及防范因意外核技术事件所造成的威胁等技术挑战的能力。例如，核武器设计方面的特有知识将在帮助美国认识世界范围内的战略威胁方面发挥决定性作用。能源部负责为美国海军提供核动力并为其安全、可靠、长期运行提供所需的设计、开发及运行支持。

能源部通过建设现代化的快速响应设施来应对未来潜在的核威慑挑战；所属各个国家核实验室和场址利用广泛的科技能力和核专业知识为国防、国土安全及情报工作提供支持，并为实体安全、应急准备与响应、核法证和网络安全提供专业知识和行动能力。

3）管理与绩效

能源部使命的实现需要从能源部总部到各个场址办公室、服务中心、实验室和生产设施，坚持不懈地致力于以绩效为基础的管理以及对卓越的追求，其核心是拥有一支能以安全、安保、有效、可持续的方式实现能源部使命的高素质、高才干且高度灵活的联邦职工队伍。能源部建立的基于绩效的体系将工作与能源部及联邦政府目标的实现挂钩并取得成效。研发管理涉及按照最大的潜力及其可能产生的影响对研发活动的优先顺序进行排列。研究决策需要在项目组合层面和项目征集层面进行严密的同行审查。同时能源部最优先的工作之一是改善能源部的全面合同与项目管理工作，以及加强能源部计算机网络安全保护。能源部将提供更多的项目成本和进度分析培训并设法对信息技术基础设施进行升级。

(2) 布局结构

能源部负责美国核领域军民科技规划、投入和管理，是主管美国核武器研制生产，舰艇核动力的研制与建造，核基础科研，核电开发以及常规能源开发、利用、管理的联邦政府部门。在能源部内部，科学办公室承担着绝大部分基础科研管理工作。国家核军工管理局（NNSA）承担核武器、军用核材料及舰艇核动力研制、生产和维护的管理工作。能源部有下属实验室和技术中心共21个,其中与国防相关的有17个,见附表1。分布在美国各州,雇员共6万多人,科学家和工程师数量超过3万人,研究工作主要集中于核、能源、国家安全和环境清污等方面。在17个与国防相关的国家实验室中,科学办公室管理10个,分别为劳伦斯伯克利国家实验室、橡树岭国家实验室、太平洋西北国家实验室、艾姆斯国家实验室、费米国家加速器实验室、阿贡国家实验室、布鲁克海文国家实验室、普林斯顿等离子物理实验室、托马斯杰弗森国家加速器实验室、斯坦福加速器国家实验室;国家核军工管理局分管3个核武器实验室,分别为劳伦斯利弗莫尔国家实验室、桑迪亚国家实验室、洛斯阿拉莫斯国家实验室;核能办公室分管爱达荷国家实验室;环境管理办公室分管萨凡纳河国家实验室;能源效率与可再生能源办公室分管国家可再生能源实验室;化石能源办公室分管国家能源技术实验室。

  能源部国家实验室发展战略的首要目标是:将服务美国的国家战略目标放在首要位置,立足实验室的优势和基础,强化服务美国的国家战略目标。每个国家实验室都已经将核心能力分布和计划聚焦的学科或研究领域清晰地展现了出来。10个实验室未来发展的核心能力主要聚集在粒子物理、核物理学、加速器科学、凝聚态物理与材料科学等17个方面。每个实验室在核心能力大的领域分布上既有差异,也有重叠。在核心能力分布上,部分实验室坚持单一领域的特点,如艾姆斯国家实验室、费米国家加速器实验室、普林斯顿等离子物理实验室、斯坦福国家加速器实验室和托马斯杰弗森国家加速器实验室。这几个实验室的特点都是依托加速器实验室等少数大科学装置。部分实验室核心能力分布的领域较宽,具有多领域综合的特点,如布鲁克海文国家实验室、劳伦斯伯克利实验室、橡树岭国家实验室等。在10个国家实验室中,有9个将大科学装置和先进仪器作为其核心能力的组成部分,在所有17项核心能力中最为突出,体现了大科学装置对国家实验室的重要作用。在规划文本中,10个能源部国家实验室,均对其大科学装置的现状、使用情况进行了较为详细的梳理,对未来十年仪器设备开发、大装置维护更新等列出了计划要点,制订了详细的设备和基础设施投资计划。10个国家实验室都详细做出了 2012—2021 年设备和基础设施年度直接投资预算、实验室间接成本支出等,还对重置成本、递延对投资的收益进行了估算。详细的设备和基础设施投资计划和预算安排是获得主管部门预算拨款的前提,也为实验室的科研活动提供了稳定的可预期的环境。

1.1.2 国防部管理的国家实验室

国防部是美国武装部队的最高领导机关。军种部是各军种的最高行政领导机关,负责本军种的人事与行政管理、部队组建、战备训练、兵役动员、武器装备研制与采购以及后勤保障等。美国 1947 年的《国家安全法》决定成立国家军事部,但因其地位等同于军种部,起不了统管全军的作用。1949 年的《国家安全法》修正案,以国防部取代国家军事部,并规定其为政府一级部,三个军种部降为其下属部门,从而确立了国防部对全军的统管地位。国防部是按照美国国会通过的 1986 年的《戈德华特 – 尼科尔斯国防部重构法案》(Goldwater – Nichols Act of 1986)设立的。按照这个法案,军事命令是美国总统通过美国国防部部长直接下达到美国各个地区的将军处的。美国参谋长联席会议有责任管理美国武器和军人装备,同时也是总统的军事顾问,但是他们没有命令权。

(1) 战略体系

1) 引导开放式协作创新的顶层战略体系

经过长期的发展,美国国防部建立了较为完善的顶层战略规划体系,包括《国家安全战略》《国家军事战略》《国防战略》等,并定期更新。上述战略文件都包含国防科技创新发展的相关内容,一方面保证顶层战略对国防科技创新发展具有指导与牵引作用,另一方面确保顶层战略编制中充分考虑国防科技对国防与军队建设各领域的深刻影响。

国防部还不定期出台专项战略规划,如 2000 年出台的《2020 年联合设想》,对国防科技的创新发展做出规划。该文件要求逐步健全创新体系,明确提出创新是提高作战能力的"催化剂",在美军建设中具有极其重要的作用,要求建立一套作战、科研与防务相结合的开放式协作创新机制,营造以"开放式创新"为主要导向的科研氛围,积极开展部队结构和作战理论的创新,牵引作战样式的重大突破。

冷战以来,美国国防部发布了三版"抵消战略",其中前两次"抵消战略"对美国乃至世界的战略格局都产生了重大影响,相关战略都充分考虑了技术发展的重要影响,是在国防科技管理部门的主导下编制出来的。20世纪50年代的第一次"抵消战略",要求利用美国在核武器、远程轰炸机、弹道导弹方面的技术优势,抵消苏联的常规军力优势,发展和保持国防科技的非对称优势的战略意图非常明显。20世纪70年代,国防部提出了第二次"抵消战略",要求大力发展国防高技术,利用精确制导、隐身等技术优势抵制华约集团的数量优势,不断谋求全面技术优势。2014年9月,国防部提出实施第三次"抵消战略",要求建立新的技术优势,重点发展自主学习系统、人机协同决策、机器辅助人员作战、先进有人—无人编队作站和网络赋能自主武器等5个技术领域,以确保美国的非对称军事优势。相关战略文件对国防科技的创新发展,具有极其重要的指导和牵引作用。

综上可以发现,除了政府之外,美国军队也建立了完善的顶层战略规划体系,引导开放式协作的科研创新氛围,为国防科技创新发展提供了重要的指导作用。

2)国防科技专项战略与规划的制订

冷战结束以来,为了迎接信息技术飞速发展、技术复杂性不断增强以及国防预算削减的多方面挑战,美军在国防科技方面,开始出台专项战略与规划,并向体系化方向发展,在国防科技战略之下形成"一大战略,三大规划"的体系格局,并逐步演进与完善。

1992年7月,国防部研究与工程署在分析冷战结束后国际战略形势及技术发展趋势的基础上,首次制定了《国防科学技术战略》及支撑性规划,明确国防科技发展目标、关键技术的发展路径。其后,研究与工程署分别于1994年9月、1996年5月、2000年5月发布《国防科学技术战略》,不断更新和细化国防科技的发展目标与实现路径,并制订三大支撑规划,即《国防基础研究规划》《国防技术领域规划》《联合作战科技规划》,分别从科学、技术、军事运用三方面出发,阐明研究体系，理清研究目标，突出研究重点。

"9·11"事件后，美国基于国际与国内安全形势变化，2007年将国防科技战略更名为《国防研究与工程战略规划》，标志着美国国防科技战略规划体系发生变化。首先，更加注重国防科技对型号研制的驱动，强化国防科技向武器装备与战斗力的转化；其次，相关战略内容从以往关注技术本身向技术创新与管理创新并重的方向转变，尤其注重国防科技资源的优化配置管理。2014年，负责研究与工程的助理国防部部长陆续发布《研究与工程战略：催生改变的概念》《国防部研究与工程战略指南》《21世纪国防科技协同工作顶层框架》等国防科技顶层战略文件，提出了新形势下美国国防科技发展的战略思路与目标。2014年年底，国防部发布《国防创新倡议》，指出为确保美军未来数十年内继续保持竞争优势，美军必须识别和研发新的颠覆性技术，发展一系列"改变游戏规则"的技术，此外还要寻求培养管理人员和领导者的创新模式，以更加开放的方式改革国防部管理模式，适应技术快速更新换代的要求。

此外，各军种和国防部业务局分别出台并定期更新本部门的科学技术战略规划，主要包括《海军科学技术战略》《空军战略主计划》《陆军科学技术主计划》《国防高级研究计划局战略规划》等，提出了各部门国防科技发展的战略构想、重点领域和政策措施，形成与国防部层面战略规划相配套的战略规划体系，确保国防部相关战略规划的有效落实。

3）协同管理科技创新资源战略管理工作体系的构建

为有效统筹国防科技创新发展，美国国防部建立了较为完善的国防科技战略管理工作体系，为科学制订国防科技战略规划提供了组织保证。

负责研究与工程的助理国防部部长办公室是美国国防科技的主管部门，负责统筹和确定国防科技战略的总体思路、方向和内容，组织各军种、国防业务局等部门共同编制国防科技战略、配套规划、创新倡议等顶层文件，并监督相关战略规划的有效落实。

在负责研究与工程的助理国防部部长领导下,美军设立国防科技执行委员会,具体指导国防科技战略及规划的制订,协同各部门科技创新资源,避免各部门重复投资与"烟囱式"发展。该委员会由负责研究与工程的助理国防部部长任主席,成员包括负责研究的助理国防部部长帮办、负责快速部署的助理国防部部长帮办、军种负责科技管理的官员、国防部业务局负责科技管理的官员等,形成美军各级国防科技管理部门的联合决策机制,确保国防科技战略的科学性。在该执行委员会之下,按照技术领域设立工作小组,成员由相关技术领域的利益相关方组成,包括军种、业务局、参联会与联合参谋部以及大学、研究实验室、工业界等技术研究机构的代表,共同研究制定相关技术领域的发展路线图。

美军高度重视吸收军内外智库与咨询组织参与论证研究,为美军国防科技战略的制定提供重要支持,比较重要的如国家研究委员会、国防科学委员会、各军种科学咨询委员会、战略与国际研究中心、兰德公司等。相关智库与咨询组织接受国防部、军种及业务局等的委托,开展与国防科技创新相关的发展战略、规划、管理政策等方面的咨询研究,并围绕主要技术领域的创新发展提供预测性研究,为国防科技创新战略规划的制订提供重要的参考与理论支撑。

综上所述,美国虽然没有专门的国防工业开放发展战略文本,但美国政府对国防科技资源开放共享的各种政策引导,事实上已经形成一种开放的发展战略。当前和今后一段时期美国国防科技工业的发展战略总体上追求全球范围内的技术及装备优势,充分利用全国以及全世界的科研力量来发展美国的国防科技,因此会在一定程度上刺激和促进美国包括科研设备设施在内的一系列科技资源的优化配置。

(2) 布局结构

目前,国防部共有67个国家实验室(部分名录见附表2),总计约7万人,其中科学与工程技术人员超过4万人,主要分布在海、陆、空3个军种部,其中海军部实验室有26个、陆军部实验室有28个、空军部实验室有11个。美国国防部下属国家实验室在整个国防部科研任务中所占的比重不大,但由于其以公共利益为核心、不涉及市场利益冲突、拥有长期的国防科研核心能力等特点,其在国防部科研体系中占有重要而独特的地位。"国家实验室资助机构—国家实验室运营机构—国家实验室"三层次的管理模式是美国国家实验室普遍采用的管理模式。这种管理模式使国家实验室既能得到美国联邦政府的资助,又能保持较为灵活的适合研发的经营管理模式。

1.1.3 航天局管理的国家实验室

美国国家航空航天局(National Aeronautics and Space Administration,NASA),又称美国宇航局、美国太空总署,是美国联邦政府的一个行政性科研机构,负责制订、实施美国的太空计划,并开展航空科学暨太空科学的研究,因此,NASA是世界上最大的空间开发机构,2018年NASA迎来成立60周年的日子,从航天飞机、"哈勃"空间望远镜到"国际空间站",等等,NASA始终走在世界空间开发的前列,现又瞄准了建设月球基地和进而把人送上火星的更大目标。

(1)重要领域

NASA主要从事的6个战略领域是:空间科学事业、地球科学事业、生物学事业、航空航天技术、教育事业、航天飞行事业。空间科学事业包括探索太阳系、火星探测、天文学研究、宇宙的组成及演变、太阳系与地球之间的联系5个部分。地球科学事业包括地球系统科学和地球科学应用两部分。生物学事业包括物理学研究、生物学研究及它们与航天飞行保障的关系3个部分。航空航天技术包括航空技术、航天发射倡议、飞行学与测试技术、创新技术转移伙伴关系4个部分。教育事业旨在激励学生投身科学和工程技术研究,是NASA于2002年新设立的战略领域。它贯穿于NASA其余5项事业之中,涉及NASA 9个航天中心和喷气推进实验室在内的全员培训。目前,已开设了两个教育计划,即宇航员培训计划和NASA探索学校计划。航天飞行事业包括国际空间站、航天飞机、航天飞行与保障3个部分。在战略计划中提出的战略愿景是:"NASA是对美国未来的投资。作为探索者、先行者和改革者,我们将在航空航天前沿领域大胆开拓,以此振奋民族精神,为美国服务，并提高地球上人类的生活质量。"近年来 NASA 战略计划还增加了"延长太空的生命"和"探寻其他星球的新生命迹象"两个战略愿景，同时还增加了两项新的使命任务："保护我们的家园"及"激励和鼓舞下一代航天人"。这表明 NASA 将致力于拓展更远大、更宏伟的太空新疆界，同时将更加重视对未来人才的培养，强调人才是未来航天发展的源泉。

（2）布局结构

国家航空航天局下设 3 个任务部、8 个职能办公室和 10 个研究中心，10 个研究中心构成了国家航空航天局的主体科研机构，见附表 3。国家航空航天局将大量科研项目以合同等形式交由企业和大学承担，对于一些共性技术，国防部也参与了资助。

1.1.4 其他政府部门管理的有关机构

美国其他联邦政府机构管理的科技研发机构也具有相应职责内的战略性、基础性和前瞻性的研发工作，现在，美国有 600 多个大型联邦实验室，除能源部、国防部和航天局管理的实验室外，国家商务部、卫生部等也管理与职能相关的实验室，服务于国家的发展利益。商务部管理 7 个联邦实验室和 2 个研究中心，其中，国家标准与技术研究院具有广泛影响。国家标准与技术研究院依据《国家标准与技术研究院法》，经过法律程序于 1901 年成立，主要从事物理、生物、工程等领域的基础和应用研究；从事国家技术基础研究，如计量理论方法研究、标准化研究、提供标准数据和技术标准服务推广工作等；是美国计量科学、溯源体系和标准化的权威机构及创造关键计量技术和推动公平标准的领导者；其使命是通过计量科学、标准和技术以强化美国的科技创新和产业竞争力，提高经济安全和改善生活品质。国家标准与技术研究院拥有物理测量、材料测量、工程、信息技术等科技研发设施硬件条件，还拥有大量标准物质、标准、软件和科技数据库等资源，作为政府推动技术创新的重要依托，具体管理国家 Baldrige 质量计划、Hollings 制造技术推广伙伴关系计划和技术创新计划，同时其设施开放共享，以提高国家投资设施的效力和效率，满足国家项目和客户需求。1995 年颁布的《联邦技术转移促进法》，明确国家标准与技术研究院作为国家技术标准推广部门，负责向产业界推广标准、共享科技成果，并做好实施协调和评估工作，成为美国科技政策调整政府与市场关系的实践者。

1.2 其他科技研发设施体系

其他科技研发设施体系主要包括：企业科技研发设施体系、大学和社会科技研发设施体系。企业研发设施体系和大学是美国传统技术创新的骨干力量，社会科技研发设施体系主要是独立的非营利性科技研发机构。

1.2.1 企业科技研发设施体系

企业是美国技术创新的主体。美国是工业实验室的发源地，美国企业有着建立研发机构、建设科技研发设施、持续开展科技研发、不断提升市场竞争力的传统。美国企业多数设有自己的研发机构，研发机构内建有多个高水平研发设施，如美国西屋电气公司拥有100余个研发实验室。美国工业界是美国国家战略实现的主要承接者，承担了国防部近50%的应用研究和60%以上的先期技术发展任务。美国工业界是世界产业革命性发展的领先者，全球研发投入前50强企业中，美国一直保持有20家左右；全球企业前100强中，美国企业有50家。世界前100名企业中的美国企业名单见附表4。

1.2.2 大学科技研发设施体系

美国共有大专院校4 000多所。其中，1 700多所为两年制院校，2 500多所为四年制院校；1 700多所为公立院校，近2 500所为私立院校。美国高等院校具有国家投资建设、企业投资建设和自己建设的科技研发设施，还具备吸引人才的教育人力资源。它是美国传统科技研发创新的骨干力量之一，是美国基础研究的主要执行机构，是技术转移的主要源泉之一，近些年来，在美国科技政策引导和政府支持下，产学研合作研发成为高校科研的重要方向，美国研究型大学约有400所，其中一半以上承担国防部等联邦政府项目。世界100强大学中的美国大学名单见附表 5。

1.2.3 社会科技研发设施体系

社会科技研发设施体系是指不隶属于任何政府部门、大学和企业的非营利性科技研发设施体系。美国科技创新政策和环境促进了社会科技研发设施体系的产生和发展。在美国硅谷等地区，集中了许多科技创新公司，这些公司以科技成果转化为产品、向产业化发展为目标，吸引风险投资和高科技人才，快速发展，其对美国前沿技术发展包括战略性高技术发展所发挥的作用越来越明显，引起了美国国防部等政府部门的高度重视和支持。美国硅谷社会科技研发机构部分名录见附表6。

2 美国科技研发设施管理体系

我们从法律、法规、政策和制度几个方面,并结合美国国家实验室建设运行等,综合分析美国的科技研发设施管理体系。

2.1 依据法律建立和管理

美国国家所有的科技研发设施都是依据法律建立和依据法律进行管理的,这是美国科技研发设施管理体系的顶层设计。

2.1.1 依据法律建立

美国国家所有的科技研发设施在建立时,是需要政府向国会提交议案,经国会通过形成法律条文后,实施建设、运行和管理的。企业和大学通常以私法人性质存在,包括法人财团和社团,设立这类机构需要制定章程并报所在地政府批准。美国与国家实验室直接相关的法律主要是机构法、授权法和各种专项法。联邦法典第5卷"政府机构与雇员法"详细规定了政府机构的组织结构、权利与义务、运作、行为、雇员的雇用与管理等。该法为政府机构的通法。每个联邦政府机构及其下属机构在成立时都必须经过法律程序,关于某机构成立的法律一般都以该机构的名称命名,如《国家标准与技术研究院法》《国立卫生研究院法》等,都具体地规定了该机构的职能、组织结构、人员数、机构负责人的职责等。多数国家的国立科研机构采用政府创建,主管部门直接管理的模式进行管理。其中有些国立科研机构本身就是政府职能部门的一部分，如美国卫生与人类服务部的国立卫生研究院等，主管部门对它们的管理基本上同其他职能部门一样。

2.1.2 依据法律管理

美国国家科技研发设施体系的管理，同样是依据美国法律进行的，建立初始就详细规定了组织结构、权利与义务、运作、行为、雇员的雇用与管理等，并且根据国家政策调整需要和实际运行情况进行修改完善，以规范和有效运行科技研发设施。如在促进产学研合作创新立法方面，美国从 20 世纪 80 年代开始，相继制定出台了《拜杜法案》《史蒂文森－威德勒技术创新法》《国家合作研究法》《联邦技术转移法》《国家竞争力技术转移法》《研究交流促进法》等，鼓励和促进国家科技研发机构、大学、企业（包括民间小企业）等在设施、人员和信息等方面相互交流、开放合作，共同建立国家创新体系，推进国家创新发展。

2.2 依据科技政策进行调整

1945 年以来，围绕科技创新需要，美国不断制定和调整科技政策，在科技研发方面处理好市场与政府的关系，实现科技资源的更高效利用，促进国家经济、国防和社会发展。

2.2.1 政府管理基础研究和国防技术研发

1945 年之前，美国政府奉行古典经济学理论，崇尚自由市场经济，政府不干预经济活动，也不干预科技活动，没有制定国家科技政策。第二次世界大战时，美国政府组织的原子弹研制等项目，实现了战争胜利和经济利益，促使人们思考科技对于国家安全的重要性，并使得人们有理由相信，政府加强对科技的管理有利于保障国家安全等公共利益。1945 年，美国科学研究发展局向总统提交了《科学：没有止境的前沿》报告，该报告论证了政府建立科技研发设施，支持基础研究的正当性。时任美国总统杜鲁门指出"除非一个国家能够充分发展它的科学技术资源，否则便无法保持它今天在世界上的领先地位"，"一个政府，如果不能慷慨而又明智地支持并鼓励大学、工业和政府实验室的科研工作，就没有履行自己的职责"。在此科技政策引导下，政府支持基础研究和国防技术研发。对于民用技术，政府仍然恪守不干预原则，不在技术开发和技术扩散中扮演任何重要角色。

2.2.2 政府介入民用共性技术研发

20世纪80年代，美国工业受到日本、西欧的严重挑战，竞争优势下降，在世界经济中所占比重下降，经过深入分析研究，美国政府认识到：由于只资助基础研究和国防技术研发，把基础技术研究之后的应用研究、开发、设计和生产技术等以及国防科技扩散等，均交给市场，导致了美国科技优势未能充分转化为产业优势，政府应该在共性技术开发和转移中发挥作用。为此，美国商务部于1980年发布实施了《合作的共性技术项目程序规则》。1987年联邦政府和14家美国半导体企业共同组建了"半导体制造技术研发联合体"，这成为美国科技政策调整的重要标志。1988年，美国政府设立了先进技术计划（ATP），计划主要支持企业、大学和国家实验室等独立研究机构合作研发活动，将具有"共性和竞争前"特征的技术知识纳入公共产品的范畴，对这些技术研发予以政府资金支持，以更有效地发挥技术在促进经济增长和提高国家竞争力方面的作用。

2.2.3 政府组织国家关键需求技术研发

2007年，美国政府设立技术创新计划（TIP），宣告了联邦政府支持技术研发的新理念，将政府支持民用技术研发的政策调整为支持"满足国家关键需求"的技术开发，通过资助企业、大学、国家实验室和非营利研究机构等，开展高风险、高回报的技术研究，支持、促进和加快技术创新。2009年和2011年，美国政府分别发布《美国创新战略：推动可持续增长和高质量就业》和《美国创新战略：确保我们的经济增长与繁荣》，阐述了政府干预的必要性和正当性，强调了政府在创新中的作用，确认开展合作研发是创造共性技术的有效途径。

美国国家创新政策和制度安排在政策、法规、制度上不断完善以支持科技研发实施体系建设，形成了国家公共科技研发机构、大学和企业研发机构共同组成的国家科技研发设施体系和体系制度机制，集聚创新资源，促进创新发展。近些年，美国国家创新政策和制度安排的重点是国家战略性科技研发设施的开放共享。国家战略性科技研发设施主要包括国防部、能源部、国家航空航天局等部门所属的科技研发机构，这些科技研发机构主要是国家实验室、试验测试发射设施、国有军工研制设施等。国家战略性科技研发设施的开放共享管理成为科技治理研究的重点。

2.3 分级分类的国家实验室管理体制

美国国家实验室定位、战略目标和使命任务均由政府确定，管控模式分为三种：第一种是"国有国营"模式，实验室人员属于政府雇员，国防部和国家航空航天局实验室大多采用这种模式。第二种是"国有民营"模式，由政府招标委托大学、企业或非营利机构实施日常管理，实验室人员不属于联邦雇员，能源部实验室一般采用这种模式。第三种为"民有民营"模式，由政府提供资助，产权归承包商拥有，实验室人员不属于联邦雇员，国防部资助的研发中心、国家创新网络机构一般采用这种模式。

2.3.1 "国有国营"模式

政府拥有资产、政府直接管理运营的国家实验室，即 GOGO（Government – Owned and Government – Operated）实验室，其雇员和管理者均为联邦政府雇员。这类实验室主要开展战略性、前瞻性、探索性以及涉及国家安全等保密性的研究工作，其管理相对简单直接，即由主管部门根据国家需要制定实验室的研究计划，并负责执行。目前，国防部分散在海、陆、空3军种部中的65个国家实验室均采取"国有国营"模式，航空航天局下设的10个研究试验中心中，只有喷气推进实验室不属于这种模式，其他研发中心（戈达德航天飞行中心、马歇尔航天飞行中心、肯尼迪航天中心、阿姆斯特朗飞行研究中心、斯坦尼斯航天中心、约翰逊航天中心、格伦研究中心、埃姆斯研究中心）均采取"国有国营"模式,由政府雇员直接管理和运营。

2.3.2 "国有民营"模式

政府拥有资产、政府委托承包商管理的国家实验室,即 GOCO（Government – Owned and Contractor – Operated）实验室,承包商一般是大学、企业或其他非营利机构,由联邦政府有关部门通过竞争方式选取,其人员不是联邦政府雇员,而是按照大学、企业和研究机构的一套管理体制成为大学、研究机构和公司的雇员。

GOCO 模式有利于对国家的研究重点和社会需求做出快速响应,资源配置和使用灵活有效,能够吸引世界一流的科学人才,还可以利用大学、企业的研发和管理经验,提高研发效率,推动科学技术进步,因此被一些国家实验室所采用。能源部 17 个国家实验室中,除国家能源技术实验室（National Energy Technology Laboratory）是 GOGO 管理模式外,其余 16 个实验室（劳伦斯伯克利国家实验室、橡树岭国家实验室、太平洋西北国家实验室、艾姆斯国家实验室、费米国家加速器实验室、阿贡国家实验室、布鲁克海文国家实验室、普林斯顿等离子物理实验室、托马斯杰弗森国家加速器实验室、斯坦福加速器国家实验室、劳伦斯利弗莫尔国家实验室、桑迪亚国家实验室、洛斯阿拉莫斯国家实验室、爱达荷国家实验室、萨凡纳河国家实验室、国家可再生能源实验室）都采用 GOCO 管理模式。除此之外,国家航空航天局下设的喷气推进实验室也属于这种模式。

2.3.3 "民有民营"模式

政府提供资助,与大学或企业界共同建设的国家实验室,属于承包商拥有并进行管理,即 COCO（Contractor – Owned and Contractor – Operated）实验室。政府投资为主的科研力量指产权不属于政府,但科研活动或成立初期主要依靠政府投资的科研机构,在美国这种模式的科研机构包括国防部资助的 10 个联邦资助研发中心（FFRDC）、13 个大学附属研究中心（UARC）以及若干已经或正在组建的国家制造创新机构。

国防部 FFRDC 和 UARC 与国防部建立长期的战略关系，为国防部提供或维持特定的研发和工程能力，并遵守严格的利益冲突规避政策，因为没有利益冲突，这些机构可以获得政府和企业的敏感信息和产权信息，国防部部长办公室研究与 FFRDC 管理项目办公室和国防实验室办公室负责制定这些机构的资助政策。

与"国有国营""国有民营"模式的国防实验室相比，介于政府和企业之间的 FFRDC 具有以下优势：便于研究成果向产品的技术转让；便于高等院校的教授和研究生到这些中心从事研究工作，有利于人才培养；具有更大的独立性和客观性，便于政府、企业、高等院校在研发过程中相互配合，进行合作，提高工作效率，有利于多出成果，因为美国非政府机构的管理水平和工作效率要高于政府。

目前，国防部共资助了 13 家大学附属研究中心（UARC），根据国防部定义，UARC 指年均单源合同资助金额超过 600 万美元，建立或维持某一方面的研发和工程能力，与国防部保持长期战略关系并由研究与工程署认定的大学研究机构。研究与工程署为每个 UARC 指定一个主要资助部门，负责政策和合同的执行，进行五年一次的综合评估，评估内容包括 UARC 核心能力与资助者任务领域的相关性、UARC 的表现、成本合理性以及利益冲突的规避情况。

美国国家制造创新网络计划的初衷是以市场为导向成立创新机构，带有浓厚的国防色彩。这些创新机构一般由来自特定区域的企业、院校、研究所和协会的成员组成，由区域内一家具有引领业界技术、劳动力和基础设施发展能力的非营利机构牵头，有各类足够数量的合作伙伴和可以共享的研发设施。美国目前的制造创新机构中，有 5 家以国防部为主要资助单位，有 3 家以能源部为主要资助单位。

2.4　国家实验室的运行机制

2.4.1　实验室负责人的产生制度

政府拥有、承包商（即依托单位，如大学）管理的国家实验室的主任人选由依托单位董事会及联邦政府职能部门共同确定后，由依托单位负责人任命。政府直接管理的国家实验室主任由政府职能部门总管理办公室任命。遴选国家实验室主任时，除了要衡量其学术水平外，还要衡量其组织协调能力、发现新研究方向的能力、社会活动和吸引资金的能力等。国家实验室主任依托单位董事会拥有对国家实验室管理的最终决定权，负责国家实验室的运行管理，每年向主管部门和依托单位提交年度报告。

2.4.2 灵活的用人机制

美国国家实验室采取灵活的用人政策，旨在吸引全世界优秀人才。用人制度呈多元化、多层次的特点，不同地区、不同领域、不同岗位实行不同的用人政策，以最大限度调动人才积极性、创造性，发挥人才作用。

国家实验室一般采用聘用合同制，人员竞争上岗。对研究人员，坚持在世界范围内选拔和聘任人才，重点考察其研究能力和研究水平。根据科学家和技术人员的不同层次，采用不同合同期限。流动人员一般为博士后、研究生，亦以合同形式招聘。一般研究人员聘期为 2~3 年，优秀研究人员合同期限适当延长。流动人员的工作期限从不足 1 月到 2 年不等。美国国家实验室鼓励研究人员在大学兼职、大学教授也可在国家实验室兼职开展研究。

美国国家实验室注重形成科学合理的学位结构和比例，各司其职，而不片面追求人员的高学历。研究人员一般具有博士学位，非研究人员（技术支撑人员和一般管理人员）则以硕士学位以下的人员为主。在人员比例关系上，研究人员与非研究人员比例相当或非研究人员略占多数。

美国国家实验室的科研人员流动性较高，常因开展大型研究任务的需要，组建研究团队。项目结束后，团队解散，研究人员各回原岗位。

行政管理岗位和技术支撑岗位较为稳定。保持技术支撑岗位和行政管理岗位的稳定性，有利于提高国家实验室管理水平和工作效率。

2.4.3 设施与项目紧密结合的机制

在科技与经济、社会一体化高度发展的今天，科技创新的单元已经从个体过渡到团队，研究团队的创造力已成为推动科技发展的基本动力形式。在这种形势下，如何实现创新人才之间、人才与研究项目和科研设施之间的优化组合，已成为决定科技创新水平的关键。解决这一问题，单纯依靠科学家之间的自由组合、自由申请远远不够，还需要通过政策措施，有效建立起高水平人才、高水平仪器设备与大型研究项目相结合的管理体制，以高水平仪器设备为依托，以团队方式开展科学研究，才能保持持续创新的势头。

高水平仪器设备与大型科研项目紧密结合是美国国家实验室保持旺盛的自主创新能力的重要因素。美国国家实验室一方面普遍拥有高水平的科研设备和装置，这为承担大型科研项目奠定了物质基础。另一方面，反映国家战略需求的大型跨学科研究项目，向国家实验室提出更高要求和挑战，需要高水平研究团队、大型仪器设备的综合配套，以解决现实世界中的复杂科学问题。这迫使国家实验室不断吸收优秀科学家和工程师的参与。美国国家实验室一般不单纯针对硬件或基础条件投资建设，也不单纯侧重于人才与队伍的建设，而是把科研条件、研究项目与人才队伍结合在一起，和谐发展。

2.4.4 开放共享的机制

美国联邦政府以法律法规形式强调国家实验室科技资源的开放共享。国家实验室通过一系列规章制度，向世界开放大型先进仪器设备，并注重提高设备使用效率。这些制度客观上也有效提升了国家实验室的学术水平和国际声誉。美国主要的国家实验室自身所开展的科学实验在每年完成的全部科学实验中所占一定比例；而全年实验量的相当部分来自实验室以外的科学家和研究机构。实验室对外开放程序简单，履行一定手续后，国内外科学家均可利用国家实验室的先进仪器设备开展科学实验。

另一方面，美国一些国家实验室最初是为研制大型科学实验装备而建立的。在国家巨额投资支持下,国家实验室陆续研制出先进科学实验装备设施。这些先进科学实验装备设施建成后即对外开放共享,充分发挥其功能作用。值得指出的是即使保密性较强的国家实验室也有开放的部分。

2.4.5 合作与竞争并存的运行机制

与外界合作的目标越多,范围越广泛,能正确解决科学问题所具有的能量也就越大。美国国家实验室十分注重与大学、研究机构、产业界的合作,在发挥各自优势基础上,实现优势互补,共同解决学科发展前沿和关系经济社会发展及国家安全的重大科学问题。其主要合作形式包括合作研究与开发、资助研究、设备开放与技术服务等。如劳伦斯伯克利国家实验室与加州大学、产业界的合作,带动了加州大学伯克利分校(UCB)学术研究水平的提高,促进了医学物理、辐射检测技术、生物有机化学等新兴学科的发展。

竞争机制是管理国家实验室的成功方法。在开展广泛合作的同时,联邦政府和美国国家实验室均鼓励对内对外的有限竞争,竞争可有效提高科技创新能力和研究水平、有效提高资金使用效益和资源优化配置、有效提高工作效率。尽管国家实验室的经费主要源自政府拨款,但国家实验室仍需通过竞争途径获得联邦政府部门的研究项目,亦需通过为企业进行技术开发而获得研究经费,以使国家实验室的经费来源多元化,缓解财政压力。

联邦政府支持大学、研究机构及企业根据自身条件及合同期内的表现,公开竞争国家实验室的代管权。而联邦政府职能部门给予托管机构(即依托单位)的补贴费用也部分基于国家实验室的表现。

同时,联邦政府还根据实验室的发展情况择优提升和整合一些实验室进入国家实验室的行列。如国家能源技术实验室1999年被批准为国家实验室;2000年,爱达荷国家工程实验室经整合后成立新的爱达荷国家实验室;等等。

2.4.6 技术转移的机制

美国国家实验室把技术转移作为服务国家目标的重要使命。1974

年美国即成立了面向技术转移的联邦实验室联盟（Federal Laboratory Consortium for Technology Transfer，FLC），它是国家实验室把实验室的技术成果与市场相联系的全国网络，有效促进了技术转移和成果转化。迄今已有包括国家实验室在内的数百家研究机构以及它们的上级部门或机构成为 FLC 的成员。同时，美国的许多国家实验室普遍与经济发展组织、商业协会、企业组织、大学和个人开展合作和交流，掌握市场需求，识别机遇，并将这些需求带回实验室进行研究，寻求解决方案。

3 科技研发设施开放共享管理

科技研发设施开放共享是美国科技研发设施管理的重要内容。美国政府相关部门依据法律、法规、政策和制度，对科技研发设施的开放共享进行系统管理。

3.1 科技研发设施的分类

3.1.1 按科研设施的通用程度分类

美国的国防科研设施是应用于国防领域研究的设备、仪器等的统称。从功能维度进行划分，可分为通用设施和专用设施两大类。通用设施，也叫一般设施，通常是指用于科学基础性研究所需的通用型设施，比如检测设备、仪器仪表等，这类设施针对对象较多、实现的功能也较多。而专用设施一般是指专门针对某一种或某一类对象，以实现特定功能的设施，这类设施往往精度高、价值含量大、针对性强。

3.1.2 按科研设施采购的研发项目性质分类

美国国防科研设施是美国科研设施平台的重要组成部分，被要求开放共享的科研设施一般都是由联邦政府全额或部分出资购置，而且由政府科研机构、高校或其他非营利机构运营。按科研设施采购的研发项目性质分类，主要可以分为两类：一类是合同采购类，另一类是拨款合作类。

3.1.3 按科研设施的受控程度进行分类

在 NASA 内部,设施管理部门对科研设施按照受控程度将科研设施分为受控设施与非受控设施两类。受控设施包括:购买费用超过5 000美元的;估计使用寿命为 2 年或以上的;不会在一次试验中消耗完的以及敏感性的非主要设施,购买费用在 1 000~4 999 美元的设施,确定为敏感性(危险)设施。对应于受控设施,非受控设施包括购买费用低于 1 000 美元的设施。

3.1.4 美国国防实验室开放共享的设备设施分类实践

美国作为科技资源开放共享程度最高的国家,分析其国防实验室设施主要分类实践对于研究我国军工设备管理具有重要借鉴意义。美国从20 世纪 80 年代开始,逐步授权国防部根据国家利益开放共享国防实验室的实验设备,对外提供有偿的实验室服务,利用政府实验室、中心的科研设备开展相应的设备使用服务。

美国国防实验室开放共享的前十类设施按学科领域分为训练与教育类、材料类、军械类、计算机系统类、武器系统类、海洋和大气类、航空类、电工学类、物理及自然科学类、制造技术类,这些设施均是大的系统工程,往往与基建相关,具体分类见表 2.1。

表 2.1 美国国防实验室开放共享的前十类设施

排名	类别	数量	百分比	设备例子
1	训练与教育	151	14.17	战术作战仿真系统
2	材料	113	10.60	电子故障分析实验室 激光增强材料评估实验室
3	军械	72	6.75	规避目标设计靶场 坦克装备测试靶场 爆破测试池

续表

排名	类别	数量	百分比	设备例子
4	计算机系统	65	6.10	电子概念仿真研究设施 信息验证测试实验室
5	武器系统	43	4.03	航空机关炮调校设施 陆军枪支动力学实验室
6	海洋和大气	42	3.94	雨淋测试设施 深潜生命支持系统
7	航空	40	3.75	喷流偏向板测试站 多种类型的超音速风洞 亚音速风洞 空气数据校准设施
8	电工学	37	3.47	X射线实验室 电磁干扰实验室
9	物理及自然科学	37	3.47	高能微波设施 压力实验室
10	制造技术	36	3.38	震动测试及分析支持设备 热空气净化设施

注：数据截至2015年。

3.2　科技研发设施开放共享相关法律、政策和战略

现代科学技术的迅猛发展以及未来面临问题的复杂性和艰巨性，对科研基础设施提出了新的要求。海量科学数据、先进科学仪器以及大科学装置等，是确保科学前沿优势、提高创新能力的基础。美国在持续增加对科研基础设施投入的同时，还通过政策和法律手段促进科技资源的共享，形成较为系统的法律政策体系。

对于科研设施的管理，美国虽没有一个国家层次的科研设施管理法，但上到最高层次的《美国法典》，下到具体法案的实施细则，美国的很多法律法规中都涉及科研设施等科技资源的投资、管理、使用和共享规定。

3.2.1 美国法律制度中涉及国家科技资源的相关内容

《美国法典》是美国联邦成文法典，汇集了美国建国以来的具有永久性的一般成文法。强调具有永久性的一般成文法，是因为《美国法典》中不包含那些临时性的或者只针对有限的特定人群的法律。现行的《美国法典》及其基本结构是美国国会在1926年建立并首次公布的，将美国建国以来国会制定的所有立法（除独立宣言、联邦条例和联邦宪法外）加以整理编纂，按51个项目系统地分类编排，命名为《美国法典》（United States Code，USC）。美国任何一部法律的产生都是首先由美国国会议员提出法案，当法案获得国会通过后，将被提交给美国总统予以批准。在该法案被总统批准（有可能被否决）后就成为法律（Act）。一部法律通过后，国会众议院就把该法律的内容公布在《美国法典》上。

目前《美国法典》根据法律规范所涉及的领域和调整对象，分为51个主题或卷（Title）。它们是：总则、国会、总统、国旗，国玺，政府部门和联邦各州、政府组织与雇员、担保债务（现已废除）、农业、外国人与国籍、仲裁、武装力量、破产、银行与金融、人口普查、海岸警卫、商业与贸易、资源保护、版权、犯罪与刑事程序、关税、教育、食品与药品、对外关系、公路、医院与收容所、印第安人、财政收入、麻醉性酒精、司法和司法程序、劳工、矿藏和采矿、货币与财政、国民警卫、航运与可航水域、海军（现已废除）、专利、宗教习俗、规制行业薪金与津贴、退伍军人救济金、邮政事业、公共建筑、公共合同、公共卫生与福利、公共土地、国家印刷品与文献、铁路、航运、电报、电话和无线电报、领土与岛屿所有权、交通、战争与国防、国家商业空间项目等。

美国法典第50卷（战争与国防卷）第401章（亦即《1947年国家

安全法》，第 103 条第三款中，明确规定国防动员署主任在履行资源调配职责时，应最大限度地利用政府各部、局的设施与资源，以实现国家资源的高效利用。在国防卷中明确指出的还有国防资产的协调事宜，如制订战时有效利用国家自然资源与工业资源的计划以供军需与民用；在战时对从事有关军需或民用的物资与产品的生产、采购、分配、运输的联邦各部、局的工作进行统筹安排；处理战时对劳动力、资源和生产设施潜在的供需关系；制订战备物资与应急物资的充分储备计划以及储备物资的保存计划；对工业、服务设施、政府及经济活动部门进行战略转移，使国防资产继续运转以保证国家安全。

《美国法典》第 51 卷（国家商业空间项目卷）对国家开展商业空间项目做出规定。由于《美国法典》的基本框架结构是 1926 年创立的，当时空间活动尚未开展，因此在法典中没有空间法专编。在过去的 50 多年中，美国开展了一系列与空间相关的联邦立法活动，通过了多部与空间相关的联邦法律。随着时间的推移和空间业以及空间立法的快速发展，为空间法设立一个专编就显得尤为必要。2009 年，美国众议院法律修订委员会办公室向众议院司法委员会提交了设立空间法专编的法案建议稿。经过一系列法定程序，以"国家商业空间项目"为题的《美国法典》第 51 卷（公法 111-314）的立法于 2010 年 12 月 18 日正式完成。

《美国法典》第 51 卷第二分编"项目和政策的一般规定"中广泛涵盖了不同时期制定和公布的国家商业空间法的主要内容，确立了美国国家商业空间项目的基本法定项目和基本政策。如标题为"国家航空航天项目"的第 201 章是对"1958 年国家航空航天法"的重述。"1958 年国家航空航天法"简称为"空间法"，是美国空间法的基本法。该法设立了美国航空航天局（NASA），为美国开展国家商业航空航天活动奠定了法律基础。标题为"责任和目标"的第 203 章则是对三个独立的法律中选取的部分条款所做的重述。这三个独立的法律包括《2005 年国家航空航天局授权法》《美国竞争法》《2008 年国家航空航天局授权法》。除此之外，第 51 卷对国家开展商业空间项目过程中的若干管理问题也进行了明确规定,包括第 301 章"拨款、预算和会计",第 303 章"合同和采购",第 305 章"管理和审查",第 307 章"国际合作和竞争",第 309 章"奖励",第 311 章"安全"等。

通过对《美国法典》第 51 卷空间商业项目内容的分析研究,不难看出,法典中的各项法律内容为美国开展国家商业航空航天活动奠定了法律基础。商业航天是近年来航天产业界的热门话题,美国有大量的航天企业宣称自己要进行商业化运行,但是航天商业化与商业航天是两个不同的概念,其各自的发展历史也并不相同。只有把这两个概念深入剖析清楚,才能够更好地促进更多的社会资源进入、互通、共享。

3.2.2 构建科技资源共享制度基础的国家法律

1966 年,美国国会通过并由总统批准的《信息公开法》开创了政府信息公开化的先河,同时也是立法促进政府数据和信息资源公开、共享的范例。该法律规定:"任何人,无论是否拥有美国国籍,都有权向行政机关申请查阅、复制政府信息";"除 9 项关系国家机密、商业秘密和个人隐私的情况外,一切政府信息必须对公众公开,允许公众按照程序获取政府信息"。该法律还规定,每个联邦行政机关每年 3 月 1 日前必须向国会提交该法的执行情况报告,接受国会的监督和质询。《信息公开法》经过 1974 年、1976 年、1986 年和 1996 年四次修订,构成了美国信息公开和数据资源共享的制度框架。

1976 年,美国国会通过并由总统批准了《政府阳光法案》。该法案要求,除了依照法律规定可以不公开举行会议的情况以外,政府部门举行的会议都必须向公众开放。无论是公开举行的会议,还是不公开举行的会议,政府部门都应当提前一周发布公告,将会议的时间、地点和议题,以及联系人的姓名和电话向社会公布。同时,禁止任何政府部门隐匿应当向公众或者国会披露的信息。

1976 年,美国国会修订了《版权法》,在强调"保护信息拥有人的权益"的同时,明确禁止联邦政府机构对自己的工作成果拥有版权。该法第 105 节规定:"版权保护条款下的版权保护,不适用于美国联邦政府的作品,但美国联邦政府不被禁止通过授权或购买或其他方式获得和拥有转让的版权。"该法与政府信息公开的立法目标一致，提倡增进公民对政府信息的了解，监督官员行为，防止政府官员滥用权力，避免纳税人为同一个信息多重付费，防止政府以垄断方式使用版权。

1996年，美国国会通过并由总统批准了《政府采购改革法》，其中就政府采购设备的共享问题做出了规定："最大限度消除承担单位因占有政府资产带来的竞争优势，避免不公平竞争"；"要求承担单位最大限度地利用政府资产履行合同内容"；"保证承担单位管辖的政府资产最大限度地在联邦政府部门中再利用"。该法案在政府"财产使用与租赁授权"中规定："对政府资产具有管辖权的承担单位可以授权给专业的非营利机构免费使用这些资产，用于研究、开发和教育"；"使用政府资产是出于国家利益"，"不能用于营利性机构的直接利益"；"政府从中直接受益，包括有权免费得到使用政府资产所产出的成果"。该规定还包括："政府财产通常应该经过授权后无偿提供使用，但是非政府的商业目的性质的使用应该收取费用"。这为联邦政府投资的科研仪器设备对外开放以及公私部门合作研发提供了法律基础。

1949年的《美国联邦财产与管理服务法》对建立共享性质的数据设备（包括科研使用的数据设备）做出了规定："联邦机构的数据自动处理设备由总务署署长通过购买、租赁或所有权益以合同方式提供、维护和修理此设备"；"署长有权利在联邦机构或更多联邦机构共有此设备时，建立和运营共用设备库和数据处理中心，以供两个或两个以上联邦机构使用"。

2002年《电子政府法》、2002年《联邦信息安全管理法》、1996年《信息技术管理改革法》、1994年《政府管理改革法》、1993年《政府绩效法》、1974年《隐私法》、1950年《联邦档案法》等美国的国家法，均涉及包括科技资源在内的公共资源的管理和使用规定。

3.2.3 注重科技资源开放共享的联邦政府政策体系

美国联邦政府通过"总统管理议程"，促进科技资源的开放和共享。美国白宫管理与预算办公室（OMB）、科技政策办公室（OSTP）以及联邦政府部门中具有研究开发职能的机构，均在国家法律制度基础上，制定了相应的部门规章，要求联邦研发经费的申请和核准信息、联邦经费资助所产生的科学数据、购置的仪器设备等，都须本着服务国家利益的目标，最大限度地公开和共享。

1994年，时任总统克林顿签署的白宫12906号行政令《地理数据的获取与存储：国家地理空间数据基础设施》，要求联邦政府有关部门联合各州、地方建立美国国家地理空间数据基础设施，促进在交通运输、社区发展、农业、紧急救援、环境治理与信息技术等领域的应用。该行政令还要求各部门将收集的地理空间数据文档按照联邦地理数据委员会的标准存档，并公布于"国家地理空间数据交换中心"的电子网络上，同时将标准化、实用化的地理空间数据发布在该中心的信息网络上。各部门还要在允许的范围内，向公众开放地理空间数据。各部门要确保所收集的地理空间数据真实、可靠，避免重复。该行政令要求执行对象包括军事部门和国防部门，但国防部涉及国家安全的活动、能源部涉及国家防卫的活动、中央情报局涉及情报的活动等不在开放之列。涉及国外领域的地图制图、海洋制图和大地测量活动，由国防部部长决定。比如，美国国家空间数据基础设施（National Spatial Data Infrastructure，NSDI）就是依据白宫12906号行政令设立的，目前已经建立了开放共享的包括大地测量、数字正射影像、道路交通、水系、行政边界、地籍等基础数据库。

OMB颁布的A-110通告《对高等教育机构、医院及非营利机构给予资助的统一管理要求》规定："用联邦资助经费购置的仪器设施，所有权归项目承担单位，但联邦政府以仪器设备直接资助的除外，此类相同服务的价格，为非联邦机构提供有偿服务。"经批准后用于非联邦政府项目所得，均计入"项目收入"。

OMB颁布的A-130通告《联邦信息资源管理》提出"政府信息是国家资源，向公众提供有关政府、社会和经济的知识"。该通告将开放科学数据、促进数据共享政策扩展到联邦政府拥有、产生以及联邦政府资助产生的科学数据管理中，提出"政府科学和技术信息的开放和有效交换，只要符合国家安全管制要求和产权性质，将促进科学研究和联邦研发资金的有效使用"。美国科学基金会联合国防部、国家航空航天局在1994年发起了国家数字图书馆计划（NSDL），资助一批著名大学开发、建立数字图书馆。目前该系统已经收录了100多万条联机的科学、技术、工程、数学和教育的信息资源，并在检索工具、数据库结构等方面开发了一批新技术。

OMB颁布的A-16通告《地理信息和相关空间数据活动》要求"直接或非直接产生、维护、使用空间数据的联邦部门之间建立协调机制，成立联邦地理数据委员会（FGDC），发展国家地理空间数据基础设施"。比如，在这项法律的推动下，美国内政部下属地质调查局建立了地理空间一站式网络门户（http://www.geodata.gov/），为公众提供覆盖全美的地图资源和数据以及其他地理空间服务。Geodata.gov不仅为各州、地方政府所用，同时还向非政府机构和学术团体开放，用以获取和共享地理空间信息，改进在地理空间数据上的投资计划；扩展合作关系；协作和开发对于数据共享标准的实施；支持政府和各个机构业务流程和决策制定需求。

国家科学基金会（NSF）要求该基金资助的研究项目所产生的数据以及购置的仪器设备，需尽可能地开放和共享。《国家科学基金资助条件》规定：在申请NSF资助时，申报单位需要说明是否愿意将资助所购买的设备开放和共享，对于愿意开放、共享的单位，NSF会给予优先考虑。《设施监管指南》重点对大型科研设施的监管做出规定："大型科研设施是指由众多研究人员、教育人员分享使用的基础设施、仪器和设备。这些可以是大规模的网络或计算机基础设施，或可供多用户使用的仪器网络，或者是其他对广泛的科学学科或工程学科能够产生主要影响的基础设施、仪器和设备。"该指南还将设施使用情况、用户满意度等作为监管的重点。比如，NSF于2000年投资启动美国国家地震工程网络模拟系统（the Network for Earthquake Engineering Simulation, NEES）。该系统是连接美国主要地震工程研究机构和实验室的网络系统，同时也是一个典型的虚拟合作实验室（virtual collaboratory），通过高速互联网连接着地理上分布在大约20个设备站点的研究人员，研究者和学生能在任何地方通过网络操作设备和观测实验,能够访问地震工程数据储存库和用高性能计算工具进行分析、模拟、可视化和建模活动。

美国农业部的《研究设施法》,为避免研究设施的重复做出规定:农业研究设施在州和地区内与各大学、非营利机构和研究服务机构的设施是非重复的。美国能源部、美国航空航天局、美国国家标准和技术研究院等部门通过《设备管理指南》等部门规章,要求科研基础设施的开放和共享。

3.2.4 持续积累科技信息资源的国家科技报告体系

美国较早开始建立的联邦政府资助科研项目的科技报告体系,第二次世界大战以来逐步完善,积累了从研究目的、方法、过程、技术内容、中间数据以及经验教训在内的国家科研项目完整资料,并有条件地向公众开放共享。现有的国防部(AD)报告、商务部(PB)报告、航空航天局(NASA)报告和能源部(DOE)报告四大体系每年能够产生科技报告60多万件,占到全世界科技报告总量的80%左右,是支撑美国科技全面领先的重要基础。美国技术信息服务局(NTIS)作为法定的政府科技报告收藏与发行中心,负责集成AD、PB、NASA和DOE四大科技报告体系,并通过互联网等方式向公众提供公开信息检索和查询服务。

AD报告体系自1951年开始建立,主要收集美国陆、海、空三军科研机构的报告以及民口相关文献,内容涉及航空、军事、电子、通信、农业等22个领域,现由美国国防技术情报中心(DTIC)负责收集整理和出版。美国国防部的《联邦采办条例国防部补充条例》详细规定了承担国防合同应提交科技报告的范围、程序、方法和发送要求。其他相关法规还包括《国防部科学技术信息计划》《国防部科学技术信息计划实施原则和工作纲要》《国防部信息自由法计划》《国防部技术文献的发行声明》等。按照《国防部信息安全计划》规定,AD报告的密级可以定为机密、秘密、内部限制发行、非密公开发行四级。

PB报告体系于1945年开始建立,主要收录美国政府资助的研发项目的信息，以及欧洲、日本和世界各国的科技报告，内容涵盖 350 个学科领域，包括行政管理、农业和食品、行为科学与社会学、建筑物、商业和经济、化学、土木工程、能源、卫生规划、图书馆及情报科学、材料科学、医学和生物学、军事科学和交通运输等。目前，已经收录了 300 多万份出版物。按照《美国技术卓越法案》规定，由美国商务部下属的国家技术情报服务局收集、整理并向公众提供免费浏览或检索科技文献文摘信息。

NASA 报告体系起步于 1963 年，主要收录美国航空航天局所属各研究中心、实验室以及承担研究合同的单位、大学研究所编写的科技报告，也收录美国其他政府部门、科研机构、大学、企业发表的以及一些国外研究机构的相关科技报告，内容侧重航空航天技术领域，也广泛涉及许多基础学科和技术学科，包括 11 大类、75 小类。大类为：航空学、宇航学、化学和材料、工程学、地球科学、生命科学、数学和计算机科学、物理、社会科学、空间科学及一般问题。该报告的法律依据是《NASA 科技信息管理》和《NASA 科学技术信息的记录、审批和传播要求》等。该报告由 NASA 所属的科技情报处负责收录、编辑和提供免费检索浏览服务，NASA 还编辑出版《宇航科技报告》(Scientific and Technical Aerospace Reports，STAR)，系统报道 NASA 报告及其他有关的航天科技文献，因此 NASA 报告也称 STAR 报告。

DOE 报告体系主要收录美国能源部所属科研机构、合同承担方以及大学等提交或公开发表的与能源有关的科技文献，主要以科技报告为主。按照能源部《科技信息管理导则》，美国能源部技术情报办公室（OSTI）的任务是使科技人员和公众能够便捷地获取 1947 年以来能源部资助项目的科研成果信息，OSTI 建立并维护的科研信息系统和数据库中包括 500 多万条科研信息、近 200 万份全文科技报告。OSTI 还编辑出版《能源研究摘要》(Energy Research Abstracts，ERA)，同时通过 Information Bridge 检索平台提供公开的免费的科技报告全文检索服务。

为了强化国家技术信息服务局（NTIS）的枢纽作用，《美国法典》第 15 篇第 23 章第 1151 – 1157 节规定，NTIS 是美国科学、技术及工程信息的搜集、处理及传播中心。1988年的《国家技术信息法》规定，NTIS的信息交换中心的职能未经国会批准必须永久保存，不得撤销或私有化。1992年的《美国技术卓越法》规定，美国联邦政府各单位必须及时将联邦资助研究及发展工作产生的非机密性科学技术及工程信息传递给国家技术信息服务局；所有涉及书目性的相关费用成本由国库支付。

3.2.5 分类管理科学数据，促进私营部门加入科技资源共享

美国的法律体系对权利的界定非常严格，这也反映在与科研数据有关的法律规定中。根据现有法律，科研数据可以分为三大类，根据其所有权实行不同的管理方式。

第一类，私人资金支持私人研究人员开发的数据。此类情况的法律问题最为简单。研究人员可以自己决定对数据保密而不必公开。但是一旦研究人员将研究数据公开发表，根据《版权法》（The Copyright Laws）规定，该数据可以被其他人的学术研究采用。

第二类，联邦政府开发的数据。此类数据经法律规定必须尽可能开放和共享。但此类数据大部分是根据政府使命和公共政策需要开发、采集和维护的，在很多情况下仍不能满足学术界的需要。

第三类，联邦资金资助的、私人研究人员开发的数据。根据最近最高法院的建议，除非此类研究数据是由联邦政府维护的，否则《信息公开法》对此类数据不生效。

美国联邦政府的政策与科技界在促进科研数据共享方面具有广泛共识，并争取私营部门接受并加入资源共享机制。为了取得正向激励的效果，越来越多的联邦政府部门在与被资助者签订研究合同或提供研究资助时，会要求获得研究数据的所有权或使用权。这样使得政府资助形成的科研数据能够开放和共享。此举也得到了包括美国科学院等学术机构的大力支持。

3.2.6 强调共享和避免重复购置的科研设施管理体系

为提高科研设施的使用效率，美国的很多法律都规定了科研设施要

共享和不重复购置的原则,例如,2003年3月21日通过的《生命基因组研发法》指出,应该鼓励大学、实验室和产业界对生命基因组设施的共享。《标准文献数据法》指出,在进行标准文献数据收集、编辑、出版的过程中,在征得对方同意的情况下,要尽可能利用其他机构的设施和联邦政府、各州政府和地方政府的仪器,以避免重复购置。美国农业部的《研究设施法》指出:"该农业研究设施在州和地区内与各大专院校、非营利机构和研究服务机构的设施是互补而非重复的",都强调设施不允许重复购置的原则。

在科研设施的管理方面,美国管理与预算办公室、各部委和设施依托单位都制定了相关的管理法规或指南,如美国管理与预算办公室的《A-110通告》、美国国家科学基金会的《设施监管指南》、美国农业部的《研究设施法》、美国航空航天局的《设备管理指南》、国家标准和技术研究院的《设施管理指南》等。设施依托单位如大学和研究机构对所运营的科研设施也都制定了相关的管理条例。在国防实验室设备设施管理方面,主要依据《联邦政府采购法》和联邦预算管理办公室颁布的《关于对高等教育机构、医院及非营利机构给予资助的统一管理要求》等法律法规,政府投资为主的国防实验室设施所有权归联邦政府,实验室有使用权,设施报废处理需上报主管部门批准,设施日常管理要求明确标识、实物登记、记录齐全、操作规程规范,在不影响项目的情况下,实验室有义务将设施按以下顺序开放:①本实验室项目使用;②给予资助联邦政府部门其他项目;③其他联邦政府部门的项目;④工业界等(须经政府批准且收费)。

尽管美国没有一个国家层次的科研设施管理法规,但是美国国家科学委员会(NSB)已经向白宫管理和预算办公室和白宫科技政策办公室提出建议,其主要内容有:制定跨部门计划和战略来确定跨部门的科研基础设施优先顺序,这种安排不仅要满足科学和工程界的需求,还要反映竞争性价值评议;建议促进国际合作伙伴关系,以便能够互相支持和利用各国的科研设施;保证国家在科研基础设施方面的投资,防止滥用。

在科研设施的投资方面,美国很重视科研设施的投资,很多法规都明确提出要加大对科研设施的投资、提高资金使用的透明度、扩大资金来源以及避免重复投资。如《1988年高等教育机构研究设施现代化法》(Academic Research Facilities Modernization Act of 1988)中指出:"在许多高校内实施的国家研究和相关教育项目因落后过时的研究场所或设施,以及缺乏足够资源以维修、更新和替换而不得不中断;国家必须在全国范围内鼓励对研究设施的再投资。"并要求联邦政府、州以及地方政府制定政策并进行项目合作,使国家对稀有资源的投资能获得最大效益的回报。国家科学基金会要求提高主要研究和设施建设项目的评估和选择过程的透明度。《美国国家科学基金会授权法》还要求负责人起草一个提议项目的列表,按基金相对优先权排列。一旦被国家科学委员会批准,负责人必须将列表连同一份描述如何按优先权分配项目资金的报告提交给国会。农业部的《竞争性、特殊和设施研究拨款法》(Competitive, Special, and Facilities Research Grants Act)要求农业部部长每年拨款资助研究场所的改造和修缮,购买和安装设备。农业部的《研究设施法》(Research Facilities Act)还规定了农业研究设施要有非联邦配套资金:"申请书应证明在该设施的成本中至少有50%源于非联邦配套资金。非联邦配套资金应用现金支付,也可包括私人或各州及地方政府的基金。"

3.3 相关战略与规划研究

美国政府与军方高度重视国防科技创新的顶层规划,逐步形成了以《国家创新战略》《国防科学技术战略》《国防创新倡议》及相关支撑性规划为核心的国防科技创新战略规划文件体系,并建立了国防科技创新战略的工作体系,对美国国防科技的创新发展起到了重要的牵引和促进作用。

3.3.1 出台《国家创新战略》,从军民融合高度统筹调配科技资源

美国政府依托白宫科技政策办公室及政府相关跨部门委员会,站在国家全局和军民融合的高度制定科技创新顶层战略文件,统筹调配科技

资源，指导和牵引国防科技创新发展。

2009年以来，美国政府定期出台《国家创新战略》，提出科技创新的方向目标、重点任务，以及包括资源统筹调配在内的管理举措等内容。战略由美国经济委员会和白宫科技政策办公室联合美国各领域顶尖科学家共同制定，由美国总统签发后实施，统筹谋划科技包括国防科技的长远发展。

发布于2015年的《国家创新战略》，提出着力发挥市场在推动科技创新及调配科技创新资源中的作用，明确政府作为创新机制的保护者与促进者的角色，注重国家科技资源的共享共用，发挥企业尤其是中小企业的科技创新主体地位与作用，提出采用奖励机制调动全民的创造力，并要求将美国政府建设成创新型政府。

《国家创新战略》制定完成后，由总统亲自签发，充分体现了美国政府对科技创新的高度重视。首先是战略的发布是一次对科技创新的宣传与普及，使科技创新成为国家和民众关注的焦点，成为美国创新文化的重要内容，进一步强化重视创新、勇于创新的舆论氛围；其次，从国家全局与军民融合的高度统筹国家资源、统筹科技创新，战略中所涉及的重点技术领域，既是民用技术领域有限发展的方向，在军事领域也有重要应用空间，对国防部制定相关国防科技战略规划文件提出了重要指导；最后，明确了推动科技创新的制度保障，包括加大科技教育培训力度、加大对创新型高技术人才的培养，强化基础设施建设的经费投入及开放共享，这对国防科技的创新发展也奠定了重要基础。

此外，白宫科技政策办公室还制订发布重大科技计划，如2000年发布"国家纳米技术计划"、2013年发布"通过推动创新型神经技术开展大脑研究计划"等，组织军民协同参与，共同研究开发，实现技术和资源的共享共用，推进重大科技领域创新发展。

3.3.2 建立顶层战略规划体系，引导开放式协作创新

经过长期的发展，美国国防部建立了较为完善的顶层战略规划体系，包括《国家安全战略》《国家军事战略》《国防战略》等，并定期更新。上述战略文件都包含国防科技创新发展的相关内容，一方面

保证顶层战略对国防科技创新发展具有指导与牵引作用，另一方面确保顶层战略编制中充分考虑国防科技对国防与军队建设各领域的深刻影响。

国防部还不定期出台专项战略规划，如2000年出台的《2020年联合设想》，对国防科技的创新发展做出谋划。该文件要求逐步健全创新体系，明确提出创新是提高作战能力的"催化剂"，在美军建设中具有极其重要的作用，要求建立一套作战、科研与防务相结合的开放式协作创新机制，营造以"开放式创新"为主要导向的科研氛围，积极开展部队结构和作战理论的创新，牵引作战样式的重大突破。

冷战以来，美国防部发布了三版"抵消战略"，其中前两次"抵消战略"对美国乃至世界的战略格局都产生重大影响，相关战略都充分考虑了技术发展的重要影响，在国防科技管理部门的主导下编制。20世纪50年代的第一次"抵消战略"，要求利用美国在核武器、远程轰炸机、弹道导弹方面的技术优势，抵消苏联的常规军力优势，发展和保持国防科技的非对称优势的战略意图非常明显。20世纪70年代，国防部提出了第二次"抵消战略"，要求大力发展国防高新技术，利用精确制导、隐身等技术优势抵制华约集团的数量优势，不断谋求全面技术优势。2014年9月，国防部提出实施第三次"抵消战略"，要求建立新的技术优势，以确保美国的非对称军事优势。相关战略文件对国防科技的创新发展，具有极其重要的指导和牵引作用。

综上可以发现，除了政府之外，美国军队也建立了完善的顶层战略规划体系，引导开放式协作的科研创新氛围，对国防科技创新发展提供重要的指导作用。

3.3.3 制定国防科技专项战略与规划，注重国防科技管理创新

冷战结束以来，为适应信息技术飞速发展、技术复杂性不断增强以及国防预算削减的多方面挑战，美军在国防科技方面，开始出台专项战略与规划，并向体系化方向发展：在国防科技战略之下形成"一大战略，三大规划"的体系格局，并逐步演进与完善。

1992年7月，国防部研究与工程署在分析冷战结束后国际战略形势及技术发展趋势的基础上，首次制定了《国防科学技术战略》及支撑性规划，明确国防科技发展目标、关键技术的发展路径。其后，研究与工程署分别于1994年9月、1996年5月、2000年5月共发布四版《国防科学技术战略》，不断更新和细化国防科技的发展目标与实现路径，并制定三大支撑规划，包括《国防基础研究规划》《国防技术领域规划》《联合作战科技规划》，分别从科学、技术、军事运用三部分出发，阐明研究体系、理清研究目标、突出研究重点。

"9·11"事件后，美国基于国际与国内安全形势变化，2007年将国防科技战略更名为"国防研究与工程战略规划"，标志着美国国防科技战略规划体系发生变化。首先，更加注重国防科技对型号研制的驱动，强化国防科技向武器装备与战斗力的转化。其次，相关战略内容从以往关注技术本身向技术创新与管理创新并重的方向转变，尤其注重国防科技资源的优化配置管理。2014年，负责研究与工程的助理国防部部长陆续发布《研究与工程战略：催生改变的概念》《国防部研究与工程战略指南》《21世纪国防科技协同工作顶层框架》等国防科技顶层战略文件，提出了新形势下美国国防科技发展的战略思路与目标。2014年年底，国防部发布《国防创新倡议》，指出为确保美军未来数十年内继续保持竞争优势，美军必须识别和研发新的颠覆性技术，发展一系列"改变游戏规则"的技术。此外还要求寻求培养管理人员和领导者的创新模式，以更加开放的方式改革国防部管理模式，适应技术快速更新换代的要求。

此外，各军种和国防部业务局分别出台并定期更新本部门的科学技术战略规划，主要包括《海军科学技术战略》《空军战略主计划》《陆军科学技术主计划》《国防高级研究计划局战略规划》等，提出了各部门国防科技发展的战略构想、重点领域和政策措施，形成与国防部层面战略规划相配套的战略规划体系，确保国防部相关战略规划的有效落实。

3.3.4 组建战略管理工作体系，协同管理科技创新资源

为有效统筹国防科技创新发展，美国国防部建立了较为完善的国防科技战略管理工作体系，为科学制定国防科技战略规划提供了组织

保证。

负责研究与工程的助理国防部部长办公室是美国国防科技的主管部门，负责统筹和确定国防科技战略的总体思路、方向和内容，组织各军种、国防业务局等部门共同编制国防科技战略、配套规划、创新倡议等顶层文件，并监督相关战略规划的有效落实。

在负责研究与工程的助理国防部部长领导下，美军设立国防科技执行委员会，具体指导国防科技战略及规划的制定，协同各部门科技创新资源，避免各部门重复投资与"烟囱式"发展。该委员会由负责研究与工程的助理国防部部长任主席，成员包括负责研究的助理国防部部长帮办、负责快速部署的助理国防部部长帮办、各军种负责科技管理的官员、国防部业务局负责科技管理的官员等，形成美军各级国防科技管理部门的联合决策机制，确保国防科技战略的科学性。在该执行委员会之下，按照技术领域设立工作小组，成员由相关技术领域的利益相关方组成，包括军种、业务局、参联会与联合参谋部，以及大学、研究实验室、工业界等技术研究机构的代表，共同研究制定相关技术领域的发展路线图。

美军高度重视吸收军内外智库与咨询组织参与论证研究，为美军国防科技战略的制定提供重要支持，比较重要的如国家研究委员会、国防科学委员会、各军种科学咨询委员会、战略与国际研究中心、兰德公司等。相关智库与咨询组织接受国防部、军种及业务局等的委托，开展国防科技创新相关的发展战略、规划、管理政策等方面的咨询研究，并围绕主要技术领域的创新发展提供预测性研究，为国防科技创新战略规划的制定提供重要的参考与理论支撑。

综上所述，美国虽然没有专门的国防工业开放发展战略文本，但美国政府对国防科技资源开放共享的各种政策引导，事实上已经形成一种开放的发展战略。当前和今后一段时期美国国防科技工业的发展战略总体上追求全球范围内的技术及装备优势，充分利用全国以及全世界的科研力量来发展美国的国防科技，因此会在一定程度上刺激和促进美国包括科研设备设施在内的一系列科技资源的优化配置。

4 美国战略性科技研发设施共享实施

美国国防科技研发设施的共享机制相对比较复杂，涉及不同的资助方式和资助对象，但是具体而言做到了有章可依、规范运行。在美国，被要求共享的科技研发设施一般都是由联邦政府全额或部分出资购置，而且是由政府科研机构、高校或其他非营利机构运营，如前所述主要可以分为合同采购类平台和拨款合作类平台两大类。这两类平台的政府预算购置审批情况、出资方式、资助目的都不相同，政府出资的额度、平台的所有权也不尽相同，因此需要对它们分别进行分析，以窥见美国国防科技研发设施管理与共享机制的全貌。

4.1 合同采购类科技研发设施的共享机制

美国非常重视在合同采购类科技研发设施上的投入，并以法律法规的形式保障政府的投入，如《竞争性、特殊和设施研究拨款法》《研究设施法》等，都明确规定要加大对科技研发设施的投资。

4.1.1 购置及运行维护费用来源

美国联邦政府的各大科研管理部门，包括能源部、航空航天局、自然科学基金等，分别按照各自的职能范畴负责对研发合同的立项进行管理。科技研发设施的经费预算来自联邦政府部门，但是要通过国会的批准才能执行。

合同采购类科技研发设施所依托的研发项目是直接为联邦政府的利益服务，因此购置计划一般都由相应的政府管理部门制定，其购置费和运行费通常都由联邦政府部门全额支持。一般是由联邦政府与其依托单位签订研发合同，研发活动主要服务于联邦政府及其相关部门。这类研发项目中所购置的仪器设备要依据《联邦政府采购法》中有关政府资产的管理规定进行管理。除了这一基本法律依据外，代表联邦政府出资的各科研管理部门也会制定一些与本领域相关的资产管理规定和实施细则，例如《能源部资产管理规定》等。

国家重大科研仪器设备通常都设在国家实验室和联邦政府资助的研发中心，国家实验室和联邦政府资助的研发中心一般归联邦政府的一个或几个部门所有，以合同的方式为联邦政府部门进行项目研究，项目所需的大型科研仪器设备的购置计划及审批管理由负责项目管理的联邦政府部门负责。联邦政府部门要与每一个政府资助的研发中心、国家实验室签订研发合同，研发项目内容不同，合同条款和双方的责任、义务也不尽相同。

4.1.2 科研设施投资情况

美国政府斥巨资建设了大量科研设施，目前美国科研设施已比较完善和先进。相对国防采办总额而言，针对固定资产的投资额已经很小。政府会以直接投资、采办合同等方式维持国防设施的可用性和先进性，包括对基础设施和科研设备的投资。如反应堆、风洞或粒子加速器等的建设、维修和改进，主要有两种方式：一种是在科研项目的合同中包含用于设施建设和设备购置的经费；另一种是给相关机构专项经费用于设施建设及设备购置，如美国国防部通过"国防领域大学研究设备计划"（DURIP）为相关大学提供经费购置科研设备。2012年，美国国防部通过该计划为100所大学提供约5400万美元，额度从5万美元到190万美元不等。

研发设施的投入占整个研发投入的比重很小。根据美国国家科学基金会统计，2000—2013年国防研发设施投入占研发总投入的平均比例仅为1%左右，近几年甚至不到0.5%，呈现下降趋势，这是因为这些设施建成之后，通过维护可以长期使用。因此与研发活动相比，研发设施的投资额较小，且不像研发投资一样具有连续性。

4.1.3 产权归属情况

根据合同签署对象，即平台依托单位的不同，产权归属可以分为两种情况。一是平台依托单位为政府资助的研发中心和国家实验室。在这种情况下，根据研发合同所购置的仪器设备，其所有权归联邦政府，政府资助的研发中心、国家实验室只有使用权，并依据有关国家资产管理标准和使用要求进行管理和使用。二是平台依托单位为高等教育机构、医院及非营利机构。在这种情形下，产权归属又可以分为两类。

第一，对于价格在5 000美元以下的仪器设备，在征得联邦政府管理部门同意后，其所有权可归平台依托单位所有。

第二，对于价格为5 000美元及以上的仪器设备，其产权要看政府部门和平台依托单位所签合同的具体约定。根据承担单位性质和研究任务特点不同，可以存在多种约定情况：一是仪器设备归平台依托单位所有；二是仪器设备归平台依托单位所有，但政府有权在项目结束后的12个月内将仪器设备转给第三方；三是仪器设备所有权归政府所有。

4.1.4 依托单位的责任和义务

根据《联邦政府采购法》中对平台依托单位所占有政府资产（包括科研仪器设备）的管理规定，首先要坚持几条基本原则：一是最大限度地消除平台依托单位因占用政府资产带来的竞争优势，避免不公平竞争。二是要求平台依托单位最大限度地利用政府资产来履行合同内容，并应依据政府资产管理标准对政府资产进行管理。三是保证平台依托单位所占有的政府资产可以最大限度地在联邦政府部门中再利用。

从平台依托单位的主要责任和义务来看，主要是4条规定：一是要将政府资产最大限度地用来履行与联邦政府签订的合同。二是依据合同条款直接对政府资产管理负责，并依据政府资产管理标准建立政府资产管理系统，该管理系统需经相关联邦政府部门的批准。三是应依据相关要求对政府资产进行登记，并定期向相关联邦政府部门报告。四是应对政府资产的丢失、损坏和不正当使用负有责任。

4.1.5 共享及收费机制

合同采购类平台的依托单位有责任最大化提高平台的使用效率,因此有义务促进平台的开放共享。对共享的激励和约束机制只来自对平台依托单位的绩效考核机制。政府职能部门根据合同约定的内容对国家实验室进行考核,并以考核为依据拨付运行维护经费。这一类科技研发设施共享的收费机制根据用户性质和使用目的不同分为两种:对于非营利目的的使用,原则上不向用户收取费用;对于营利性部门为获得专利或其他收益而进行的平台使用,要按照"全部成本回收"的原则收取服务费,因为这些用户的研究成果不会开放共享,不会对全社会的科技发展和创新做出贡献。总体而言,目前营利性机构以获取收益为目的的使用时间占大部分设施运行时间的比例微乎其微,很多平台都不足1%,这种收费只能补偿运行维护成本中很小的比例。

4.1.6 保密管理规定

美国政府主要对开放共享过程中涉及的敏感信息、涉密信息、军事关键技术信息、有害物质、人体实验、放射性物质进行管控。

在接触敏感信息资格控制上,国防实验室主要通过国防部通用访问卡(CAC)来确保合作方具有进入其内部建筑、受控空间、计算机网络或信息系统的资格。以美国陆军武器装备研究发展与工程中心(ARDEC)为例,ARDEC要求所有的合作方必须在国防部合同商认证系统(CVS)中进行认证,获得通用访问卡。

如果合作过程中需要接触涉密信息,国防实验室主要根据国家产业安全计划(NISP)及国家产业安全计划实施指南(NISPOM)的规定来制定安全管理措施。主要管理措施是对合同商进行机构安全许可(FCL)、员工安全许可(PCL)和国外拥有、控制和影响(FOCI)三类审查。FCL审查合作机构获取涉密信息的资格,PCL审查合作机构员工获取涉密信息的资格,FOCI对国外力量控制情况进行审查和控制。

在合作过程中,除了敏感和涉密信息以外,国防实验室对一些敏感资源物品也有相应的管理措施。以美国空间和海上作战系统中心太平洋分部（SSC Pacific）为例，在签订合作研究与开发协议时，海军方面会对合作方需求进行调查，核实是否涉及表 2.2 所列情况，并按照不同资源类型开展管控工作。

表 2.2　美国空间和海上作战系统中心太平洋分部敏感资源处理方式

敏感资源类型	处理方式
保密数据	必须通过 SSC Pacific 工业安全办公室完成国防部合同安全保密规定
军事关键技术（MCT）	合作方必须根据防止非密级技术数据公开披露的规定获得认证。相关的 MCT 数据需要接受武器装备国际贸易规定（ITAR）的出口控制。合作方需要符合国防部合同安全保密规定，证明具有相应的保密能力
有害物质（HAZMAT）	合作双方必须证明其有资质持有 HAZMAT，海军方面的合作方需要去 SSC Pacific HAZMAT 最小化中心查证要求
人体试验 放射性物质（RAM）	合作研究与开发协议必须符合美国法律中的相关规定。必须给 SSC Pacific 放射性安全办公室寄送相关说明。在 CRADA 执行前需要获得同意
国外拥有、控制和影响的机构（FOCI）	在合作过程中，需要报备实验室安全办公室、相关的系统司令部以及美国贸易代表，核查与 ITAR 相关的问题

4.1.7　科研设施使用的考核评估

国家实验室科研设施的运行管理部门会在日常管理中对设施使用情况进行常态化自评估。例如，劳伦斯利弗莫尔国家实验室国家点火装置（NIF）的设备管理人员每月对设施使用情况进行总结，每季度向实验设施委员会报告。NIF 主任每年对设备使用绩效进行评估，评估标准包括：遵守环境、安全、健康法规的情况，设备的有效性，实验的效果，用户反馈，学术界认可度等。

除此之外，能源部还会邀请相关领域全球顶尖的科学家组成评估委员会，定期对下属实验室的设施运行情况进行考核，根据考核评估结果决定经费支持的级别，考核结果差的设施会被提出警告，甚至停止运行。例如，在1997年能源部组织的评估中，劳伦斯伯克利国家实验室先进光源（ALS）由于实验项目安排缺乏前瞻性、用户对设施开放共享不满意、来自实验室和加州大学伯克利分校的支持不足等原因，被提出批评，并列为经费支持最低级别。劳伦斯伯克利国家实验室因此迅速更换了ALS主任，调整了运行管理团队。2000年，能源部邀请欧洲同步辐射光源著名科学家Yves Petroff任评估委员会主席，重新对ALS进行评估，充分肯定了ALS在运行管理上的改进，此后，ALS在能源部的考核评估中一直获得较高评价。

4.2 拨款合作类科技研发设施的共享机制

拨款合作类平台是指联邦政府以拨款和合作协议的方式，在被资助的符合公共利益的研发项目中购置的科研设施，与合同采购类不同，这类研发项目不是直接为联邦政府的利益服务，但是其研发活动也具有一定的公益性质。拨款合作类平台的依托单位一般是高校、医院和其他非营利科研机构，目前以高校居多。美国高校的大型仪器平台一般都放在公用空间，非常方便使用，也方便用户之间、用户与管理人员之间的交流，营造了较为开放的科学研究环境。此外，为了方便用户查询和使用，高校大型仪器平台十分注重信息化建设，建立了平台的专门网站，详细介绍平台的职能、服务以及主要大型仪器的详细信息、应用领域及典型用户、联系方式、申请使用流程、收费标准等。此外，网站还提供使用大型仪器设备必需的培训教材、安全教育内容等信息。许多平台印刷了专门的宣传彩页，介绍实验室的仪器、服务、特色及详细联系方式。这些平台通过多种渠道扩大影响，鼓励用户使用公共平台设施及技术。用户在使用高校大型仪器公共平台资源时，需要填写申请表，并且在发表论文时注明提供支持的公共平台。

4.2.1 购置及经费来源

拨款合作类科研设施一般包含在由联邦政府以合作协议方式资助的非营利机构研发项目中，属于联邦政府对符合公共利益的项目给予的拨款资助，但并不是整个研发项目经费都来自政府。设施依托单位根据研发项目需要对仪器设备提出购置计划，由负责提供资助的联邦政府部门批准。购置费和运行费的资助比例要视项目而定，联邦政府可以给予全部或部分仪器设备购置费和运行费。一般而言，通常要求仪器设备的购置费不能超过整个研发项目经费的30%。

4.2.2 产权归属及处置办法

与合同采购类的科研设施不同，拨款合作类平台的所有权通常归属于设施依托单位。有一种例外情况，就是如果联邦政府以直接提供仪器设备的方式对项目给予资助，则仪器设备的所有权归联邦政府。不过，无论是哪种情形，联邦政府都拥有在项目结束后对仪器设备的处置权。当平台依托单位的研发项目已经结束且不再需要仪器设备时，可依据以下两种情况对仪器设备进行处置。

第一，对于折旧后市场单价在5 000美元以下的仪器，依托单位可以保留、出售或进行其他方式的处置，对给予项目资助的联邦政府部门不再承担任何责任。

第二，对于折旧后市场单价高于5 000美元的仪器，依托单位在付给政府补偿费后可留作他用。补偿费的计算方法为：首先对仪器设备进行市场估价，补偿费在仪器折旧后市场价中所占的比例与最初购买仪器时政府经费在购置费中所占的比例相同。如依托单位不想保留该仪器设备，可向给予资助的联邦政府部门报告，按联邦政府部门的要求进行处置，此时又分为两种情况：如果依托单位在向联邦政府提出仪器设备处置申请后120天内未得到答复，平台依托单位可将仪器设备自行出售，但应按比例向联邦政府部门缴纳补偿费；如果联邦政府部门决定将仪器设备收回用作他用，而仪器设备是由联邦政府和平台依托单位共同出资购置的,则要对仪器设备进行估价,联邦政府应按折旧后的市场价以购买时的出资比例给予平台依托单位补偿费。

4.2.3 共享及收费机制

按照《关于对高等教育机构、医院及其他非营利机构给予拨款资助的统一管理要求》的规定,拨款合作类平台的依托单位在不妨碍该平台所属研发项目正常运行的条件下,有义务向联邦政府部门所从事的其他研究项目开放,其优先顺序为:首先满足给予该平台仪器设备拨款资助的联邦政府部门项目需要;其次满足其他联邦政府部门的需要。

平台依托单位也可以为非联邦政府部门和机构提供服务。当然,如果平台是政府直接给予的,所有权归联邦政府所有,那就必须要在给予资助的联邦政府部门批准后才能提供服务。

对于这一类平台,依托单位在未得到联邦法律授权的情况下,不能将联邦政府资助购置(虽然所有权属于依托单位)和直接给予的仪器设备,以低于私有部门提供相同服务的价格为非联邦机构提供有偿服务,以免造成不公平竞争、扰乱市场秩序。从实践来看,高校科研平台对企业服务通常参照商业标准收费。

有偿服务所获得的服务费收入作为"项目收入",按项目收入的有关规定使用。所谓项目收入是指联邦政府资助获得者通过资助项目所获得的所有收入,主要包括服务费、项目资产所获得的租赁费、产品的销售收入、特许费、专利费、版权费、利息,等等。对于项目收入,根据《关于对高等教育机构、医院及其他非营利机构给予拨款资助的统一管理要求》规定:项目收入归平台依托单位所有,但是在项目执行期内只能用于项目支出。项目结束后,依托单位不再对联邦政府部门承担责任,项目收入可由依托单位自行支配。

4.3 大型承包商的资源共享合作

大型承包商是美国高科技产业发展的基础,是美国的重要战略力量。资源共享合作是其发展的重要基础之一。

4.3.1 资源共享合作主要做法

美国有1 000多家从事武器系统研制、试验和生产的企业。五大军工集团(洛马、雷声、波音、诺格、通用动力)以及众多骨干军工企业都设有科研中心,它们既是军品试验和生产基地,也是从事应用技术开发和基础研究任务的基本力量。大型承包商纷纷与大学开展资源共享合作,波音与谢菲尔德大学的合作,通用与辛辛那提的合作都是希望在共享自己内部资源(包括技术、设备、人才等)的同时,也能充分借助社会优势的技术资源,提升企业的技术实力和竞争力,从而促进企业的发展。军方机构也与相关社会资源合作,利用通用技术和设备促进军工发展。美国爱迪生焊接研究所和美国陆军研究实验室签署合作协议,为未来陆军武器装备研制生产开发先进的工艺方法。美国半导体研究公司和美国国防预研计划局宣布未来5年将投入1.94亿美元致力于创建6个新的大学微电子研究中心,以支持美国半导体的持续增长和领导地位。

4.3.2 资源共享合作主要特点

综上所述,可以看出以洛马、雷声、波音、诺格、通用动力等为代表的世界大型企业发展的四大特点。

(1) 从产品向解决方案转型:各大型军工企业的业务分工,正在趋于从过去单纯的产品向提供综合的解决方案转型。

(2) 业务整合,军民品一体化运营:业务整合成为军工企业的选择;充分发挥内部资源的共享和有效利用,业务整合后实现一体化运营。

(3) 充分利用社会资源:军工企业充分利用社会资源,尤其是技术资源,以提高自身的竞争力,促进军工企业的发展。

(4) 开放服务所占比例不断提升:开放服务在军工企业的业务收入中的比例不断提升。

4.4 国防科技研发设施管理与共享的特点

4.4.1 以提高国家核心竞争力为目标

美国是一个国家利益高于一切的国家,十分注重以提高国家核心竞争力为总体目标和基本立场来开展科技资源的共享共用。美国在增强国防核心技术实力的同时,利用自己世界科技领先的地位开展各种技术层面、资源层面的对外开放合作,并以综合实力的不断增强来维护国家的安全与利益。

4.4.2 以开放为手段促进技术成果转化

孵化器是美国成果转化的重要助推器,它为科学家和中小企业成果转化搭建了一个成长的平台,有效地促进了科研成果的孵化。美国大学孵化器多为非营利机构,主要收入为政府支持资金以及为孵化企业提供的技术咨询服务收入,收入主要用于人员费、设备维护费等。孵化器通过提供物理空间、基础设施及一系列服务,使社会使用者能够便利地利用实验室资源开展科学研究。这不仅提高了实验室仪器设备的使用效率,而且通过开展技术服务等各类开放活动,促进了科技成果转化。

4.4.3 科研设施产权及管理权归属明确

由美国联邦政府经费购置的国防科研设施通常都设在国家实验室和联邦政府资助的研发中心,其产权归属虽根据实际情况有所不同,但均为具有公益性质的机构和部门所有,产权及管理权的归属规定明确。

4.4.4 科研设施的购置及审批程序清晰

美国政府各部门(如能源部、航空航天局等)首先根据研发需要进行立项,经费预算通过国会批准后,同国家实验室、研发中心签订研发合同开展 R&D 项目,包括购置研发活动中所需的科研仪器设备,并对项目所需国防科研仪器设备的购置及审批管理负责。

4.4.5 科技资源共享收益机制完备

美国联邦政府规定,经由联邦政府经费购置科研仪器设备的项目承担方，在满足本部门项目需要前提下，有义务向其他政府部门及非政府部门或机构提供服务，但必须要征得给予资助政府部门的批准，同时规定对外服务费用不低于私营机构同类服务价格，以避免造成不公平竞争。

5 科技研发设施开放共享管理典例

通过对国家航空航天局为开展商业航天提供开放服务、国家军队实验室推动开放式协同创新等事例的分析,进一步深化对于美国科技研发设施开放共享管理的认识。

5.1 航空航天局为商业航天活动提供开放服务

5.1.1 商业航天相关法规依据

《美国法典》第51卷(国家商业空间项目卷)对国家开展商业空间项目做出规定。由于《美国法典》的基本框架结构是1926年创立的,当时空间活动尚未开展,因此在法典中没有空间法专编。在过去的50多年中,美国开展了一系列与空间相关的联邦立法活动,通过了多部与空间相关的联邦法律。随着时间的推移和空间业以及空间立法的快速发展,为空间法设立一个专编就显得尤为必要。2009年,美国众议院法律修订委员会办公室向众议院司法委员会提交了设立空间法专编的法案建议稿。经过一系列法定程序,以"国家商业空间项目"为题的《美国法典》第51卷(公法111-314)的立法于2010年12月18日正式完成。

《美国法典》第51卷第二分编"项目和政策的一般规定"中广泛涵盖了不同时期制定和公布的国家商业空间法的主要内容,确立了美国国家商业空间项目的基本法定项目和基本政策。如标题为"国家航空航天项目"的第 201 章是对"1958 年国家航空航天法"的重述。"1958 年国家航空航天法"（简称"空间法"），是美国空间法的基本法。该法设立了美国航空航天局（NASA），为美国开展国家商业航空航天活动奠定了法律基础。标题为"责任和目标"的第 203 章则是对三个独立的法律中选取的部分条款所做的重述。这三个独立的法律包括"2005 年国家航空航天局授权法""美国竞争法""2008 年国家航空航天局授权法"。除此之外，第 51 卷对国家开展商业空间项目过程中的若干管理问题也进行了明确规定，包括第 301 章"拨款、预算和会计"，第 303 章"合同和采购"，第 305 章"管理和审查"，第 307 章"国际合作和竞争"，第 309 章"奖励"，第 311 章"安全"等。

通过对《美国法典》第 51 卷空间商业项目内容的分析研究，不难看出，法典中的各项法律内容为美国开展国家商业航空航天活动奠定了法律基础。商业航天是近年来航天产业界的热门话题，美国有大量的航天企业宣称自己要进行商业化运行，但是航天商业化与商业航天是两个不同的概念，其各自的发展历史也并不相同。只有把这两个概念深入剖析清楚，才能够更好地促进更多的社会资源进入、互通、共享。

商业航天与航天商业化是完全不同的概念。商业航天是指按照市场化模式来组建新的航天企业，按照市场化规律来从事投融资、收购、合并、分立、招投标、议价、赔偿、研发、协作、制造、运营等活动，投资者和企业可以自由进入和退出。航天商业化在国际范围内的进程也早已开始。实际操作中，航天商业化是指原本只为政府、军队、国家安全需求服务的航天基础设施向商业市场开放，原本只为政府服务的航天制造企业、航天系统运营企业也向商业市场寻求合作，而政府和军队作为大客户进入市场，按商业规律进行招标和采购。

5.1.2 商业航天相关准入管理制度

作为世界上商业航天最为发达的国家，美国通过一系列管理制度实现了对各类商业航天活动及参与私营企业的规范、监督与促进。其中，商业航天准入管理制度为美国私营企业进入航天领域明确了界限与门槛，是美国实现商业航天有序发展的重要基础。目前，美国商业航天准入管理制度主要包括空间发射许可、遥感系统运营许可以及通信卫星业务许可三大类。

（1）空间发射许可

《美国商业航天发射法》是美国空间发射许可制度的法律基础。根据该法律，美国空间发射许可主要针对在美国境内从事发射活动或经营发射场的个人及私营企业，在美国境外从事发射活动或经营发射场的美国公民、受美国法律管辖或由美国公民控制的私营企业。由美国政府从事或代表美国政府从事的发射活动，以及私人在自有领地内从事的涉及小型火箭的发射活动均不在空间发射许可的范围之内。

按照所从事的活动，美国空间发射许可包括运载火箭发射许可和发射场运营许可两类。许可的审查和批准由美国运输部下属的联邦航空局（FAA）负责。其中，运载火箭发射许可又可进一步分为"特定发射许可"和"发射经营者许可"两种。"特定发射许可"属于一次性发射许可，只允许持证个人或私营企业从事许可所规定的单项发射，许可效力在该发射任务完成后即行终止。"发射经营者许可"属于多次性发射许可，它允许持证个人或私营企业在特定发射场使用某一系列运载工具发射特定类型的有效载荷，许可的有效期长达5年。发射场运营许可则是针对私营企业的发射场运营活动颁发的，申请者必须表明发射场不会对公众健康和安全、私有财产、国家安全或外交政策利益构成威胁，且同时具有向多种轨道发射至少一种型号运载火箭的能力。无论申请上述哪一种许可证，都要通过严格的评审程序，主要包括申请协商、政策性评估、安全评估、有效载荷评估、赔偿能力的确认以及环境评估等。对于取得空间发射许可且可满足国家发射需求的本国私营企业，如太空探索技术公司（Space X），美国还会给予政府发射补贴，以此扶持其快速发展。

（2）遥感系统运营许可

美国于2003年颁布了《美国商业遥感政策》，该政策将商业遥感系统纳入国家遥感体系，并首次允许分辨率为0.25米的遥感卫星的研制及运营。这加快了美国商业遥感私营企业的技术更新。2006年，美国国家海洋与大气管理局（NOAA）发布了《私营空间陆地遥感系统授权许可的最终规定》，明确了商业遥感系统许可的审批制度，进一步规范、明确了私营企业进入该领域的条件和流程。

根据该规定，美国公民、私营企业或受美国法律管辖或受美国控制的外国人及私营企业，以及与美国存在实质性关联，或因美国支持其国际遥感业务而获取重大利益、足以被划入美国法律管辖范围的其他所有私营企业均在其遥感系统运营许可的管理范围内。遥感系统运营涉及国家安全利益，因此美国对于私营企业的审查较为严格，需在发射前12个月、发射前6个月、航天器正式投入使用、运行后每季度、运行后每年度等重要时间节点，针对遥感系统的运营情况进行全面审查，以确保商业遥感系统运营商以及相应运营活动符合国家安全利益要求。

(3) 通信卫星业务许可

根据《美国法典》第47编，美国国会授权联邦通信委员会（FCC）在规制卫星地面站建设、卫星颁发许可和控制无线电广播设备授权等方面的职责。据此，美国以卫星频谱授权使用为基础，建立起多种管理手段为不同种类的通信卫星颁发许可，同时授予在轨通信卫星所有者拍卖其可用许可执照的权利。对于非同步轨道的固定卫星业务，FCC将针对频谱申请者进行排序，并允许相应竞争者提交竞争性申请，综合考虑以得出最终授权决定。对于同步轨道的固定卫星业务，为确保最大化利用地球轨道，其频谱授权采用"先到先得"的原则，对申请人的审查独立进行，如果在申请人要求的频谱范围内还有可用的轨道位置，则颁发相应许可，后续申请人对于该频谱和轨位的授权申请将被驳回。在频谱申请过程中，通信卫星业务的经营者必须提出与FCC规定相一致的卫星系统申请，提供服务中所涉有关法律层面、技术层面和财务层面的详细信息。

5.1.3　商业航天与航天商业化的发展

(1) 商业航天与航天商业化的发展历程

美国的商业航天走在世界前列。以遥感领域的活动为例，遥感领域的发展模式属于典型的商业航天。美国在20世纪70年代就开始发射陆地系列遥感卫星，但一直由政府运营。到1999年，随着IKONOS-2卫星的升空，美国依靠高分辨率卫星，直接进入了商业遥感时代。经过分化组合，多家美国高分辨率商业遥感卫星公司合并成了数字地球公司。此举激发了世界范围内的高分辨率商业遥感卫星热潮，包括印度、阿联酋在内的多个国家纷纷成立自己的商业遥感卫星企业。其实，从小布什时期美国就非常注重鼓励发展商业航天，奥巴马对发展商业航天更加重视。2010年6月28日，美国政府公布了新的《美国国家航天政策》。根据新政策，未来美国将致力于航天活动商业化，为商业界提供更多参与航天活动的机会，并将实施各种刺激机制鼓励航天活动商业化的发展。特朗普就任总统后，表示将继续支持美国载人探索火星，并考虑重返月球的可能性，同时，将会加大支持商业航天发展的力度。

美国的航天商业化最先从通信领域开展，有两大标志性事件可以作为航天商业化的里程碑。首先是国际通信卫星组织的企业化。这家成立于1964年的企业原本由成员国政府出资维持。2000年，为了适应市场化经营的需求，缔约国大会通过了私有化决议，并在2001年改制完成，改称国际通信卫星公司。如今的国际通信卫星公司是一家在纽约证交所上市的股份制企业。其次是国际移动卫星公司的成立。这家原名为国际海事卫星组织的机构在1979年成立，同样是一个政府出资组织。20世纪90年代中期，国际海事卫星组织开始谋求私有化。1999年，经成员国讨论，将该组织的运营部分剥离出来成为企业，并于2005年开始在伦敦证交所上市。如今，作为一个市场化运营成熟的领域，国际卫星通信广播领域已经完全按照商业规律运行了。

（2）商业航天和商业化的发展评述

无论是商业航天还是航天商业化，在西方成熟的市场经济体制下，当行业的技术和运行足够成熟，把它推向市场任其自我发展便是顺理成章的事。然而近几年商业航天的话题之所以再次引起国际宇航界的关注，是因为载人航天的出现。自从"哥伦比亚号"航天飞机失事后，NASA重新审视了自己的载人航天飞行战略，决定放弃航天飞机，不再亲自运营近地轨道的空间运输系统，而是把往返于国际空间站的货物、人员运输活动移交给商业企业，NASA只购买服务，不介入企业本身的研发和运行。这个项目被NASA称为"商业载人研发"（CCDEV）。

这一举措激发了业界的研发热情。天空探索技术公司、轨道科学公司、波音公司等企业纷纷推出自己的飞船和服务，前两家企业已经进行了成功的太空飞行，也遭遇了失败。正因为如此，"商业航天"这个词汇如今频繁出现在国际宇航的讨论和报道中。简单说，美国商业载人航天发展有这样几个要点：第一，作为客户的NASA只关心以合理的价格买到安全、充足的服务，不关心供应商的具体研发过程和飞船构型；第二，可以有多家供应商同时存在，价格机制灵活；第三，客户不承担可能发生的发射失败损失，供应商要自行购买商业保险。

虽然目前投身于载人航天的美国商业企业还没有真正实现载人往返于国际空间站，而且NASA是唯一的客户，但NASA设计的模式符合市场化运行的基本规则，为后续商业航天的业务扩大，为更多服务提供商和更多客户进入这个市场提供了良好的参考框架。

（3）开展商业航天的迫切需求及法律保障

传统航天是由国家或政府投资，旨在实现国家意志、战略的空间活动，属于国家行为。传统航天受技术、管理、效率及垄断等多种因素的制约，成本居高不下。NASA研究认为，处在自由竞争市场中的商业公司比政府机构更能有效承担开发和运营责任。在减少政府投入、提高效益的需求驱动下，政府也期望通过商业航天，从技术相对成熟、风险相对较低的传统航天项目中解放出来，而专注于前沿技术开发、未知领域探索，如载人深空探测，商业航天模式应运而生。

商业航天是在市场驱动下，由私营企业集团投资，以赢利为目的，独立的、非政府的航天活动。商业航天模式下，有更多的参与者加入市场竞争中来，使得成本和效率的比重可以逐步实现优化，从而为技术上可靠、经济上可承受和快速进入空间提供支持。

美国政府为支持商业航天的发展，制定和颁布了一系列相关的法律法规和政策，为航天商业化提供了行为准则以及有力的法律和政策支持。在航天发射领域，美国先后颁布了《空间商业发射法案》（1984年）、《商业空间法》（1998年）以及小布什、奥巴马在任期内颁布的《国家航天运输政策》《美国国家航天政策》等，旨在鼓励、规范、促进和提高私营商业空间发射活动。

在载人航天领域，美国先后发布了《国家航天政策》（2006版）、《国家航天政策》（2010版）、《国家航天运输政策》（2013版），这些政策鼓励私营企业加入近地轨道的载人航天活动，明确了未来将由商业部门提供美国近地轨道载人和货物运输服务。特别是，2015年美国众议院表决通过《关于促进私营航天竞争力、推进创业的法案》和《商业航天发射竞争法案》。美国的商业航天政策及法规为商业资本参与航天活动提供了更多的机会和保障，从而对商业航天的发展起到了积极的推动作用。

（4）商业航天新型市场力量兴起

在美国发展商业航天政策的鼓励以及商业航天项目的推动下，大量资本进入长期以来由国家投资的航天领域，一批具有经济、技术实力的私营航天企业迅速成长起来。在商业载人航天领域，以太空探索公司为代表，而在商业遥感领域，数字地球公司和地眼公司则成为业界翘楚。

如 Space X（美国太空探索技术公司）是一家由 PayPal 早期投资人埃隆·马斯克（Elon Musk）于 2002 年 6 月建立的美国太空运输公司。该公司按照低成本、高可靠的经营理念，在技术研发、生产流程和运营管理等方面进行创新改进，依靠不足千人的规模，在 10 年内先后研制成功猎鹰 1、猎鹰 9 运载火箭和龙飞船，成为美国私营商业航天企业的中坚力量。龙飞船的最大上行货物运输能力为 6 000 kg，下行载荷质量为 3 000 kg，是当今下行能力最强的飞船。猎鹰 9 火箭近地轨道运载能力超过了 13 t，地球同步转移轨道运载能力达到了 4.8 t。2008 年 Space X 获得 NASA 正式合同。2012 年 5 月，Space X 发射龙飞船与国际空间站对接，实现了人类历史上第一次向太空发射商业飞船。2012 年 10 月，Space X 龙飞船将货物送到国际空间站，开启私营航天的新时代。2017 年 3 月 20 日，Space X 的龙飞船在完成第十次向国际空间站

（ISS）运送补给任务后，成功返回地球。Space X 还宣布将于 2019 年开始发射计划中的 4 425 颗卫星，建立一个全球性的免费 WiFi 体系。可以说，Space X 已成为当今全球最具有竞争力的商业卫星航空航天公司。

5.1.4　NASA 支持商业航天发展

（1）NASA 鼓励私营公司发展商业轨道运输系统

NASA 为推动载人航天领域商业运输发展，提出了商业运输计划，鼓励私营公司发展商业轨道运输系统。NASA 期望通过商业项目改变与厂商的合作模式，即由购买航天器向购买服务转变。商业公司负责项目的整套运营，包括系统设计、研发、制造、试验、发射和运营管理等，NASA 仅负责进度、安全监管及技术支持以及相应的启动资金支持。这种模式给予私营公司更大的自主性和灵活性。2004 年，美国总统小布什推出星座计划，按计划 NASA 将退出地球轨道的发射任务，全面转向深空探索领域，而地球轨道运输则转交给商业公司，商业轨道运输服务应运而生。2006 年，NASA 正式启动了"商业轨道运输服务"（COTS）项目，旨在为国际空间站发展商业补给服务。经过招标，NASA 最终选择了两家创新能力强的企业，即 Space X 和轨道科学公司。NASA 根据合同中里程碑节点的完成情况，向其支付相应的费用。通过研发合同竞争，Space X 公司战胜了历史悠久的轨道科学公司，凭借可靠的技术优势和价格优势赢得了美国政府正式的商业补给服务合同。此笔合同不仅为 Space X 带来了资金，更扩大了该公司的声誉，增强了潜在商业客户对公司的信心。美国包括航空航天在内的几乎所有的国防科研体系都是向全社会开放的，正是得益于这种开放的研发体系，Space X 等商业公司可以无障碍地参与到航空航天研发业务中去。2010 年年初，NASA 又启动了"商业载人开发"（CCDev）计划，以鼓励私营公司开发可靠、高性价比的商业载人航天运输系统，接替航天飞机执行向国际空间站运输货物与人员的任务。NASA 采用与 COTS 计划相似的方式执行 CCDev 计划，向波音公司、内华达山脉公司、Space X、蓝源公司（Blue Origin）等授予共计 5 000 万美元的合同，用于系统概念、关键技术的研发。2011 年 4 月 18 日，NASA 宣布了"第二轮商业载人开发"（CCDev2）项目，分别向波音公司、内华达山脉公司、Space X、蓝源公司授予了项目研发合同，进行载人航天器方案研发。2014年9月16日，在对多家方案进行评比后，NASA宣布波音和Space X两家公司赢得了商业载人运输能力合同。

（2）NASA开放商业航天直接设备设施和技术支持

美国实施鼓励、支持商业航天发展的国家政策。近年来发布的《美国国家航天政策》《美国国家航天运输政策》均提出要发展商业航天，促进创新，提升美国航天产业的国际竞争力，要求最大限度地采购商业航天产品与服务，满足政府需求。除了在政策、法律层面的支持保障以外，美国还给予商业航天直接的物资和技术支持。如美国国家地理空间情报局通过卫星图像采购预付费的形式，为商业公司研制高分辨率遥感卫星提供经费支持。而NASA则更加直接地开放了阿波罗计划的部分技术给Space X，并向其提供发动机测试台和发射场，如"灰背隼"发动机就采用了阿波罗飞船登月舱下降级发动机的喷管，最终猎鹰9火箭在范登堡空军基地发射。在猎鹰9研制过程中，NASA还直接给予其技术指导，从而大大降低了研发难度。

5.2 阿姆斯特朗飞行研究中心开放共享管理

5.2.1 阿姆斯特朗飞行研究中心基本情况

阿姆斯特朗飞行研究中心位于加利福尼亚州爱德华兹空军基地，作为NASA下设的10个重要研究中心之一，是NASA开展大气飞行试验和研究的最主要基地，从该中心诞生了许多世界先进的飞行器，同时这里也是航天飞机的发源地。该中心原名为"德莱登飞行研究中心"，2014年正式更名为阿姆斯特朗飞行研究中心。

阿姆斯特朗飞行研究中心是国家航空航天局空气动力飞行研究的主要机构，也是执行大气层内飞行研究的主要机构，研究领域集中在基础航空学、航空安全、空间探索、空间作业等项目的研发和科学研究等方面。该中心主要提供乘员探索飞行器发射终止测试、国际空间站在轨支持、同温层红外天文观测台（SOFIA）机载平台测试、X-48B 翼身融合机性能测试和智能飞行控制系统（IFCS）测试，以及为航天飞机提供首选着陆点等。中心拥有各类实验室和试验设施，包括飞行载荷实验室、威廉姆斯飞行器一体化研究所、飞行模拟实验室、西部航空测试场、发动机制造厂等。此外，阿姆斯特朗飞行研究中心与爱德华兹空军基地的空军飞行测试中心、空军研究实验室达成技术和项目共享协议，可以使用相关的设施。

作为 NASA 下设的 10 个重要研究中心之一，阿姆斯特朗飞行研究中心要严格遵守 NASA 对设备的管理规定，NASA 为了加强本系统设备的管理，制定了《设备管理指南》，进行统一把控。

5.2.2 《设备管理指南》规定设备管理职责

根据《设备管理指南》，NASA 明确规定设备管理链条上各个环节责任人的设备管理职责。一般来说，设备管理链条自上而下要配备首席助理、供给和设备管理官员、部门主任、中心设备经理（或授权人）、财务管理官员、资产报废主管，如表 2.3 所示。

表 2.3 NASA《设备管理指南》规定的设备管理职责

岗位	职责
首席助理	负责确定设备管理政策，并确定实施指导方针
供给和设备管理官员	负责执行设备管理计划，包括设备监管、分配设备资源等
部门主任	负责把设备分配到各个组织，包括设备状态、设备使用、设备的贷款和既定目标完成等方面
中心设备经理（或授权人）	确保按照联邦财产管理规范，使设备能够重复最大化使用
财务管理官员	根据资产记录进行设备调整
资产报废主管	负责使用和出售不需要的财产

首席助理负责确定设备管理政策,并确定实施指导方针。

各中心还要指定一名供给和设备管理官员(SEMO),其地位不低于中心的资产经理,负责执行设备管理计划。供给和设备管理官员对分配供给中心的所有设备进行监管;在中心内以最有效和最高效率的方式分配设备资源;查明闲置设备;实施必要的设备管理步骤,确保中心的设备管理体系能够为中心的设备提供保养、管理和保护;明确资产管理员和资产管理部门(或同等部门),并明确其职责;指定全职资产负责人(内定或聘用),负责不同地理位置的财产管理;监督项目资产的管理,部门主任及设备的操作者将继续对所分配设备的使用、维护及保护负有责任;确保中心财产转移政策的实施和正确执行等。

部门主任是 NASA 设备管理项目中的重要官员,主要负责把设备分配到各个组织,包括设备状态、设备使用和既定目标完成等方面。部门主任还要负责确定设备的贷款。对于供各部门使用的设备,部门主任要保证对这些设备的丢失、损坏或破坏迅速地做出调查,并进行评价,以免这些事件再次发生。他们还要评估和总结检测报告,详细说明补救措施,向其他中心的适当官员请教,对中心资产管理部门提供建议。

部门主任、资产负责人和那些移动设备的使用者必须完全与 SEMO 制定的本中心财产转移政策和程序相一致。

中心设备经理(或授权人)确保本中心按照联邦财产管理规范,使设备能够重复最大化使用。具体职责包括:建立适当的管理规则、保持一定数量的记录,以及将中心的所有设备按功能进行分类;确保提交的报告能够定期评估;决定哪些设备要作为敏感设备得到控制;确定资产管理领域的划分以及资产负责人的任命和培训;为资产负责人提供档案记录;评估资产负责人的报告和绩效;根据需要制定周期性的、敏感性项目清单。

财务管理官员根据 SEMO 掌握的资产记录进行半年度的设备调整。

资产报废主管负责使用和出售 NASA 不需要的财产。资产报废主管要了解哪些 NASA 可利用的有效资产(包括设备),依照联邦法律法规，转移到 NASA 的其他组织中（包括 NASA 的承包者）、其他联邦机构及符合条件的公益机构（包括国家及地方政府、学校和学院）继续使用。

5.2.3 设备管理程序

在 NASA 内部，对科研仪器设备按照受控程度分为受控设备与非受控设备两类。受控设备包括购买费用超过 5 000 美元的设备；估计使用寿命为 2 年或以上的设备；不会在一次试验中消耗完的设备以及敏感性的非主要设备（即购买费用在 1 000 ~ 4 999 美元的设备，确定为敏感性危险设备）。非受控设备包括购买费用低于 1 000 美元的设备。此处的设备管理程序仅适用于受控设备。

在对于丢失、受损设备的调查方面，NASA 总部和各中心拥有的、所有权属政府的设备，在丢失、受损或遭到破坏时，根据《设备管理规定》，最后拥有该设备的用户或个人必须立即通知资产负责人，如果怀疑被盗窃，要立即报告中心保安办公室。此时，个人用户必须填写调查报告的第一部分，即 NASA 598 表；部门主任对调查报告进行评价，并在第二部分写明具体补救措施，防止类似事情再发生，然后将报告提交给供给与设备管理官员；供给与设备管理官员负责确定丢失、受损资产的价值，将调查报告登记备案，在情况允许的情况下，将报告提交给资产调查委员会或资产调查官员，实施调查报告中提出的各项建议以加强内部管理。在调查取证的基础上，资产调查委员会或官员向部门主任提出补救建议，资产调查官员评估所有调查报告和相关证据，并给资产调查委员会返回一份调查报告。资产调查官员有对所有调查报告作出最终批注的权限。

5.2.4 自我评估及改进

NASA 要求下属各个中心都必须根据 NASA 自我评估政策制订自我评估计划，计划应包含对中心设备管理项目进行的详细评估，以确定设备职责和管理是否完善。自我评估应该采用由中心 SEMO 制订的经过批准的方法，应该检查设备管理项目的整体性。

NEMS 设备管理人员是设备管理自我评估的主要参加者,职责包括:协调设备管理运作和工作量,支持自我评估;完成 NEMS 摘要,为自我评估做好准备;为自我评估小组提供技术和职能支持;通过自我评估,对运作实施进行改进。

NASA 各中心都要接受 NASA 总部的现场视察。SEMO 是与现场视察协调的主要管理联系人,其职责包括通过现场视察实施设备管理政策改进。总部的后勤经理是与现场视察相关的主要职能联系人,主要负责协调设备管理运作和工作量,为现场视察提供支持、准备必需的 NEMS 摘要、提供技术和功能支持,在现场视察后,改进业务运作。

5.3 军队实验室推动开放式协同创新的典例分析

美国海陆空三军研究实验室承担着美国军队绝大部分的科研工作,是推动美国海陆空三军国防科研创新的主体。在 2016 年 9 月底美国国会众议院举行的听证会上,三军实验室主任分别介绍了海军、陆军、空军研究实验室在推动军队科技创新方面发挥的核心作用,以及为开放式协同创新所做出的重要贡献。

5.3.1 海军实验室积极与其他科研机构交流互动

海军研究实验室聚焦海军建设中远期需求,致力于革命性、颠覆性技术研发,推动技术成果转化;秉承跨学科研究、持续发展等理念,积极与其他科研机构开展交流互动,共享科技资源。

仅 2012—2014 年,海军研究实验室与海军其他科研机构开展的互动就多达 500 余次,包括针对特定任务和课题成立的小组和委员会、联合研究和合作资助等。同时,在国防部相关机制下,海军研究实验室还与其他国防部实验室开展广泛合作,加强国防科技战略协调和科技信息、科技设施资源的共享,避免重复构建,促进相互支持。

海军研究实验室还与工业界、学术界以及其他联邦机构研究人员开展协作,与国防部有关机构共同资助创新企业,促进海军研究实验室技术向政府部门和商业领域转化,推动开放式协同创新。

5.3.2 陆军实验室实施开放业务模式

（1）陆军研究实验室于 2014 年实施了一项新的"开放校园"业务模式来实现先进的基础研究

该模式建立了一种灵活有效的 21 世纪研究文化，将美国国防实验室从一个封闭的研究机构转变为注重相互依赖和相互合作的研究机构，并成为国家安全的重要组成部分。"开放校园"旨在建立满足未来国家安全挑战所需的科技生态系统，主要包括三个项目：21 世纪现代政府人力管理和政策；政府、学术界和私营机构之间共享设施；鼓励开拓创新文化环境的合作性生态系统。

陆军研究实验室的目标是使其 10%～15% 的研究人员及资源在实验室之外合作伙伴所在地执行轮值研究任务，同时至少相同比例的合作伙伴人员及资源也要积极参与在陆军研究实验室所在地开展的研究任务。陆军研究实验室正在积极制定支持这些新型目标合作所需的框架。陆军研究实验室与学术界、公司和小机构之间所采用的《合作研究与开发协议》已经极度扩大，"开放校园"参与人员总数也从 200 人增长到 500 多人，这些人员将与陆军研究人员并肩协作进行科研开发。

（2）为外部研究人员开放超级计算机等设施

2016 年，美陆军宣布与马里兰大学建立联盟，扩展其超级计算能力，推动新的科学发现和创新技术领域的研究。根据美国陆军研究实验室（ARL）开放校园倡议，ARL "哈罗德"超级计算机将与拥有 100 千兆/秒的光纤网络 – UMD 中部大西洋十字路口（MAX）连接，允许研究人员建立新的网络，探索多种研究机会。UMD/MAX – ARL 合作关系为两家机构提供了独特的机会，在高性能计算领域创建一个国家性的合作模式。合作伙伴关系对于最大化陆军的技术潜力，确保在科研关键领域的实力和竞争力至关重要。实际上，无论是通过基于硅谷、东部沿海的国防创新实验小组还是其他机构，军方与学术界、工业界的合作伙伴关系对国防部的计划推进都非常重要。其他近期例子包括中西部地区的陆军/学术/工业合作伙伴关系，如与位于费城的德雷塞尔大学签订的 5 年合作协议。与马里兰大学的高性能计算协议旨在通过在由创业公司和其他私营企业发起的倡议中,使高性能计算资源更容易获得,从而有利于双方研究。大学全力支持联邦政府在此关键高性能计算倡议中的领导地位,UMD/MAX-ARL合作关系的建立仅仅是推动高性能计算创新的一步,UMD将继续通过为重要的合作伙伴提供技术专家和共享知识,积极参与其中。"哈罗德"在2009年10月启动,是一种SGI Altix ICE 8200的Linux集群设计,拥有10752英特尔Xeon 5500系列处理器内核,旨在使用最小的代码优化提供最大的处理能力。超级计算机目前正在清洗和解密,以便它可以带入ARL的外围网络,为更多的教育和其他研究机构连接。在这些项目中,"哈罗德"将用于新的计算架构、分布式点对点计算和可编程网络的研究。

5.3.3 空军实验室注重全方位多领域的开放式合作

空军研究实验室隶属于美国空军装备司令部,统管空军科技的创新研发,并负责空军科技项目的规划和执行,确保空军在太空、临近空间和网络空间等关键领域维持技术领先。因此空军研究实验室被誉为空军的"创新引擎"。空军研究实验室由四个空军实验室和空军科学研究办公室的相应机构合并而成,拥有先进的测试设备,在全美八个区域设有研究机构。

空军研究实验室与其他军种部门、学术界、工业界等开展广泛合作,积极构建全方位合作关系,促进技术向实战装备快速转化。空军研究实验室与合作团队的互动强化了空军的能力,将科技研究与空军关键任务相结合,及时落实空军当前与未来需求,提高了空军研究实验室的投资回报。通过"重要相关团体"计划,与海军、陆军以及DARPA等国防部机构开展包括人才、技术、设备等方面的合作,共同发展相关领域所需技术。

空军研究实验室积极拓展与外部合作关系,与政府、工业界和学术界一起,开展众多领域创新技术研发。例如,与美国国家增材制造创新机构签署新的五年合作协议,通过成本补偿/共摊形式共同出资,为空军开发增材制造项目以及其他主题项目。空军研究实验室还积极吸收外部投资,为空军科技发展提供有效资金保障,这些资金来源机构包括国家科学基金会、国家航空航天局、能源部、国家标准技术研究院、情报界有关部门等,在基础研究方面还获得了来自国际合作伙伴的投资。

5.4 环试体系对试验资源开放的要求

5.4.1 环试体系概况

环境试验的发展和水平与一个国家的科技实力、军事装备和经济实力密切相关,美国的自然环境试验体系的建立主要依赖国防体系,目前由国防部监管的三军重点试验设施共有 21 个,由国防部统一管理、统一规划和投资,主要承担军事装备的试验与评价工作。同时这些基地也对商业和学术机构开放,走军民结合的道路,并因此获得了社会的投资。它们大多分布在太平洋和大西洋沿岸地带,详细见表 2.4。

表 2.4 美军重点靶场与实验室设施

序号	名称	位置
1	陆军杜格韦试验场	犹他州
2	犹他试验与训练靶场	犹他州
3	战斗机武器中心	内华达州
4	海军空战中心中国湖武器分部	加利福尼亚州
5	空军第 30 航天发射联队	加利福尼亚州
6	海军空战中心穆古角武器分部	加利福尼亚州
7	空军飞行试验中心	加利福尼亚州
8	陆军尤马试验场	亚利桑那州
9	陆军电子试验场	亚利桑那州
10	联合通用性试验中心	亚利桑那州
11	美国陆军夸贾林环礁导弹试验场	太平洋马绍尔群岛
12	陆军白沙导弹靶场	新墨西哥州
13	空军 7585 试验大队	新墨西哥州

续表

序号	名称	位置
14	空军研制试验中心	佛罗里达州
15	空军第45航天发射联队	佛罗里达州
16	空军阿诺德工程发展中心	田纳西州
17	海军空战中心帕图森特河飞机分部	马里兰州
18	陆军阿伯丁试验场	马里兰州
19	海军空战中心特伦顿飞机分部	新泽西州
20	大西洋水下试验与鉴定中心	
21	大西洋舰载武器训练中心	

美国自然环境试验的管理实行的是三军自成体系隶属国防部统一管理的模式。为适应全球战略的需要,美军在国内外建立了能满足各类装备的试验场,覆盖了全世界各种典型的自然环境条件,且规模宏大。试验场的试验与鉴定工作,分为研制试验与鉴定试验,在行政管理上独立,业务上相互联系协调。

5.4.2 管理方针的调整更适应市场发展

美国制定颁布了一系列试验与鉴定的方针政策、条例、指令等法规性文件,如国防部5000.3号指令《试验与鉴定》,陆军条令70-10《装备研制与获得过程中的试验与鉴定》,陆军文件71-3《部队新型装备作战试验鉴定方法和程序指南》。这些文件系统地规定和阐述了陆军的具体试验与鉴定政策,成为实施具体试验与鉴定工作的指导性文件。

1974年,美国陆军为了提高试验效益,减少不必要的重复试验,制定了统一综合试验的新政策。新政策强调了装备试验的集中统一,强调了鉴定工作的独立,而不强调试验的独立。这一政策在一定程度上刺激了环试体系的市场运营新模式,经过多年的实施,效果良好。正是由于70年代以来研制试验与作战试验的分家,美陆军试验与鉴定司令部(TECOM)的任务也做了相应的调整,它不再负责作战试验,而只负责研制试验。此外,TECOM不单独做研制试验,而是监督和帮助陆军的科研单位和承包商做试验，利用他们的试验结果，对装备进行鉴定。

5.4.3 试验资源管理强调开放共享

试验资源是保障实施试验计划、获取和分析试验数据所需的各种因素或条件，包括经费（试验设施/设备的研制费和使用费），人力（试验及保障人员），试验物体，模型，模拟设备，试验台，试验场地，测量、控制与通信设备，以及试验基地的服务设施，等等。美国三军的试验资源丰富，种类齐全，分布较广，不仅能很好地满足本身武器采办工作试验与鉴定的需要，还能为外国用户提供服务。由国防部监管的三军重点靶场与试验设施共有21个，对于这些试验资源的管理原则是：试验工作的计划与实施，应尽可能利用国防部现有的靶场、设施及其他条件。新武器试验所缺的特殊资源或专用项目，则要另行研制、新建，因此，采办部门必须尽早提出这类需求，并将其经费列入武器研制费，以保障试验与鉴定工作顺利进行。

为了对重点靶场实行集中统一的领导，充分发挥现有资源的作用，提高试验鉴定的效率与效益，美军成立了包括国防部和军种有关代表在内的重点靶场与设施委员会。同整个采办管理一样，靶场管理也实行集中指导与分散实施相结合的方针。各级部门在靶场管理上也有各自的职责，首先，国防部部长办公厅的试验与管理部门，负责制定政策，审查计划及预算，监督试验活动，确保重点靶场设施完备，满足当前及未来试验需求。其次，三军对各自分管的靶场负责确定使用范围，安排试验计划，编制年度经费预算，更新设备。最后，每个靶场具体负责为用户提供试验支援，即安排和落实试验活动，确保安全、顺利地完成各项试验，测控和鉴定任务。

特别需要指出的是，靶场试验资源管理中强调开放与共享。靶场在实施试验任务时，可通过签订合同，把具体技术任务包给公司承担。如美国空军的车靶场，长期同美国无线电公司保持技术合同，由公司负责飞行试验测控方案总体设计、跟踪测量、数据处理、后勤保障以及各种设备的操作维修等事务。三军经管的靶场与试验设施，美国政府其他部门、外国政府和承包商均可申请使用，使用计划根据轻重缓急进行安排,全军实行统一收费标准。

5.5 国防部 FFRDC 管理计划

经过数十年的发展,美国建立了由政府科研机构、企业、大学、非营利研究机构组成的"官、产、学"互补式国防科研体系,为国防科技和军事装备发展奠定了坚实的基础。其中,政府科研机构可分为两类,一类是政府直属科研机构,另一类是联邦资助的研发中心(Federally Funded Research & Development Centers,FFRDC)。FFRDC 一般由美国联邦政府部门出资,开展一些通常不能由政府直属研究机构或承包商有效完成的长期研发工作。FFRDC 的特殊之处体现在,虽然绝大部分经费来自政府,但政府不会直接行使行政管理权,而是以合同形式交由大学、企业或非营利机构来管理,在性质上属于公共机构,类似我国企业代管的科研事业单位。FFRDC 主要集中在国防、能源和医疗领域,发挥了非常重要的作用。例如,著名的洛斯阿拉莫斯、桑迪亚和劳伦斯利弗莫尔等国家实验室都是以 FFRDC 形式运行的。

美国政府通过法律、政策和研发经费的控制来管理 FRRDC,其成立必须经过国会授权。每个 FFRDC 对应的出资方负责制定年度管理措施,监督 FFRDC 的工作质量和快速反应能力,确保合同的及时完成和经费拨付,确保与用户和使用单位的协调等。

2011 年 4 月,美国国防部发布了最新版《FFRDC 管理计划》,进一步完善了 FFRDC 的管理。

5.5.1 国防部和 FFRDC 之间建立长期战略关系

国防部和 FFRDC 之间的长期战略关系使得 FFRDC 能够深度介入出资方/用户的项目和活动中,具体体现在:出资方必须与 FFRDC 签署资助协议,拨付 FFRDC 运营所需的足额经费,资助协议期限不超过 5 年,可在综合评审后续签;FFRDC 可超越传统的契约关系规定,有权获得和利用政府数据、雇员和设施,而不论这些数据的所有权和敏感度;FFRDC 要处理好与政府的特殊关系,客观和独立地为了公共利益而运营，远离部门利益冲突，并向出资方完全公开运行事务。

5.5.2 FFRDC 的工作权限

FFRDC 必须在出资方许可的范围内开展工作，资助协议条款应包括：除《联邦采办条例国防部补充条例》规定外，禁止 FFRDC 与其他机构竞争 FFRDC 合同外的正式招标书；确定 FFRDC 是否能够从出资方以外的机构接受工作；采取何种措施对 FFRDC 绩效进行年度评估。当出资方为 FFRDC 指派工作时，应首选那些能够充分利用 FFRDC 的核心能力以及有益于加强双方长期关系的任务；FFRDC 只能根据合同执行与其定位、目标和能力相吻合的工作。

5.5.3 科学的工作量分配，确保资源优先配置

国会在 1990 年为解决国防部低效使用 FFRDC 的问题而为其单独设立了工作量上限。国防部必须采用 STE 来度量工作量，STE 表示由研究人员、科学家和工程师完成的专业技术工作量，1 个 STE 工作量为 1 810 小时。国会每财政年都会对国防部 FFRDC 所承担的 STE 总量做出限制，以保证工作量的合理合规，确保资源用于最高优先领域。

5.5.4 FFRDC 的年度绩效评估

加强 FFRDC 的年度绩效评估、综合评审和其他内部评估（如定期的项目管理评估），监督 FFRDC 的绩效是否达到要求。《FFRDC 管理计划》要求出资方至少每 5 年实施一次综合评审，以决定是否继续资助 FFRDC。继续或终止 FFRDC 协议的决定需要经过出资方主管（如空军或陆军部长）与国防部负责采办、技术和后勤的副部长共同批准。

5.6 斯坦福加速器国家实验室直线加速相干光源共享管理

5.6.1 LCLS 基本情况

斯坦福加速器国家实验室直线加速器相干光源（LCLS）由美国能

源部科学办公室投资。它是在原来 2 英里①长的直线加速器基础上改建的，总成本 3.15 亿美元，1999 年启动前期研究，2006 年动工建设，2010 年完全建成，年运营成本超过 3 000 万美元。它是世界上第一个发射硬 X 射线的自由电子激光器，其输出可在原子、分子和光学领域的不同设备之间切换，用于研究新物质、跟踪化学反应和生物过程、对材料的化学和结构特点进行纳米级成像等。

5.6.2 LCLS 的运行管理

（1）政府出资、政府所有

LCLS 由美国联邦政府通过能源部出资，在相关国家实验室建造。此类大型基础科研设施，是美国基础研究、应用研究和国防科技持续保持领先的重要保障。其建设和运行成本巨大，并需要大批相关领域的一流科学家参与。例如，LCLS 建设的合作工作组就包括来自劳伦斯利弗莫尔国家实验室、阿贡国家实验室、洛斯阿拉莫斯国家实验室、布鲁克海文国家实验室，以及加州大学洛杉矶分校等机构的科学家。这样具有公益性、基础性和战略性的设施，除联邦政府外，其他机构都没有能力和动力建设。因此，这些设施由联邦政府以国家财政资金投资建设，其所有权也最终归属联邦政府。

（2）依托大学和专门公司管理

LCLS 所在国家实验室按照"政府所有，合同制管理"模式运行，由能源部代表联邦政府与加州大学伯克利分校、斯坦福大学等签订管理和运行合同，能源部提供持续支持并进行监管，其管理机构负责实验室的具体运行。

LCLS 的大部分研究人员同时被相应大学聘请。实验室与大学共同成立研究机构，充分利用大学的科技人才资源。大学则利用实验室的先进设备提升科研水平和人才培养质量，双方优势互补，相得益彰。

（3）区分设施、用户和项目的不同情况进行分类管理

涉密设施和不涉密设施的管理不同。利用 LCLS 开展的实验绝大多

---

① 1 英里 = 1.609 344 千米。

数不涉密，设施管理更为公开透明。例如，LCLS 的使用安排在网上公布，所有用户都可查看。对于涉密设施，如劳伦斯利弗莫尔国家实验室，管理则较为严格，用户只能根据授权查询自己的使用安排。

普通用户和合作用户管理不同。普通用户采用同行用户评议方式，竞争使用时间。合作用户则根据个案情况，通过协商的方式保障一定比例的设施使用时间。

研究结果公开和不公开的项目管理不同。对不公开研究结果的项目，出于保护技术秘密和商业秘密的需要，不会提交外部同行评议，但会收取费用，使用时间的比例也受到一定限制。

（4）用户参与设备运行管理

LCLS 成立了用户执行委员会，成员由用户选举产生并公布，负责向设施管理部门传达用户意见，维护用户利益。设施运行管理部门制定用户制度时要征询用户执行委员会的意见。用户对设施运行管理不满，可向部门主任投诉，必要时可组成包括用户执行委员会代表在内的纠纷处理小组，提出处理意见。而用户对设施管理和使用情况的反馈意见是国家实验室和能源部对设施运行绩效进行考评的重要考量因素。

5.6.3 LCLS 开放共享机制分析

LCLS 定位为用户设施，对国内外科学家开放。LCLS 每年为约 500 个用户提供服务。

（1）普通用户基于同行评议竞争使用时间

普通用户的使用申请要经过外部同行专家和内部评审小组的评审。评审主要依据申请者的需求以及对维护、提升设备科研价值的贡献进行。评价标准包括：在科学、技术、工业应用方面的重要性；实验计划和技术的可行性；实验人员的科研能力及已有科研成果；设备使用时间要求的合理性等。主任保留少量设备使用时间分配权，用于重要的短期实验、探索性实验以及支持学生完成论文。LCLS 的使用申请竞争激烈，2013 年的使用申请获准比例只有 1/4。

（2）合作用户基于个案协商使用时间

合作用户与普通用户的主要区别在于：前者会为科研设施的发展带

来经费和合作项目，或共同参与项目研究。合作用户的申请基于个案具体协商，可获得一定比例的设施使用时间，可进行长期研究，但合作项目必须是在科学价值上远远高于普通用户的项目，并能促进设施的战略任务实现，同时不能对普通用户的使用造成重大影响，因此，能被批准的合作项目数量较少。合作用户的申请通常由内部评审小组或设施科学咨询委员会提出建议，由主任最终决定使用时间和条件。

（3）研究结果公开的实验项目优先

LCLS主要用于结果公开的项目研究，不公开结果的项目使用时间受到限制。企业用户可申请结果不公开的实验项目，也可申请结果公开的实验项目。对结果公开的实验项目不收取使用费，对结果不公开的研究项目则要根据设施的年度预算和使用时间提前支付使用费。

（4）围绕设施共享与其他科研机构和企业深入合作

LCLS与有需求的其他科研机构、企业围绕设施共享开展科研合作。例如，与能源部其他几个创新中心签署合作协议，这些科研机构为LCLS提供一定财力或人力支持，LCLS则帮助它们解决仪器设备和科研等方面的问题。

5.6.4 LCLS开展科研设施国际合作

LCLS积极开展国际合作，扩大用户使用群体多样性，使设备性能得到充分检验并不断改进。同时，也通过国际合作吸引全球相关领域顶尖的科技人才、合作项目与经费。

（1）与国际同类大型科研设施稳定合作

LCLS所在的斯坦福加速器国家实验室与欧洲核能理事会（CERN）、德国电子同步加速器研究所（DESY）、日本高能加速器研究机构（KEK）等保持长期合作关系。除此之外，斯坦福加速器国家实验室还与中国上海光源签署合作备忘录，为上海光源提供工程设计和控制系统设备方面的帮助，并建立合作交流机制。

（2）广泛开展人员交流

LCLS与国外合作伙伴开展频繁的人员交流。LCLS有超过一半的国外用户来自欧洲、亚洲、大洋洲等地区的 22 个国家,其中德国用户的比例最高,约占 20%,中国用户的比例排在第 19 位。

(3) 以项目合作方式为主

开展国际合作的主要方式是项目合作。与国际同行的合作及人员交流也往往依托具体合作项目展开,其中很多是科学家之间基于共同兴趣和友好关系开展的科研合作,成果体现为共同发表论文、申请专利等。很多时候,国外普通用户的实验项目需要设施运行管理部门科学家的直接指导,从而演化为合作项目。LCLS 探索国际化运作模式,其大型探测器 Babar 合作组由来自 10 个国家 75 个研究机构的约 600 名科学家组成,超过一半的科研资金来自国际合作伙伴。

5.7 劳伦斯伯克利国家实验室开放运行管理

5.7.1 实验室概况

劳伦斯实验室(LBNL)隶属于美国能源部,由加州大学管理。劳伦斯实验室的科研经费来源丰富,主要由美国能源部下设的先进科学计算研究、基础能源科学、生物和环境研究、高能物理与核物理办公室资助。另外,安全与健康部、国家安全部和防止核武器扩散办公室等部门也对其给予大力支持。劳伦斯实验室的核心竞争力主要体现在计算科学与工程、微粒和光子束、生物科学、能源供给与能源效率的先进技术、化学动力学、材料科学等领域。劳伦斯实验室自成立以来,已经在这些领域取得了举世瞩目的成就:诞生了数十位诺贝尔奖得主。其下设的先进光源、国家电子显微中心、国家能源研究科学计算中心与能源科学网络更是成绩卓著。

5.7.2 实验室的组织体制

劳伦斯实验室的运行相对独立,其部分研究人员同时也是加州伯克利大学的教授,这种设置便于大学与实验室的共赢:一方面实验室可以利用大学综合学科优势和大量人才汇聚的长处;另一方面,实验室也为大学的老师和学生提供了科研与交流的平台。劳伦斯实验室实行主任负责制的管理模式,职责明确,下设6个部门、23个研究所或研究中心。这6个部门分别是高级光源部、计算科学部、生物科学部、地球与环境科学部、能源科学部、能源技术与物理科学部。各个研究中心的负责人对实验室主任负责。该结构模式从管理和学科交叉的角度把实验室整合为几大模块,在每一个模块内建立研究小组,形成资源共享和实验室内人员的合理流动,有利于大型科研项目迅速组织科研力量,有利于建立起交叉学科的边缘研究平台。劳伦斯实验室的行政管理主要包括四大模块:主任办公室、内部审计、技术转移部门和运营管理部门。主任办公室设有首席财务官、首席信息官、机构保险、实验室顾问、研究机构整合部以及总参谋部,直接对实验室主任负责;内部审计部门主要负责对实验室资产进行评估、风险管理和风险控制,通过检查实验室管理系统来提高实验室运行与合同要求、实验室政策,以及能源部和政府规章制度的一致性,来保证实验室财政的透明、公正、公开,保证运行效率,实现经济效益;技术转移部门主要负责实验室技术成果的转移转化,负责技术评价、技术推广等工作,也直接对实验室主任负责;运营管理部门主要负责实验室日常行政管理工作,环境、健康、安全等,这些都是实验室日常正常运转的重要条件。

5.7.3 实验室的开放运行机制

劳伦斯实验室的运行机制主要依靠三大机制来实现:学术成果质量的保证机制、优秀人才的引进和培养机制、实验室资源的共享机制。劳伦斯实验室施行多重学术质量保证体系:一方面,美国能源部设立的实验室评估委员会专门评估所属的各大实验室,考核评估机制十分严格;另一方面,实验室内部也建立了一套自己的评估机制——同行评议机制,通过立项评议和跟踪评议对实验室的科学研究活动进行监测评估。劳伦斯实验室对人才利用不拘一格,大胆任用年轻有为的青年研究学者从事重大项目的科研工作,并广泛引进和吸收亚洲,如中国、印度等国的优秀人才在实验室从事科研工作。华人科学家朱棣文教授就是其中一位著名的引进人才。

对于科技资源的开放共享,劳伦斯实验室从不吝啬,只要经过一定的程序和手续,国内外不同学科的科学家都可以来利用这些先进的仪器进行科学实验,这不仅大大提高了实验室科研仪器等科研资源的利用效率,而且工作人员也可以从与外部的科研交流中吸收许多先进经验。

6 启　示

在对美国科技研发设施开放共享管理进行较为系统的分析后，我们可以得到一些启示，特别是美国国防科技研发设施在宏观层面和执行层面的开放共享管理。

6.1　对宏观和行业政策的启示

6.1.1　国防科研设施开放共享需要有法律法规依据

美国国防科研设施开放共享机制都有相关的法律法规作为保障和依据，比如《联邦政府采购法》等。而我国目前军工科研设施的共享还没有相应的法律法规依据，只是在科技部门的相关文件中作了一些规定。许多平台建设和依托单位在这个问题上还没有统一认识，有的单位甚至抵制开放共享。究其原因，还是没有以法律形式确立开放共享的基本理念和原则，使各地方、各单位在推进军工科研设施开放共享方面缺乏依据。

6.1.2　推进国防技术转移有助于促进科技资源的交流与共享

在推进技术转移、合作以及服务方面，美国非常重视与企业界的合作与研究。如从 20 世纪 80 年代开始，美国通过一系列旨在促进技术转移的法律，比如《史蒂文森－伟德勒技术创新法》（1980 年）、《联邦技术转移法》(1986年)、《国家竞争技术转移法》(1989年)等,推进联邦实验室与企业在人员、技术、设备、信息等方面的交流与合作,甚至把技术转移规定为一项专门任务和要求。这些促进国防技术转移的孵化器通过提供物理空间、基础设施及一系列服务,使社会使用者能够便利地利用实验室资源开展科学研究,提高了实验室仪器设备的使用效率;通过开展技术服务等各类开放活动,促进了科技成果转化。这一举措既实现了国防技术转移的终极目标,又在过程中合理配置了科技资源。

6.2 对执行层面相关措施的启示

6.2.1 国防科研设施共享的前提是要有清晰的产权

根据性质的不同和政府资助方式的不同,美国的国防科研设施平台有多种产权所有形式,但是其产权是清晰的。因此,在平台的共享机制中,各相关部门和单位的责任、权利、义务都比较明确,相关制度也容易得到贯彻。我国的情况要复杂得多。政府资助的各类软硬件分布在军工科研院所、大学、企业等,各单位都笼统地认为科研设施平台的产权是"国有"的,但又说不清"国有"到底是归谁所有。各单位在申请研发项目时,任务书或科研合同书都没有明确说明项目所购买的仪器设备究竟归谁所有,产权事实上属于模糊状态。在这种情况下,各方的责任、权利和义务都不甚明晰,很难设计出开放共享的合理机制。

6.2.2 不同类别的科研设施平台应有不同的共享机制

美国政府对各类科研设施平台资助的方式有所不同,既有政府全额出资购置的情况,也有政府部分出资、依托单位配套出资的情况。因此,对于不同类别的科研平台适用的相关法律就不一样,相应的共享机制也有着很大的区别。而且,共享机制和用户性质也有关系,联邦政府用户、非营利机构用户和企业用户会面临不同的收费标准。这种设计是比较合理的,既体现了政府财政经费的使用目标,也实现了开放共享的目的。

近年来，我国科技和财政部门以及各地方政府都制定、颁布了一些关于科研设施平台共享的管理办法和指导意见，但是这些文件都没有清晰划分科研设施平台的类别以及对不同用户的计费方式。有的文件将民营企业的科研设施平台也列入共享范围，而且许多科研设施平台将来自事业单位或非营利机构的用户与企业用户同样对待，采取一致的收费标准。这些做法都有其不合理的因素，需要不断地进行改进和完善。

附表

附表1　美国能源部实验室部分名录

序号	名　　称
1	太平洋西北国家实验室
2	爱达荷国家实验室
3	艾姆斯国家实验室
4	费米国家加速器实验室
5	阿贡国家实验室
6	国家能源技术实验室
7	布鲁克海文国家实验室
8	普林斯顿等离子物理实验室
9	托马斯杰弗森国家加速器实验室
10	橡树岭国家实验室
11	萨凡纳河国家实验室
12	国家可再生能源实验室
13	洛斯阿拉莫斯国家实验室
14	桑迪亚国家实验室
15	劳伦斯利弗莫尔国家实验室
16	斯坦福加速器国家实验室
17	劳伦斯伯克利国家实验室

附表2 美国国防部实验室部分名录

序号	名　　称
1	陆军研究实验室
2	陆军研究办公室
3	陆军仿真与训练技术中心
4	武器研发与工程中心
5	通信、电子研发与工程中心
6	纳蒂克士兵研发与工程中心
7	坦克机动车辆研发与工程中心
8	航空和导弹研发与工程中心
9	埃奇伍德生化研究中心
10	陆军航空飞行动力局
11	陆军装备系统分析中心
12	陆军装备保障司令部
13	陆军空间与导弹防御技术中心
14	工程研发中心总部
15	陆军地形工程中心
16	陆军建筑工程研究实验室
17	陆军寒冷地区研究与工程实验室
18	陆军近海水力学实验室
19	陆军岩土工程与结构实验室
20	陆军环境实验室
21	陆军信息技术实验室
22	海军研究实验室
23	海上系统司令部—水面战中心
24	海上系统司令部—水下战中心
25	航空系统司令部—空战中心

续表

序号	名称
26	空间与海战系统—太平洋中心
27	空间与海战系统—大西洋中心
28	空间活动中心
29	海军陆战队作战实验室
30	空军装备司令部—空军研究实验室

附表3 美国航空航天局实验室部分名录

序号	名称
1	国家航空航天局总部
2	格伦研究中心
3	戈达德航天飞行中心
4	肯尼迪航天中心
5	马歇尔航天飞行中心
6	斯坦尼斯航天中心
7	约翰逊航天中心
8	阿姆斯特朗飞行研究中心
9	喷气推进实验室
10	埃姆斯研究中心

附表4 世界100强企业中美国企业名录

序号	名称
1	沃尔玛
2	伯克希尔—哈撒韦公司
3	苹果公司
4	埃克森美孚

续表

序号	名　称
5	麦克森公司
6	联合健康集团
7	CVS 健康公司
8	通用汽车公司
9	美国电话电报公司
10	福特汽车公司
11	美源伯根公司
12	亚马逊
13	通用电气公司
14	威瑞森电信
15	康德乐
16	好市多
17	沃博联
18	克罗格
19	雪佛龙
20	房利美
21	摩根大通公司
22	美国快捷药方控股公司
23	家得宝
24	波音
25	美国富国银行
26	美国银行
27	Alphabet 公司
28	微软公司
29	Anthem 公司
30	花旗集团
31	美国康卡斯特电信公司
32	国际商业机器公司

续表

序号	名称
33	州立农业保险公司
34	Phillips 66 公司
35	强生公司
36	宝洁公司
37	美国邮政

附表5　世界100强高校中美国高校名录

序号	名称
1	哈佛大学
2	斯坦福大学
3	麻省理工学院
4	加州大学—伯克利
5	普林斯顿大学
6	哥伦比亚大学
7	加州理工学院
8	芝加哥大学
9	耶鲁大学
10	加州大学—洛杉矶
11	华盛顿大学—西雅图
12	康奈尔大学
13	加州大学—圣地亚哥
14	宾夕法尼亚大学
15	约翰霍普金斯大学
16	华盛顿大学—圣路易斯
17	加州大学—旧金山
18	西北大学（埃文斯顿）

续表

序号	名称
19	密歇根大学—安娜堡
20	杜克大学
21	威斯康星大学—麦迪逊
22	纽约大学
23	北卡罗来纳大学—教堂山
24	明尼苏达大学—双城
25	洛克菲勒大学
26	伊利诺伊大学厄巴纳—香槟分校
27	科罗拉多大学—玻尔得
28	加州大学—圣塔芭芭拉
29	得克萨斯州大学西南医学中心
30	得克萨斯州大学奥斯汀分校
31	范德堡大学
32	马里兰大学—大学城
33	南加州大学
34	加州大学—欧文
35	匹兹堡大学
36	梅奥临床医学院
37	莱斯大学
38	普渡大学—西拉法叶
39	罗格斯大学新布朗斯维克分校
40	波士顿大学
41	卡内基梅隆大学
42	俄亥俄州立大学—哥伦布
43	佐治亚理工学院
44	宾夕法尼亚州立大学—大学城
45	加州大学—戴维斯
46	佛罗里达大学
47	加州大学—圣克鲁兹
48	亚利桑那大学

附表6 美国硅谷社会科技研发机构部分名录

序号	名　　称
1	奥多比公司
2	超微半导体公司
3	安捷伦科技公司
4	阿尔特拉公司
5	雅虎公司
6	苹果公司
7	应用材料公司
8	铿腾电子科技有限公司
9	思科公司
10	梦工厂
11	电子湾
12	爱立信公司
13	电子艺界公司
14	脸谱网
15	谷歌公司
16	惠普公司
17	英特尔公司
18	财捷公司
19	瞻博网络公司
20	迈拓公司
21	国家半导体公司
22	网络存储技术有限公司
23	英伟达公司
24	甲骨文公司
25	电视录制技术公司
26	赛门铁克
27	新思科技公司

附表7　美国大学附属研究机构部分名录

序号	名称	附属大学	资助单位
1	协同生物技术研究所	加州大学—圣塔芭芭拉	陆军部
2	创新技术研究所	南加州大学	
3	佐治亚技术研究所	佐治亚理工学院	
4	士兵纳米技术研究所	麻省理工学院	
5	应用物理实验室	约翰斯·霍普金斯大学	海军部
6	应用研究实验室	宾夕法尼亚州立大学	
7	应用技术研究实验室	得克萨斯州大学奥斯汀分校	
8	应用物理实验室	华盛顿大学	
9	应用研究实验室	夏威夷大学马诺阿分校	
10	空间动力实验室	犹他州州立大学	导弹防御署
11	高级语言研究中心	马里兰大学帕克分校	国家安全局
12	系统工程研究中心	斯蒂文斯理工学院	研究与工程署
13	国家战略研究所	加州大学—内布拉斯	战略司令部

附表8　美国联邦政府资助的研发机构部分名录

序号	名称	运营单位	资助单位
1	林肯实验室	麻省理工学院	国防部
2	软件工程研究所	卡内基梅隆大学	国防部
3	通信和计算中心	国防分析研究所	国家安全局
4	航宇 FFRDC	航宇公司	空军部
5	国家安全工程中心	迈特公司	研究与工程署
6	海军分析中心	CAN 公司	海军部
7	阿罗约中心	兰德公司	陆军部
8	空军项目	兰德公司	空军部
9	国家防务研究所	兰德公司	国防部
10	研究和分析中心	国防分析研究所	国防部

参 考 文 献

[1]《世界国防科技工业概览》编委会.世界国防科技工业概览[M].下卷.北京:航空工业出版社,2012.

[2] 申峻,黄小燕.美国国防实验室实现开放共享[J].国防科技工业,2014(8):65-67.

[3] 美国国家安全法全文[EB/OL].[2016-09-06].http://www.pincai.com/article/540710.htm.

[4] 李剑刚.《美国法典》国家商业空间法专编研究[J].中国航天,2013(1):50-54.

[5] 李成方,孙芳琦.美国商业航天准入管理制度分析[J].中国航天,2017(1):48-51.

[6] 刘雨菲.航天商业化与商业航天[J].卫星与网络,2015(8):22-24.

[7] 刘雨菲.混改,为商业航天与航天商业化打开的一扇窗[J].卫星与网络,2017(2):13-15.

[8] 罗晖.美国关于科技资源共享的法律和法规[J].全球科技经济瞭望,2011,4.

[9] 美国联邦政府对科研仪器设施的管理[EB/OL].[2014-06-16].http://www.chinanews.com/mil/2014/06-16/6283578.shtml.

[10] 程如烟.美国科研设施管理简介(上)[J],中国设备工程,2004,1.

[11] 程如烟.美国科研设施管理简介(下)[J].中国设备工程,2004,2.

[12] 李斌. 美国政府国防实验室体系结构及运行管理模式 [J]. 全球科技经济瞭望, 2015.

[13] 白春礼. 世界主要国立科研机构概况 [J]. 北京：科学出版社, 2015.

[14] 周岱, 刘红玉, 叶彩凤, 黄继红. 美国国家实验室的管理体制和运行机制剖析 [J]. 科研管理, 2007, 11 (6)：111 – 113.

[15] 陶春, 安孟长, 郝振辉. 国外军工企业军民融合发展研究与启示 [EB/OL]. 2017 – 09 – 28. http：//www. 360doc. com/content/17/0928/17/47936415_ 690895082. shtml.

[16] 国家科技基础条件平台中心. 国家科技基础条件平台发展报告 [M]. 北京：科学技术文献出版社, 2013.

[17] 蒋玉宏, 王俊明, 徐鹏辉. 美国部分国家实验室大型科研基础设施运行管理模式及启示 [J]. 全球科技经济瞭望, 2015 (6)：16 – 20.

[18] 韩啸, 严剑锋. 从美国军民融合看 Space X 的成功 [J]. 中国航天, 2017 (6)：65.

[19] Eckert T, Muller W H, Nissen N F, et al. Modeling Solder Joint Fatigue in Combined Environmental Reliability Tests with Concurrent Vibration and Thermal Cycling [C]. 11th Electronics Packaging Technology Conference, Singapore：IEEE, 2009：712 – 718.

[20] 陈万创, 李爱国. 空空导弹综合环境可靠性试验剖面研究 [J]. 上海航天, 2005, (4)：41 – 44.

[21] Carlos M, Ryan B. Development of the Chamber for Atmospheric and Orbital Space Simulation (ChAOSS) for Experimental Analysis of Combined Effects [C]. 51st AIAA Aerospace Sciences Meeting including the New Horizons Forum and Aerospace Exposition. Texas：AIAA, 2013.

[22] Wright K H, Schneider T A, Vaughn J A, et al. Electrostatic Discharge Testing of Multijunction Solar Array Coupons after Combined Space

Environmental Exposures [J]. Plasma Science, IEEE Transactions on, 2012, 40 (2): 334 – 344.

[23] Mazinan A H, Kazemi M F. Recent Developments on Applications of Sequential Loop Closing and Diagonal Dominance Control Schemes to Industrial Multivariable System [J]. Journal of Central South University, 2013, 20 (12): 3401 – 3420.

[24] 美国军用可靠性环境试验概况 [EB/OL]. [2013 – 04 – 14]. http://www.360doc.com/content/13/0523/14/12061219_287516803.shtml.

第三篇　欧洲科技研发设施开放共享管理

　　本篇分析欧洲主要国家科技研发设施开放共享管理情况。首先对英国、法国、德国和俄罗斯科技研发设施开放共享管理情况进行分析，然后对欧盟科技研发设施开放共享管理情况进行分析。

1 英国科技研发设施开放共享管理

对于英国科技研发设施开放共享管理的分析主要包括国家科技创新体系、科技研发设施的管理、科技研发设施开放共享管理模式等方面，并列举了科技研发设施开放共享管理典例。

1.1 国家科技研发设施体系

1.1.1 国家科技研发设施体系构成

英国的国家科技创新体系构成包括国立科研机构、大学、企业研发机构等。英国注重基础研究，国家投资建设的科技研发设施主要集中在国立科研机构及大学。英国的国立科研机构是隶属英联邦国家，由中央政府和各部管理的研究机构，对其管理模式通常分为部属和非部属两类。部属类即由联邦政府各部部属的科研机构、研发中心和实验室，侧重应用性研究和国防研究，如隶属贸易和工业部的英国国家物理实验室、国家重力和测量实验室等近30个研究所；隶属环境、食品、农村事务部的渔业和水产科学中心等10个研究所、实验室；还有隶属交通部的4个研究中心（其中2个已经私有化）和隶属卫生部的5个研究所，另外，教育和技能部、国防部也都有各自的研究中心。非部属类包括7个研究委员会下属研究机构及独立性的研究机构，均是按照英国皇家宪章成立的自治性非政府机构。研究委员会及下属研究机构的研究范围涵盖工程物理学、医学、粒子物理学、天文学、生物学等领域,与部属类分工明确,有效地进行资源配置,推动国家科技经济水平发展。英国主要科技研发机构见附表1。

1.1.2 国家科技研发设施管理体系

英国贸工部(DTI)下属的科技办公室(OST)是英国科技的政府主管部门。OST负责核算政府投入的科技经费预算,经议会审批通过后,政府投入的科研经费分配给OST下属的英国七大研究理事会(即生物技术与生命科学研究理事会、经济与社会研究理事会、工程与自然科学研究理事会、医学研究理事会、自然环境研究理事会、粒子物理与天体物理研究理事会、国家实验室研究理事会)。这些研究理事会都是非政府的公共团体。通过制订科研计划和项目的形式,分别于自己所在的领域引导并资助英国大学和其他研究机构的科研工作。

(1) 管理机构

国家实验室研究理事会(CCLRC)是英国国家科技研发设施中心,负责向英国政府建议建设何种科技研发设施,建设各设施需要的费用额度等。一经政府批准,OST将向CCLRC下拨相应的经费,CCLRC具体负责建设、维护和运行管理英国所有国家投资的科技研发设施。CCLRC通过为英国各相关研究机构提供科技研发设施来支持其科研工作。CCLRC于1995年4月1日根据皇家宪法成立。该宪法规定:CCLRC的日常事务管理完全独立于政府主管部门,由自身的决策团体——理事会负责。CCLRC高级管理层由非全职的主席、全职的首席执行官以及11个部门负责人组成。首席执行官全面负责CCLRC日常事务的管理,11个部门分别是:计算科学与工程部、人力资源部、空间科学与技术部、财务部、中心激光设施部、信息技术部、仪器仪表部、粒子物理部、Daresbury实验室部、事业发展部、ISIS部以及工程部,其负责人来自大学、研究理事会和工业界。CCLRC现有约1 800名技术、管理人员,负责具体管理国家投资科技研发设施的运行和维护。其中科研技术人员所占比例约为75%,一半以上的科研技术人员有博士学位,有一大批专业的资深科学家和工程师。

CCLRC 的基本任务有：通过提供设施和技术专家资源，促进高质量的科学和工程研究，进而支持基础、战略和应用研究计划；支撑科学和技术的发展，满足各研究理事会和其他用户群体的需要，从而提高英国经济竞争力和为改善人民生活做贡献；起到国家管理中心作用，协调政策和策略的发展，使英国科学家能够在国内和国际上使用最尖端先进的科技研发设施；提供建议，传播知识，并提高公众对理事会所从事的科学、工程和技术的认知。

CCLRC 目前拥有的国家科技研发设施主要有卢瑟福·阿普尔顿实验室（RAL）、达斯伯里实验室（DL）和奇尔波顿实验设施（CF）等。卢瑟福·阿普尔顿实验室：该实验室主要拥有两台大型研究设备，一个是世界领先的中子分裂源 ISIS，另一个是高能中心激光设施 CLF。此外，英国正在新建的世界级同步加速器源"钻石"计划项目，也建在该实验室。该实验室拥有员工 1 200 人，为世界各地 1 万多名研究人员服务。2001 年度经费为 6 800 万英镑。达斯伯里实验室：该实验室主要负责运行 CCLRC 的另一个主要设备——SRS 同步加速器辐射源及其他一些辐射源。该实验室拥有员工 550 人，为 5 000 多研究人员提供服务。2001 年度经费为 3 000 万英镑。奇尔伯顿实验设施：该设施为英国无线通信研究部门的实验提供设备服务，主要设施有各种雷达，包括 3 Ghz 多普勒偏振雷达和 CAM 雷达，以及用于这些雷达的 25 米可操纵天线。

（2）国家科技研发设施购置与运行经费

英国现有的国家投资建设的科技研发设施均由政府全额资助，其产权完全归政府所有，由 CCLRC 进行日常管理。CCLRC 每年的运行费用总额约有 1.4 亿英镑，主要用于提供运行、维护、发展和升级其大规模设施及其相应仪器，履行与用户签订的各等级的服务协议，以及支付员工的薪酬。除直接接受政府（由科学技术办公室下拨）的资助外，还通过其设施提供的开放服务，从其他的研究理事会、有关政府部门、欧盟委员会、大学和工业界收取费用来获得一部分收入。

近年来，英国政府也逐渐向一些机构开放，吸引这些机构参与对国家科技研发设施的投资，并共享设施的使用。例如，作为英国近 30 年最大的国家重大科研设施——钻石同步加速光源设施,英国政府将投资86%,英国威康基金投资14%。威康基金对该设施享有的权利和需要承担的义务均在双方事先签订的协议书中规定。该设施2006年建成后,每年约14%的时间由威康基金占用。

1.2 国家科技研发设施开放共享模式

1.2.1 开放共享的对象

英国国家投资的科技研发设施向社会开放的范围非常广泛,凡是具有下列条件之一者,均可以申请使用。

(1) 英国科研人员

英国所有的科研人员,包括来自各研究理事会科研机构、CCLRC工作人员、研究理事会高级或资深研究会员(或类似资格人员)、皇家学会和皇家工程院会员。

(2) 国际协议

与CCLRC签订了相应使用合作协议的海外科研机构可以申请使用这些重大科研仪器设施。

在欧盟框架计划下,CCLRC设施接受来自国外的使用申请;使用的级别与欧盟同意资助的级别一致。

非欧盟国家或尚未签订使用合作协议的海外科研机构,也可申请在CCLRC为世界级科学计划预留的时段内,使用这些设施。

(3) 商业合同制用户

根据与CCLRC签订合同中的条款使用这些设施。

1.2.2 申请使用国家科技研发设施的方式

所有科研机构和人员对国家科技研发设施的使用申请,都需要通过设施使用工作组(FAP)的评估。FAP负责审批设施的使用申请,决定申请占用设施的时间。每届FAP应由9~10个成员组成,设主席和副主席各一名,任期一般为2年,可延长到3年。FAP成员的分布有如下要求:至少有2名是英国科研界的专家;最多可以有3名国际知名专家；1名其他设施FAP工作组的成员；1名非设施研究科学家。此外，工作组秘书长和CCLRC的高级管理者也参加FAP的会议，但不具有投票资格。FAP在审批过程中要考虑的因素主要有：科学实验的高精尖程度、时代程度、技术可行性、安全等。FAP还决定CCLRC需要发展的问题，每年评估设施的使用情况、每一设施的科学产出、新出现的科学主题和设施使用趋势。对于所有申请，无论接受与否，FAP秘书长都应该答复申请者。FAP决定每一个申请的占用时间长度后，各相应设施的负责人安排具体的使用时间。

（1）一般直接使用申请方式

CCLRC管理下的国家科技研发设施接受每6个月一轮的申请。所有的直接使用申请书，都需要经过FAP的审议，并将根据排队和仪器占用情况安排具体使用时间。其他研究理事会资助的使用申请，将在FAP里得到一定程度上的优先考虑。

（2）以重大科研计划的方式使用申请方式

考虑到重大科研计划科研人员的使用需求，根据实际需要或FAP的建议，CCLRC设施可以科研计划的方式申请使用。这种使用方式的申请者需要出具详细的科学方案，包括在科研计划实施过程中（最长3年）大约需要使用CCLRC设施的时间，并指明该计划可使用的其他资源的情况。FAP将审议所有该种方式的申请，并评估所对应的科研计划按照这种方式申请使用是否合适。随后，获准按照这种方式的申请者，在每次使用CCLRC设施前，要提交其科研计划已获得的进展情况，和还要使用CCLRC设施的计划。这有利于FAP为每台仪器安排科学的使用日程。在安排CCLRC设施使用时间时，优先考虑重大科研计划方式的使用申请。优先的程度视设施和科研计划所在领域情况而定。

（3）快速使用申请方式

对于紧急应用（例如：样品寿命期有限、热点的科研课题），可以避开一般的申请程序，通过快速申请使用机制提交申请。快速使用申请方式没有申请截止日期限制。一旦FAP同意快速使用申请，该申请将尽可能快地得到安排。

(4) 服务式使用申请方式

对于只需要使用设施某个单一功能的用户,例如测量某个值,可以申请服务式使用。即一切仪器设备的操作都由设备的专业操作人员进行,用户只需要得到具体的结果。

1.2.3 收费标准

对于以学术研究为目的的科研活动,一经申请通过,科研人员可以完全免费使用所有国家科技研发设施。而且,CCLRC 除了给各科研活动配备相应的设备支持人员外,还负责承担相关科研人员的住宿、膳食和交通费用,为每个科研人员免费提供总额一般不超过 1 000 英镑的科学实验用消耗品。CCLRC 规定,上述免费使用设施的时间应占设施总可用时间的 92% 以上。

对于以赢利为目的的科研活动,如企业或私人机构等使用国家科技研发设施,申请使用者应承担自己的全部费用,还需向 CCLRC 交纳 14 000 英镑的设施使用费。CCLRC 规定,此类使用者占用仪器设施的时间应不超过设施总可用时间的 8%。

此外,CCLRC 还使用其自身的专家资源,对外提供科研服务,这类服务要收取部分费用。

1.2.4 考核与评估

目前,CCLRC 拥有的三个大型设施各自制订了类似但不完全相同的使用考核评估办法,通过人员定性评价和设备定量分析等综合考核评估设施使用效能和效益。

对于卢瑟福·阿普尔顿实验室的 ISIS 设施,每个用户完成实验后要回答一份调查问卷。该问卷就 ISIS 提供服务的 15 个方面,从"很好"到"差"分 5 个等级评分。同时,ISIS 通过记录其同步加速器产生的中子、μ 介子和微中子的集成电流,来衡量其 ISIS 设施承担的实验容量。

对于达斯伯里实验室的 SRS 设施,每个用户完成实验后要回答一份调查问卷。该问卷就 SRS 提供服务的一系列详细细节,分"高""中""低"三个满意度评分。同时,SRS 通过衡量设施总可用时间与实际占用时间，来评估设施的使用效率。

对于奇尔伯顿实验设施，每个用户完成实验后要回答一份实验报告表。该报告表就该设施提供服务的许多方面调查 11 个问题，从"杰出"到"完全不满意"分 6 个等级评分。同时，该设施通过记录实验中激光盘放大器射中目标区域的成功率，来衡量服务的质量。

1.3 大学科技研发设施开放共享模式

英国的大学作为英国科研成果的主要诞生地之一，拥有先进的科研设施，为了解决不同主体、不同学科科学研究的需求，英国的大学在科研设施共享方面做出了很多尝试。

1.3.1 政府相关扶持计划

英国政府支持科技研发设施开放共享的相关计划主要有以下几个：

（1）共同研究设备计划

该计划于 1996 年由科技办公室和高等教育基金委员会发起，1999 年共投资 7 000 万英镑用于大学和研究机构购买新仪器和设备。

（2）共同基础设施基金（JIF）

该基金于 1998 年 6 月设立，为大学、研究机构提供房屋、科研设备和其他基础性设施的建设。政府和威康基金会三年共投资基金 7.5 亿英镑。其中 3 亿英镑来自科技办公室，3 亿英镑来自医药慈善机构威康，1.5 亿英镑来自英格兰高等教育基金会。

（3）科学研究投资基金（SRIF）

该基金于 2003 年启动，由政府与威康基金会共同出资，分两年（2002—2003 和 2003—2004）共投资 10 亿英镑用于研究基础设施建设，其中政府提供 7.75 亿英镑，威康基金会提供 2.25 亿英镑。经费中的 6.75 亿英镑直接投入大学，由大学来决定资金投资重点和方向；1.5 亿英镑投资到威康基金会研究范围内的科学设施建设；0.75 亿英镑投入到生物医学科学的设备更新；另有 1 亿英镑用于现代化研究理事会下属研究所与大型科研设施改造。

1.3.2 开放共享平台

从 1980 年起,英国曼彻斯特大学创新研究学院和社会应用研究中心(PREST/CASR)就开始对大型仪器和超大型仪器在英国大学中的使用与需求情况进行调查与评估,同时还对教学实验中应用的大型仪器使用情况及大型仪器在共享过程中遇到的问题进行调研。经过调研总结了大型仪器共享过程中在供应和使用环节出现的问题,进而促进了英国大型仪器设备购买申请基金的设置及三级仪器共享平台的建立。

20 世纪 90 年代中期,随着高场核磁共振在生物科学研究领域需求的提高,英国生物技术和生命科学研究基金会(BBSRC)决定资助建立全国性的高场核磁共振设备共享平台,并在大学或院系内部建立二、三级共享平台。即大学或院系根据研究需要,申请大型仪器购买基金,用来购买大型仪器,统一建立共享平台。各大学中有实力的研究组也可将自行购买的大型和中型仪器自愿加入共享平台,并享有优先使用权。

目前,英国大学的大型仪器共享平台大多实行类似的三级管理制度,并配备有专职的研究人员、技术人员和管理人员。专职研究人员负责相关仪器使用的理论与实践培训。技术人员负责仪器的日常管理、仪器维护和仪器使用指导。管理人员负责仪器使用预约平台管理及财务管理。

以卡迪夫大学医学院和生物学院建立的生物技术服务中心为例。该中心管理着包括医学、生物学在内所有研究领域院系及研究组购买的大、中型仪器,包括 DNA 序列分析仪、实时定量 PCR 仪、动物手术室、小动物活体成像等设备设施,全部向使用者开放,并为使用者提供技术支持。仪器使用者在使用之前,需要先申请培训获得使用资格。根据申请人数,平台每 1~2 个月都会举办免费培训班,由专职研究人员对申请者进行培训,讲解仪器的工作原理、实践操作、应用范围以及分析软件的使用。使用者完成培训后,联系专职技术人员申请个人账号和设置密码,第一次使用前技术人员会发送仪器使用的标准化操作程序指南,并与使用者就实验设计方案进行讨论,给出相关建议或示范操作。管理人员负责仪器使用费用的结算,根据仪器使用的登录时间定期进行结算，使用费用汇入仪器专用维修维护账户。

仪器的共享不仅提高了仪器的利用率，而且有偿的使用还会解决仪器维护费用过于昂贵的问题，因此很多拥有大型仪器的组织自愿加入共享平台，通过共享提高大型仪器的产出并获取使用其他设备的优先权。共享平台不仅提供最先进的仪器、高通量检测设备，同时还提供技术支持和合作研究的机会。加入共享平台的研究人员可以共享平台为桥梁找到合作者，共同开发合作研究项目。在仪器使用过程中遇到的任何问题，包括仪器操作、实验设计、数据分析等，都可以向专业的研究人员和技术人员咨询。共享平台还和仪器生产厂商合作，定期举办培训和学术交流，介绍仪器研发的前沿进展和最新的实验技术，使科研人员掌握科技前沿，更新科研手段。

1.4 战略科技研发设施的开放共享管理

英国战略科技研发设施主要体现在核、航天、航空、兵器、舰船和军事电子等组成的国防科技工业中。英国国防科技工业拥有完整的科研、设计、生产体系和先进技术。

1.4.1 国防科技研发机构体系构成

英国国防科技研发机构有国防部直接经营的、国防部控股的、政府其他部门管辖的、工业界的和高等院校的科技研发机构5种类型。英国国防科技工业生产企业和研发机构曾经达到1 700余家。为提高国防科技工业竞争能力和军工企业效益，减少国防开支，英国政府实施了军工企业私有化政策，现在军工企业基本实现私有化转变，目前承担武器装备研制生产任务的主要是这些私营企业。同时，为提高科技水平和竞争力，满足21世纪国家安全利益需要，英国政府在调整国防科技研发力量结构方面采取了改革措施，在发挥好国防科学技术研究院（DSTL）、原子武器研究院、航天中心等从事国防科研的主要机构作用的同时，联合国防科技工业界、科研机构和高等院校等建立国防技术中心，开展前沿技术创新研究。

1.4.2 国防科技研发机构开放共享政策

为推动国防科技工业改革发展,英国制定了相应的国防科技工业管理政策,主要有:推行公开和公正的竞争政策,将开展竞争作为英国进行国防科研和生产管理的重要方式;推进军用技术和民用技术相互转化政策,共享科技创新成果;国防科技研发机构分类管理政策,在保持国防科技研发核心能力的同时,推进设施开放共享,组织联合研发,取得更好效益;国际合作政策,将国防科技开发和生产的国际合作作为英国的一项基本国策,统一管理,分类实施,利益共享。

1.5 典例分析

1.5.1 英国国家物理实验室

NPL 是由英国贸工部管理的英国国家标准实验室。1994 年拥有雇员 736 人,年收入 4 800 万英镑。主要从事测量标准的研究以及与工程材料、信息技术相关的工作,其科技水平处于世界领先地位。过去,NPL 一直由 DTI 提供研究经费,为一些私有部门和政府部门服务,在 DTI 投入到标准计量学研究的预算不断减少的情况下,NPL 面临着新的困难和挑战,DTI 通过一系列的举措,改变了 NPL 的运转机制。

(1) NPL 的运作模式

1992 年,英国贸易委员会主席、贸工部部长 Michael Heseltine,要求一家名为 KPMG 的咨询公司研究 NPL 的运作模式。KPMG 提出了四种解决办法:一是依照从前那样归 DTI 管理,作为 DTI 的一个执行机构;二是在有担保的基础上,转变为非营利组织;三是成为政府所有、委托管理的实验室(GOCO);四是完全私有化,将其出售给私有部门。KPMG 评估了这几种解决办法的最低成本和效益后,推荐了政府所有、委托管理这种模式,主要原因如下:

1) 完全私有化(如出售)并不会带来商业上的巨大吸引力,DTI 自身对 NPL 研究工作的需求正在降低(这种趋势以后可能不会有大的变化),这给 NPL 的研究前景带来负面影响,同时 NPL 从其他客户获得研究任务和资金的潜力更为有限，降低了实验室追求潜在商业利益的兴趣。因此，NPL 需要一个稳定的、保证一定数额的资助基金，以确保 NPL 必要的研究经费。

2）英国将一直需要一个国家标准实验室，为了保证实验室将来根据需要能重新并入政府部门，或者原来的委托管理者发生资金问题，或实验室被不合适的公司接管时，政府部门保有将实验室转归到另一个合适公司的调控权。

3）NPL 的国际合作者（包括其他的国家实验室）可能不太乐意同一个完全私有化的机构打交道。

4）NPL 所在地的土地所有权和其他的一些租用事宜的复杂情况，使得直接出售 NPL 十分困难。

5）DTI 将始终是 NPL 的主要客户，必然要保持对 NPL 提出要求的权利。

6）如果依据 GOCO 模式，NPL 将具有相当灵活的商业独立经营权。

在发达国家中，政府能够利用的科研机构主要有四种类型：政府所有、政府管理的实验室（GOGO）；政府所有、委托管理的实验室；由合同当事人所有并管理的实验室（COCO）；政府租赁、政府管理的实验室。GOCO 模式在美国已经存在了很多年，美国能源部所属的所有国家实验室都由私有部门或大学代表政府管理。在英国，这种模式主要应用在原子武器研究机构和皇家海军船坞。GOCO 模式的关键所在，是政府拥有对被管理机构的大多数资产的所有权，具有将这些资产（在 NPL 的例子中，主要是它的雇员）转移给不同的承包者的权力。因此，DTI 选择了委托管理。

（2）招标

DTI 在 1994 年 4 月接受了咨询公司的建议，着手进行 NPL 的转制工作，很多组织和公司对招标公告表现出很大的兴趣，前后有 5 家公司准备应标。DTI 在其招标方案中，明确了合同协议应该包括以下主要内容：

1）战略性研究计划。NPL有义务协助DTI在将来进行一些特定的战略性研究项目。

2）服务的详细范围。必须分清基本的研究和服务范围，以及那些根据需要进行的研究和服务的界限。

3）合同当事人的责任。NPL的一部分资产可以由DTI继续所有，其他的资产可以转交给合同的委托管理者。特别要明确委托管理者在管理NPL资产时的责任。

4）知识产权。要从NPL作为一个机构，以及它研究的各个单独项目这两个方面，明确有关知识产权的权责划分问题。

5）运行监督、质量保证和控制机制。NPL的客户必须能够继续得到高质量的服务，并保持NPL在国际上领先的学术水平。

6）服务价格。DTI在决定NPL进行各种服务的费用方面具有一定的控制权，但不能限制委托管理者拓展新的服务范围，也不能为委托管理者增加不合理的行政负担。

7）合同的变化。在合同执行过程中，随着客户需求的变化，以及国家和国际研究重点的转移，NPL的研究内容和服务项目应有权进行相应的调整和变化。DTI希望通过合同的执行，能产生一种更具弹性、更加有效的管理机制和方式，并能对这些变化做出更加积极主动的反应。

（3）合同

SERCO集团与DTI签订合同，SERCO是一个为公众和私有部门提供各种服务的管理公司，NPL改名为NPL管理有限公司，成为SERCO的一个下属机构。合同的主要内容是：

1）NPL的雇员从原来属于政府部门转变到由现在的NPL管理有限公司管理，雇员的退休金必须继续执行国内服务退休金制度，根据有关法律的规定，他们的服务期限和条件将保持不变。

2）政府拥有土地、房屋和主要设备的所有权。根据政府委派的一个独立估价人的评估，SERCO购买了所有其他的设备，并为使用土地、房屋和主要设备而向DTI支付租金。

3）英国政府保证在5年中，每年为NPL提供一定数额的研究经费。此外，NPL 主要研究测量技术领域，也可以涉足其他领域，同其他的公共和私有部门进行竞争，以获得政府的其他合同，DTI 和 NPL 都希望通过这种方式给 DTI 每年增加几百万英镑的收入。

4）NPL 管理有限公司可以使用实验室的资产去为其他"第三人"（政府、欧盟，私有部门）完成一些商业活动，这些商业活动不能与 NPL 作为国家标准实验室的地位相抵触，不能影响 NPL 履行 DTI 所交付的合同任务。DTI 在决定 NPL 是否进行这些商业活动时有否决权。

5）考虑到 NPL 管理有限公司具有潜力取得商业垄断地位，它们的市场服务范围被限制在国家测量授权服务中心（NAMAS）授权的范围之内。DTI 在决定 NPL 拓展市场服务范围方面也具有否决权。

6）DTI 保证提供一定的资金用于战略性的研究项目，大约有 150 万英镑。研究内容由 NPL 确定，但需经 DTI 批准。

7）NPL 作为国家实验室，通过一个特定的 DTI 基金项目履行其义务和责任，这个基金与学校、专业科研机构和公共部门都有联系。

8）NPL 必须取得 EN 45000/ISO Guide 25 授权，才能进行有关标准和其他技术服务，同时要取得 ISO 9000 认证，才能开展有关研究活动。

9）NPL 管理有限公司采用具有激励作用的薪金制度，可以满足合同化管理的要求，也可以控制运营成本，力争节余。

10）DTI 在与 NPL 沟通，获得相应信息等方面，拥有广泛的权力。

11）除了开展科学研究以外，NPL 管理有限公司还将代表 DTI 维护原有的房产和其他基础设施。

英国政府采用 GOCO 方式的目的在于保持 NPL 作为国家测量标准实验室的地位，期望这种方式能够继续履行 NPL 不可替代的责任和义务。从本质上讲，政府的意图是希望 NPL 以前的行为和责任不变，但 GOCO 的管理方式能增加一些自主权，并减少政府部门对该机构不可避免的官僚主义影响。

（4）NPL 管理模式效果

NPL 管理模式改变之后，从事科研活动的能力和自主性都有了很大的提高。目前，NPL 有责任对 DTI 资助项目的内容提出建议，这是一个很大的变化。过去在 NPL 的 R&D 和制定有关标准等活动中，政府部门一直扮演着一个老板的形象，几乎可以决定一切。为了解除这种责任，政府委托咨询公司去研究解决办法，咨询公司通过对 NPL 和它的企业界客户的调查，设计了一种新的项目方案。现在 NPL 有责任对研究项目内容提出建议，连同企业界对相关研究内容的建议，一同提交给政府审批。在有关"国家测量系统"和材料计量学项目中，DTI 和 NPL 将共同确定哪些项目由 NPL 作为"单独投标人"承担；哪些将在公开竞争招标的基础上确定。

DTI 和 NPL 双方达成协议的研究项目中将含有一系列的技术突破。NPL 必须进行科研投入，从事研究，才能取得这些技术突破。在履行研究项目合同的过程中，如果 NPL 按时完成研究任务，取得了技术突破，并且花费低于预计的费用，这样节省下来的"利润"将由 DTI 和 NPL 共享，但 DTI 的所得必须再投入 NPL 另外的研究活动中。NPL 可以自由使用它所得到的"利润"，去承担一些其他方面的合同，但是要保证工作更富有成效，同时不能影响科技水平和研究的自由。

由皇家科学院和皇家工程院的一些国际著名科学家和工程师组成的一个小组，将监督 NPL 的科学研究工作的水平和状况。这个小组将定期向英国政府报告，其主要目的是使 NPL 保持世界领先的科学地位。此外，SERCO 还任命了 3 个著名科学家，作为非领导职务的官员，监督其科学研究工作。NPL 在管理方式上的变化，提高了管理水平，科学研究取得了一些积极的进展：NPL 正在发展壮大；用于购买设备的预算资金比过去几个财政年度都多；政府与 NPL 签订合同，解除 DTI 的几个政府职能，增加了 NPL 的新职能，使之能够与学术界和其他的研究者之间建立新的联系；NPL 内部的"战略性"研究项目可以继续使其保持科学领先的地位；NPL 在取得授权和认证等方面的工作，进展顺利。

NPL 采用 GOCO 方式是适应其实际情况的，DTI 的其他国家实验室采取了不同的解决办法。英国授权服务中心（UKAS）改制为一个非营利机构；国家工程实验室（NEL）被出售给一家评估服务公司，政府化学实验室（LGC）被出售给一个由3家公司组成的财团。政府所有、委托管理这种模式，有利于提高科研机构自我发展、自我完善的能力，有利于加强官产研之间的联系和交流，进而促进科技与经济的有机结合。

1.5.2 英国脱欧对于科技研发设施开放共享的影响

英国进入脱离欧盟进程，引起世界瞩目，对于科技研发设施开放共享是否产生影响需要深入观察分析。

（1）对欧盟科技发展的影响

从科研领域的角度看，英国脱欧，无论是对于英国自身还是欧盟，都会造成一定的负面影响。据 Nature 发起的一项调查称，英国83%的科研工作者选择支持留欧，只有12%的人支持脱欧；同样，欧盟77%的科研工作者希望英国继续留在欧盟。由于担心脱欧后会对英国的科技产生负面影响，早在公投前，包括霍金在内的英国150余名顶尖科学家呼吁英国留在欧盟，理由是退欧对英国科学和大学来说都是灾难。这体现在两个方面：一是留在欧盟会在科研资金上更为充足；二是可以在欧洲大陆招募到很多年轻的优秀人才，包括那些获得欧盟补助并选择带着补助来到英国的年轻人。

为使科学无国界成为现实，欧盟为全欧洲层面的科技发展制定了各种支持政策，如欧盟制订的"玛丽·斯科罗多夫斯卡·居里"行动计划，每年会为加入欧盟或在欧盟成员国内工作的9 000名科学家提供资金支持；2014—2020年，欧盟总投资额748亿欧元的"地平线2020计划"促进了很多有价值的科学项目。而英国作为欧洲传统的科技强国，无论是在欧盟计划的参与率、贡献率还是收益率上都较其他欧盟成员国更为突出，如英国参与欧盟第七框架计划的贡献比例达到60.8%，在所有成员国中居首位；同时，自2008年至2015年7年间英国为欧盟的科技预算贡献了54亿欧元，欧盟则向英国提供了88亿欧元的科研资助。又如，欧洲研究理事会为提高欧洲科研质量，设置了面向所有学科的巨额奖金，并从2007—2013年的75亿欧元增长到2014—2020年的131亿欧元，而这些奖金的一半都聚焦到了英国、德国和法国三个国家。

(2) 对英国科技发展的影响

英国的退出，打破了这种无国界的科学合作，同时也使其失去了原本与欧盟进行便捷国际合作的巨大优势，使其科研环境面临着前所未有的挑战。尽管欧盟科学家可以像以往一样与英国科学家合作，但对于某些由英国科研机构或实验室管理的项目，如欧盟第七框架中的太阳风暴项目，是欧盟资助的，但归英国卢瑟福·阿普尔顿实验室管理，英国离开后，会对未来跟进项目造成一定影响。而与此同时，同样地，随着英国脱离欧盟，英国科学界想要获得欧盟的资助将变得更加困难，由此将会对英国的科研机构和研究人员带来消极的影响。未来，如何既要确保英国科研人员使用欧盟他国科研设施的权利，又要对英国现有的欧盟科研设施进行后续管理维护，将成为英国脱欧后面临的一项重大问题。因此，2016年11月，英国下议院科学技术委员会发布了一份关于脱欧对英国科研影响的报告，要求英国政府马上采取行动，确保生活在英国的所有欧盟工作人员在英国脱欧后仍能在英国从事科研工作，目前这类研究人员有3 100多人，占据着英国大学15%的工作岗位。同时，报告还建议英国政府设定更大的科学目标，包括进一步增加政府对科研经费的投入。

对于英国参与的欧盟的太空项目，脱欧也将为其带来诸多不利因素和不确定性。尽管英国绝大部分的太空研究经费主要投资在由22个国家组成的欧洲空间局（ESA），而ESA并不属于欧盟，英国脱欧几乎不会对ESA的项目产生影响。但英国参加的欧洲全球卫星导航系统伽利略系统属于欧委会，英国的萨里卫星科技公司是伽利略系统中22颗卫星电子设备的主要承包商，在英国退欧前，绝大多数卫星已经按照合同条款制造完成，但欧委会正通过ESA筹备一轮新的伽利略卫星招标会，而目前还不能确定是否有某种协议能允许一个非欧盟成员国在该项目中承担如此核心和重要的任务。此外，英国也是伽利略系统公共规范服务（PRS）的主要参与者，PRS类似于美国GPS网络的M代码，为军队及政府提供加密信号。未来，英国作为非欧盟国家，目前还难以确定能否通过伽利略系统为其政府与军队继续提供PRS信号。此外，哥白尼环境监测项目同样也属于欧盟，跟伽利略系统一样，都是受到欧委会的多年财务预算资助的，当前 7 年财务预算将持续到 2020 年，现在还无法确定未来几年中英国将会在该计划中扮演什么角色。

从另一方面来看，英国脱欧也可能给科研界带来了巨大的机遇。鉴于与欧盟合作的不确定性，在未来，英国科研界将更加注重国际合作，特别是与世界上其他非欧盟国家的合作。中国作为世界上的新兴大国，在科研事业上有着明显的后发优势，近年来也取得了举世瞩目的成果，具备良好的科研环境和科研基础。脱欧使得英国可以与中国开展更加密切和广泛的合作，为增进两国之间科研人才、资源的流动，并为促进两国科技繁荣带来无限可能。

2 法国科技研发设施开放共享管理

对于法国科技研发设施开放共享管理的分析主要包括国家科技创新体系、科技研发设施的管理制度与相关政策、国防等国家战略性科技研发设施开放共享管理等方面。

2.1 国家科技研发设施体系

2.1.1 国家科技研发设施体系构成

法国国家科技创新体系包括国家建设的基础科研机构、大学、企业研发机构等。法国注重基础研究,将管理的科技研发设施划分为三种类型:国际组织(O.I)、大型研究基础设施(TGIR)和研究基础设施(I.R)。法国政府负责安排财政资金保障国际组织和大型研究基础设施的建设和运行。大型研究基础设施过去泛指多种学科领域或单项学科领域用来进行研究的物质化大型仪器和设备,现已延伸到包括计算、信息、数据、科技文献等非物质化技术手段。其基本定义为:对科研工作具有长远影响、可以带动技术进步、并具有潜在经济和社会效益的工具;属于科技发展前沿、科学创新性质,并需要众多科技技能参与的工具;可以向全法、欧洲、甚至全球用户开放、具有特殊研发能力的工具;需要国内或国际多年投入(从设计建造到退役历时数十年)的工具;需要国家大量投资、有时需要联合欧洲和外国机构参与(建造、使用、拆除）的工具。目前法国共 83 个大型研究基础设施项目，其中已建成项目 76 个，计划建设的项目 7 个。入选大型研究基础设施的条件是以开展与国际和欧洲的科技合作为目的，特别要与欧盟 ESFRI 及其路线图保持一致，或者是在工业与创新合作网络中占据战略性重要位置。法国把这些大型研究基础设施纳入国家战略范畴，由国家进行财政投入和管理。法国大型科研基础设施又分为三类：一是由法国六大研究联盟及其成员单位，或者是执行特别研究任务的事业单位等自筹资金建设和管理的；二是政府激励计划支持的研究基础设施，包括《未来投资计划》国债支持的设备；三是属于科研基础设施互助网络中的，包括人力资源、研究装置等，但其身份需国家认证且要求管理集中、高效。法国主要科技研发机构见附表2。

2.1.2 国家科技研发设施管理体系

法国科技研发设施的行政管理机构包括法国科学与技术最高理事会（HCST）和法国教研部。HCST 直接向总理、政府和议会负责，主要任务是为政府制定科研、技术转移、创新等重大方针政策提出相关建议，理事会成员最多不超过 20 名来自科学界和企业界的知名学者和专家。该理事会于 2008 年、2011 年先后两次对大型研究基础设施建设和管理进行了评估并提交了书面建议。

法国教研部主要负责大型研究基础设施的归口管理和出台相关政策。其在科技创新总司（DGRI）专门设立了大型研究基础设施管理办公室作为行政管理机构，主要任务是：了解和掌握全国大型研究基础设施的建设、运营和使用过程中的科学问题和经费问题，确定大型研究基础设施国家政策重大方向。为细化对大型研究基础设施的管理，大型研究基础设施管理办公室下设 4 个学科工作组，工作组成员由相关部门代表和专家组成，会同相关高校、研究机构等单位对设施管理进行分类指导。同时，教研部还设立了大型科研基础设施指导委员会和大型科研基础设施高级理事会负责大型科研基础设施的专业管理。大型研究基础设施指导委员会在教研部科技创新总司的直接领导下，委员会成员由全法六大研究联盟主席、法国原子能委员会主席、法国国家科研中心主任、法国外交与国际发展部一位代表组成。根据教研部科技创新总司的要求，每年至少召开两次会议。主要任务：一是向教研部部长就大型研究基础设施建设提出建议，如国际重大项目、大型研究基础设施的更新或废止；二是对大型研究基础设施的长期投资政策提出建议；三是确定研究基础设施名单和大型研究基础设施的多年度规划；四是确定研究基础设施成本和开发模式；五是落实并跟踪国家大型研究基础设施政策执行情况。大型研究基础设施高级理事会作为科技咨询机构，其成员由一名主席和12位来自相关大型研究基础设施的科技界杰出代表组成。理事会需要与法国六大研究联盟、影响力大的跨机构委员会、大型研究基础设施等保持密切联系，以此确保对国家发展大型研究基础设施战略同科技、财政水平可行性等提出可靠的建议。大型研究基础设施指导委员会必须依托大型研究基础设施高级理事会开展工作，后者每年向前者提交一份关于大型研究基础设施线路图论据充足的审查报告。

2.1.3 相关政策措施

近年来，随着全球金融危机对法国经济形势的影响，法国公共财政赤字亟待缩减，大型研究基础设施的财政预算因此也面临压力。为更好地发挥其应有作用，整体推进大型研究基础设施和科学数据资源合理配置及共享，集中资金合理规划和建设新的大型研究基础设施，满足研究工作对技术手段不断增长的需求，法国政府加大了对大型研究基础设施的科学化管理和投入，采取了一系列的政策和措施。

2008年12月，法国高等教育与研究部在全面调查了解全国大型研究基础设施总体状况的基础上，牵头制定了法国第一个大型研究基础设施发展路线图（不包括航天、国防部分），接着于2011年又推出法国2012—2020年研究基础设施发展路线图。分析未来科研发展对各种技术手段的潜在需求，强调财政预算经费保障的必要性，明确了今后20年的发展战略。该路线图是指导法国大型研究基础设施建设、运营和使用的一个纲领性文件。法国采用统一的评价指标确定入选大型研究基础设施发展路线图的项目，评价指标主要包括：科学指标，即满足学术界的需求；可预期科学产出的质量；教学指标，即面向博士和博士后；向高等教育开放；知识转移指标，即与工业部门有密切合作；有一定申请专利的预期值；经济指标；可以创造就业岗位，建立新兴企业，为当地企业带来好处。

在制定本国路线图的同时，法国政府坚持落实欧洲大型研究基础设施发展路线图的战略部署，保持与欧盟相向而行。一是确保法国与欧洲科研政策一致性，因此法国新建大型研究基础设施项目中大部分是欧洲大型研究基础设施发展路线图中规划建设的项目；二是凸显法国大型科研仪器设备涵盖所有学科这一优势，从而弥补欧洲大型研究基础设施大部分项目存在学科单一的不足；三是吸引欧盟成员国共同投资开发，探索利用法国大型研究基础设施的优势，发展同欧盟具备同样学科优势的成员国共建新项目。

2.1.4 保障经费投入

据法国科学与技术最高理事会估算，法国大型研究基础设施（空间研究设施除外）在今后10年平均每年需要投资13.5亿欧元，约占民用研发经费的15%。

2011年1月，法国政府宣布，由59名专家组成的国际评审团对336个"卓越设备"项目申请进行了认真的比较和讨论，从中遴选出由公共科研机构、高等院校和医院等部门提出的52个申请项目，作为"卓越设备"计划的首批资助项目，以提升未来大型研究基础设施的装备水平。政府将从大型国债资助计划中拿出3.4亿欧元予以支持，其中2.6亿直接用于购买设备，剩下的0.8亿用于今后10年的维持费用。在新批准的52个建设项目中，生物学与健康领域有15个项目，占资助总经费（3.4亿欧元）的29%；纳米技术有10个项目，占19%；能源领域有9个项目，占17%；环境领域有8个项目，占15%；信息领域有5个项目，占10%；人文与社会科学有5个项目，占10%。在这些入选项目中，有24个项目可享受100万至500万欧元的资助，16个项目可享受500万至1 000万欧元的资助，12个项目可享受1 000万欧元以上的资助。

此外，法国政府还批准了"未来投资计划"，拿出10亿欧元用于中型科研设备（未纳入国家大型研究基础设施投资预算，但科研机构又难以单独承担的、费用在 100 万至 2 000 万欧元的项目）。

2.2 国家科技研发设施开放共享模式

2.2.1 构建技术平台网络

技术平台网络是指分布在不同地点的同类科研设备实行全国协调、互助共享的机制，目的是更好地实现全国性协调并便于进入欧洲范围的科研网络、参与国际竞争。这些技术平台通常由 5 至 10 个大型研究基础设施或技术中心联合组成。设置平台网络对改善法国科研工作和对外形象显得十分重要。通过这些平台网络可以使不同需求的科研团体更加方便和及时地使用有关设备和设施。此外，通过平台网络，也促进了机构之间的跨学科协作，以及技术和知识的交换。专业培训学校也可以通过这些平台网络，进行现场教学和实习。

2.2.2 设立国家联络点

国家联络点（PCN）由有关科研机构组成，秘书处设在法国国家科研中心，由该中心的大型研究基础设施委员会负责运营，确保全国科研团体能够与欧洲框架计划中的"研究设施计划"密切连接。根据欧洲大型研究基础设施发展路线图，2008 年法国有 44 个项目被纳入欧洲研发第七框架计划的资助范围，2011 年 5 月新增 6 个共计 50 个作为今后需要投资建设的项目。

2.2.3 研究机构和高校开展合作

在法国，政府研究机构和高校之间的关系很密切，这种合作机制确保了从知识到技术的所有领域，从基础研究到技术创新的整个过程中，人力资源和科研设备设施的协调有效使用，竞争范围和活动领域的优化。

以法国大学和科研中心的合作为例，其在 1966 年合作创办"协作研究单位"后，建立了非常密切的合作关系，在科研中心 1 350 个实验室中，有 940 个是与大学协办的。1995 年，其合作又有了重大的举措，即由高等教育部、大学和科研中心签订为期四年的合作协议，由签约三方共同确定科研计划，并匹配所需的经费。大学和科研中心的合作方式主要有两种，即协作研究单位（URA）和混合研究单位（UMR），其中协作研究单位只是大学下属的研究单位，其中部分课题与科研中心的研究工作有关，科研中心通过协作方式，向协作研究单位提供人员和物力；混合研究单位则参加符合科研中心的优先发展政策的研究工作，整个研究工作纳入科研中心的发展政策轨道，合作双方共同提供经费、人员和后勤方面的支持，并共同行使学术和管理权，同时，混合研究单位的研究工作还受全国科学研究委员会的检查。一般而言，只有设备精良、研究水平高，具有学术竞争力，与科研中心的研发方向一致的大学实验室才有可能与科研中心以混合研究单位的形式开展合作。

2.3 战略科技研发设施的开放共享管理

法国战略科技研发设施主要体现在由核、航天、航空、兵器、舰船和军事电子等组成的国防科技工业中。法国国防科技工业拥有完整的科研、设计、生产体系和先进技术，能够独立研制包括核武器在内的各种武器装备。

2.3.1 国防科技研发机构体系构成

法国自20世纪50年代开始奉行独立自主国防战略思想和政策，注重国防科技研发机构建设和运行管理，建成了由国家研究机构、高等院校、军队研究试验机构、企业研发机构和联合研发试验机构所构成的国防科技研发机构体系。法国国防科技工业生产企业和研发机构曾经达到千余家。长期以来，法国国防科技工业一直在国家的高度控制之下，武器装备研制生产绝大部分由国防部所属的国有军工企业承担。冷战后以来，法国对国防科技工业进行全面调整，将部分军工企业推向市场，通过股权降低国家在国有军工企业中的股份，引导军工企业合并重组。国防科技研发机构各有侧重且相互协调，国家研究机构开展应用基础研究，高等院校开展基础研究，军队研究试验机构开展试验、检测、鉴定科研，企业研发机构主要从事为产品服务的技术开发。

2.3.2 国防科技研发机构开放共享政策

为推动法国国防科技工业改革发展，保持法国的军事强国地位，法国一直实行国家管理，制定了相应国防科技工业管理政策，主要有：明确国家国防科技工业基本政策，国防科技工业实行独立研制、合作生产和直接引进"三结合"发展战略，国家对国防科技工业实行宏观管理；推行公开和公正的竞争政策，将开展竞争作为法国进行国防科研和生产管理的重要方式；推进军用技术和民用技术相互转化政策，共享科技创新成果，实现协同发展；国防科技研发机构分类管理政策，在保持国防科技研发核心能力的同时，推进设施开放共享，组织联合研发，取得更好效益；国际合作政策，将国防科技开发和生产的国际合作作为法国的一项基本国策，统一管理，分类实施，优先同欧盟国家合作，实现利益共享。

2.4 典例分析

2.4.1 国家航空航天研究院（ONERA）

法国是世界航空技术发祥地之一，拥有一大批现代化科研院所，国家航空航天研究院是它们的代表。ONERA 于 1946 年建立，从一开始，ONERA 的业务范围就涵盖基础研究、应用研究和为飞机制造商提供试验支持。其主要业务领域包括空气动力学、推进、材料、结构强度、物理学和仪表测试。ONERA 积累了丰富的技术经验，为法国飞机、直升机、导弹和动力系统制造商提供了帮助，在"协和"号超声速客机、"幻影"和"阵风"战斗机、空中客车飞机和各种直升机以及阿丽亚娜运载火箭的成功开发中都发挥了特殊的作用。今天，ONERA 是由法国政府建立的法国国家航空航天研究中心，它是一个公共研究机构，承担 6 大主要任务：指导和从事航空研究；支持由法国和欧洲航空业界完成的研究成果实现商业化；建设和运作相关的试验设备；以高水平的技术分析和其他服务为航空航天业界提供技术支持；为政府进行技术分析；

培训科学家和工程师。ONERA 的经费来源包括两个方面，约 60% 来自工业界和机构签订的研究合同，约 40% 来自法国政府年度补贴。研究合同得到的费用支持接近于应用的中期和短期项目，政府补贴主要用于支付长期研究，为未来的发展奠定基础。ONERA 的设施分布在法国全国 8 个地区，其中：大巴黎地区 3 个，分别是帕莱索（总部所在地，涡轮发动机和冲压发动机试验台）、沙蒂永（主要实验室及计算机集中地）和默东（风洞和电子设备集中地）；法国西南部米帝－皮勒讷地区 2 个，福加－莫扎克（图卢兹以南，气动和推进试验中心）和图卢兹（附近有法国主要航空工程院校，进行多学科研究）；其他地区 3 个，分别是里尔（法国北部，以前是里尔流体力学研究所）、普罗旺斯省萨隆（法国南部，飞行学校所在地）和莫达讷－阿弗里厄（法国东南部，大型工业试验风洞集中地）。在学术研究的组织上，ONERA 把全院划分为 4 个分支共 16 个部门：流体力学和能量学分支，下设应用空气动力学部、基础和试验空气动力学部、基础和应用能量学部、空气动力学和能量学建模部、计算流体动力学和航空声学部；材料和结构分支，下设气动力弹性和结构学部、复合系统和材料部、金属材料和结构部、显微结构调查实验室（由 ONERA 和 CNRS 国家科学研究中心联合拥有）；信息处理和系统分支，下设系统设计和性能估算部、系统控制和飞行力学部、建模和信息处理部；物理分支，下设电磁学和雷达部、空间环境部、物理学和仪表部、理论和应用光学部。ONERA 从事航空航天研究的一个重要特点是：所有研究课题都要面向应用，不管研究是短期、中期还是长期的，都是为提高航空航天和防务工业的竞争力和创造力而设计的。ONERA 的研究成果主要是计算代码、方法、工具、技术、材料和其他产品或服务，用它们设计和制造与航空航天有关的东西，包括民用飞机、军用飞机、直升机和倾转旋翼飞行器、推进系统、轨道系统、太空运输、导弹系统、防务系统、网络系统和安全系统。ONERA 开展或者协调的研究都是为解决全社会当前面临的某些挑战而设计的，例如提高产业的竞争力，保护环境和改善安全性。ONERA 正在为解决当今最重要的一些问题而工作，包括减少噪声和排放污染、提高飞机安全性、改善空中交通管理等。与此同时,研究人员在继续努力提高飞机、直升机和航天发射运载工具的性能和竞争力。ONERA还致力于今天快速变化的防务需求,如监视和跟踪系统、信息处理、决策支持系统、飞机自动化等问题。研究人员关注防务系统链——发现、理解、决策、行动中的每一个环节。ONERA拥有完整和大功率的风洞群,12座风洞中有3座是世界级的。这些风洞能制造出马赫数在0.1~20的飞行条件,也就是从亚声速到高超声速,能满足业界的所有需要,不管是试验外形、性能、噪声水平还是试验飞机的安全性。其中,S1风洞是纳粹德国于1942年开始在奥地利阿尔卑斯山建设的,以水电为动力,能达到声速。盟军在战争结束时发现,分解后运到法国萨瓦省莫达讷,ONERA将它改造为跨声速风洞,法国和欧洲的大部分飞机研制计划都在那里做过实验,包括"协和"、空客、"幻影"、"隼"、"阵风"等。迄今,该风洞仍是世界上同类型风洞中最大的。ONERA在很多国际性学术计划中是法国的代表,它与美国国家航空航天局(NASA)和美国空军的各个实验室,以及与日本、中国的很多科研单位保持联系。特别与欧洲同行建立了密切联系,组成欧洲航空航天研究机构协会(EREA),形成一体化的研究政策。

2.4.2 国家信息与自动化研究所

法国国家信息与自动化研究所创建于1967年,属于科技型国立科研机构,由法国高等教育与研究部和法国经济工业就业部共同管理,实行董事会领导下的所长负责制。国家信息与自动化研究所致力于信息通信科技的基础与应用研究,并通过研究培训、国际合作、科技信息传播、技术开发及专业指导等方式在科技成果转移转化中发挥着巨大的作用。国家信息与自动化研究所在全法国各地设立的八个研究中心采用分布式管理,以执行管理团队作为统筹运作的中心。分散于法国各地、各自独立的研究中心有利于地区合作,使得该所有机会与法国各地的研究中心、高校及工业界合作,共同发展信息通信科技。科学委员会每四年在评估委员会的协助下起草战略规划,指定战略规划时参照国家的科技战略、科技政策及国家信息与自动化研究所的使命,并在所内广泛征求各课题组的意见，最终经过董事会决策。在战略规划的基础上，该所负责起草与主管部门的合同草案。评估委员会由政府部门指定的代表、国家信息与自动化研究所委任的代表及研究所内部选举出来的代表组成，负责组织对该所的研究组及研究人员进行评估，并与科学委员会一起确定研究所未来的发展方向。国家信息与自动化研究所执行管理团队包括所长、常务主管、首席科技总监和首席管理总监。所长主要负责研究所的整体组织工作，常务主管协助所长工作，并在所有涉外联系工作中代表国家信息与自动化研究所行使职责；首席科技总监主要负责研究、技术开发、技术转让等方面的监管工作；首席管理总监主要负责全所的资源配置和研发支撑工作。国家信息与自动化研究所的基本研究单元是研究组，其中大部分是项目研究组，研究目标相对集中，研究组规模有限。项目负责人负责整个研究组的领导和协调工作，研究组并非长期稳定的组织，而是根据项目需求不断发生新建、撤销的情况。国家信息与自动化研究所各研究中心还设有若干与合作机构组建的联合研究组。研究组的分类可划入以下五个研究主题：应用数学、计算与模拟；算法、编程、软件与架构；网络、系统与服务、分布式计算；感知、认知与交互作用；应用于生物、医药和环境领域的计算科学。

法国政府对国家信息与自动化研究所实行目标合同制管理模式。法国高等教育与研究部和经济工业就业部每四年与该所签订一次合同，并委托科研与高等教育评估署以签署的合同为基础对该所进行评估。四年合同期中，包含了该所当期战略规划中的战略目标、为实现这些战略目标拟采取的举措及根据举措设定的定量定性监测指标。此外，合同中还包括为了实现战略目标，主管部门应提供的政策和经费支持。签订新合同时，需要通过科研与高等教育评估署对国家信息与自动化研究所在上一个合同期内的工作状况组织专家进行评议，对上一合同执行和落实情况进行总结，阐述目标实现情况及影响，并据此给出今后的发展方向。经过评估后，主管部门签署合同，并落实资源配置。1985年通过的国家信息与自动化研究所定位法案明文规定，该所的任务之一就是要开展国际科学交流，以交换、培训的方式促进国际合作。因此，该所的国际合作活动相当频繁,每年与世界主要科研机构开展的合作活动近2 500项,合作主题丰富、参与人数众多。国家信息与自动化研究所的欧洲合作部和国际关系部负责与国外研究单位沟通合作细节、举办交流互访、监督合作进度和接待来访学者,扮演着鼓励和促进该所国际科技合作的重要角色。国家信息与自动化研究所国际科技合作的形式主要包括合作研究、建立虚拟网络实验室、与合作伙伴设立联合实验室及组成科学研究联盟等。

3 德国科技研发设施开放共享管理

对德国科技研发设施开放共享管理的分析主要结合其独特的国家科技创新体系进行,包括科技研发设施体系及其管理、国防等战略性科研发设施开放共享管理模式等方面。

3.1 国家科技研发设施体系

3.1.1 国家科技研发设施体系构成

德国的国家创新体系是围绕国家级科研机构建立的,德国国立科研机构更多是非营利科研机构,由政府出资建设,委派管理人。如从事自然科学、人文科学、社会科学领域的马普学会下属81个研究所,重点从事应用研究的弗朗霍夫学会下属63个研究机构以及从事综合性跨学科战略研究的16个大中心,150个研究所。德国主要科技研发机构见附表3。运营机制上,研究所的研究人员使用任期年限制度、开放流动制度,根据科研工作的实际需要,面向社会选聘科研人员,这样保持了学术的国际交流,使本国科研机构拥有世界视野。自20世纪80年代以来,德国政府为用于自然科学基础研究的重大科研仪器设施投入了大量的资金,为德国科学家开展基础研究及学科间研究,为保持德国在基础研究领域的世界领先地位,创造了有利的条件。近年来,德国联邦教研部在基础研究领域特别资助德国电子同步加速器中心、重离子研究所、天体物理研究所等十余个研究所在基本粒子物理、核物理、核固态物质、中子源和同步辐射源、天体物理等领域的研究,并建造了电子同步加速器、重离子同步加速器及储存环、研究反应堆、同步辐射电子储存环等重大科研仪器设施。据统计,自 1992 年以来,德国联邦教研部每年用于自然科学基础研究的重大科研仪器设施的研究与开发费用约为 5 亿欧元。以 2001 年为例,联邦教研部资助用于建造、运行并在国家及国际重大科研仪器设施进行科研的费用为 5.8 亿欧元,占当年科研经费预算总额的 1/12。

3.1.2 国家科技研发设施管理体系

德国联邦教研部(以下简称教研部)是德国国家科技发展的职能部门,负责制定并实施科学技术发展方针、政策和资助措施,利用政策法规和管理科研经费等手段对国家科学技术研究和发展进行宏观管理。随着大型科研基础设施建设和运行费用的持续增加,教研部认为在国家层面甚至欧盟层面统筹计划、运行和使用这些基础设施条件是十分必要的,为此于 2011 年委托德国科学委员会对大型科研基础设施的建设和运行情况进行全面评估。2013 年 4 月,教研部发布了新一版大型科研基础条件设施路线图,新的路线图是根据该科学委员会的建议,在综合权衡大型科研基础设施的总体需求、科学潜力及其对德国科技强国地位的意义等情况的基础上制定的,明确了建设重点和方向,是对大型科研基础设施建设作出的长远政策决策。路线图确定了 27 个重点项目,其中 7 个由德国独立建设,其余 20 个将与其他国家共同建设,涉及深海科考船、大气研究基础设施、医学研究装备和计算机模拟以及人文和社科等领域的研究平台。新的路线图纳入了切伦柯夫望远镜(CTA)、欧洲化学生物学开放筛选平台(EU – Openscreen)、商用飞机全球观测系统(IAGOS)三个项目,为这些项目的参与者与国际伙伴进行相应合作扫清了道路。

德国科学顾问委员会是为联邦、州政府提供咨询的独立的科学政策委员会,于 1995 年成立了评估委员会,下设评估小组,根据顾问委员会要求,向其递交相关评估报告。该机构也是德国大型科研设备设施建设和管理过程中重要的咨询评估机构。

3.1.3 设施建设审批

德国政府规定，建设投资总额在 2 500 万欧元以上的国家重大仪器设施要由联邦教研部委托德国政府权威顾问机构——德国科学顾问委员会评估后由联邦教研部审批。鉴于重大科研仪器设施耗资巨大，德国通常在 8 年至 10 年审批并投资建造一批投资总额分别在 2 500 万欧元以上的国家重大科研仪器设施。根据规定，包括科研机构、大学在内的申请单位要申请投资总额为 2 500 万欧元以上的国家重大科研仪器设施，必须提出一份包括"科学计划"和"技术设计报告"在内的申请报告。

以"可产生高强度、高质量离子射线的加速器"为例。这份由达姆斯塔特重离子研究所（GSI）提出的由 500 余名德国及外国科学家共同参与撰写的申请报告长达 695 页。在其 400 余页的"科学计划"中，详尽地阐述了计划新建的加速器的科学目标，特别是在用离子射线进行学科间研究、核子结构及天文物理等领域的研究前景。在其近 300 页的"技术设计报告"中全面介绍了加速器的位置、布局、技术指标及性能、运行中的环境及安全问题、费用预算、建造进度表、组织管理形式等。

审批最重要的环节是由权威顾问机构进行科学评估。以德国亥姆霍兹研究中心联合会、莱布尼茨科学联合会、马普学会等科研机构提出的九个投资总额超过 2 500 万欧元的国家重大科研仪器设施计划为例，联邦教研部在接到九个国家重大科研仪器设施申请报告后，要求德国科学顾问委员会给予科学评估。因此，德国科学顾问委员会于 2001 年 1 月专门成立了"指导委员会"，对提出的九个重大科研仪器设施计划进行了科学评估，并提出意见和建议。该指导委员会由三方面人员组成，即德国科学顾问委员会下属的科学委员会成员（即主要是自然科学及工程科学领域的科学家）；联邦及州政府代表；主要是与重大科研仪器设施有关的国内外自然科学领域的科学家。

鉴于国家重大科研仪器设施涉及领域广泛性和对各处计划进行分析比较的必要性，指导委员会提出了"两步走"的程序。

第一步是由指导委员会下设的六个工作小组从专业角度对计划进行评估。这些工作小组由 2 名科学家、指导委员会成员中的联邦和州政府的代表、53 名专家（其中 36 名是来自美国、瑞士、英国、法国、日本、澳大利亚、俄罗斯、加拿大等 11 个国家的外国专家）、所在州的代表组成。工作小组根据指导委员会提出的五大评估标准进行评估。这五大评估标准是：一、只能通过重大科研仪器设施才能获得重大科学进展的可能性；二、技术上可实现性及技术创新程度；三、参与的研究机构的科学技术实力；四、相关的专业领域潜在用户的可接受程度；五、有助于实现重大科研项目（技术转让、国际前景、培养年轻科学家）。根据要求的统一性和透明度，以统一的调查表格发至所有被评估科研机构，并要求给予书面答复，在书面答复时应概述项目建议的情况。在收到书面答复后，工作小组访问科研机构，与研究机构顾问委员会、主要科学家、工作人员深入座谈。然后，根据五大评估标准，综合整理专家意见，作为工作小组评估结果，"评估报告草案"发给工作小组所有成员，并请他们审核提出修改意见。

第二步是由指导委员会从科研政策的角度进行评估。除对科学质量评估外，指导委员会从科研政策角度的评估着眼于下列几点：重大科研仪器设施的科学潜力；保证通过重大科研仪器设施以最佳方式获取所需的知识；与相关专业领域的长期发展前景一致性；技术上成熟性及时间上可实现性；科学技术政策的可实现性。

经过约一年半的时间从专业和科研政策角度评估之后，德国科学顾问委员会于 2002 年 7 月提出了最后评估报告，并对九个国家重大科研仪器设施资助情况向德国联邦教研部提出下列建议：第一类是无条件、毫无保留资助的重大科研仪器设施，应立即为资助这些重大科研仪器设施提供预算；第二类是有条件资助的重大科研仪器设施，在满足了顾问委员会提出的专门条件并对研究计划修改后予以资助；第三类是目前不予资助，但今后还有可能考虑资助的重大科研仪器设施。德国科学顾问委员会认为，上述大部分重大科研仪器设施的建造、运行、维护等费用相当昂贵，因此，建议将这些设施设计成为欧洲或国际重大科研设施，由欧洲国家及其他国家共同投资建造。德国科学顾问委员会评估后，将评估意见及建议送至德国联邦教研部，由联邦教研部根据评估意见及建议作出决定。

3.1.4 设施经费来源

在德国，国家资助建造或购置的重大科研设施的费用，通常由联邦政府承担 90%、州政府承担 10%。因此，国家重大科研设施的产权 90%归联邦政府、10%归州政府所有。重大科研设施的运行费用也同样按这一比例分摊。国家负责投资费用、运行费用，而重大科研设施管理单位则负责日常管理、运行、维护保养，并向德国及外国的科研机构、大学的科研人员开放。

3.2 设施开放共享模式

德国政府认为，无论从科学角度，还是从经济角度出发，国家重大科学仪器设施应向所有科学家开放，以使耗资巨大的重大科研设施得到充分利用。因此，德国国家重大科研设施原则上向所有科研机构及科学家开放。无论是德国的，还是外国的，无论是科研机构，还是大学的科研人员，都可以申请使用国家重大科研设施。

3.2.1 申请使用设施的方式

申请使用国家重大科研设施的必要条件是需要通过审批手续。国家重大科研设施管理单位通常设在一个协调委员会，负责统一协调仪器设施的使用。以管理重离子加速器的重离子研究所为例，协调委员会由 12 名国内外专家组成，对使用重大科研设施的申请进行评估，并将评估意见通知管理单位业务负责人。管理单位业务负责人根据协调委员会的评估意见作出决定，并通知申请单位或申请者。同样，负责管理极地考察站、极地考察船、科研飞机的阿·瓦格纳极地研究所也设有一个协调小组，协调这些重大科研设施的统一使用，使用这些设施的申请由一个独立的机构进行科学评估。又如，科学家使用卡尔斯鲁厄研究中心管理的同步加速器辐射源，需要填写申请表，其内容包括项目名称、项目概述、项目经费来源、研究领域、所要求的辐射源运行条件、具体日期等。经该研究中心"国际科学委员会"审批同意后分配具体时间,供科学家使用。

3.2.2 使用收费标准

德国大多数国家重大科研设施(例如重离子加速器、同步辐射源、极地考察船等)都是无偿提供给大学、科研机构使用。近年内准备建造的"高空远程科研飞机",考虑到高等院校的经费情况,运行费用由联邦教研部承担,使用者可向独立的"科学评估委员会"提出申请,根据专门标准分配飞行时间。使用者不必承担运行费用,而只需要承担人员费用和仪器费用。但是,国家重大科研设施对工业界则是采取有偿使用的办法。以重离子加速器为例,根据加速器及射线类型,收费标准在500~5 000欧元。

3.3 战略科技研发设施的开放共享管理

德国战略科技研发设施主要体现在由航天、航空、兵器、舰船和军事电子等组成的国防科技工业中。德国国防科技工业拥有较完整的科研、设计、生产体系和先进技术,能够独立研制各种武器装备。

3.3.1 国防科技研发机构体系构成

德国是研制生产武器装备的重要国家。目前,德国国防科技研发机构体系主要由私营企业研发机构、社会科技研发机构、高等院校和专业研究机构构成。德国军工企业全部是民间私营企业,产品一般是军用和民用产品,企业规模多数为中小企业,只有几十家大型企业,不过这些大企业世界知名,其产品为世界先进水平。德国国防科技研发机构主要有约20家,其中有德国航天航空中心、费劳恩霍夫协会拥有的研究所等国际上有知名度的社会私营机构。私营国防科技研发机构一般是依法采取注册协会形式的社会科技研发机构,主要从事应用基础研究,是国防科技研发的骨干力量。政府只有少量研究机构,主要是承担试验检测鉴定的国防技术中心和军事专用领域研究所。

3.3.2　国防科技研发机构开放共享政策

德国国防科技研发机构开放共享政策的基础是国防科技工业军民融合。德国国防科技工业军民融合是德国战略性产业和武器装备建设发展的基本模式，把发展军民两用技术作为基本战略，武器装备科研生产完全纳入市场体系，涵盖了战略、技术、生产、标准、机制等各个方面。

（1）战略融合

在战略融合上，制订军民融合的国家发展规划。德国 1992 年制定的国防方针明确规定，要做好战略规划，在"寓军于民"的同时必须保持强有力的军工核心力量。为此，国防部在规划工作中考虑和照顾军工企业的利益，使军工企业界获得可靠的规划保证，以便更好地安排长远工作。

（2）技术融合

在技术融合上，注重发展及转化军民两用技术。德国在国防科研领域也非常注重发展军民两用技术，并作为科研重点，强调国防部加强与主管民用科研的联邦研究与技术部的合作与协调，促进工业界参与军民两用技术的开发，以使联邦国防军的武器装备保持技术优势。

（3）科研生产融合

在科研生产融合上，充分利用民间力量参与国防科研生产。德国制定了《联邦德国订货任务分配原则》，明确规定武器装备的总承包商在承包国防任务后，必须让中小企业参与竞争，必须用竞争手段向分包商分配军工订货任务，以法规形式保护中小型企业参与国防科研任务。

（4）标准融合

在标准融合上，采用通用标准消除军民之间的制度性壁垒。德国国防部尽量采用民用标准和产品，以降低、节约费用，解决发展武器装备与财政力量有限的矛盾。德国装备管理部门认为：不应该追求技术上的"最佳"方案，发展"最好""最先进"的武器，而应发展经济上可承受、技术上可行的武器。

（5）机制融合

在机制融合上，加强军民之间的协调和有效合作。德国在制订武器装备计划的开始,就主动吸收民用部门的参与,他们的年度计划是由装备建设管理部门各业务局、各军种局、国防预研管理部门和工业界一起合作制订的。

(6) 国际融合

在国际融合上,积极推进欧洲国家间国防科技合作。冷战后,英法德三国军费减少,为利用国外资源,发展本国国防工业,就出现了国防企业的跨国融合,形成了欧洲国防工业不同形式的国际化,其标志是为共同研制某种复杂的武器系统而形成的跨国集团公司。比如,2000年,法国宇航马特拉公司与德国、西班牙相关公司合并,组建了欧洲航空航天和防务公司EADS;2001年法马通公司、核燃料总公司等重组为AREVA集团,成为集核电设计、设备制造与整个核燃料工业于一体的特大型核工业集团。

3.4 设备设施开放共享典例

3.4.1 马克斯·普朗克科学促进会

马克斯·普朗克科学促进学会(MPG),在中国业内简称为马普学会,是德国的大型科研学术组织之一,也是国际上规模最大、威望最高和成效最大的由政府资助的自治科学组织之一。马普学会作为德国最为成功的研究机构,培养出众多优秀科学家,并跻身世界一流研究机构之列。

(1) 定位

马普学会社会定位为公益性独立科研组织。在德国科研体系中,马普学会的功能是:在其研究所内给在重要的、前瞻性、国际范围内的基础研究领域工作的杰出科研人员提供最好的工作条件;开拓高等院校尚未成熟的前沿交叉研究领域;只有组织跨学科研究才能取得成果的研究领域;研究课题因需大型或专门设备设施才能进行,或需要巨额经费,高等院校尚不能承担;与其他研究机构共享研究资源。马普学会的研究定位是基础科学研究,其研究主要涉及物理、工程技术、生物医学、基础科学等众多研究领域，一直致力于国际前沿与尖端的基础性研究工作。

（2）主要研究单位

马普学会共有83个研究所，其中，4个研究所和1个研究实验室建立在德国本土之外，其余则主要分布在德国各个城市，涵盖了几乎所有的基础科学研究领域，共有12 000余名雇员，9 000多名客座科学家、博士后与学生。马普学会的各个附属研究所以人才为核心，被视作基础研究领域的"杰出中心"，在国内外享有盛誉。各研究所有选择和进行科研任务的自由，并独立进行科研。马普学会主要研究所名单见附表3。

（3）开放共享管理

马普学会的科技研发设施等资源开放共享是由政府依据法规批准，与其各研究机构共享研究资源；马普学会制定具体管理规程，实施设备设施的开放共享管理。

3.4.2 亥姆霍兹协会

亥姆霍兹协会是德国最大的科研联合组织，有六大研究领域，包括能源、地球环境、健康、关键技术、物资结构、航空航天。

（1）定位

亥姆霍兹协会在能源、地球环境、健康、关键技术、物资结构、航空航天等领域，在自然科学—技术项目及生物医学项目范围内，由其所属各中心进行基础研究和前瞻性研究以及工业前景方面的技术研究。在科研和教育方面，亥姆霍兹各中心是德国大学的合作伙伴。协会财政上由国家资助，但是学术上是独立的，它为实现国家的长远科研目的而努力。该组织促进成员进行经验和信息交流，协调成员的科研和研制工作。科研中心处理整体科技问题，研究系统解决方法。此外，亥姆霍兹协会经营大型科技设备。亥姆霍兹协会与中国科学院近代物理研究所的重离子加速器、合肥物质科学研究院等离子体研究所的HT-7u装置有密切合作。

（2）主要研究单位

亥姆霍兹协会下属18个国际著名的研究中心，共有250个各具特色的研究所，员工总数超过 24 000 名，协会每年的科研经费总额超过 21 亿欧元，占政府科研经费（大学除外）的 38% 左右。

（3）开放共享运行机制

亥姆霍兹协会在国际上代表着德国的国家科技研究形象，主要特征是围绕大型科研设备展开国际一流的大科学研究，在德国境内以及国际科技界拥有众多协作伙伴，充分体现着科技进步与创新应用相结合，进而直接影响社会发展远景的鲜明特色。每年都有来自世界各地的数千名访问学者和研究人员来到亥姆霍兹所属的各研究中心，利用它们的大型科研设施和设备（许多设备甚至在世界上是独一无二的）开展研究工作。在亥姆霍兹联合会的支持下，许多青年科技人员可以参与由多国科学家组成的研究小组，并且有机会在科研过程中使用各种先进的科研设施。仅在 2001 年一年里，就有超过 4 500 名外来科学家来到亥姆霍兹的研究中心进行科学研究，其中一半以上由亥姆霍兹联合会提供经费资助。

3.4.3 弗朗霍夫协会

弗朗霍夫应用研究促进协会（以下简称弗朗霍夫协会），是联邦德国政府在第二次世界大战结束后不久，为加快经济重建和提高应用研究水平而支持建立的一个公共科研机构。现下设 63 个研究所，80 多个研究机构，拥有约 2.2 万名研究人员（包括研究生、博士后），分布于德国的 40 个地区，年经费预算约 19 亿欧元（2012 年度），在欧洲、美国、亚洲均设有研究中心和代表处。主要开展健康、安全、通信、交通、能源和环境等领域的研究，是当今德国政府重点支持的四大科研机构（其余 3 家为马普学会、亥姆霍兹研究中心联合会和莱布尼茨科学联合会）之一，也是德国乃至欧洲最大的应用科学研究机构。弗朗霍夫协会虽然是在政府支持下建立的，但它是以协会身份注册的独立社团法人，是民办、公助的非营利科研机构。所谓"民办"是指其不隶属于任何一个政府部门；所谓"公助"是指政府部门提供其基本的运行经费，以及学会下属的各个研究所通过竞争取得政府的科研项目；所谓"非营利"是指该协会不以营利为目的，但可以进行有收入的、与科研工作有关的活动，取得的收入不得用于出资人和机构人员的分配，而是用于事业的再发展。按照德国的相关法律，该协会作为非营利机构享有税收优惠。

(1) 定位与组织

①多学科的研究联盟。弗朗霍夫协会整合全国的相关科研力量，并将许多大学联系在一起，打造了德国科研界强有力的联盟；协会致力于卓越的应用研究工作，并且与从事基础研究的单位保持紧密联系。②创新的推动者。弗朗霍夫协会的宗旨是将科学发现转化为有价值的创新，通过这一工作，来促进经济发展、社会进步和更充分的就业。③产业界的伙伴。弗朗霍夫协会是颇受产业界欢迎的合作伙伴，由于具有整合全国科研力量的体制优势，洞察市场信息，熟悉产业界的需求，使得协会能够与企业一起破解难题，提升企业的竞争优势。④自主和中立的科研组织。弗朗霍夫协会自主制定自身的发展战略和研究规划，协会的发展战略与德国、与欧盟的经济和研究政策保持一致；作为一个独立的组织，同样尊重内部每一位研究人员在政治、产业和社会领域的个人兴趣。⑤以客户需求为导向的产品与服务提供方。为企业开发并提供具有实际应用价值、市场前景的技术、工艺和产品，是弗朗霍夫的研究目的；协会严格按照客户的要求开展工作，客户满意是检验协会工作成败的关键指标，所有的信息与成果将为客户严格保密。⑥科技界与产业界的沟通桥梁。弗朗霍夫在沟通科技界与产业界间发挥着积极作用，还积极参加与研究领域性相关的、基于客观事实的政治的和社会领域的争鸣。

(2) 设施开放共享管理

弗朗霍夫协会面向产业界开展研发工作，并力求一以贯之，直到产品达到商业化阶段。协会各研究所为企业及各方面提供科研服务，主要采取合同科研的方式。企业就具体的技术改进、产品开发或者生产管理的需求委托研究所开展有针对性的研究开发，并支付费用。研究开发一旦完成，成果立即转交到委托方手中。来自制造业和服务行业的公司，无论规模大小均通过这种合作方式从中受益。对于无力维持自主研发巨额费用的中小企业而言，弗朗霍夫协会代表了一种重要创新源头，它知道怎样分步为这些企业的发展提供支持和服务。实践证明，这是知识转化为生产力的捷径。通过合同科研的方式，客户享有弗朗霍夫各研究所雄厚的研发科技积累和高水平的科研队伍服务，通过研究所的多学科合作，可直接、迅速地得到为其"量身定做"的解决方案和科研成果。另外，弗朗霍夫协会也开展面向应用的基础研究。在德国联邦教研部支持的基础和工程项目基金支持下，协会持久从事非合同式的对未来具有重要意义的前沿科技研究。这些工作将为开拓新的市场铺路，让产业界和社会广泛受益。全球化已经深刻影响到弗朗霍夫协会的研究开发业务。为了保持其原有的竞争力，协会重视通过开展广泛的国际交流，确保协会的发展处于世界科技和市场发展的主流之中，许多年以前，弗朗霍夫协会便已在世界主要经济体内设立了它的窗口。截至目前，弗朗霍夫协会设立了欧洲联络办公室，在美国有6个学会研究中心，并在日本、中国、印尼、韩国、俄罗斯和阿联酋分别设立了代表处。弗朗霍夫协会开展国际合作是基于以下几个方面的考虑：一是通过开展合作促进本地研究中心的科技和工程知识水平提升，并发掘新的创新潜力，为协会和它的业务伙伴发现新的机遇与市场；二是从拓展科学技术知识、从体验不同的管理风格和运营文化，甚至从掌握一门外语和社会交往技能的角度，为员工增加更多的发展可能。国际竞争迫使协会不断提升服务水平。通过参与基于全新的市场背景和不同的顾客需求下的广泛国际合作，可持续提高解决问题的能力，这将有助于提升它为企业提供服务的品质。

4 俄罗斯科技研发设施开放共享管理

对于俄罗斯国家科技研发设施开放共享管理的分析主要围绕国家科技创新体系、科技研发设施的管理、国防等战略性科技研发设施开放共享管理模式等方面的改革发展进行。

4.1 国家科技研发设施体系

4.1.1 国家科技研发设施体系构成

俄罗斯的国家创新体系脱胎于苏联"母体",虽然在20世纪90年代的转轨过程中有所改变,但依然留有一定的苏联痕迹,正处在改革完善中,俄罗斯拥有庞大的科技研发设施体系,主要由国家级科学院、科学中心、高等院校、企业研发机构和非商业性科技研发机构等构成。

(1) 国家级科学院

俄罗斯的国家级科学院主要有俄罗斯科学院、俄罗斯农业科学院、俄罗斯医学科学院、俄罗斯教育科学院、俄罗斯建筑科学院和俄罗斯艺术科学院。这6所国家级科学院及其分支机构承担了俄罗斯绝大部分基础性科研工作。其中,俄罗斯科学院是俄罗斯最大的国家级科学院,拥有悠久的历史和雄厚的科研实力,它的研究几乎遍布自然科学、技术、医学、农业、社会及人文科学等所有知识领域。而其他几家科学院则属于专业部门型科学院,分别在自己所属的领域中进行基础及应用性科学研究。

(2) 科学中心

科学中心是一些专门从事应用科学研究并拥有先进科研设备和高素质科研人员的研究机构，主要包括国家科学中心、联邦科学生产中心和国家研究中心。这些具有特殊地位的研究机构会得到国家的资金及政策支持，但它们不具有特殊的法律地位。

国家科学中心的概念最早出现于 1993 年，主要是一些大型的科学研究所，当时成立国家科学中心的目的是在转轨的背景下保护俄罗斯的科学潜力。到目前为止，俄罗斯共有 48 个国家科学中心。拥有国家科学中心称号能够保证研究机构获得充足的预算资金支持及一些税收优惠。当前，俄罗斯的国家科学中心主要在一些国家优先发展的科技领域内从事科学研究工作，如核物理、能源、化学与新材料、生物学与生物技术、机器制造等。此外，很多国家科学中心也为俄罗斯国防综合体服务。但国家科学中心的地位和称号并不是固定不变的，而是在专家评估的基础上，每两年进行一次评定。到目前为止，国家科学中心共分布于俄罗斯的以下区域内：莫斯科市有 28 个，莫斯科州有 5 个，圣彼得堡市有 10 个，乌里扬诺夫斯克州有 1 个，卡卢加州有 2 个，新西伯利亚州有 1 个，克拉斯诺亚尔斯克边疆区有 1 个。

联邦科学生产中心主要包括一些国防企业、宇宙航天或原子能工业机构，这些机构主要从事军工产品及宇宙技术的研究、生产、实验、维修和再利用，同时它们也按照国有企业的订购需要生产各种组件。此外，俄罗斯联邦工业和贸易部、联邦航天署、国家原子能公司和俄罗斯联邦教育和科学部每五年对各联邦科学生产中心的情况进行一次综合评估，在评估过程中会采纳国防部、经济发展部及联邦政府的建议。

国家研究中心的主要任务是保障在国家优先发展的科技领域中实现科研创新的突破，并且落实各种社会科技计划。2008 年 4 月，在联邦公共研究机构库尔恰托夫研究所的基础上，根据第 603 号总统令成立了俄罗斯第一个国家研究中心，其经费来源主要是联邦政府支持的一些科研创新计划。

除此之外，根据俄罗斯联邦法律，还有一种类型的科学中心，即科学城。科学城是在一些市级行政单位（自治市）的基础上形成的，它们具有很高的科技潜力，并拥有一定数量的科研生产综合设施，能够进行各种科研和创新活动，并能培养符合国家科技发展需要的人才。目前，俄官方已授予12个市级单位科学城的称号，还有四十几个市级单位具备获得科学城称号的基本条件。其中，位于莫斯科市郊的斯科尔科沃创新中心是比较有代表性的科学城之一。

（3）高等院校

俄罗斯高等教育发达，许多院校，特别是研究型大学，如莫斯科大学、圣彼得堡大学等都建立了先进的科技研发设施。目前，俄罗斯高等院校科研机构有620余家，以其基础科技研究和教育培养人才紧密结合的优势在国家科技创新发展中起着重要作用。

（4）企业研发机构

俄罗斯企业科技研发机构主要集中在工业领域。工业企业研发机构与工业生产部门联系密切，是新产品、新技术的设计创新基地，直接服务于商业生产。此类机构包括研究所、设计中心、实验室、试验检测机构等。目前，俄罗斯企业研发机构的数量约为1 663家。

（5）非商业性科技研发机构

俄罗斯科研领域中的非商业性科研机构最早出现于1996年，其法律基础是1996年1月生效的《俄罗斯联邦非商业性机构法》。该法明确了非商业性机构的法律地位及其组建、活动、变更和解散的程序以及非商业性机构参与人的权利和义务等。俄罗斯的非商业性科研机构主要是不以营利为目的的私人科研组织，其中包括行业协会、公益组织和基金会等。而且根据法律规定，外国的非商业性组织也可以在俄罗斯境内成立科研机构进行科研创新活动。但无论是在机构规模、科研人员数量方面，还是在资金投入方面，非商业性科研机构在俄罗斯的科研部门中所占的比重都比较小。

俄罗斯有代表性科技研发机构见附表4。

4.1.2 国家科技研发设施管理体系

俄罗斯政府主要通过制定政策法规、建立共享中心和制定实施发展战略，形成国家科技研发设施管理体系。

（1）政策法规

《俄联邦科学和国家科技政策法》自1996年出台以来，一直是俄罗斯科技管理的重要法规，在2009年修订的基础上，2016年，联邦再次对该法进行了修订。该法阐明了国家科技政策的主要内容和目标，规定了科技政策的实施原则。其中对科技研发设施发展提出了具体目标：建立国家科学中心等科技机构，以促进科技与创新活动的发展。

（2）建立共享中心

俄罗斯联邦设立科研机构管理署，统一建立、运行、管理科研设施共享中心。该署的职责是持续推动科技研发设施共享，为科技研发机构打造无障碍环境，使其能自由使用开展研发工作所必需的设施，同时提高国家投资设施的使用效率。具体实施工作由其下属的科研设施发展委员会负责，该委员会于2016年成立。目前，俄罗斯联邦科研机构管理署共建立了约250个科研设施共享中心。2017年，俄联邦教育科技部启动了关于支持科研设施共享中心发展的公开招标，一批中心得到了超过10亿卢布的资助。

（3）制定实施发展战略

俄罗斯总统普京执政以来，制定了《2020年社会经济发展长期发展战略》《2020年创新发展战略》和《俄罗斯联邦科学技术发展战略》等国家发展战略规划，指引国家科技创新发展。在《2020年社会经济发展长期发展战略》中确定了建立国家创新体系的目标，其中明确指出：基于先进科学技术发展的大规模生产技术改造，建立有竞争力的研发机构，为缩小与先进技术差距和取得科技突破性发展创造条件。在《2020年创新发展战略》中明确指出：从事技术创新企业的比例提高到40%至50%；国内研发支出占GDP的比例上升至3%，其中一半以上来自私营企业。

2016年12月俄罗斯总统普京签署总统令，正式批准实施《俄罗斯联邦科学技术发展战略》，其基本任务是设置一个使本国科学技术有能力解决全球性课题的目标，以此明确目标任务、战略方向、重点领域、实施步骤和保障措施；这也是国家安全战略，是指导国家科技发展计划的基础性文件。

4.2 国家国防科技研发设施管理

俄罗斯国家所处国际环境和国内发展需要，促使其确定了"建设强大军队，保卫国家安全"的国防发展目标。国家的战略科技研发设施主要集中在国防科技发展和先进武器装备建设，包括核、航空航天、舰船、兵器、军事电子等。

4.2.1 俄罗斯国防科技研发管理体制

目前，俄罗斯国防科技工业的最高决策层包括总统、俄联邦委员会和国家杜马。在决策层之下，具体承担国防科技工业的管理或与国防科技工业管理有关的部门主要有国防部、俄罗斯工业与能源部、经济发展与贸易部、联邦航天局、联邦原子能局和联邦工业局等。在国家杜马中有代表民间性质的"俄罗斯国防企业联盟"的议员，他们代表着国防科研机构和企业的利益，是国防科研机构和企业同政府、议会和军方联系的渠道。国防部下设有科研机构和企业，主要从事装备维修工作，或者只从事某些武器系统使用效能的研究。经济发展与贸易部参与国防科研机构和企业的破产与清理整顿政策的制定；编制国防科技工业的改组方案，协调与推进工业部门的一系列改革。工业与能源部作为俄罗斯国防工业的主管部门，下设联邦工业局，负责除核与航天以外的所有国防科研机构和企业的管理，包括航空、弹药、常规武器、控制系统（电子）和船舶工业。联邦原子能局负责俄罗斯原子能、核动力领域的国防科研机构与企业的管理。联邦航天局负责俄罗斯航天工业科研机构和企业的管理。

4.2.2 俄罗斯国防科技研发设施管理体系

俄罗斯拥有庞大的国防科技研发机构，到2015年年底，共有约

4 175家涉及国防科技研发的机构。俄罗斯的国防科研机构主要分为独立的科研机构和企业内部的科研机构两大类,另外还有少量其他机构(含大专院校)。独立的国防科研机构又分为国有国防科研机构、国家参股的国防科研机构和私有国防科研机构三类。在企业内部的科研机构中,根据所属企业性质的不同,分为国有企业内部的国防科研机构、国家参股企业内部的国防科研机构和私有企业内部的国防科研机构三类。

一般来说,对于国有国防科研机构,国家通过控制财权和人事权利而享有绝对控制。对于国家参股的国防科研机构,视国家占有股份的多少而有所不同。如果是国家控股,则国家仍然控制着科研机构的财权和人事权利;而如果国家不控股,则国家通过所占股权而间接对科研机构施加影响,并且在重大问题决策时,国家可以通过所掌握的"金股"而拥有一票否决权。对于私有国防科研机构,国家不进行直接干预,而是通过法律法规来规范和指导科研机构的活动。

需要特别指出的是,对于国有企业内部的科研机构,存在两种管理模式,即"一元制"和"二元相关制"。所谓"一元制"是指科研机构作为企业的下属单位,完全由企业管理和支配,其经费通过企业而获得,领导人也由企业任命,即该科研机构不与国家发生直接联系。而"二元相关制"是指科研机构虽然在企业内部,但具有相对独立性,经费有一部分来自国家拨款,国家对该科研机构有一定的控制权。俄罗斯国防科研机构与国家之间的关系情况见表3.1。

表3.1 俄罗斯国防科研机构与国家的关系

国防科研机构		与国家的关系
独立的国防科研机构	国有国防科研机构	1. 国家直属 2. 经费来源:国家预算拨款+合同经费 3. 领导由国家任命 4. 国家管理

续表

国防科研机构		与国家的关系
独立的国防科研机构	国家参股的国防科研机构	1. 国家参股或控股 2. 经费来源：股本+合同经费 3. 领导由董事会任命（国家控股实为国家任命）
	私有国防科研机构	1. 遵守国家有关法律 2. 经费来源：包括国家合同经费 3. 领导不受国家任命
企业内部的国防科研机构	国有企业内部的国防科研机构	一元制： 1. 经费来源：通过企业获得国家拨款+合同经费 2. 领导不由国家任命
		二元相关制： 1. 经费来源：来自国家+企业 2. 企业管理，国家有一定控制权
	国家参股的企业内部的国防科研机构	1. 国家参股或控股 2. 不由国家管理，而由企业管理
	私有企业内部的国防科研机构	1. 遵守国家有关法律法规 2. 不由国家管理，而由企业管理

4.2.3 俄罗斯国防科技研发机构管理的改革

俄罗斯将进一步对国防工业企业和机构进行调整、合并与重组，减少企业数量，扩大企业规模，提高企业竞争力。未来调整与重组的规模和深度都将超过以往，合并规模将越来越大。在具体操作上，俄罗斯政府将采取"抓大放小"的政策，首先根据武器装备的类型挑选该行业的核心企业和设计局，合并和重组其他国防机构和企业，组建超大型跨部门军民联营工业企业。同时，对没有吸收到重组机构内的国防机构和企业进行转产或从国防工业系统中撤销，把生产能力低、经济效益差的国防机构和企业推向市场，让其自我发展、自谋生路。根据俄罗斯政府正式批准的《2001—2006年俄罗斯国防工业改革与发展规划》，俄罗斯1 630多家国防机构和企业将改组为36家超大型国防科研生产集团企业：12家武器装备总装企业，主要生产飞机、直升机、舰船、坦克和航天装备等；13家武器系统生产企业；11家动力及其配套产品生产企业，主要生产雷达、发动机、电子仪器、弹药等。合并重组后，国防科研生产单位将减少50%以上。按计划，新组建的国防企业集团将获得武器装备进出口权，独立参与国际竞争，开辟国际市场。政府将把部分权力下放到企业，企业集团将形成有300人左右管理人员的"小部委"，发挥连接联邦政权与生产企业的"中介"作用。

这次国防工业改革将分两个阶段进行：第一阶段为2001—2004年，主要任务是根据武器装备的类型，如"装甲技术""高精度武器"等，挑选每个行业的核心工厂和设计局，建立并最终形成国防科研生产联合体的工业结构。该规划规定，2004年前，国防工业改革的主要工作是对国有企业进行股份制改造，计划减少一半以上的国防工业企业。没有吸收到重组机构内的国防工业企业将进行转产或完全推向市场。第二阶段为2005—2006年，主要任务是对第一阶段形成的国防工业企业进行整合，组建超大型跨部门军民型工业企业，如"米格—图波列夫—卡莫夫"或者"苏霍伊—伊留申—米里"。组建后的企业可以进行股份制改革，但国家股份必须不少于51%，其他股份可以卖给私人投资者。

4.2.4 国防科技研发设施开放共享管理

2012年开始，俄罗斯联邦政府向包括国防部在内的权力部门赋予了组织创新行动的权力，充分利用全社会资源，推进国家创新体系建设，提高国家竞争力。在国防科技研发设施开放共享管理方面，通过制定发展方案、加强合作机制和组织创新行动等，大力提升国防科技创新能力和水平。

（1）进行顶层设计

俄罗斯政府制定了《2016—2025年间未来武器装备所需科技储备研制方案》《2016—2025年间国防能力保障国家规划》和《2025年前完善军事科学体系方案》等顶层设计文件，规定了统一行动、避免重复劳动、加强合作、改组建设新国防科技研发机构、建立科技储备系统等方面的内容。

（2）建立合作机制

2013年以来，国防部先后与俄罗斯科学院、联邦科研机构管理部门等签署了合作协议，同时与军工研制生产企业建立了紧密合作机制，将国家基础性科技研发机构、国防科技研发机构和承担武器装备研制生产的企业联系起来，实现"研有所用"。2013年、2014年普京总统先后做出了成立科研连和科研生产技术连的决定。科研连建立在科研机构和高等院校，成员由国防部招收的在校生或应届毕业生组成，每位成员配备导师，参与科研工作，利用科研成果解决实际问题，为国防和军队建设培养后备人才。科研生产技术连则建立在国防科技工业企业，成员由国防部招收的企业年轻技术人员组成，他们以军人身份在军工企业以维修和生产武器装备的形式服役。通过这两种方式将教育、科研、生产、军需紧密结合起来，为国防科研生产、武器装备建设和军队建设培养有用人才。

此外，国家建立的很多国家科学中心也为俄罗斯国防综合体服务。联邦科学生产中心主要包括一些国防企业、宇宙航天或原子能工业机构，这些机构主要从事军工产品及宇宙技术的研究、生产、实验、维修和再利用。

（3）开展多种行动

从2014年起，国防部组织"创新日"主题活动，从机构、个人申请者中选拔出有创造力的国防科技创新方案和成果，集中向军队、国防工业界等进行展示交流，发现有价值的创新技术与产品。从2015年起，国防部举办"国际军事技术论坛"等，展示俄最新武器装备及国防科技创新新技术新概念，进行相关主题研讨交流。通过这些行动，国防部既向各界展示了实施国家科技创新政策的成就，也激发了相关机构及个人参与国防科技创新的热情，并以此为契机，建立完善协作创新机制。

4.3 典例分析

4.3.1 俄罗斯科学院

俄罗斯科学院已有276年的历史，它是俄罗斯的最高科学机构，是以俄罗斯法律为行动准则的全俄自治机构。2001年11月通过的《俄罗斯科学院章程》中的第二章对科学院活动目的进行了界定：科学院组织进行旨在获取关于自然规律的新知识，促进俄罗斯社会、经济和技术的发展。具体来说就是：促进科学事业在俄罗斯的发展；加强科学和教育的有效联系；弘扬科学知识的作用，提高科研人员的社会地位。俄罗斯科学院的主要任务是：在自然科学、技术科学、人文科学和社会科学领域开展基础研究和实用研究；对世界科学知识进行研究分析；预测世界经济的发展趋势，预测俄罗斯在世界尖端科学技术市场的地位和作用；参与制定俄罗斯的科学技术政策，对大的科研项目检查其落实情况；培养高水平的专业人才；促进科学院和高等院校的一体化；开展科学技术领域的国际合作。这一切都决定了俄罗斯科学院有自己的特点。俄罗斯科学院是彼得一世于1724年建立的，其科研水平在欧洲处于领导地位。如今俄罗斯科学院18个专业分院按不同的科学领域和研究方向下设12个科研中心。近年来，俄罗斯科学院投入大量财力、物力开展国际间的科技合作，与各国科研单位、组织、机构、专家、学者在科学和技术方面开展广泛合作。

4.3.2 莫斯科航空学院

莫斯科航空学院建于1930年，于1993年被授予"航天科技大学"名称，是专业航空工程大学。直到目前为止，大部分俄罗斯的航空航天科技成果出于此大学。俄罗斯图波列夫设计局、米格设计局、雅可夫列夫设计局的设计师曾经是航空学院的第一代教授。许多俄罗斯的著名国家院士、科学家及一些著名的宇航员都出自航空学院。航空学院现有教授 200 名，科研人员 4 000 名，学生 14 000 名。莫斯科航空学院拥有 11 个学院，56 个系，128 个实验室，3 个设计局，几个计算机中心，一个实验工厂，一套运动航空训练设施，一个莫斯科附近的飞机场，两个科研机构（应用力学和电气力学、低温研究）。学院分别与法国、意大利、德国和乌克兰等国家科技机构建立了联合研发公司。

5 欧盟科技研发设施开放共享管理

欧洲联盟（以下简称欧盟），总部设在比利时首都布鲁塞尔，是欧洲地区有影响力的区域性合作组织，合作包括政治、经济、科技等领域，科技研发设施开放共享是科技合作的重要方面。

5.1 欧盟的管理体系

欧盟创始成员国有 6 个，分别为德国、法国、意大利、荷兰、比利时和卢森堡。1973 年，英国加入了欧盟（当时的欧共体），2013 年，克罗地亚申请成为欧盟的第 28 个成员国，也是目前最后一个加入欧盟的国家。2016 年 6 月，英国就是否留在欧盟举行全民公投，投票结果显示支持"脱欧"的票数以微弱优势战胜"留欧"票数，并在 2017 年 3 月启动脱欧程序，因此，欧盟成员国将减少为 27 个。

5.1.1 顶层机构

欧盟理事会（European Council，以下简称理事会）前身是部长理事会，又称欧盟首脑会议或欧盟峰会，是欧盟的最高决策机构，拥有欧盟绝大部分立法权。理事会由欧盟成员国国家元首或政府首脑及欧洲理事会主席、欧盟委员会主席组成。《马斯特里赫特条约》赋予了部长理事会协调欧盟范围内的政府间合作的职责，其本身并无法代表无权行使各成员国的主权。欧盟委员会（European Commission，以下简称委员会）是欧盟的常设执行机构，其成员不通过选举产生，负责实施欧共体条约和理事会作出的决定，向理事会和欧洲议会提出报告和建议，处理欧盟日常事务，代表欧共体进行对外联系和贸易等方面的谈判。欧洲议会（European Parliament，以下简称议会）是欧盟的监督、咨询机构。欧洲议会有部分预算决定权。议员共有 500 余名。

欧盟的资金中 75% 来自各成员国按其国民收入的比例交纳的"会费"。欧洲投资银行是欧盟的政策银行，由欧盟成员国出资合营，享有独立法人地位。其宗旨是促进欧盟政策目标的实现。该行可向公共部门和私人部门提供贷款，具体投向欧盟区域发展、中小企业、环境工程、交通、能源、研发与创新，以及欧盟与 140 多个国家签署的合作协议。为了信贷的安全，欧洲投资银行从不对一个项目进行全额贷款，一般只提供项目投资额的 30%~40%。

5.1.2 欧洲科研基础设施战略论坛（ESFRI）

欧洲科研基础设施战略论坛（ESFRI）成立于 2002 年，论坛代表由欧盟成员国和会员国科研部部长或相应职位机构委任，论坛主席由代表选举产生，两年一届，不可连任。ESFRI 的职责是通过制定一个连贯的战略，即泛欧洲科研基础设施路线图（以下简称 ESFRI 路线图），来决策欧洲科研基础设施在未来 10~20 年的中长期发展，同时通过促进多边合作来加强对科研基础设施的利用。ESFRI 是一个独立运行的非正式机构，其决策建立在公开和协商一致的基础上，每四年召开一次例会，每两年对相关决策进行回顾、反馈和调整。同时，还可设置专门的工作组，对于专题问题进行分析和研讨。

2012 年，欧盟理事会对 ESFRI 授权的职能进行了进一步扩充，要求其致力于"加强欧洲研究区相关合作伙伴的卓越成长，并在科研基础设施领域加强合作""在新授权的职能范围下，解决当前所面临的问题，同时确保满足路线图中已上线项目在经过综合评估后持续开展的相关需求""对路线图中相关项目支持的优先顺序进行决策"等。因此，目前 ESFRI 的主要任务将是促进路线图中相关项目的进一步落地和实施，保持欧洲在前沿科技领域的迅速发展，持续扩充科研基础设施数量,满足欧洲和世界科技发展的需要。

5.1.3 欧洲科研基础设施联盟(ERIC)

为了解决欧洲形态多元化的国家法律框架下的泛欧洲科研基础设施组织架构复杂而产生的一系列问题,2009年7月,欧盟执行理事会在欧盟框架下发布了《欧洲科研基础设施联盟条例》,以此赋予这些泛欧洲科研基础设施一个独特的法律地位,条例规定ERIC将具有与主要国际组织相同的法律地位,按照国际组织的规则运行,其主要任务为:不以营利为目的投入最大资源建设和运营欧洲科研基础设施(包括推动ESFRI路线图的实施),以促进科技创新和技术转移,同时,允许ERIC从事有限的与主要任务密切关联的经济活动,以保证其正常运作。

符合以下条件的基础设施都可以申请加入ERIC:基于该基础设施开展的研究具有必要性;该基础设施可以为欧洲研究区发展带来潜力和增值或为相关领域科研带来重大变革;得到欧盟研究团体的一致认可且符合相关法律框架;有利于知识或研究人员在欧洲研究区内的流动;有助于研究成果的传播。

目前,欧盟已经批准和建成的ERIC共有14个,如欧洲射电天文望远镜研究基础设施联合体(JIVE-ERIC);生物多样性和生态研究的科研信息化和技术欧洲基础设施联合体(LifeWatch-ERIC);生物和生物资源研究基础设施联合体(BBMRI-ERIC);欧洲科学和数据档案联合体(CESSDA-ERIC);欧洲二氧化碳捕捉和储存实验室联合体(ECCSEL-ERIC);欧洲海底水基天文台联合体(EMSO-ERIC)等。

5.2 欧盟防务军事一体化

欧洲防务局(以下简称欧防局)是欧盟理事会的政府间组织和权力机构,目前,除丹麦外的所有欧盟成员已经加入,其使命是整合防务的整个过程,从合作规划到能力建设、技术研发、军备合作、工业和市场以及更广泛的欧洲政策等方面支持各成员国尽全力提升欧洲整体防务能力。

近年来，欧洲主权债务危机给欧盟各国的国防预算带来了压力。2007年，欧防局批准了一项关于欧盟各国联合建造并共享武器试验和评估设备的计划。实行这一计划的主要目的是避免重复建设，鼓励共享欧洲范围内的军事设施。这项计划于2008年1月开始实施，欧洲各国在自愿的基础上彼此告知计划投资超过100万欧元的试验设施。信息交流使欧盟各成员国在共享目前已有设施的同时，可以合作投资建设新的试验设施。2011年，欧防局局长宣布将在11个国防合作领域进行资源整合，包括空中加油机、战地医院等。欧盟希望此举可以在现如今各国面临国防预算压力的情况下，通过合作来加强欧盟实力。这些合作项目可使欧盟一些具备独立军队和军事工业的传统强国在国防开支上更加高效，同时可以放缓欧盟在不依靠美国的情况下独立军事作战能力方面的下滑趋势。欧盟各国国防部长对整合资源、联合采购方面的决定表示同意，合作项目包括民用卫星频段采购、精确制导武器的共同研发、海军后勤和培训以及飞行员培训等。欧盟也会通过相关立法来保证共享设施的使用、各类技术规格的统一。

英国的军事力量一直是欧盟整体防务实力中不容忽视的重要力量，如今随着英国进入"脱欧"程序，引发其他欧盟国家对欧盟军事实力的不安全感。虽然英国一再强调自己仍然是欧盟坚定的"安全伙伴"，但法国、德国和比利时等已经表示将密切合作，把联合防务重新提上日程，为自己的安全负责。在英国脱欧之前，德国就已经为预防出现不可控的情况而为联合防务计划奔走，认为欧盟的国防工业严重分散，呼吁有意愿参加的欧盟国家在欧盟条约之下建立深度的合作机制，共享军事设备，联手计划、开发、管理、生产和部署军事力量，提升欧盟军力的能动性。但由于不少欧盟国家的抵制，欧盟防务一体化一直未能得到落实，导致欧盟的安全很大程度上依赖于北约。其中反对声音最大的就是与北约关系密切的英国。英国认为，这种做法干涉了北约的任务范围，也是资源的浪费。因此，英国退出欧盟给欧盟新的防务与安全体系提供新的机遇。2016年，法德两国的一份联合文件强调共同推动更紧密的欧盟防务合作，呼吁建立新的军事总部，共享军事设施，同时还指出欧盟具备使用结合军事和民用设备的独特能力。2016年11月，欧洲议会全体会议通过一项非立法性决议，呼吁建立"欧洲防务联盟"，组建欧盟联合军队和欧盟军事司令部，强化本身的防务能力，减少军事上对美国的依赖。除了法德，比利时近期也呼吁建立欧盟联合军事行动指挥中心，为军事设备建立统一标准。

5.2.1 伽利略计划

为了增强欧洲的凝聚力和向心力，强化独立于美国的精神，营造更有发言权的多极世界，欧洲在已经获准使用美国提供的最好的GPS服务（含军用的GPS）的情况下，推出了军民两用的欧洲全球导航服务计划——伽利略计划。该计划公开进行国际合作，按照规划，预计耗资约27亿美元，系统由30颗卫星组成，其中27颗卫星为工作卫星，3颗为候补卫星。该系统除了30颗中高度圆轨道卫星外，还有2个地面控制中心。

伽利略计划分四个阶段实施，其中系统定义阶段（1999—2001）由当时的欧共体和欧洲航天局（ESA）共同实施，ESA投入5.5亿欧元用于相关技术研发，欧盟成员国100多家公司参与了论证；研发验证阶段（2002—2005）交由公私合营企业运行，欧盟15国交通部长会议决定从欧盟可支配财政中投入4.5亿欧元用于计划启动，其间费用由公私方分别按50%的比例投入；经过系统部署阶段（2006—2007）的过渡，最后由伽利略运营公司来进行系统运营阶段（2008— ），通过接收机芯片的知识产权授权和服务收费加以维持。整个实施过程采用的是政府和社会资本合作的PPP机制，基础建设不全是政府投资，系统建成后，长期需要支付的运营费也不需要政府再投入。

由于该计划是一项耗资巨大、充满机遇与挑战的项目，欧洲议会于计划之初授权欧洲委员会开展伽利略计划的国际合作，除欧盟成员国以外，美国、俄罗斯、加拿大、中国等国家都曾积极参与到该计划中，后因政治因素影响，中国被以知识产权等为借口从系统核心成员国的地位降级为次级合作伙伴。根据约定，参与该计划的欧盟各成员国在伽利略系统正式运行后，可以使用该系统的公共特许服务信号（即军码），但中国、印度、以色列等参与国家只能使用其民用部分，无权享用军码服务。

伽利略计划的运行并不顺畅，由于要协调全部27个参与国间的利益，同时，受全球金融危机和欧洲债务危机的影响，许多欧盟成员国未能及时履行出资义务，再加上技术路径的变更以及期间因卫星发射失败带来的技术延误，原有频段被中国抢先发射的北斗导航系统使用等原因，伽利略计划的进程一再推迟，投资规模也不断飙升，预算从最初的10亿欧元上升至100亿欧元。2007年，伽利略运营公司（GOC）正式成立，其前身工业联盟由欧盟挑选的8家欧洲公司组成，由于每个工业联盟成员所在的国家都在捍卫"伽利略"在其国土上运行的相关权益，难以相互协调，致使运营公司的成立较原计划推迟了两年。2009年，伽利略系统位于法属圭亚那库鲁航天中心的地面站正式落成，该地面站由法国国家航天研究中心负责建设。此外，ESA还在意大利的富奇诺和德国的上普法芬霍芬建立2个控制中心。2016年12月，历时17年的伽利略计划终于正式上线运行，向智能手机和汽车内接收装置发出第一批卫星信号。据估计，伽利略导航系统将为欧盟GDP贡献10个百分点，这一比例到2030年会增加到30%。欧委会表示，伽利略卫星导航系统将在未来20年创造900亿欧元的市值。

5.2.2 国际空间站欧洲舱段

国际空间站是美国主导，六个国际主要太空机构（美国国家航空航天局、俄罗斯联邦航天局、欧洲航天局、日本宇宙航空研究开发机构、加拿大国家航天局和巴西航天局）联合推进的国际合作计划。ESA成员国中参与到国际空间站计划的国家有比利时、丹麦、法国、德国、意大利、挪威、荷兰、西班牙、瑞典、瑞士和英国，其中英国是项目开始之后参与进来的。

欧洲对国际空间站的主要贡献是"哥伦布号"实验舱，作为国际空间站的重要组件，它是欧洲载人航天飞行计划的关键。该实验舱由欧洲航空防务和航天公司下属的阿斯特里姆空间运输公司负责，欧洲10个国家的40家公司共同参与制造，投资50亿欧元，历经20余年。同时，阿斯特里姆空间运输公司还为国际空间站先后贡献了"凡尔纳号"和"开普勒号"大型无人货运飞船，这两艘飞船的制造同样是由多个欧盟国家的航空航天企业共同参与建造的。此外，意大利航天局还为国际空间站研制了3个名叫"莱昂纳多"的多用途后勤舱。到2015年，ESA已经在国际空间站上投入了90亿欧元，ESA的17成员国中的10个国家为此做出了贡献。

为了进一步推动欧洲充分利用国际空间站从事科学研究，欧委会和ESA于2005年联合推出了"SURE"计划，欧委会为这一计划拨款200万欧元。欧盟各成员国及候选国的科研机构及中小企业均可向欧委会和ESA提出利用国际空间站从事航天研究的具体项目，获批后，将得到欧委会的资助。欧盟委员会和欧洲航天局在批准项目时，优先考虑尚没有参与国际空间站建设和尚不具备单独从事航天研究能力的欧盟新成员国和候选国。

近年来，ESA已经将其对国际空间站投入的运营成本削减了30%以上，一部分是通过将大量工作外包给空中客车防务与航天公司，一部分是通过合并地面运营。2016年，德国和法国在各自的声明中暗示，2020年以后欧洲可能不再参与国际空间站项目。德国航天局表示，"鉴于所涉成本过高及其对欧洲航天局成员国预算所产生的影响，我们不得不谨慎地对继续参与国际空间站产生的成本和收益进行评估。"

对于利用空间站资源完成科研后产生的科研成果的归属问题，欧洲首先遵从1998年《国际空间站政府间协议》第21条第2款的规定："……在国际空间站内的发明创造活动应视为发生在该部分登记的成员国领土之内。但是欧洲航天局登记的部分对于任何欧洲成员国来说都可以视为该活动发生在该国领土上。"即对于欧洲以外的国家，无论哪个国家的科研人员利用某国舱段开展科研，其科研活动应视为在该舱段所有国领土上发生的，但由于欧洲舱段是ESA的11个成员国共同建造和登记的，故此约定如果其成员国科研人员利用欧洲舱段开展科研，可视为在本国领土上的活动。同时，关于国际空间站专利权归属问题，欧空局内部也形成了一般性规则：通过利用国际空间站上数据、产品而产生的所有权、知识产权等争议，依据相关主体与欧空局签署的合作协议或合同约定处理。据《欧空局合同一般条款和要件》的相关规定：为合同之目的而进行的工作过程中或因该项工作而做出的发明，该项发明专利属于缔约方，其可根据适用的相关法律通过行使专利权或其他形式的工业产权对该项发明进行保护。在实际对外缔结合作协议或合同时，欧空局还具体划分成"全额资助合同"和"部分资助合同"两种形式。其中在欧空局"全额资助合同"中，首先确定了知识产权的归属问题，欧空局站在鼓励承包方申报和利用的角度，针对知识产权的归属问题采取了以承包方申请为主，欧空局在前者未能申请注册、放弃或不去利用的时候才享有权利；其次，还涉及登记和利用，承包方不仅应该在某些情况下允许他人使用专利，还应该尽到合理努力来利用履行合同中产生的知识产权以推动空间技术的研究和开发，且任何利用都需要向欧空局支付费用。而部分资助的合同就免除了承包商支付费用的义务。欧空局委员会《关于信息、数据和知识产权规则的决议》肯定了上述原则，即发明者可以选择任何一个国家申请专利保护。

5.3 欧盟科技研发一体化

第二次世界大战以后，跨越国家层面的科学实验室及欧洲科学实体是主流的发展形式，以法国和德国为代表的欧洲国家迫切希望联合欧共体的力量让欧洲科学家重返科学巅峰，因此，形成了以欧洲空间研究组织、欧洲航天发射器发展组织和欧洲北方天文台为代表的一系列突破国家界限的实验室。进入20世纪70年代后期，以欧共体下属的"研究、技术开发及示范框架计划"（以下简称框架计划）为主体下制定和执行研究政策的超国家形式的科学活动逐步壮大。1985年，为了摆脱美国在战略层面上的威胁和胁迫，法国作为欧洲跨国科技合作的发起国，成立了以技术成果应用为宗旨的尤里卡计划，建议西欧各国加强在尖端技术领域的合作，逐步形成"欧洲技术共同体"。

欧盟成立后，欧盟作为一个超国家层面的权力机构，继续延续欧共体的做法，发挥其在科学技术领域的重要作用。2000年，欧盟15国领导人在葡萄牙首都里斯本举行的特别首脑会议上，批准了"里斯本战略"，围绕经济发展、就业、科研、教育等多方面问题，制定了28个主目标和120个次目标。其中，科研投入作为一个非常重要的指标。"战略"提出，到2010年欧盟各国投入研发资金的比重占GDP的比例要从2000年的1.9%提升至3%。同时，该计划还首次提出了建立欧洲研究区的构想。2011年，欧盟通过第六框架计划重启"里斯本战略"，并把欧洲研究区计划作为第六框架计划的主要内容。这是第一个泛欧洲资助计划，全面资助前沿研究，并从集成优先研发领域、整合欧洲研发机构、强化研发基础建设和大幅度增加科研投入四个方面来促进计划落地。

5.3.1 欧盟框架计划

欧共体从1984年开始启动超国家层面的框架计划，促进科研机构与企业的联合，提升欧洲科学技术的整体国际竞争力。由于一些研究活动规模大，依靠单一成员国的财力和人力无法实现，而框架计划正是解决这一问题的重要途径，因此，在欧盟成立后，框架计划的实施也得到了有效延续，已成为当今世界上最大的官方科技计划之一，是欧盟投资最多、内容最丰富的全球性科研与技术开发计划，至今为止，欧盟已完成了七个框架计划，第八项框架计划——"地平线2020"正在实施中。

为避免欧盟各国联合起来的技术研发活动在申请专利时产生纠纷，框架计划只资助不会产生直接经济效益的前竞争性研究，其资助方式主要是对大学和公共科研机构进行无偿资助，在框架计划开展初期，只有部分大型企业能够参与其中，随着计划的逐步深入和配套政策的完善，欧盟开始允许中小企业申请框架计划项目。目前，在欧盟对科技研发的投入中，已有80%的资金被用于框架计划。2007—2013年的第七框架计划，投入总资金约为558亿欧元；而2014—2020年的第八框架计划"地平线2020"，预计执行期内投入资金将达到860亿欧元。

对于科研基础设施共享的支持，从第二框架计划（1987—1991年）开始，预算约为3 000万欧元，直到第七框架计划，已经列出了总额为18.5亿欧元的专项经费，重点支持新建、升级、运行科研基础设施以及相关政策研究和项目执行。第八框架计划中，制定了基础科学、工业技术、社会挑战三个战略优先领域，其中基础科学领域中，将基础研究设施（包括 e-基础设施）作为其四个重要目标之一，旨在为欧洲 2020 年及以后发展科研基础设施，确保 ESFRI 和其他国际水平基础研究设施的顺利实施和运行（包括区域合作伙伴设施的发展；集成国家级基础研究设施；开放使用渠道；开发、部署和运行 e-基础设施），并通过基础设施网络培养创新潜力和人力资源，鼓励基础设施在早期研发中发挥作用，推动早期研发中科研机构与企业的合作，促进企业使用基础设施，形成创新集群，支持相关人员的交流和培训，以及促进基础研究设施的运行和使用，此外，加强欧洲基础研究设施的政策力度和国际合作，支持政策制定者和供资机构之间的合作，为决策方和国际合作活动提供整体规划和监控工具。该部分计划预算投资 24.88 亿欧元。

5.3.2 连接欧洲设施（Connecting Europe Facility）

2011 年，欧盟理事会、欧洲议会和欧委会就"连接欧洲设施"计划达成一致，对符合要求的重大项目给予资金支持，用于加强欧盟国家在交通、能源和电信等领域基础设施的互联互通，构建高性能、可持续、高效互联的基础设施网络体系，促进欧洲层面相关基础设施发展，并以此来带动就业和核心竞争力提升，从而使成员国受益。该计划将投资近 500 亿欧元，通过改善交通网络促进各成员国之间的人员流动；投资 91 亿欧元，通过建设跨欧洲能源基础设施提升欧洲能源安全，加强可再生资源利用；投资 92 亿欧元建设欧洲高速、特高速宽带网络，通过改善数据服务强化公共服务部门、企业、公民间的沟通和互动。

一般来说，此类项目较难通过纯商业模式得到融资。因此，该计划除直接投资外，还通过债券担保等创新性的金融工具为项目提供资金支持，以欧盟预算投入为杠杆和催化剂，吸引私营企业和其他公共机构资金的加入。为了为该项目融资，欧委会推出了"欧洲 2020 项目债券计划"，以便吸收私人资金并分散融资风险，作为先期阶段，欧盟从预算中拨出 2.3 亿欧元资金，以带动约 45 亿欧元的私人投资。

5.3.3 欧洲研究区（European Research Area）

欧洲研究区（以下简称 ERA）是 2002 年欧盟在第六框架计划中提出通过加强国际科技合作提升欧洲科技未来发展的设想，旨在通过各个成员国增强合作，使科学家能在各个国家间自由流动，加强互补，依托全欧洲科技资源，建立全欧洲层面的具有全球竞争力的研究和创新体系，提高欧洲整体科技水平。

2007 年，欧盟进一步明确建立 ERA 的具体设想：一是保持机构间、学科间、领域间和国家间科研人员的高度流动性；二是构建世界级的研究基础设施，通过新一代通信信息技术基础设施促进对欧洲和全球研究团队的协调、联络和协作；三是通过有效的公私合作和建立伙伴关系，建立研究创新核心集群；四是在全欧洲层面联合规划的公共研究投资，确立共同优先领域，协调研究活动的实施并进行联合评估；五是将欧洲研究区向全球开放。其中，构建世界级的研究基础设施，要求整合协调欧洲基础和应用研究"市场"，促进欧盟及其成员国研究项目、资金、基础设施向大学、促进知识转化和技术转移的中介性研究机构（RTO）同等开放，提升研究资源利用的有效性，促进研究机构的有序竞争和协作，推行联合研究规划，联合项目资助，联合实验室，项目交流等措施。

通过《ERA2016 年年度报告》可以看出，ERA 的建立为推动建设全欧洲层面高质量、可访问的科研基础设施领域做出了重要贡献，有效地协调了 ESFRI 路线图与国家科研项目路线图之间的兼容和互补，为无力承担大型科研基础设施建设的国家提供了共享全欧洲科研基础设施的机会，并对计划向大型科研基础设施建设投资的财政资金进行了严格和科学的审查。同时，ERA 对欧盟各国大型科研基础设施的建设和运营情况进行了调查。调查显示，许多成员国已经基于欧盟 ESFRI 路线图制定和实施了各自的大型科研基础设施路线图，并确定了相关建设项目的优先级，以及明确和统一的经费概算。目前，许多欧盟国家在制定路线图时，都十分关注与欧洲层面科研基础设施的协调，并试图为泛欧洲科研基础设施的建设建立稳定的筹资机制和监控机制，以确保具有优先级项目的实施，同时，路线图中还强调了对项目建设现状的及时评估。此外,有些国家的路线图中还包含了电子基础设施的建设,通过信息技术和互联网络进行科研基础设施相关数据的管理以及开放存取。ERA 表示,后续还将从科研基础设施的长期可持续发展方面进一步改善,包括从项目建设伊始就考虑到后续运营中为科研基础设施的运营成本提供资金支持,以及进一步协调国家筹资机制和决策进程以加快科研基础设施建设等。ERA 还表示,在科研基础设施建设之初便吸收私营部门加入,可以带动私营部门更广泛地参与项目并加快研发进程。

5.3.4 欧洲科研基础设施联盟中心(CERIC)

欧洲科研基础设施联盟中心(以下简称中心)是在欧盟委员会的授权下建立的欧洲顶级技术开发与示范研究项目,是一个综合多学科、多功能的分布式科研基础设施,汇聚了成员国顶尖的研究中心和专业实验室力量,向新材料、生命科学、纳米材料等领域开展基础研究和应用性研究的用户开放。该中心在互联网上具有同一的入口,允许包括其创始成员(奥地利、捷克、匈牙利、意大利、波兰、罗马尼亚、塞尔维亚、斯洛文尼亚)在内的九个成员国家用户访问。

每个中心成员国家需要具备通过联盟基础设施支持科研活动的能力,并在联盟整体的多技术集成的基础设施框架下与伙伴设施的资源相协调和互补。伙伴设施是指各成员国各自的基础设施入口以及相关科技推广活动。中心设有由独立专家组成的国际科学和技术咨询委员会,定期对联盟成员的基础设施以及其提供的工具、相关服务的质量进行评估。从事基础科研的用户可以免费使用中心的设施,但对于工业用户则要根据市场成本收取一定的商业费用。用户必须通过将其研究内容进行国际级的同行评审或公开发表以换取公众支持,经过每年两次的公开的竞争性选择,从而获得"自由开放"访问权。如果用户希望维护其研究成果的保密性或独占成果,则需要申请商业访问并根据中心所提供的服务支付一定的费用。获得访问权的用户可以借助中心的设备以及科研人员,开展结构分析,材料合成,在纳米尺度下对材料或生物分子进行成像,使用电子、光子、中子、离子技术,使用结构生物学制备工具,开展电子成像和材料制备等。

这种将多学科基础设施相集成的方法，为科学研究提供了广泛的技术准入和专业知识，在诸如替代能源和储能、生物医学和制药、食品工程等交叉学科领域取得了显著成效，无论是科学界还是工业界的用户，都可以借助中心统一的技术标准和专业的专家团队的支持。该中心作为欧洲层面一个分布式的科研基础设施，联络和整合欧洲科技资源，同时也作为一个一体化的工业联络和技术转移组织，促进成员国及合作伙伴的研究成果在联盟以外的行业转移或转化，并为其寻找最佳转移转化途径，如开展技术和知识产权转让、支持协同和共性研发、支持和鼓励技术成果转化的孵化企业拆分和上市等。

5.4 欧盟科技研发设施开放共享管理

5.4.1 欧盟科研基础设施分类与分布

欧洲在研发和创新方面具有传统优势，在很多科技领域始终保持领先水平，也拥有大量科研基础设施。欧洲的科研基础设施主要包括：大型单体研究装置、集成装置、特殊生境、图书馆、数据库、生物档案、洁净空间、小型研究的综合阵列、高密度或高速度的通信网络、分布式高容量超级计算机、数据技术设施、科考船、卫星和飞行观测设施、沿海观测、望远镜、同步加速器、计算网络，以及为研究界提供集成化的技术或咨询服务的机构和中心等。

欧洲的科研基础设施可分为"单址式""分布式""虚拟式"3种模式。欧洲核子研究中心（CERN）是世界最大的单址式粒子物理实验室，设在日内瓦的研究总部约有6 500位来自80多个国家的研究人员；欧洲小鼠突变档案库（EMMA）是分布式的，存储库分布在6个国家，通过一个单一的网络界面和分配线面向广大生物科学界；GYPER高速网络是虚拟式的，通过因特网使科学家分享知识和资源。

5.4.2 欧盟科研基础设施运营管理

欧盟科研基础设施运营管理主要包括建设主体管理、设施管理、计划与经费管理等方面。

(1) 建设主体

欧洲科研基础设施主要依托大学和公共科研机构建设，各成员国是具体建设方和主要投资方，与欧盟以及一些正式或非正式的管理协调机构，共同构成科研基础设施的建设主体。欧盟的管理协调机构主要有欧洲科研基础设施战略论坛、电子商务基础设施响应集团、欧洲政府间研究组织论坛、欧洲科学协会、欧洲国家研究设施协会等。为协调不同国家及组织的利益，投资与管理工作由多元化的主体承担，通过新建、升级、改造，在欧洲范围内对科研基础设施进行整合共享，如表3.2所示。

表3.2 欧洲科研基础设施主体

投资与管理方		地位和作用	职能
投资建设方	成员国	最主要的建设方，在全球竞争的背景下保持和发展技术、产品和服务创新的能力	通过国家路线图确定各国未来的科研基础设施需求，通过ESFRI的国家席位整合、协调本国在欧洲范围内的需求
	欧盟	协调、平衡大国和小国的投资和利益	调动全欧盟资源，促进欧洲科研能力建设
管理协调方	欧洲科研基础设施战略论坛	成立于2002年4月，由欧盟成员国和会员国科研部部长委任的代表组成，职责是支持有关欧洲科研基础设施建设形成统一的决策方法	提出了欧洲科研基础设施领域的发展战略图，2006年、2008年和2010年连续推出三版路线图，组织多次跨领域的科研会
	电子商务基础设施响应集团	由各成员国的科研部部长委任的代表组成，意在支持建立欧洲电子资源共享的策略和管理框架	制定和推动欧洲分布式电子资源低成本共享的政策及实践经验，发布白皮书、路线图和建议报告

续表

投资与管理方		地位和作用	职能
管理协调方	欧洲政府间研究组织论坛	是8个政府间大型科研机构之间的联络伙伴,整合各成员组织的资源、设施和专业知识	负责管理国际大型基础设施和研究计划
	欧洲科学协会	2011年由研究资助机构（RFO）和欧洲研究绩效组织（RPO）合作设立,旨在加强欧洲各国研究机构之间的合作	与其他欧洲国家的研究机构一起工作,以制定一个连贯性和包容性的欧洲研究区
	欧洲国家研究设施协会	旨在协调建设并开放欧洲前沿研究设施,参与国家竞争	协会的设施包括可为科学界提供有关中子、激光、同步加速器光源、粒子和离子等大型设施的欧洲实验室

（2）科研基础设施管理

欧洲大部分科研基础设施在建设初期就成立了董事会和监事会，如欧洲散裂中子源（ESS）以有限责任公司模式运作。董事会由建设方瑞典和丹麦政府任命的8名成员组成。国际伙伴由从全部17个合作伙伴国指派的"督导委员会"组成。督导委员会负责设施的科学技术和财务规划，督导委员会研究表决后，将形成董事会的决策支持。为保证可持续运营，欧洲科研基础设施在立项之初就将每年的运行费与建设费一起纳入整体预算中。对于有共享资格的成员国研究人员，开放服务发生的费用纳入运行费，不再另行收费。如位于英国的生物燃料研究知识共享基础设施（RRISK），共收集了26个合作单位22类数百台仪器设施，针对欧盟成员国和部分东欧国家开放。有资格的研究人员可以申请合作伙伴项目，并可能得到高达1 400欧元的专项经费支持（包括旅费和生活费）。RRISK对跨国访问的资格要求是：研究人员或团队应该至少拥有相关领域的科学或工程学士学位；跨国使用的基础设施必须位于用户所在机构以外的国家；优先考虑本国没有类似科研基础设施的用户；首次用户优先等。

（3）资金来源

欧盟科研基础设施的建设和运营经费主要来源于以下几个渠道：

1）欧盟框架计划。欧盟从第二框架计划（1987—1991年）就开始支持科研基础设施共享，预算约为3 000万欧元。直到第七框架计划，已经列出了总额为18.5亿欧元的专项经费，重点支持新建、升级、运行科研基础设施以及相关政策研究和项目执行。

2）欧盟结构性基金。欧盟的科研和高科技活动集中在几个核心地区，五成研究经费集中在254个区域中的30个区域，ESFRI路线图计划中的大部分仅由欧盟的10个成员国负责实施。为解决区域差距问题，欧盟通过结构性基金帮助落后地区建立科研基础设施。2010年，欧盟创新、研究与区域政策执委会联合发布了结构性基金资助的科研基础设施目录，包含ESFRI第一期路线图中的34个项目，如，由欧洲区域发展基金支持的捷克ELI光束线项目，欧盟财政资助2.36亿欧元。

3）欧洲投资银行（EIB）。欧盟委员会和欧洲投资银行（EIB）联手建立风险分担金融工具（RSFF）。RSFF是创新性的金融工具，促进私人公司或公共机构在研究、技术开放示范和创新投资方面获得债务融资。融资对象包括科研基础设施的业主或经营者、参与技术开发或设施建设的供应商及致力于科研基础设施商业化服务的实体。2007—2013年RSFF通过能力专项计划对科研基础设施投入2 000万欧元，欧洲投资银行为此提供20亿欧元的建设贷款。2013年已有3个项目获得贷款，另有3个项目进入了2012—2013年度的评审。

4）欧洲科研基础设施联盟。ERIC的法律框架已于2009年8月28日生效。2012年12月3日，欧盟委员会通过了联盟的理事会条例（EC723-2009），以促进会员国参与联盟并按贡献享有与成员国同等的投票权。从2011年7月到2012年10月，联盟陆续启动了一些建设项目，如欧洲临床科研基础设施网络、全球海洋观测基础设施、欧洲社会调查、欧洲先进医学研究设施、中欧材料科学分析和合成设施联盟、生物库和生物资源科研基础设施及人文领域数字化科研基础设施等。

5.4.3 欧盟科研基础设施开放共享的主要做法

由于欧洲的科研基础设施分布在欧盟不同的成员国之间，如果缺乏基于网络的开放共享与合作，将对设备设施的利用以及科研创新的效率提升带来阻碍，为此，欧盟认为有必要整合资源，支持在各区域统筹新建科研基础设施，并对现有的基础设施的运行进行统一管理和共享，以保证欧洲研究人员可以通过网络按需访问任意一处独立或分布式的科研基础设施，以支撑欧洲创新区建设。

从2002年ESFRI启动后，欧盟一直系统建设国际一流的大型科研基础设施。为促进欧洲科研基础设施的开放，欧盟先后开展了一系列准备工作，首先是与欧洲科学基金会联合发布《欧洲科研基础设施的趋势：基于2006—2007年度调查数据的分析》报告，建立科研设施存量的在线数据库；其次，总结近10年管理实践，建立和优化一系列管理规范，形成了科研基础设施开放运营的指南。最后，于2012年发布欧盟及成员国科技资源共享的决定，以整合欧盟每年870亿欧元的公共研发投入形成的科技资源及设施。同年，欧委会发布了《扩大并聚焦欧盟国际研究和创新活动：战略路径》，其中特别强调科研基础设施要聚焦国际合作，其网络基础设施部分将在国际范围内发挥重要的作用。

（1）科研基础设施分布图

2013年3月22日，欧委会在因特网上首次对外公布欧洲800座可对欧洲科技人员开放的科研基础设施分布图，希望通过此举方便科技人员的研发创新活动。欧盟科技人员从此不必拘泥于当地的科技支撑条件，最大化利用欧洲的研发创新资源，从而拓宽研发创新的视野。首批发布的科研基础设施均得到过欧盟及成员国公共财政的资助。其中，欧盟框架计划资助80座，成员国科技计划资助720座。相关领域包括能源、工程技术、环境科学、信息通信技术、生命科学、材料科学、分析物理学和天文学、人文社会科学8个领域。

欧洲科研基础设施对外开放数量排在前5位的成员国分别为：德国

(137座)、法国(121座)、英国(104座)、意大利(85座)和荷兰(63座)。研究人员在网上点击分布图即可查看欧盟公共科研机构各成员国开放共享的基础设施名称、所在国家、单位名称、所在城市、设备描述、领域和子领域、欧盟资助金额、建设期限、网址等。欧洲科研基础设施的分布图具有交互性功能特性：科研基础设施的信息发布功能，共享科研设施的交互式查找功能，科研人员联系所需设施的界面功能。根据欧委会2012年通过的欧盟及成员国科技资源共享的决定，欧委会将进一步督促成员国加速科研基础设施对外开放的步伐，欧盟未来研发框架计划"2020地平线"（Horizon 2020）资助的科研基础设施，将自动纳入对外开放的分布图。

(2) ESFRI 路线图

为平衡大国和小国的投入能力和需求矛盾，欧盟委员会从整个欧洲利益出发，培育并建设新的科研基础设施。2004年11月，欧盟理事会通过ESFRI建立欧洲科研基础设施的战略路线图（以下简称ESFRI路线图），并鼓励会员国发展本国的路线图。第一版路线图于2006年发布，并在2008年、2010年对其中关键项目进行了更新；2013年，ESFRI对路线图中的所有项目的进展状况进行了评估；2014年，决定制定新一版的路线图，并于2016年3月进行了发布。路线图中的项目可以从框架计划、欧洲结构投资基金以及欧洲战略投资基金等处获得投资，需在10年内完成孵化工作并进入实施阶段，未能在10年内进入实施阶段的项目要从路线图中剔除。

ESFRI路线图的制定过程主要分为收集项目建议、评估、路线图起草及审议3个阶段。欧盟各国代表团及一些欧洲技术平台（ETP）、国际团体（如欧盟信息基础设施咨询工作组、核物理欧盟合作委员会）和科研机构（如欧洲航天局、欧洲核子中心）首先提出项目建议，经ESFRI执行委员会初审后进入评估阶段。评估工作由专家组进行，专家组的成员包括欧洲专家和国际观察员，还包括一些数据和电子基础设施方面的专家，其遴选既要求有很高的科学水准，又考虑了领域和地域的平衡。专家组分为战略工作组和实施工作组，对每个项目进行不同角度的分析，以此确定拟入选路线图的项目，并形成路线图草稿。ESRFI 评审组对草稿中的项目进行终评，并对最终入选路线图的项目的实施给予支持。其中战略工作组有 5 个，分别负责能源、环境、卫生与食品、物理科学与工程、社会文化创新领域，评估项目的科学价值、影响力、对欧洲带来的附加值、社会经济效益以及与外部电子基础设施接口和整合的必要性。实施工作组负责项目成熟度评估，包括各利益相关方的投入情况、研究设施的用户使用政策、准备工作、规划、治理与管理、人力资源、财务情况、可行性和风险。

在第一版路线图的制定过程中，战略工作组与实施工作组采取串行评审的方式。首先由战略工作组对项目建议书的科学价值进行评估，若达不到要求，则淘汰，不再由实施工作组对其进行成熟度评估。但在新一版路线图的制定中，对评审过程进行了改善，战略工作组与实施工作组分别从不同角度对项目建议书进行平行而独立的评审，根据自己的分析以及外部专家的报告提出每个项目需要解决的关键问题，在听证会上听取相关意见后，得出综合结论，并依序列出对每个项目的评分和建议，形成路线图草稿。

2016 年的路线图中的项目分为两类，一类是一般项目，共 21 个；另一类是标志性项目，共 29 个，即已经开工建设、正在实施或向用户提供服务的项目。21 个一般项目中，有 9 个是 2008 年路线图中留存的，6 个是 2010 年路线图中留存的，5 个是新立项项目，还有 1 个是 2006 年路线图中的方向调整项目；其在各领域的分布为能源领域 4 个、环境领域 5 个、健康与食品领域 8 个、物理科学与工程领域 3 个、社会与文化创新领域 1 个。29 个标志性项目中，27 个来自以往的路线图，2 个是新立项，目前已经开始动工；其在各领域的分布为能源领域 1 个、环境领域 5 个、健康与食品领域 6 个、物理科学与工程领域 11 个、社会与文化创新领域 5 个、电子基础设施 1 个。除上述一般项目和标志性项目外，另有 4 个项目方案也具有科学卓越性，且关系全欧洲利益，但需要进一步完善才能够列入路线图。ESFRI 将其作为新兴项目，并鼓励在下一次修订路线图时提交更加成熟的方案，与所有领域的新项目方案一起公开竞争。

ESFRI 在 2016 年路线图中还提出了生命周期的管理方式，即在科研基础设施生命周期的各个阶段，包括从项目建议书的提出到实施、运行，直到最终除役，对其进行监督和定期评价。获准纳入路线图的项目有资格获得"准备阶段"合同，以优化技术设计、完善治理框架，为进入实施阶段进行准备。实施工作则包括新建实体基础设施或整合现有节点，形成分布式的科研基础设施。科研基础设施的运行阶段通常长达数十年，在此期间，完善的科学计划能够产生很多成果，其间每年的运行成本通常是建设初期总投资的 8%~12%。同时，科研基础设施在运行阶段还需要进行不断的升级改造，而这可能影响到运行的持续性，因此需要启动新一轮的评估—实施工作。而科研基础设施生命周期的重点是设施除役，有些情况下除役需要专门的资金，特别是在涉及安全和环境问题时更是如此，大量核研究基础设施或高能物理基础设施在除役时采用了重新定向的方法，即经过重新设计建造而改为其他场所，如从事分析工作的场地。

（3）EURORIS - NET 科研基础设施普查

2008 年，欧盟第七研发框架计划全额资助了 EURORIS - NET 研发团队的组建。该团队由欧盟联合研究中心领导，欧盟成员国参与，旨在通过对欧盟成员国科研基础设施进行充分的调查，建立起欧盟层面的科研基础设施网络体系，最大化利用欧盟现有的科研基础设施，并制定出欧盟未来科研基础设施规划部署路线图，从而保证和提升欧盟长期的研发创新能力。

该团队自成立以来，已对欧盟各成员国已有科研基础设施进行了一次全面普查，主要内容包括科研基础设施类型、管理结构、运作程序、先进程度、使用饱和度、拥有方性质（公有或私有）、存在的主要问题及可从事的研发创新活动等。与此同时，鼓励和协助成员国建立起本国单一的科研基础设施对外服务"信息窗口"，形成欧盟层面统一的科研基础设施网络服务体系。根据不同类型的科研基础设施，尽可能规范化管理结构和运作程序，简化第三方使用准入标准，刺激跨成员国跨区域跨行业使用。2012年年底，完成了欧盟未来科研基础设施规划部署路线图，尤其是成员国单独不可能实现的大型科研基础设施。

研发团队的工作获得了欧委会的充分肯定，并在项目执行过程中，提议欧盟第七研发框架计划（FP7）两次追加投资，投资总额达120万欧元。研发团队制定的路线图，已被欧委会确定为欧盟2020地平线（Horizon 2020）大型科研基础设施建设的基本指导战略文件。

（4）欧洲网络基础设施项目

2013年，欧委会发表公报称，由欧委会资助的欧洲网络基础设施项目（EGI）正式启用，欧洲的研究人员可以利用分布在欧洲30多个国家的20多万台计算机的综合处理能力进行科学研究。EGI项目由设在荷兰阿姆斯特丹的欧洲EGI项目组织管理和协调，该组织成立于2010年2月，旨在管理和经营泛欧网络基础设施，与参与国相关机构一道经营和进一步开发这些网络基础设施，以确保长期稳定有效运行。

目前，EGI是欧洲电子科学领域最大的网络基础设施合作项目。自2009年起，欧委会先后为该项目提供了2 500万欧元的资助，以通过高速通信网络把不同地域时常处于空闲状态的计算机连接起来，形成强大的综合处理能力，为分散在不同国家的科研人员进行诸如环境、能源和健康等领域复杂问题的研究提供服务，使他们能像在一个实验室工作一样，共同研究和完成一个重大课题。

据统计，通常情况下，一部台式计算机有60%至85%的时间处于空闲状态。像EGI项目这样的网络可以在数以千计分布于不同地域的计算机之间分配计算和完成大量的数据处理任务，使它们的处理器在空闲周期得以发挥效益。EGI项目共需资金7 300万欧元，除了欧盟委员会提供的2 500万欧元外，其余资金由参与项目国家的相关机构提供。

通过EGI项目，可以使欧洲科研人员获得更大的计算机处理能力，在诸如气候变化、健康等领域推动科学的发展。该项目将巩固欧洲在科研领域的地位，并向欧洲的科学家提供他们所需要的支持，同时还可以节约能源，降低成本。

欧委会在公报中指出，在未来的几年里，欧洲计划投资20多亿欧元用于新的信息和通信技术研究的基础设施建设。这些基础设施将服务于物理科学和工程、能源、环境科学、生物科学和医学、社会科学和人文科学、材料科学和分析仪器等方面的研究。

5.4.4 欧盟科研设施开放共享的经验与启示

欧盟科研设施开放共享的经验与启示主要有以下几点。

（1）构建完善的科研设施开放共享渠道

运用互联网和信息化技术将科研设施的相关信息向公众进行展示，并提供相关查询、预约接口，是科研设施开发共享的重要手段。如欧盟将其大型科研设施分布图直接挂在欧盟门户网站中的研究和创新栏目下，并与该网站的其他功能整合，形成了一个有效促进欧洲科研基础设施共享的功能平台，直观的地图功能可以使科研人员方便地查找和选择距离自己最近、最符合自己需要的科技设施，有利于提高科技资源的利用效率。又如英国、德国、法国都在国家层面设置了依托网络的科研设施共享平台，用于共享信息的发布以及使用者的在线咨询、查询、申请、预约，同时，其国内较为重要的科研机构、高校、学会、协会，绝大多数也在其官方网站上建立了二级共享平台，对其拥有的科研资源进行发布，鼓励科研人员共享使用并进行技术交流。

（2）实施设施的全生命周期管理与评估

对于原值在一定金额以上、主要由国家投资的大型科研设施，要在国家层面上建立专门的管理机构，统筹整个国家的科研基础能力建设，减少重复投资和不必要投资，同时，对设施实行全生命周期管理。如欧盟成立了ESFRI，对相关项目的建设和运行进行科学评价，并制定路线图。又如德国，设施的所有单位在申请建设重大项目时，需要提供相应的建设计划书，并编制包含建设、运行、维护、除役等相关环节在内的全成本预算，以便管理机构对于资金的全面统筹；管理机构则组织了由各领域专家组成的评估小组，对项目必要性、可行性和成熟度，在统一标准下进行评估，最终决定立项与否以及建设的优先顺序。同时，在建设及运营过程中，管理机构要定期对建设进度、运营情况、开放共享情况进行监督、评价与考核，对过程中出现的问题进行及时纠正和调整。

(3) 组建专业化、多层次技术管理人员队伍

大型科研设施的价值大、结构复杂,一旦损坏,其维修成本非常大,且维修周期非常长,因此,在进行开放共享时,需要有一批专职的、专业化的技术管理人才队伍,在对设施进行专业运维的同时,为用户提供相关咨询、指导和服务。如英国设施共享平台的专职研究人员和技术人员不仅可以进行设施的日常管理和维护,还可以帮助使用者高效地完成科学研究任务,更能够为满足各学科不同的需求,不断进行技术开发,探究新功能。法国高校的设施共享,则建立了专家咨询系统,为设施使用制定标准化操作程序,并且可以为用户提供实验设计、操作和数据分析等技术支持。同时,多数共享平台还会定期举行培训,普及相关设施的使用方法,邀请仪器设备公司技术人员对平台技术人员和使用人员结合应用情况进行培训和技术更新,以保证规范化操作、技术更新和实验效率的提高。通过这些举措,设施的共享不仅实现了资源的高效利用,更为科研工作搭建了一个多学科交流,多领域融合的桥梁,推动科技创新。

(4) 拓展支撑设施建设运维的融资手段

重大科研设施的建设和运维,需要大量资金的支持,单一靠政府的财政投入,会带来巨大的资金压力和风险。因此,欧洲各国普遍采取的方法是,放宽原本由国家单一投入的领域,广开融资渠道,引入多元化的投资形成组合金融工具,通过政府财政资金的引导,让社会企业、金融机构、相关行业或团体共同参与到大型科研设施的建设和运维中来。同时,为了吸引更多的投资者,政府往往将投资与共享资格联系起来,如欧盟成员国共同建设的大型设施(如空间站、大型量子对撞机)等,参与建设的国家都拥有设备的使用权。又如英国,更是将外部投资机构的投资额度与其享有设备的使用时长联系起来,且投资机构的权利和需要承担的义务均在双方事先签订的协议书中有明确的规定,进一步确保了投资方的利益,也约束了投资方的行为。

(5) 实行公益与商业相结合的服务收费标准

设施在进行开放共享的过程中,必然会增加一定的运营费用和维护

成本，除了将这些成本在项目立项之初便提前考虑，计入总投资外，也需要通过提供开放共享服务获得的收益来平衡。尽管欧盟及其成员国在开放共享收费上的标准不尽相同，但基本遵循"公益与商业相结合"的原则，即对不用于商业目的的基础科研、学术研究，不收取任何费用，甚至为了促进学者的交流与访问，还会为使用者提供一定的生活补贴，但要求通过使用设施产生的科技成果，要对外公开和共享，以推动整个国家的科技进步。相反，对于用于商业目的的技术研发，或使用者本人对知识产权有保护和独占的需求，则需要遵循市场规律收取一定的设施使用费用和相关服务费用。这样的收费方式既有利于提高资源利用效率，充分发挥科研设施对科技创新的带动作用，同时也保护了开放共享单位的基本利益。

附表

附表1　英国主要科技研发机构部分名录

序号	名　　称	类型
1	剑桥大学	高校
2	牛津大学	高校
3	伦敦大学学院	高校
4	伦敦帝国理工学院	高校
5	爱丁堡大学	高校
6	曼彻斯特大学	高校
7	伦敦国王学院	高校
8	布里斯托尔大学	高校
9	卡迪夫大学	高校
10	英国皇家学会	科研机构
11	国家研究实验室	科研机构
12	国家物理实验室	科研机构
13	英国国家核实验室	科研机构
14	卢瑟福·阿普尔顿实验室	科研机构
15	达斯伯里实验室	科研机构
16	奇尔波顿天文台	科研机构
17	卡文迪许实验室	科研机构

附表 2　法国主要科技研发机构部分名录

序号	名　称
1	法国国家科研中心
2	法国原子能委员会
3	国家信息与自动化研究所
4	巴黎第六大学（皮埃尔与玛丽·居里大学）
5	巴黎第十一大学
6	法国巴斯德研究所
7	法国农业科学研究院
8	法国国家健康医学研究所
9	斯特拉斯堡第一大学
10	巴黎第七大学
11	发展研究所
12	农业与环境工程研究所
13	建筑工程研究实验室
14	交通与安全研究所
15	原子能委员会
16	海洋研究所
17	放射性废物管理署
18	工业环境与风险研究所
19	宇航研究中心
20	空间研究中心
21	地质和矿产研究局
22	建筑工业科技研究中心
23	辐射防护与和安全研究所
24	石油研究所
25	Pitie Salpetrier 医院
26	里昂第一大学

续表

序号	名称
27	格勒诺布尔大学
28	巴黎第五大学
29	蒙波利埃第二大学
30	法国巴黎综合理工大学
31	法国巴黎内克尔儿童疾病医院
32	图卢兹第三大学
33	法国巴黎高等师范学院
34	古斯塔夫·鲁西研究所
35	波尔多第一大学
36	法国居里研究所
37	国家人口统计研究所

附表3 德国主要科技研发机构部分名录

马普学会主要研究所名单

序号	名称
1	马克斯·普朗克进化人类学研究所
2	马克斯·普朗克心肺研究所
3	马克斯·普朗克天文学研究所
4	马克斯·普朗克天体物理学研究所
5	赫尔奇阿娜图书馆，马克斯·普朗克艺术史研究所
6	马克斯·普朗克结构生物学、化学与生物物理学研究所
7	马克斯·普朗克教育研究所
8	马克斯·普朗克系统动力学研究所
9	马克斯·普朗克生物化学研究所

续表

序号	名　　称
10	马克斯·普朗克生物地理化学研究所
11	马克斯·普朗克生物物理研究所
12	马克斯·普朗克血管生物学研究所
13	马克斯·普朗克化学研究所
14	马克斯·普朗克生物无机化学研究所
15	马克斯·普朗克生物物理化学研究所
16	马克斯·普朗克人口统计学研究所
17	马克斯·普朗克动力学和自组织研究所
18	马克斯·普朗克铁研究所公司
19	马克斯·普朗克实验内分泌学研究所
20	马克斯·普朗克发育生物学研究所
21	马克斯·普朗克蛋白质折叠酶学研究站
22	马克斯·普朗克公共财产研究所
23	马克斯·普朗克民俗学研究所
24	马克斯·普朗克固体物理和材料研究所
25	弗雷德里希·米歇尔生物学实验室
26	弗里茨·哈伯研究所
27	马克斯·普朗克分子遗传学研究所
28	马克斯·普朗克历史研究所
29	马克斯·普朗克社会研究所
30	马克斯·普朗克引力物理研究所
31	马克斯·普朗克知识产权、竞争法和税收法研究所
32	马克斯·普朗克脑研究所

续表

序号	名称
33	马克斯·普朗克免疫学研究所
34	马克斯·普朗克传染病生物学研究所
35	马克斯·普朗克计算机科学研究所
36	马克斯·普朗克核物理研究所
37	马克斯·普朗克煤炭研究所
38	马克斯·普朗克胶体和界面研究所
39	马克斯·普朗克生物控制学研究所
40	佛罗伦萨艺术史研究所
41	马克斯·普朗克湖沼学研究所
42	马克斯·普朗克数学研究所
43	马克斯·普朗克自然科学数学研究所
44	马克斯·普朗克实验医学研究所
45	马克斯·普朗克医学研究所
46	马克斯·普朗克金属研究所
47	马克斯·普朗克气象学研究所
48	马克斯·普朗克海洋微生物学研究所
49	马克斯·普朗克地球微生物学研究所
50	马克斯·普朗克微结构物理学研究所
51	德国电子同步加速器研究所,马克斯·普朗克结构分子生物学工作组
52	马克斯·普朗克神经生物学研究所
53	马克斯·普朗克神经学研究所
54	马克斯·普朗克认知与神经学研究所
55	马克斯·普朗克生态化学研究所

续表

序号	名称
56	马克斯·普朗克鸟类学研究所
57	马克斯·普朗克植物分子生理学研究所
58	马克斯·普朗克物理学研究所
59	马克斯·普朗克复杂系统物理研究所
60	马克斯·普朗克固体化学物理学研究所
61	马克斯·普朗克外空物理学研究所
62	马克斯·普朗克分子生理学研究所
63	马克斯·普朗克生理与临床研究所
64	马克斯·普朗克离子物理学研究所
65	马克斯·普朗克聚合物研究所
66	马克斯·普朗克外国和国际民法研究所
67	马克斯·普朗克精神病理学研究所
68	马克斯·普朗克心理语言学研究所
69	马克斯·普朗克心理学研究所
70	马克斯·普朗克量子光学研究所
71	马克斯·普朗克射电天文学研究所
72	马克斯·普朗克欧洲法律史研究所
73	马克斯·普朗克外国和国际社会法研究所
74	马克斯·普朗克太阳系研究所
75	马克斯·普朗克外国和国际刑法研究所
76	马克斯·普朗克外国公共法和国际法研究所
77	马克斯·普朗克经济系统研究所
78	马克斯·普朗克科学史研究所

续表

序号	名　　称
79	马克斯·普朗克分子细胞生物学与遗传学研究所
80	马克斯·普朗克育种研究所
81	马克斯·普朗克软体系统研究所

亥姆霍兹协会下属机构

序号	名　　称
1	阿尔弗里德·瓦格纳极地与海洋研究所
2	德国电子同步加速器
3	德国癌症研究中心
4	德国航空航天中心
5	德国神经退行疾病研究中心
6	于利希研究中心
7	亥姆霍兹重离子研究中心
8	亥姆霍兹基尔海洋研究中心
9	亥姆霍兹柏林材料与能源研究中心
10	亥姆霍兹德累斯顿罗森多夫研究中心
11	亥姆霍兹感染研究中心
12	亥姆霍兹环境研究中心
13	亥姆霍兹吉斯达赫特材料与海洋研究中心
14	亥姆霍兹慕尼黑研究中心—德国环境卫生研究中心
15	亥姆霍兹波茨坦研究中心—德国地学研究中心
16	卡尔斯鲁厄理工学院
17	马克斯·德尔布吕克分子医学中心
18	马克斯·普朗克等离子体物理研究所

弗朗霍夫协会下属机构

序号	名　　称
1	应用集成安全研究所
2	纳米电子技术中心
3	瞬时动态研究所
4	电子纳米系统研究所
5	通信技术系统研究所
6	电子射线和等离子技术研究所
7	计算机结构和软件技术研究所
8	应用信息技术研究所
9	开放通信系统研究所
10	通信技术研究所
11	应用固体物理研究所
12	智能分析和信息系统研究所
13	劳动经济和组织研究所
14	应用聚合物研究所
15	生物医学工程研究所
16	建筑物理研究所
17	化工技术研究所
18	数字媒体技术研究所
19	实验软件工程研究所
20	生产技术和应用材料研究所
21	工厂运行和自动化研究所
22	界面和生物工程技术研究所
23	图像数据处理研究所
24	集成电路研究所
25	集成系统和元器件技术研究所
26	信息和数据处理研究所
27	陶瓷技术和系统研究所

续表

序号	名　　称
28	激光技术研究所
29	分子生物和应用生态学研究所
30	物流和后勤研究所
31	微电子电路和系统技术研究所
32	自然科学技术趋势分析研究所
33	应用光学和精密机械研究所
34	制造技术和自动化研究所
35	生产设备和结构技术研究所
36	物理测量技术研究所
37	光电微系统研究所
38	集成传播和信息系统研究所
39	制造工艺研究所
40	房屋建筑信息中心
41	硅酸盐研究所
42	太阳能系统研究所
43	系统技术和创新研究所
44	硅技术研究所
45	软件和系统技术研究所
46	层和表面技术研究所
47	毒物学和实验医学研究所
48	技术经济数学研究所
49	交通和基础设施系统研究所
50	加工技术和包装研究所
51	材料力学研究所
52	材料和射线研究所
53	加工机械和加工技术研究所
54	无损探查技术研究所
55	细胞治疗和免疫学研究所

续表

序号	名　称
56	可靠性和微集成研究所
57	结构稳定性与系统可靠性研究所
58	专利部
59	算法和科学计算研究所
60	安全信息研究所
61	技术开发组
62	环境安全和能源技术研究所
63	木材研究所

附表4　俄罗斯有代表性研发机构名录

序号	名　称
1	俄罗斯科学院
2	苏霍伊飞机实验设计局
3	米高扬设计局
4	伊尔库特科学生产集团
5	伊留申设计局
6	雅克夫列夫实验设计局
7	莫斯科国立大学
8	库尔恰托夫国家研究中心
9	联邦航天署
10	俄罗斯农业科学院
11	俄罗斯医学科学院

参 考 文 献

[1] 李德轩,曹琛,李学术. 国外大型科研仪器设备管理的主要做法与经验[J]. 云南科技管理,2011,24(2):55-56.

[2] Boon or burden: What Has the EU ever Done for Science? [R/OL]. [2016-07]. http://www.nature.com/news/boon-or-burden-what-has-the-eu-ever-done-for-science-1.20089.

[3] 高洁,袁江洋. 科学无国界:欧盟科技体系研究[M]. 北京:科学出版社,2015:140-145.

[4] 英国发布《脱欧对科学研究的影响和挑战》报告[R/OL]. [2016-11] http://news.sciencenet.cn/htmlnews/2016/11/361524.shtm.

[5] 吴海军. 法国对大型研究基础设施的建设管理情况分析[J]. 全球科技经济瞭望,2015,30(6):21-25.

[6] 张菊. 法国高校与政府研究机构的合作及对中国的启示[J]. 科技进步与对策,2003,20(4):130-132.

[7] 白春礼. 世界主要国立科研机构概况[M]. 北京:科学出版社,2013:280-281.

[8] 潘峙先. 浅析德国科技资源的开发与利用研究[J]. 中学生导报:教学研究,2014(11):302-303.

[9] 潘彩霞,陶爱荣,丁永健. 德国科研机构管理体制研究及启发[J]. 现代制造,2016(33):152-153.

[10] 黄群. 德国科研管理机构及其管理职能[J]. 科技政策与发展战略,2004(11):5-12.

[11] 林平. 德国政府对科技的宏观管理[J]. 全球科技经济瞭望,2003(2):34-35.

[12] 国外对大型科研仪器设备的管理情况分析[EB/OL]. http://www.360doc.com/content/06/0108/23/222_55647.shtml.

[13] 周萍,刘海航. 欧盟科技报告管理体系初探[J]. 世界科技研究与发展,2007,29(4):94-100.

[14] 张志勤. 欧盟大型科研基础设施概述及政策走向[J]. 全球科技经济瞭望,2015,30(6):7-15.

[15] 程如烟. 欧盟2016年研究基础设施路线图的组织管理及启示[J]. 世界科技研究与发展,2017(1):3-7.

[16] European Research Infrastructure Consortium (ERIC) [R/OL]. [2009-07-25]. http://ec.europa.eu/research/infrastructures/pdf/council_regulation_eric.pdf.

[17] 黄可乐. 欧盟军事一体化的新进展与展望[J]. 法制与社会,2011(29):138-139. 政治纷争威胁到"伽利略"计划的顺利进行[J]. 国际太空,2007,4:5.

[18] 张晨曦. 国际空间站的专利保护[D]. 黑龙江:哈尔滨工业大学,2010:12-27.

[19] Arnold E. Governing the Knowledge Infrastructure in an Innovation System World [R]. [2014-01-15]. http://idbdocs.iadb.org/wsdocs/getdocument.aspx?docnum=976011.

[20] 林韵香,Christofo Schöch. 欧盟"2020地平线计划":向世界开放一流的研究基础设施. 国际高等教育,2013,6(3):97-100.

[21] EU Budget for 2017 [R/OL]. http://www.consilium.europa.eu/en/policies/eu-annual-budget/2017/.

[22] Connecting Europe Facility [EB/OL]. http://ec.europa.eu/inea/en/connecting-europe-facility.

[23] European Commission. European Research Areas. What are Rpos? [R/OL]. [2014-01-20]. http://ec.europa.eu/research/era/areas/urpo/rpo_en.htm.

[24] 聂建刚. 欧洲研究和技术组织发展方兴未艾[J]. 全球科技经济瞭

望,2014,29(8):7-14.

[25] European Research Area Progress Report 2016 [R/OL]. http://ec. europa. eu/research/era/eraprogress_en. htm.

[26] Statute of CERIC [R/OL]. [2014-07-24]. http://www. ceric-eric. eu/uploads/About/CERICstatute_ConsolidatedVersion_23. 6. 2016. pdf.

[27] Enhancing and Focusing EU International Cooperation in Research and Innovation:a Strategic Approach[EB/OL]. [2012-09-26]. http://www. consilium. europa. eu/uedocs/cms_data/docs/pressdata/en/intm/137346. pdf.

[28] 陈娟,罗小安,樊潇潇,杨春霞等. 欧洲研究基础设施路线图的制定及启示[J]. 中国科学院院刊,2013(3):386-393.

[29] Report on the Consultation on Long Term Sustainability of Research Infrastructures[R/OL]. [2016-06]. http://ec. europa. eu/research/infrastructures/pdf/lts_report_062016_final. pdf.

[30] Strategy Report on Research Infrastructures [R/OL]. http://www. esfri. eu/roadmap-2016.

第四篇　其他国家科技研发设施开放共享管理

　　本篇分析美国和欧洲以外国家的科技研发设施开放共享情况，我们选择了不同特点的以色列、印度、日本和韩国，分析研究这几个国家各有特色的国家科技研发设施开放共享管理情况和主要做法。

1 以色列科技研发设施开放共享管理

以色列地处中东,面积狭小,资源匮乏,周边政治环境不稳定,但其国内的经济发展却常年保持了较快增长,特别是通信、计算机、生物技术、航空等高科技产业领域,长期位居世界前列。以色列之所以能取得这些成就,除了与其犹太文化、战争压力等多因素密切相关外,更大程度上得益于其在国家创新体系建设、科学技术发展等方面所做的卓有成效的工作。特别是在政府的大力扶植和引导下,以色列依托其国内的科研机构及企业积极开展创新性强、社会价值高、应用前景好的科研项目,并通过技术转移中心,对研究成果加以转化、培育、产品孵化及产业化应用,致使其国内的研发成果可以快速、有效地完成从技术到产品、从科研到商业的转化,使科技对于经济的巨大推动作用得以充分的发挥。本节从以色列国家科技体制、创新政策及计划体系入手,分析以色列通过开展技术转移孵化服务带动科技资源共享的做法与经验。

1.1 国家科技研发设施体系

1.1.1 国家科技研发设施体系构成

以色列国家科技研发机构主要包括企业、研究型大学、政府研究机构和社会非营利机构等。以色列将研究与开发分为从实验室伸展到市场的基础研究、战略研究和工业研究3个部分。基础研究是研究开发新的基础理论知识，80%以上的民用基础研究在大学和政府的研究机构中进行。战略研究是把基础研究和工业研究连接起来的一种研究，研究开发与各种应用有关的通用技术。战略研究由科技部负责，并将先进材料、生物技术、电子光学、信息技术、微电子等设定为优先领域，农业部等其他一些政府机构也提供经费支持。工业研究负责研究开发有国际市场竞争力的新技术、工艺和产品，主要由工业界实施。产业研发工作由工贸部首席科学家办公室负责协调。从事研发活动的主要机构有7所研究型大学、国家农业科学院、专业国立研究机构和医院以及一些私人非营利机构。以色列的7所大学不仅承担了全部社会科学的研究工作，而且还承担了自然科学与技术领域30%的研究工作。全国3 000多家各类高技术公司是从事工业研发的主要力量。以色列主要科技研发机构见附表1。

1.1.2 国家科技研发设施管理体系

以色列的科技体制是松散型的多头管理型，由科技部、工贸部、国防部、农业部、卫生部、通信部、教育部、环境部、国家基础设施部等13个政府部门以及科学与人文科学院等机构共同组成的国家的科技决策体系，推动协调全国的科技工作。以色列实行科技工作的首席科学家负责制，主要政府部门都设有首席科学家办公室。以色列政府还成立了首席科学家论坛，由科技部部长担任论坛主席，商讨科技政策的重大问题，避免科技项目的重复投入或遗漏。政府的部际科技委员会是内阁的参谋决策机构，协调政府宏观科技工作。其他涉及科技活动的政府部门有：总理办公室下属的原子能委员会、科技部内的以色列航天局、工贸部下属的产业研发中心、司法部下属的以色列专利局、外交部的科技文化司以及国际合作中心等。以色列政府的资助主要是通过以色列高教理事会的规划与预算委员会和以色列科学基金会提供。创新政策主要由工贸部、国防部、科技部、农业部、移民吸收部和高教委等来制定。

1.2 国家科技研发设施开放共享管理

1.2.1 制定实施以产业需求为导向的创新政策体系

自 20 世纪 60 年代末期开始，以色列国家创新体系开始向自主创新转变，创新成为产业发展与提升产业竞争力的重要推动力。由此，以色列的创新政策开始向产业倾斜，以产业需求为导向的创新政策体系逐步建立。一是以色列政府建立了创新资助制度。1976 年工贸部建立 R&D 资助制度，对以色列本土产业、技术或产品给予创新资助，并提出国家项目计划，重点资助具有良好信用记录的大企业的创新项目。二是建立鼓励企业创新的法律环境。1984 年制定的《工业研究与开发鼓励法》，规定了政府鼓励和资助工业研究与开发的一般原则，即由政府提供被批准的研究与开发项目所需资金的 30%～66%。获得资助的主要标准是项目应具有创新性、技术上的可行性和很好的出口前景。如果受资助的项目开发成功，头三年每年应将收益的 3% 偿还政府，第二个三年每年偿还收益的 4%，第七年开始每年偿还收益的 5%，直到将通货膨胀计算在内的全部政府资助款还清为止。三是建立首席科学家办公室。各部门相继成立了本部门的科技领导机构——首席科学家办公室，大部分由政府资助的研究机构转由有关各部的首席科学家直接领导。以色列政府把研究与开发的专项资金分配到首席科学家办公室，由首席科学家办公室确定详细的标准，并负责具体发放工作。四是制定重点产业的创新战略。进入 21 世纪后，以色列政府着重在生物技术与纳米技术方面寻求发展，将两大产业正式列入了国家发展战略，相继出台了《以色列 2000—2010 生物技术产业规划》《2003—2007 年五年纳米技术规划》。为整体推进两大战略的实施，以色列政府还采取了设立知识中心、设立创新种子资金等一系列具体举措。

1.2.2 实行满足多层次产学研合作需求的科技计划体系

以色列的科技计划基本上都是年度计划，由相应的主管部门发布。在应用研究领域，工贸部负责发布工业研究与开发年度计划，包括磁铁计划（支持大学与企业构成研发联合体，从事共性技术开发）、磁子计划（支持一个大学与一个企业构成小研发联合体）、Tnufa 计划（鼓励个人企业家创业）、Nofar 计划（支持生物技术的基础、应用研究）、技术孵化器计划等。这些计划都是围绕企业从小到大的发展过程中遇到的不同问题和需求，切实开展的以促进多层次、多种形式的产学研合作为目标的科技计划。

磁铁（Magnet）计划主要支持具有竞争力的前沿共性技术的研发，主要针对的是已经具备一定竞争力的企业。鼓励工业集团与学术机构组成合作体，共同开发关键的通用技术。这类技术往往是具有前沿性的高技术。政府对申请磁铁计划资助的研发项目的评估指标包括：经济优势，具有出口和就业潜力，革新技术和共性技术，企业参与的研发，产业与学院的合作。磁铁计划的每个项目由企业、科研机构和一两家协会等十几个成员组成的研发联合体（consortia）承担，由企业担当研发联合体的领导地位，该计划的项目周期为 3~6 年。磁铁计划包括两个渠道。一是技术研发渠道。来自工业企业和学术科研机构的技术小组、开发商及研究员一起合作研发下一代产品生产线所需的共性技术；二是分配和执行渠道。目的是最终用户团体——由同行业部门或拥有相似技术的成员组成——从最新技术诀窍和海外技术应用于其开发项目中受益。预算经批准后，科技项目可获得以下优惠措施：获得预算费用 66% 的资助，其中对学术机构的拨款不超过 80%；无须偿还使用费；提供有关设备费用。尽管所有"磁铁计划"活动产生的创新成果都应与他人分享，但在该计划框架内开发的技术知识产权属于该技术开发者。

磁子（Magneton）计划是磁铁计划的组成部分，主要面向的是急需技术支持的小企业。通过企业和学术机构间的合作计划，推动新技术从学术机构向产业化转移。但磁子计划是针对企业的一般技术需求，主要鼓励一家学术机构与一家企业之间一对一的合作。它要求合作双方要有相同的专业领域，在研究机构与企业合作的一年或两年中，企业要形成自己的研发能力，而不是仅仅将研究机构的成果拿过来生产。形象地说，相当于接力赛中的交接棒过程。该计划支持的项目周期最多为 2

年，支持的经费最多为 80 万美元。

Tnufa 计划主要是一项通过概念催化中心（Idea Promotion Center）为个人创业者提供创业基金的计划，给予个人企业者在创业初期所需的鼓励与支持。支持的方面包括样品的开发、专利的注册、项目的可行性研究及商务计划的订立等。该基金提供所批准预算中 85% 的资金。

Nofar 计划主要是支持基础的和应用的生物技术研究，鼓励企业对研究开发早期进行投入，以获得更多的科研信息，为投资下一步研究开发做准备。项目周期为 1 年，最高提供批准费用的 90%，最高资助额度为 10 万美元。

研究与开发基金主要是支持具有产业竞争力的创新产品的研究与开发计划，经批准的创新项目申请可获得政府 50% 的研究与开发资助，对改进现有产品和工艺有益的可得到 30% 的政府资助。一般只能由企业界申请研发基金，研究机构不能直接申请。获得资助的企业要自行完成研发项目，但是政府鼓励获得资助的企业与研究机构签订分包合同，从而使得研究机构间接地获得政府的资助以进行技术转移。

1.2.3 建立运行有效的技术孵化机制

以色列高新技术小企业之所以能迅猛发展，与技术孵化器的积极作用是分不开的，而以色列技术孵化器的发展又与政府支持是分不开的。以色列在政府、孵化器及孵化企业三者之间建立起激励与约束机制，为高校和科研机构的科技成果迅速转化为生产力提供了快捷的通道，加速了产学研的合作创新步伐。

（1）政府加强对技术孵化器的引导

政府加强对技术孵化器的引导，直接或间接提供孵化器日常运作的经费。每个孵化器都是一个非营利组织，政府可给予工资和行政管理费用。每个孵化器下的孵化企业在两年的孵化期内，工贸部首席科学家办公室给予孵化企业批准费用的 85%，每年最高可达 15 万美元。孵化企业成功后，政府则规定孵化企业的 20% 股权属于孵化器所有，其市场销售额的 3% 返还给政府的孵化基金。由此可见，以色列政府为推动高新技术产业的发展，不仅资助初创企业，也直接资助孵化器本身。

(2) 控制孵化企业数量从而保证质量

控制孵化企业数量,保证孵化质量。以色列政府对每个孵化器作出硬性规定,即每个孵化器只能孵化 8~15 家初创企业。这一总量控制的规定,从数量上确保了孵化器对每家企业进行深度孵化的可能性。创业者带项目成立公司后,政府从人、财、物上全面委托孵化器深度孵化初创企业。孵化器首先帮助创业者组建创业团队,同时全权管理初创企业的财务,再则帮助初创企业制订商业策划书、制订研发计划、寻找合作伙伴等一系列业务,并规定两年内企业不得随意转让股权和期权。

(3) 建立严格的考核监督机制

政府对孵化器建立严格的考核监督机制。每年年初政府与孵化器签订年度目标责任书,在年终考核后政府下达 20 万美元左右开支费用。而且,每个在孵项目都由孵化器与政府签订协议,政府不与在孵项目负责人签协议,政府将项目基金的责任,全权赋予孵化器。政府严格控制批准每个初创企业的预算、工作计划、工作节点等,每半年孵化器要向政府上交项目汇报书。这些运行方式使孵化器必须担负起高度的政府基金的资助责任。

(4) 产学研有机结合

孵化器的运行必须保证产学研的有机结合机制。以色列孵化器是政府支持的独立法人实体,其董事会成员组成有来自政府、企业界、研究所、大学、中介等代表,这一组织充分发挥了产学研相关各方的作用。而孵化企业的董事会则由发明者、孵化器代表、投资方代表、产业界代表等组成,这一组成也克服了许多小企业由技术人员为主的创业者单方决策所带来的弊端。

1.3 战略科技研发设施的开放共享管理

1.3.1 国防科技研发机构体系构成

以色列国防科技研发机构体系主要由政府管理的科技研发机构、企业研发机构和高等院校及社会研发机构构成,著名的研究机构有魏茨曼科学研究院、以色列中央研究院和内盖夫核研究中心等。军工企业有200多家，按照所有权分类有国有军工企业、私营企业和外资企业。以色列高度重视国防科研和武器装备建设，保持国防科技研发的高投入，坚持建立独立自主的国防科技工业，同时，注重军工技术转移转化为经济社会发展服务。

1.3.2 国防科技研发机构开放共享政策

国家的立法和施政对推进国防科技资源开放起着重要的推动作用。无论是促进技术转移还是开放各类国防资源，都是法律先行，为下一步的实施提供强有力的保障。以色列政府鼓励科技创新和科技成果转化的政策在推动科技发展中发挥着十分重要的作用，特别是在国家政策的指导下形成的各类开放式创新资助制度。正是因为有一系列健全的政策制度做支撑和引导，才使得各层级对国家科技资源开放发展有了统一的认识，真正从本源上树立了国防科技资源开放共享的观念和意识。

（1）实行联盟式研发以资源共享

在国防科技资源开放共享的管理方式上，每个国家都有自己的管理体系，虽然不同国家有各自的特点，但一般来说，建立统筹协调机构是各国都积极采纳的一种做法。通过国有与民营两种体制主体的联盟合作，可以最大限度发挥国有单位在实验室、稀缺设备等硬件资源上的巨大优势。通过对资源的开放与共享，避免重复建设，提高资源利用率。通过围绕技术研发建立军民统筹联盟机构，可以有效地消除国防专利与普通专利间的信息壁垒，使军民双方可以迅速了解对方领域内的相似技术。通过合同、协议等方式直接应用或进行二次开发，避免重复研发。这种联盟式的统筹协调机构实现了资源要素的高度统筹，既保证了政府对科技资源管理的系统有效，也更好地促进了开放共享目的的实现。

（2）发挥专业服务机构的桥梁作用

建立专业化的技术成果转化服务机构，是技术成果跨越军民两大领域、完成共享对接的最好桥梁与纽带。以色列技术转移公司的作用贯穿于其国内技术成果转移、转化工作的全过程，科技资源共享平台效果显著。

1.4 典例分析

1.4.1 特拉维夫大学及其独资子公司的技术支持服务

特拉维夫大学创建于 1956 年，由特拉维夫法律与经济学校、自然科学研究所和犹太人学研究所合并而成，开始时隶属于特拉维夫市政府，后于 1963 年独立，并于同年在拉马特阿维夫居住区建立校园。该校是以色列最大的大学，是一个主要的教学与研究中心，设有 9 个学院、106 个系和 90 个研究所。现有 27 000 名学生（其中博士生 1 800 人）和 2 200 名教师。该校拥有生命科学领域的研究人员 120 名、医学 130 名、纯粹科学（数学、化学、信息学、物理）240 名、工程科学 110 名，2003 年的研究经费 5 300 万美元。

拉莫特技术转移公司成立于 1973 年，是特拉维夫大学的独资子公司，专门负责推动大学研究成果的商业化。它有多项使命：管理专利，使大学的发明商业化，为科研成果的工业应用开发各种途径，向潜在的商业合作伙伴推荐大学的创新研究和技能，创建新兴企业，在这些企业的起步阶段提供管理方面的协助。

拉莫特技术转移公司与企业和投资者合作采取如下四种方式：一是技术许可，通过向有关企业转让许可，将特拉维夫大学开发的现行技术和知识产权商业化；二是研究合同，以项目的形式，为有意共享世界水平的研发成果、能力和科研设备的企业开展研究与技术支持服务；三是新兴企业，创建子公司、合资企业和"孵化"企业，在起步阶段陪伴这些企业；四是研究联合体，鼓励新技术的传播，促使工业界与学术研究单位之间开展富有成效的合作。通过这些手段，拉莫特技术转移公司成功地与以色列的大多数企业、甚至国际方面的企业建立了协作关系。

1.4.2 魏茨曼科学研究院

魏茨曼科学研究院于 1934 年建于雷霍沃特。其前身是西埃弗研究所，1949 年对该所进行扩建并以以色列首任总统、著名化学家哈伊姆·魏茨曼博士的名字命名。现在，它已成为一个公认的供大学毕业生在物理、化学、数学和生命科学领域深造的研究中心。该院的研究人员参与了旨在加速以色列工业发展和建立以科学为基础的新型企业的研究项目。该研究院设有一个理科教学部，负责编写高等院校用的教材。2011 年，魏茨曼科学研究院被 The Scientist 杂志评为非美国院校中学术界最佳工作地方。魏茨曼科学研究院共有生物、生物化学、化学、物理以及数学与计算机 5 个学科，18 个门类，800 个基础和应用研究项目，2 400 名各类科研人员（包括 200 名博士后研究人员）从事近千项研究。

2 印度科技研发设施开放共享管理

作为发展中国家，近年来，印度的综合国力不断增强，国家科技基础条件建设得到发展，在科技研发设施开放共享方面注重加强管理。

2.1 国家科技研发设施体系

2.1.1 国家科技研发设施体系构成

印度独立以后，逐渐建立了一套较为完整的国家科技研发设施体系，由国家投资管理的科技研发机构、企业研发机构和大学等构成。国家投资管理的科技研发机构隶属于政府各个部门，管理的体现主要包括科学与工业研究理事会、国防研究与发展组织、印度空间研究组织等机构。印度大型企业一般都建立了独立的科技研发机构，实行国家政策支持、企业自主管理。高等院校科研以基础研究为主，同时，与研究机构和企业建立了合作关系。印度科技研发机构有 4 000 多家，其中中央政府所属研发机构约 600 家。印度主要科技研发机构见附表 2。

2.1.2 国家科技研发设施管理体系

从国家层面来看，印度实行中央、联邦分别管理模式。中央政府所属科技研发机构是国家创新体系的主体，是国家大型科研设施建设的重中之重，是国家战略研发基地。联邦政府所属科技机构侧重于开展结合当地资源现状、以解决当地实际问题为主的科技活动。中央政府各个部门对所属科技研发机构,通过制定政策、实施计划、设施投资等实施管理。

从科技研发机构组织层面来看,国家实行法规管理。科技研发机构根据《社团注册法》等规定,注册为社团法人。其内部设立理事会、顾问委员会、绩效评估委员会,负责对机构每年重要工作进行审查和每三年对机构绩效进行评估。机构具体工作的开展,实行管理委员会和学术委员会协助下的院长(所长、主任)负责制。在经费管理方面,国家投入分为两种方式:一是政府科技直接投入,国家以年度预算提供给科技研发机构;二是政府项目竞争性资助,各个机构通过科技研发项目申报竞争得到政府经费资助。在政策上,政府鼓励合作,一方面开放共享科技研发设施,充分发挥有限资源的效用,确保科研活动的顺利进行;另一方面利用其他国家机构的先进仪器设施开展研究活动。

2.2 国家科技研发设施开放共享管理

2.2.1 政府鼓励开放共享的相关政策及运行机制

印度政府在科技研发设施开放共享管理方面,注重制定科技政策和制订相关计划,建立鼓励科技研发设施开放共享的运行机制。

(1)制定鼓励开放共享的科技政策

印度自独立以来,历届政府都对科学技术创新给予了极大重视,先后制定颁布了三份重要的科技政策文件,即1958年颁布的《科学政策决议》、1983年颁布的《技术政策声明》和2003年颁布的《新科技政策》。这些具有战略意义的重要科技政策文件是指导印度科技发展的大政方针。《科学政策决议》是印度开始通过立法形式和计划模式推动科技进步的标志,自此逐步形成了立法推动、计划落实和部门执行的科技体系;《技术政策声明》进一步强化了印度对内强调技术的自主开发和对外强调技术引进消化吸收的技术政策目标;《新科技政策》则将科学与技术政策合二为一,对印度科技发展做出了全面的指导和规划。虽然印度科技政策几经修订，但是科技在印度的发展过程中一直处于重要地位，历次的科技政策都强调了对人才的培养、对自主创新的鼓励、对知识的尊重，以及推动科技与经济和社会发展相结合。

1958年，印度制定并颁布了《科学政策决议》，强调技术、原材料和资本的有效结合是国家繁荣的关键，创造和应用新的科学技术尤为重要。决议指出了科技政策的目标主要包括以下六个方面：一是采用一切合理的手段促进、鼓励和支持基础科学、应用科学和科学教育等各个领域的科学研究；二是保证为国家提供足够的高水平的科学家，并承认他们的工作是民族力量的重要组成部门；三是鼓励并迅速制定科技人员的培训计划，以满足国家在科学、教育、工业、农业和国防等领域的需要；四是保证鼓励基础人才创造性，使其有用武之地；五是鼓励个人在学术自由的环境里，利用首创精神发现、获取和传播科学知识；六是保证所有公民在科学知识的获取和应用中受益。这一决议确立了印度科学发展的基本原则，并据此确立了政府部门的各项管理职能，该决议是形成印度科技体制的纲领性文件。在这一决议的引导下，印度设立了一批高校、科研机构和国家实验室，奠定了印度科技发展的基础。

1983年颁布的《技术政策声明》，强调进行技术设备的全面更新，以提高劳动生产率，增强竞争力。其核心思想是技术的国产化和对必须引进的技术的有效消化和吸收。基本目标涉及资源高效利用的有．①提高技术的竞争力和自主能力，以减少对国外技术的依赖，特别是在战略和关键技术领域，最大限度地利用本国资源；②对设备和技术进行现代化改造；③保证把大众化生产技术和大众化产品相结合；④保证用最小的资本投入获得最大的发展；⑤通过发挥现有技术科研生产能力和提高资源使用效率，提高生产能力、产品质量和运行可靠性；⑥减少能源消耗，特别是不可再生能源的消耗；⑦废物再利用和副产品的利用。

1993年，印度科技部根据经济改革开放的需要和工业应用技术落后的状况，制定了《新技术政策》。该政策强调加大工农业和基础设施的科技含量，科研与生产相结合，在自力更生的基础上加强国际交流与合作，注重对引进技术的消化、吸收和创新，加速科研成果商品化。

2003年，印度制定了《新科技政策》，希望进一步加强科学技术在促进社会各行业发展中的作用，为经济发展提供强大支撑。该政策将印度的科学和技术政策合二为一，对印度科技发展做出了全面的指导和规划，明确提出了要振兴印度科技和重建科技体系的政策构想。《新科技政策》对印度科技管理、科技投入、科技人员、科技推广、科技产业化等各方面的方针政策做了详细阐述。

2008年，印度科技部起草了《国家创新法案2008》，用于建设创新体系、修订国家综合科技计划和信息、贸易保密法律等。

（2）制订实施科技计划

2010年9月，印度科技部发布了由总理签署的《科技愿景2020》报告。报告建议：通过加大科技投入、加强基础研究、增强科技基础设施、建立卓越研究中心、培育创新文化、营造有利于青年人才创造力发挥的环境等措施，使印度在2020年成为知识型社会与全球科技领导者。呼吁到2020年将政府研发投入占GNP的比重提高到2.5%。

2010年12月，印度科技部公布了《2010—2015战略规划》，提出在2010—2015年将完成的主要任务包括资助研发活动，制定政策与提供咨询，强化研究人力资源建设，加强研发基础设施建设及产学研合作，加强科技资源的社会应用，加强国际科技合作，建立跨部门的国内科技合作平台等。

2010年9月，印度总理批准建立国家创新理事会，该理事会的主要任务是制定"创新十年2010—2020"路线图，建设国家创新框架，其目的是探索适合印度的创新发展模式以实现包容性增长、探索创新与合作的新战略和选择、探索扩大和持续创新的方法和手段等。

此外，在印度《国民经济五年计划》中，包括了《科学与技术发展》章节，是指导印度研发和确定科技优先领域的重要政策文件，通过《国民经济五年计划》的落实和执行实现其科技政策目标。

2.2.2 现行管理体系和运行机制

目前，印度国家大型科研仪器设施有两个主要的管理体系：一个是政府科技部门所属科研院所、国家实验室的大型科研仪器设施中心，简称科技部体系（DST 体系）；另一个是高校体系，即大学拨款委员会（UGC）下设的校际中心（Inter-University Centres）（UGC 体系）。

（1）DST 体系

DST 体系的主管部门是印度科技部。该体系又分为两个部分：一是专门的科研仪器设施共享中心，如地区精密仪器中心（RSIC）；二是按项目资助方式进行筹划和管理的大型科研仪器共享设施，具体事务由印度科技部内设的科学工程研究理事会（SERC）负责。

1）地区精密仪器中心网络

为加强国家大型科研设施的共享，印度科技部启动了地区精密仪器中心项目。通过这个项目，DST 已经在全国不同地区设立了 16 个精密仪器中心。

这些设施覆盖了多个科技领域，如化学和材料分析、分子分析、材料的光电属性分析等。通常这些设施都依附现有的高等院校、科研院所、实验室等研究机构而建。这些仪器中心、科研设施的主要功能是：①接受并分析来自科学家、科研院所的科学实验样品；②向科学家、大学（包括学生）、科研院所、研发实验室和工业部门等提供精密的分析仪器，确保其能够顺利开展科研任务；③开展精密仪器维护和维修的能力建设；④组织与仪器设备实际应用相关的短期培训班、培训项目、研讨会等，开展技术培训；⑤培养操作和维护精密仪器的技术人员；⑥承担仪器设备配件和新仪器设备的研发、设计工作；⑦提供咨询和顾问服务。

不同用户只要向该中心提出使用申请，象征性地支付使用费，即可利用这些中心的仪器设备开展研究和实验。

目前，印科技部已经改变了对 RSIC 的纯粹拨款式资助方式，只是象征性地向这些仪器中心拨付经费。科技部把款拨付给科学家和科研院所开展的项目，这些科学家和科研院所到仪器中心从事项目研究，向中心支付使用费以维持中心的运转。也就是说，从直接的资助方式转变成间接的资助方式。

2）科学工程研究理事会（SERC）科研设施项目

科学工程研究理事会始建于1974年，成立的目的是促进科学与工程新兴领域、尖端领域和跨学科领域的研发、有选择地支持从事科学和工程研究相关的科研院所的能力建设、鼓励青年科学家从事研发活动等。该理事会（2001—2004年）由21人组成，包括科技部部长，国家重点实验室、研究所的负责人，在科学和工程领域领先的大学校长，资深科学家等。该理事会主要支持的学科有：化学科学、地球和大气科学、工程科学、生命科学、数学和物理学。支持的方式有：对单个科学家和技术专家进行项目支持；协助杰出科学家和优秀队伍成立研究中心和研究小组，建立大型科研设施促进研发活动。该理事会下设办事处，在不同学科的项目顾问委员会的协助下开展工作。每个项目顾问委员会有15个成员，包括科学和工程领域不同学科的科学家、技术专家、科技部等有关部委的官员，负责对科研机构、院所提出的共享仪器设备申请进行研究和审批。该委员会将根据国家总体科研现状和科研院所的研究水平，决定建立大型科研仪器设施领域，并确定科研机构的申请。20万卢比以下的项目可由项目顾问委员会批准，超过20万卢比的项目必须提交SERC讨论批准。

为了避免仪器的重复购置，SERC的专家委员会对全国科学研究领域的大型科研仪器设施实行宏观管理，各科研院所、实验室负责采购。采购的仪器设施主要侧重于基础研究领域。采购时，必须严格按国家规定的采购程序进行。

（2）UGC体系

作为印度高等教育最主要的主管部门，大学拨款委员会致力于发展国内的教育，向各大学、学院提供不同形式的资助和支持。与DST类似，UGC设立了校际中心，对各大学实验室、科研院所进行类似的设施配置和管理，但是这些设施的使用仅限于高校系统内部，而不对外开放。

由于长期以来，国家大型科研设施都集中于大学以外的国家科研院所或实验室，大学方面的科研设施投入不足，设施落后、缺乏。许多大学的研究人员和学生都不得不到大学以外的实验室和科研院所中开展研究活动。这样做极其不便，也不利于高校科研活动的开展和人员培养。而且，在一般情况下，科研队伍或是项目研究小组一旦形成，外来的科学家和研究人员将很难加入该项目，这也将导致科研设施不能共享，给高校科研活动带来负面影响。因此，大学拨款委员会开始成立校际中心，在高校体系内建设一些共享的科研设施中心，供大学范围内的科学家和研究人员使用，以改善这种局面，提升大学的科研水平。目前，已经建成了9个中心和一个图书馆网络、晶体成长中心，西部地区仪器中心，教育交流校际中心，中间层、同温层、对流层雷达中心，科学信息中心，人类学和社会科学信息中心和图书馆信息网络。

（3）DST 和 UGC 的合作

在大型科研设施共享方面，科技部和大学拨款委员会之间也有合作。政府认为高校是高素质人力资源的主要来源。国家发展离不开科技的发展，而科技的发展离不开高校的支持。缺乏必要的、适当的科研设施将影响高等教育和高级研究的质量，最终将影响国家的科技发展水平。因此，DST 大力支持大学和相应科研院所的科研活动，包括提供资金和设施等，并为此设立了一个专项基金，以加强大学和高等教育学院的科技基础设施建设，包括实验室更新、设施的采购等。

以核科学中心为例：UGC 负责提供该中心的主要的运行经费，DST 也根据中心的申请提供一定的资金为核科学中心购置仪器设备，建立大型科研设施，供科学界使用。不同的是，DST 提供的科研设施的使用权限不限于大学范围内，而需要对外开放。此外，如果核科学中心认为研究项目需要各部门的支持，如经费支持等，还可以向原子能部、CSIR 等部门提出申请，获得支持。

目前，由于核科学中心已成为印度国内该研究领域领先的国家级中心，它也经常接受 DST 体系下研究机构开展的研究项目。2002—2003年，共有28所大学和13个科研院所的用户使用核科学中心的设施开展研究和实验，其中就有 DST 体系下的国家物理研究所（NPL）、空间发展组织（ISRO）、原子能部下属的研究院所等。

2.3 战略科技研发设施的开放共享管理

2.3.1 国防科技研发机构体系构成

印度经过多年努力，基本形成了包括核、航空、航天、兵器、舰船和电子领域的门类比较齐全、结构比较完善的国防科技工业体系。印度国防科技研发机构体系主要由政府管理的科技研发机构、企业研发机构和高等院校及社会研发机构构成，国防、航天、原子能部门所属的科技研发机构共计约100家，其中国防部建设管理的国防科技研发机构约50家。这些研究机构拥有齐全的研发设施，其主要任务是设计和开发现代化武器、装备和各种支援设备。印度有军工企业数百家，按照所有权分类有国有军工企业和私营企业。印度高度重视国防科研和武器装备建设，实行国家统一管理，保持国防科技研发的高投入，坚持发展尖端技术，建设战略性国防科技工业。

2.3.2 国防科技研发机构开放共享政策

印度国防科技工业的特点：一是国有化程度高；二是通过引进多国技术提升研制能力；三是体系较完整。这些也造成了军工行业的相对封闭。近些年来，印度通过国家法规政策推进军工改革、科技资源开放共享，引导国防科技与民用相结合。

（1）武器装备科研生产实行许可证管理

印度政府改变了长期以来国防科技工业由国家垄断经营的管理模式，实行武器装备科研生产许可证管理制度，面向社会机构包括私营企业、外资企业全面开放。但对外国企业所占股份有要求，不得控股，这是军工迈向市场经济的一个重大举措。

（2）加大国有军工企业改革力度

1993年起，印度决定实施国有军工企业私有化计划。推进国有军工企业转制，除极少战略性领域外，可以向外国合作伙伴开放，以增强国有企业研发活力，尽快从仿制向自主研发发展，同时赋予企业生产民品和出口自研产品的权利，使之成为独立经营发展的经济实体。

2.4 典型案例分析

2.4.1 DST典例—地区精密仪器中心

以孟买的地区精密仪器中心为例，该中心位于孟买理工大学内，始建于1976年。该中心对外开展有偿服务，设施从核磁共振光谱仪到一般的分析仪器均有。使用费用从100卢比到6 000卢比不等。用户对象可以是工业企业，也可以是学生和研究人员。使用设施前，用户向该中心提出预约，由该中心人员安排仪器的使用时间以达到共享的目的。主要的业务有：分析服务，即用户向该中心递交需要分析的实验样品，由该中心负责分析，并向用户反馈结果；共同研究，即如果用户需要通过实际操作，使用该中心的科研设施来开展研究、提高技术水平，用户可以和该中心协商，共同拟定一个方便的时间，由该中心的人员协助用户一起进行实验，犹如用户自己拥有该仪器设施，十分便利；与企业合作，即企业可以向该中心捐赠精密仪器，开展合作研究。政府将对这些企业减免有关税费。同时，该中心对这些企业也提供优先使用设施的权利。对于企业来说，与其独立地建立一个仪器中心，四处聘请专家来管理和维护这些设施，不如与精密仪器中心这种专业机构合作，由企业出资购置仪器，该中心出专家，提供基础设施，专业化管理，实现优势互补，互惠互利；咨询服务，即该中心具有专业的技术人员和科学家，能够为企业解决技术难题，出谋划策，提供质量保证。同时，该中心还能通过专门的培训班和研讨会培训技术专家和质量管理人员，为科研院所和企业服务。

总而言之，印度的地区精密仪器中心对外开展有偿服务，用户对象是工业企业、研究员和学生。使用设施前，用户需向中心提出预约，由该中心人员安排仪器使用时间以达到共享的目的。企业可向中心捐赠精密仪器，开展合作研究，政府减免这些企业的税费，同时中心对这些企业提供优先使用权。

2.4.2　DST典例—科学工程研究理事会科研设施项目

申请建立科学工程研究理事会大型科研设施的有关要求：

（1）申请人资格。申请人必须是一组研究人员，他们可以来自一个科研部门，或是一个院所的多个部门，或是该地区不同的科研院所。这组申请人各自从事的研究领域必须是相关的，或者从事的是跨学科领域的研究。申请人可以是学术机构、国家实验室、国家承认的科研院所、高级学术研究中心的科学家和技术专家。

（2）申请报告。建立大型科研仪器设施中心的申请报告必须包括以下内容：建立设施中心的必要性；拟建中心的组织结构；来自其他科研院所、部门科学家计划使用这些设施开展研发项目的具体情况；主要申请人或所有申请人的简历，研究领域和能力介绍；主要申请人对申请事项的自我评估，如项目执行能力、选址理由等；仪器设备未来用户的支持报告；上级主管部门、科技机构、邦政府相关部门、私人企业的资金和技术参与情况等。

（3）资助领域。一般来说，SERC对不同科技部委下属的科研院所、实验室等开展的常规研究活动（包括仪器设备的采购）不予资助。只对那些从事国家级研发项目、新兴领域项目和前沿领域的研究项目给予资助。

符合上述条件的申请人可以在一年中的任何时候向SERC提出申请。申请报告必须严格按照SERC提供的格式填写，用A4纸双面打印20份，装订整齐并提供MS Word格式的电子版本。如果涉及DNA重组的申请，必须事先经过生物安全委员会的审查，由其出具证明随申请报告一起提交；涉及人体或动物实验的申请，必须事先经过伦理委员会的审批，并出具证明；涉及地球科学的申请，须提供该地区的地质图；与生物技术部、环境与森林部、非常规能源部、国家医学研究理事会、农业研究理事会、海洋部等相关的申请可直接向各部门提交。

SERC把科技部每年部门总预算的10%~20%用于对大型科研仪器设施的建设、设备采购和维护以及日常管理。目前的设施有高电场核磁共振、流体动力学计算中心、国家超速处理中心、8兆瓦超级光子环装置、印度Ⅰ号和Ⅱ号同步辐射装置等。

大型科研仪器设施的使用周期通常是5~10年。因此，该理事会一般连续资助5~10年的管理费用，包括人力成本、耗材开支、设施维护费用等。科研院所则提供场所、水、电等基本物资和管理人员。由于在考虑设施配置时往往也结合了当地科研院所所从事的研究项目，因此通常该项目的专家和研究人员就是设施的日常维护和管理人员。SERC给这些科研院所很大的自主性，它将按该项目负责人选定的人员拨付日常的工资。在这5~10年的资助期内，科研仪器设施所有权归科技部。科技部将负责这些仪器设施5~10年的维护和管理费用（水、电等基础设施由当地科研院所负责）。5~10年后，这些设施将归当地科研院所所有。如果当地科研院所觉得对这些设施进行维护和管理有困难，SERC也将根据申请，继续给予支持。

这些科研设施的对外开放，有偿使用，对科学家和研究人员正常收费，而对工业、企业等部门的使用则收费较高。有偿使用所得的收入并不上缴科技部，而是继续投入设施的日常维护和管理开支中。据我们了解，由于印度政府认为科研设施的最主要功能是促进科学研究，保障科研活动的顺利开展，因此，SERC并不把这些设施的创收或赢利与否作为评估的指标。同时，在来年拨款时，科技部也不把创收的多寡作为增减预算的依据。

SERC设立专家小组，每年对科研设施的运行和使用情况进行两次评估和审查，以决定拨款的规模和额度，提出更优化的使用意见和建议等。同时，SERC还具有争端解决机制，以避免科研设施使用不均的情况。如A研究所计划使用B研究所的仪器，遭B研究所拒绝，则A研究所可以向SERC提出请求，由SERC负责协调解决。

为了避免仪器的重复购置，SERC的专家委员会对全国科学研究领域的大型科研仪器设备实行宏观管理，各科研院所、实验室负责采购，采购的仪器设备主要侧重于基础研究领域。采购时，必须严格按国家规定的采购程序进行。

2.4.3 UGC 典例—核科学中心（Nuclear Science Centre）

核科学中心是大学拨款委员会投资建立的第一所校际中心。始建于 1985 年，1991 年开始对外开放。1991 年至今，大量核物理实验在核科学中心开展，涉及核物理、材料科学、放射生物学和原子物理等领域。共有 67 所大学、41 个学院和 39 个国家级的科研院所到核科学中心开展工作和研究。现有加速器（如 Pelletron Accelerator）、低能离子和电子束设施、高真空实验室、低温学设施、共振设施、GAMMA 检测器阵列（GDA）、重离子反应分析器等。

该中心对前来使用仪器和进行研究的在校学生等进行全额资助，包括来回机票、食宿等。每年有 50～60 个项目，用户 100～120 人，但是资助对象仅限于大学内的研究人员和学生。申请使用核科学中心的仪器设备，应事先提出申请，经该中心研究同意后给予安排。一般情况下，该中心将把来自不同大学的研究人员组成不同的研究小组，共同开展实验，以加强合作研究能力和协作水平，并借以扩大各大学间该领域人员的交往和沟通。在使用安排方面，核科学中心采用每班轮流制，一班为 8 个小时，在 2003 年度，共执行了 584 班，扣除设备检试时间为 41 班，共有 543 班，计有 4 344 个小时，仪器设备的使用率很高。

核科学中心的科学家和管理人员主要承担设施维护和后勤工作，并无出版研究论文等硬性规定。核科学中心的科学家和管理人员的研究重点放在设施的维护和研发上。如果研发出新设备、发明新设计，则也可在各种国内外的刊物上发表论文、申请专利，但是专利权属于核科学中心，专利使用费用则由研发人员和核科学中心分享。为了保证队伍的稳定，核科学中心采用特殊的工资待遇和晋升等手段来鼓励科学家和管理人员从事该工作。此外，还设立一些奖项对那些在工作中有特殊贡献的人员进行褒奖和奖励，对优秀的工作人员将推荐参加国家级科技奖励的选拔。

此外，该中心也开展培训和教学工作，目前有 45 个博士在该中心接受培训。2003 学年，有 10 个大学的 22 个学生到该中心攻读博士学位，但是该中心不直接接受外来留学生，可间接接纳来自国内大学的外国留学生来开展研究。经常性地举办研讨会、论坛等活动也是该中心的日常工作之一。

在核科学中心的科研经费中，工资开支占20%，仪器设施的开支占80%，其中40%用于新仪器设施的采购。采购程序同CSIR等国家规定的采购程序。

核科学中心设有中心理事会（Council）、管理委员会（Governing Board）、科技顾问委员会（Scientific Advisory Committee）、加速器用户委员会（Accelerator Users Committee）、财务委员会（Finance Committee）、基建委员会（Building Committee）和技术委员会（Technical Committee）。中心理事会由大学拨款委员会主席、副主席、科技部部长、CSIR主任、原子能委员会主席、国家重点科研机构的负责人、国内各著名大学校长、知名的私人研究机构负责人和科学家等32人组成，主席由大学拨款委员会主席兼任，主要负责校际中心年度计划（核科学中心制订的是五年计划）的审批、拨款的额度、项目的评估等事务。管理委员会是中心理事会下的常设机构，成员来自中心理事会，共18人，负责核科学中心的日常事务，根据实际需要举行会议，审查、批准有关事项。如果现实情况确实需要对五年计划做部分修改，核科学中心向管理理事会递交专门的报告，单独审批。此外，核科学中心每年还需向管理理事会做一次年报，汇报中心的运行和管理情况。管理理事会对核科学中心的运行情况每年开展两次评估。

对于科研仪器设施采购，核科学中心管理委员会将在科技顾问委员会意见的基础上对申请进行项目审批。优先考虑：较低水平、急需提高的科研领域；新的科研领域；新出现的用户。一般在审批时对这些优先考虑对象给予照顾。采购程序参照印度科学与工业研究理事会的采购程序。

2.5 效果和特点分析

2.5.1 政府定位明晰、职责明确

印度政府认为科学研究是国家的事业，需要政府的投入和扶持，作为科研院所、实验室的研究人员和科学家开展科学研究活动必备的科研设施更需要政府加大投入，应以有利于科研活动的开展为取向，而不强调创收自负盈亏。本着这个原则，科研设施的管理人员的主要职责就是管理和维护设施，并不像其他专门从事科研的科学家或是研究人员那样直接从事科学研究。这些管理人员是一支专业化的队伍，其研究对象就是设施，不沿用论文发表等评比标准。国家通过采取工资政策、职称渠道等手段鼓励他们从事这项工作，平衡与其他类别的科学家和研究人员的差异。

2.5.2 优化资源利用、营造自主创新发展环境

印度政府鼓励国防自主创新发展，在国力、财力和人力等资源都有限的情况下，建立科学中心，配以先进的科研设施，能够确保集中优势资源，重点投入，优化资源配置。以地区精密仪器中心为例：在一个区域（覆盖周围的几个邦）范围内建设一个科研设施中心，既可以把有限的经费集中起来配置最先进的设施，与世界同步，又可以在时间上充分地利用这些科研设施。同时，由于中心经常举办一些研讨会、论坛和协作研究等活动，汇聚了来自各地的科学家、研究人员等人才，在一定程度上形成了一个学术交流和研究中心，易于产生"盆地"效应，有利于科研和学术活动的开展，有助于自主创新能力的提升。

3 日本国家科技研发设施管理

科技创新是日本经济社会发展增长的主要动力,多年来,日本一直不断加强国家科技研发设施建设,改革完善科技管理,促进开放式创新,提高科技创新对国家发展的贡献度。

3.1 国家科技研发设施体系

3.1.1 国家科技研发设施体系构成

日本国家科技研发机构主要包括企业、研究型大学、政府研究机构和社会非营利机构等。企业是日本科技创新和产业创新的主体,企业研发的重点是试验开发、应用研究和产品研制,也参与一定的基础研究为其长远发展进行技术储备,特别是日本制造业企业研发机构发达,有一万多家,许多科技开发设施先进,研发水平领先。政府研发机构为国家社会总体发展服务,主要有原子能研究开发机构、宇宙航空研究开发机构、理化学研究所和产业技术综合研究所等。高等院校是日本基础研究取得巨大成就的主要贡献者,所有国公立大学都根据国公立大学法而成立了独立的法人组织,日本高等院校科研机构共计3 600多家,基础研究是高校科研的主要任务,同时,也联合研究机构和企业开展应用研究和技术产品开发活动,知名高校有东京大学、早稻田大学等。日本主要科技研发机构见附表3。

3.1.2 国家科技研发设施管理体系

从国家层面来看，日本实行统一与各个政府部门分别管理相结合的模式。日本设立法律地位高于各级政府部门的内阁办公室和相应智囊机构，负责科学技术政策的机构是综合科学技术会议。政府各个部门对所属科技研发机构，通过制定政策、实施计划、设施投资等实施管理。

从科技研发机构组织层面来看，国家按照《独立行政法人通则法》《机构法》《科学技术基本法》等法律法规实行管理。科技研发机构注册为独立行政法人，形成包括大部分独立行政法人研究机构和少量非独立行政法人研究机构，使之具有较大的自主权，以提高研发效率，促进科技研发设施开放共享和科研成果转移转化。其内部实行理事会管理制度，并设有咨询、顾问机构。

3.1.3 国家战略科技研发设施的管理

日本在核、航空、航天、电子、造船、兵器等国家战略科技研发设施方面具有很强的实力，日本走的是寓军于民模式。除了极少的属于政府管理的科技研发机构外，一般国防科研任务由大型企业和高等院校等共同承担。日本没有独立的国有军工企业，而是在政府支持下，建立了以社会民间企业为主的国防科技工业，这些企业在研发生产民用产品的同时，依据法规政策研发生产军事产品。因此，日本的国家战略科技研发设施在大力发展军民两用技术中，发挥了开发共享的重要作用。

3.2 国家科技研发设施开放共享管理

3.2.1 完善的法律政策保障体系

日本实施以"自主创新"为基础的"科学技术创新立国"基本国策。从20世纪80年代起，日本开始积极建立开放共享的科研政策，鼓励日本各层级科研机构实施技术转移，共享设施。这种环境基础在为日本的经济发展提供服务的同时，研发生产国防技术产品，机构企业充分利用国家科研资源，为保持日本国防技术优势提供了便利。为加快国家在科技创新方面的进步，日本于1995年制定了关于科技发展的纲领性法规《科学技术基本法》，明确了国家科技创新发展的宏观导向，标志着日本开始进入"科技创新立国"的时代。至今以该法为依据，5年一个周期的三期《国家科学技术基本计划》的施行，形成了较为完善的法律政策保障体系，为科技创新提供了一个良好的外部法律制度环境。特别是第三期计划目的是不断深化这些世界顶尖级的国家基础技术研究，进一步促进划时期的新学科的形成。以保障日本作为经济领域内第一级国家的持续发展并引领世界，加强日本在国际社会中的影响力。

3.2.2 高效的人才战略体系

长期以来，日本十分重视对高科技、高素质人才的培养，并逐步建立起了良性的人才培养、选择、竞争、交流机制和充满竞争的研究环境。2001年日本提出了以教育科技改革、综合人才开发为主体的科学技术人才战略，并出台了240万科技人才综合开发计划、研究据点形成COE计划和人才培养机构评价推进计划。同时将文部省与科技厅合并为文部科学省，推行国立大学和国立科研机构独立行政法人化的教育、科技体制改革。通过建立"科学技术特别研究员"和"基础研究特别研究员"制度，调整研究生院理工科的专业设置等一系列措施，有效促进了国家教育科技管理机构的高效率、协调运转。采取将由同行评议的个人和小型研究小组的科研经费在2005年度33亿美元的基础上，五年内增加30%的激励措施，为充分发挥高校和科研机构的自主性，培养具有创造性的基础研究和应用型人才、培育国家科技竞争力奠定了基础。

3.2.3 优惠的创新投资财税体系

日本加快科技创新发展的一个重要环节就是对创新企业进行适当的税收减免、财政补贴以及提供专项技术开发补助。为突出对高科技产业的支持，日本于2003年对财政预算和税制进行了改革。新税制规定，对IT等高新技术业进行投资的企业可以在投资额税收抵免和特别加速折旧优惠中任选一种；资本金在3亿日元以下的企业如进行设备现代化改造，可在第一年对其固定资产总额提取30%的特别折旧。对于开展高新技术创新的中小企业购买或租赁的机器设备减免所得税，其投入试验费用的6%可从法人税或所得税中扣除但扣除额不能超过税制适用年度法人税或所得税的15%。对中小商业企业实行27%的优惠政策。另外日本中央财政每年还提取约占总额25%的预算费用，对开展技术创新和高附加值产品生产的中小企业提供额度为技术开发费用50%（500万~2 000万日元）的技术开发资金补助。

3.2.4 健全的知识产权保护体系

知识经济时代，拥有自主知识产权的高新技术及其产业化是世界各国争夺的制高点。日本推动科技创新发展的策略之一就是致力于知识产权的创造、保护和利用。日本于2002年相继出台了《知识产权战略大纲》和《知识产权基本法》。从2003年起，每年制订年度的《知识产权战略推进计划》，成立了"知识产权战略本部"，号召大学、科研机构、企业开发独家技术。2005年4月1日起，《知识产权高等法院设置法》开始实施。并通过推进大学及企业的知识产权创造；强化知识产权保护；促进知识产权活用；重视知识产权相关人才培养四个方面基本对策的开展，取得了显著的效果。如今，日本每年的专利和实用新型申请件数世界第一，达到了全球的40%。日本专利局2005年8月8日公布，日本企业在2004年的国际专利申请数为2万167件，较前一年增加16%，成为美国以外国际专利申请数首次超过2万件的国家。到2006年日本现存有效专利为10万件左右，居全球第二位。

3.2.5 科学的产学研联动体系

企业为主体，大学为骨干，政府研究机构起促进作用的产学研联动体系是日本促进科技创新发展的有效机制。1998年颁布了《大学技术转移促进法》和《研究交流促进法》的修改案，并依此建立了日本大学技术转让机构（Technology Licensing Organization）。作为"综合中介窗口机构"，政府对该组织以建立辅助金制度、完善相关法律等配套措施予以扶持，各地的专门技术学校及中小企业大学的设立也加强了对企业专业人才的培养，实现了大学与企业之间的联动。日本在全国设立了200多个公立试验机构，帮助企业进行技术创新活动，进而促使企业的技术创新能力和生产效率得到不断提高。进入21世纪日本每年的科研投入均占其国民生产总值的3%以上，其中企业的科研投入占了其中的2/3。为此日本逐步提升企业的主体地位，通过在国立大学建立联合研究中心、举办多种形式的展览会和信息技术产业论坛等引导企业与大学相结合。这种官产学研相结合的科学联动体系促使新技术在开发后以最快的速度向实际生产和商业化转化。

3.2.6 积极的国际科技合作与交流促进体系

科技创新离不开国际科技合作与交流的支撑。日本一贯重视通过人才、情报和技术三方面的国际交流来培养和提高本国的自主科技创新能力。一是通过加强国际科技合作与交流的高水准基地建设、加大外籍高水平研究员的聘任力度、为国内研究人员出国研究提供便利、鼓励大学和科研机构聘请世界一流专家到日本开展学术交流活动，努力创造有利于人才及学术交流国际化开展的环境和条件。二是通过设立国家科学技术情报中心进行科技信息的搜集、整理和加工，并与美国的CAS、德国的FIZ联合建立国际科学技术信息网络系统，实现了科技信息国际化，保障了获取科技研究信息的先进性和全面性。三是通过参加联合国教科文卫组织、国际经济合作开发机构、国际原子能机构、亚太经合组织等的国际活动，积极发挥本国在国际科技合作中的主导或主体作用。

3.3 三重螺旋创新体系演进

以往日本确立的很多长期性基础研究大多属于国家主导的官产学联盟研究课题，但随着日本赶超经济模式的终结，有学者指出，这种国家主导型的官产学联盟是产生创新研究负面影响的主要障碍。日本政府也日渐意识到，过度干预研究方向必将导致企业对政府产生重度依赖，严重影响企业的自主创新。因此，日本将官产学联盟改称为产官学联盟，经过独法化和法人化改革后，为凸显大学作用，又进一步修改为产学官联盟，旨在增强企业成为技术创新主体的作用。2000年，日本政府制订了第二期科学技术基本计划，提出到2005年要实现产学官联盟，并在2002—2003年陆续推出的《知识产权基本法》和《知识创造周期促进政策》中，进行了详细部署。

3.3.1 产学官联盟与三重螺旋理论

日本是国际上首次明确提出产学官联盟理念的国家。早在1981年，日本产业经济联合会出台的《下一代产业基础技术研发制度》中，日本就已提出要保证官、产、学各方面力量相互协作和充分发挥各自优势。

（1）产学官联盟的界定

关于产学官联盟的界定，日本文部科学省科技政策研究所专家（2005）认为："产"（Industry）是由具有创新能力需求和捕捉市场动态的企业所构成的社会生产组织；"学"包括大学（University）和研究机构（Research Institute），是拥有丰富知识储备、先进技术、知识创新能力和知识产权的社会组织；"官"（Government）是指政府，是拥有资金和组织调控能力的制度创造者和维护者。在产学官联盟中，"官"应在提供资金和完善制度环境方面给予支持，"学"要向"官"和"产"输送优秀人才，"产"有责任和义务在科技成果产业化方面发挥作用。此外，产学官联盟中，"产""学""官"的相互作用还包括信息提供和信息交换等。

（2）三重螺旋创新理论的提出

鉴于创新需要在复杂的系统结构、不确定的技术工艺、多变的市场需求等不稳定的创新环境条件下进行高智商、高投入与高风险并存的复杂性社会劳动，因此，必须要依靠集体的智慧才能实现。对此早有认识的是阿根廷学者乔治·萨巴托（Sabato，1975）教授。他曾倡导可以通过兴办科技工业园区来实现"学产官"联盟的"萨巴托三角"，他认为学术界、企业和政府之间的相互作用决定了知识价值的大小。此外，吉本斯（Gibbons，1994）也提出了要注重学科交叉的网络式科学研究的"模型2"（Model 2）。萨巴托和吉本斯均认识到创新需要模糊边界，需要实现创新主体跨越边界并具有交互性，这是非常难得的进步。1995年，荷兰阿姆斯特丹大学雷德斯多夫（Loet Leydesdorff）与美国纽约州立大学亨利·埃茨科维兹（Henry Etzkowitz）两位研究员合作出版了《大学与全球知识经济：大学—产业—政府关系三重螺旋》一书，标志着三重螺旋创新体系正式成为创新集群的一种新理论。所谓三重螺旋理论是以生物学螺旋概念为隐喻，强调企业界、大学和政府部门三者超越组织结构安排和制度设计，进行密切合作，相互影响，紧密融合并达到螺旋上升的状态，以达到共同实现信息共享、知识生产、提高科技成果市场转化效率的最终目的。

(3) 三重螺旋创新理论简评

三重螺旋创新模式较之普通的极权钳制和自由放任等模式相比具有很多优势，如创新传播路径短，高效便捷，通过创新各主体之间可以相互共享信息、资金和人才要素，实现职能重叠，进而产生分工和协作的创新协同效应。正如有的学者所言，产学官如三股绳索，最后由参与者、组织机构和规章制度等要素集束聚敛，每股与其他另外两股螺旋通联，形成网络和反馈重叠模式。在产学官联盟三种模式的演进过程中，三重螺旋创新模式是一种由大学孵化企业、企业发展战略联盟、政府部门通过制定规则和财政给予支持而共同实现创新发展的新模式。此种演进模式可以消除创新积极性受到打压或被自由放任的弊端，因而更具有创新性和先进性。目前，三重螺旋模式在微观层次上已形成了跨界交互媒介组织，这是一种产业联盟、技术转移、知识产权转让合同、企业研发机构等多方相互联合形成的一种新型组织形式。总之，在三重螺旋创新系统中，企业因市场竞争所迫越来越像大学和研发机构，不断研究新技术和新产品；大学越来越像制造知识产品的企业和准政府，政府则更多承担了服务者的角色。

3.3.2 三重螺旋创新体系的演进绩效

在欧美各国普遍重视创新的国际背景下，日本各界加强产学官联盟创新的呼声越来越高，日本政府对产学官联盟的认识也在不断深化，政府认真建立三重螺旋创新体系，不断演进并取得了显著成效。

(1) 对产学官联盟认识的逐步深化

依据产学官联盟的演进规律，纵观日本产学官联盟的发展历程，可将其概括为政府主导的消极阶段、持续借贷的被动合作阶段和互动深化的合作阶段。其中，日本战后至20世纪80年代，属于政府主导的消极阶段，日本大学和企业均在政府的通商产业省统一调控和安排下制定发展规划，进行技术革新，实行的是一种政府集权的钳制模式。20世纪80至90年代，日本大学和研究机构对产学官联盟结合得很不紧密，几乎是各自独立研究，产学官联盟演变为自由放任模式，所进行的合作多半是为了获得政府和银行的贷款。20世纪90年代以后，日本又重新认识到产学官联盟的真正价值，特别是进入21世纪以后，日本的产学官联盟开始朝向三重螺旋模式发展。

1）通过立法强调产学官联盟。1995年，日本制定了《科学技术基本法》，并在其中首次以法律的形式强调了产学官联盟的必要性，其中第二条关于科技振兴方针中明确指出，值此科技振兴之际，必须要统筹考虑培养社会的均衡研发能力，协调基础研究、应用研究和开发研究之间的相互关系，着重加强研究机构、大学、企业创新研发工作等的有机联系。

2）科学计划推进三重螺旋演进。根据1995年日本制定的《科学技术基本法》，日本每五年将制订一期科学技术基本计划。研读1996年至2011年的四期计划可以看出，日本推进产学官三重螺旋模式的系列举措，即在第一期科学技术基本计划中，缓和了国家公务员兼职的规制、政府改革了委托研究开发的专利权、企业改进了对公共研究机构的委托研究、公共研究机构深化了体制改革，诸多举措营造了灵活运用研究成果的制度环境；在第二期科学基本计划中，日本提出搭建催生优秀科研成果的研发平台，强化产学官联盟的产业技术成果转换能力，重点对产学官联盟的信息流通与人才交流的组织框架进行了改革；在第三期科学基本计划中，再次强调产业界要与公共研究机构达成共识，产业界应积极提交需求意向，公共研究机构要根据产业界所提出的需求积极推进研发活动。

3）金融机构的加入助推创新模式的产生。在第四期科学基本计划中，日本将视野从大学、公共研究机构、产业界扩大到了资金分配的金融机构，而且发现大学与国外企业合作研究比例低，技术转移机构的技术转移件数正在减少。为此，日本提出要构建促进科技创新的知识网络。根据第四期科学基本计划，可以认为日本的产学官联盟正在向第四阶段的产学官金四重螺旋模式演进，包括银行、风险基金等金融机构在内的日本新的创新模式已初露端倪。

（2）"产"在三重螺旋体系中的跨边界行为

产学官联盟的主要形式有合作研究、委托研究、捐助讲座、研究会、技术转移、技术指导等。日本的"产"在产学官联盟三重螺旋体系中的跨边界行为发展并不平衡，主要表现在相比于委托研究和捐助讲座而言，合作研究的方式发展得比较快。

1）企业出资与大学开展合作研究。2011年，日本企业出资与大学开展合作研究件数已由2003年的7 248件增至16 302件，研究费用也由2003年的152亿日元增至2011年的334亿日元，无论研究件数还是研究费用均增长了一倍多，由企业出资的合作研究始终占大学获得合作研究件数和研究经费的70%以上。

2）委托研究与捐助讲座进展缓慢。从企业出资委托大学开展研究情况来看进展比较缓慢，2003年研究件数为5 457，2011年为5 760件，研究费由110亿日元降为2011年的86亿日元。企业对大学捐助讲座的进展也较为缓慢，2001年捐助金额为551亿日元，2011年增至774亿日元，增幅不算太大。

3）日本产学官联盟取得初步成效。据2000年日本科技厅一项通过产学官联盟大学研究成果对企业研发战略影响的调查结果显示，30.2%的企业认为"缩短了研发和产品化进程"，30%的企业认为"实现了与竞争企业产品的差别化"，22.9%的企业认为"孵化了新企业"，还有19%的企业认为"实现了大学研究成果的溢出效应"。由此可见，新世纪伊始，日本由于产学官联盟新模式的演进已取得初步成效。

（3）"学"在三重螺旋体系中的跨边界组织

日本的"学"在三重螺旋体系中的跨边界组织主要有三种形式，即大学出资与企业开展合作研究，大学创办或孵化高科技企业和设立大学技术转移机构。

1）大学出资与企业开展合作研究。根据日本文部省 2011 年以前的历年统计数据，大学出资与企业开展合作研究的数量和经费正在逐年增加，近 10 年研究项目数和研究费实现了翻番式增长。这在日本经济长期低迷、社会呈高稳定态势的大背景下，显得有些异乎寻常。这种状况也改变了以往仅是根据日本大学老师自身的思想指导学生在实验室内开展基础性研究发表论文，教研和产业脱节的局面，实施绩效十分显著。

2）大学创办孵化科技企业。截至 2009 年年末，大学创办高科技企业累计达到 2 036 家，其中 24 家已经成为上市公司，而只有 156 家公司先后清算、歇业、解散和破产，这大大低于社会的平均数目。但是近年来，大学孵化出的高新技术企业在减少，其中 2009 年，大学孵化高科技企业仅为 74 家，创下自 1999 年以来的最低纪录。相比大学出资与企业开展共同研究而言，大学孵化高科技企业的绩效并不理想，但是已经初具规模。

3）承担市场化知识生产职能。在日本全国范围内设置的技术转移机构简称"TLO"，是一种科技中介机构，大致可以分为三种类型：一是大学内部设立的大学内部型 TLO；二是以法人资格出现的大学外部型 TLO，外部型 TLO 与大学构筑紧密关系却又独立于大学体制外；三是在更大范围内从事多个大学研究成果的技术转移任务形成的广域型 TLO，其作用是发掘来自大学、研究机构的科技成果，申请专利，并将实施权转售给企业，然后将转让费的一部分作为收益返还给大学或研究机构（发明者）。2012 年，日本批准 TLO 共达到 42 家，其中内部型为 17 家，如日本大学产学官联盟知识产权中心，外部型为 8 家，如东京大学 TLO，广域型为 17 家，如东京新产业创造研究中心。日本三种类型的 TLO 表明，大学的一部分功能就如同工厂一样正在积极承担市场化知识生产职能，服务于社会。

（4）"官"为三重螺旋体系提供创新环境

政府角色虽然有限，但是日本政府却一直致力于通过制定相关法律政策、组建产学官研究机构、召开产学官联盟推进会议，努力从对产学官的支持角色向促进角色的转换。

1) 制定相关法律和政策。日本"官"对产学联盟营造的制度环境与日本整个社会由"严格规制"向"缓和规制"发展一脉相承。通过各种法律和政策，日本逐步解决了知识产权、技术转移、合作研究和委托研究等跨边界可能产生的纠纷，并且自1986年起制定了很多税收优惠措施，以此鼓励产学官联盟的发展。

2) 组建机构与召开推进会议。目前，日本已建立了一批推动产学官联合研究的机构，如日本科学技术振兴机构、日本学术振兴会、理化学研究会、半导体研究所、电子项目合作研究机构、国际超导产业技术研究中心、东京大学尖端科技研究中心、新一代电子计算机技术开发机构、神奈川科技园等；并自2002年起，日本内阁府、总务省、文部科学省、经济产业省、日本经济团体联合会、日本学术会议等机构每年召开一次"产学官联盟推进会议"。最初的产学官联盟推进会议，多开展的是产学官启蒙活动，现在开始就实质性课题展开讨论。2010年6月，主题为"科技在京都"的产学官联盟推进会议在京都召开，同时还召开了第八届产学官联盟获奖者表彰大会，同年9月，日本在东京举办了产学市场项目《创新日本2010》，这是日本迄今为止规模最大的一次产学官联盟项目。

3) 由"支持"向"促进"转型。2001年，日本文部省在第17次年度学术大会上提交了《产学官联盟"支持"事业》报告。2006年，在第20次年度学术大会上，日本文部省所提交的报告题目改为"产学官联盟活动'高度促进'事业"，对产学官联盟的调整经历了认真挖掘大学的科技成果并支持向企业进行技术转移、大学构筑产学官联盟到积极促进产业界对大学提出明确的科研需求三个不同阶段。

3.4 科技管理信息系统

府省共同研发管理（Electronic Research and Development，e-Rad）系统是日本综合科学技术会议（2014年更名为综合科学技术创新会议）牵头建立的一个便于各省厅之间横向联系与合作的科研项目统一申报管理平台，旨在加强对中央政府科研经费的管理和统筹协调。该系统以竞争性研究资金制度为中心，通过共享不同研究项目和研究人员的信息，对研发相关文件实施在线化管理，以消除竞争性研究经费和任务导向型项目经费分配使用过程中存在的"重复资助"现象，避免"资金过度集中"问题，实现业务运行的高效化和科研经费的有效配置。

3.4.1 e-Rad 系统建立背景

2003年7月，在"各府省信息化协调责任人联席会议"的推动下，日本政府出台了《电子政府建设计划》，提出通过推进政府各部门业务和系统运行的简洁化、效率化、合理化，实现人力资源和物质资源的高效配置，建成预算效率高的简化政府。2004年2月，文部科学省牵头将部分相关省厅业务和系统确定为"研发管理业务和系统"。在此基础上，日本政府以文部科学省为中心，于2006年3月制定并发布了《研发管理业务系统最优化计划》，开始构建研发管理相关文件的在线电子化系统。

日本政府科技相关预算的执行过程长期以来都是由不同府省来分别管理的。因此，在2006年3月日本内阁审议通过的《第3期科学技术基本计划》和2007年6月综合科学技术会议审议通过的《2008年度科技相关预算等资源分配方针》中，日本政府都提出构建 e-Rad 系统，通过共享不同研究资金制度信息、管理研究人员信息等措施，解决竞争性研究经费和项目经费分配使用过程中的"重复资助"和"资金过度集中"问题，提高业务运行效率。

在此背景下，各省厅在当时日本科技最高决策部门——综合科学技术会议的协调下，开始共建这一科研项目统一申报管理平台，以便更加有效、更加合理地执行政府科技相关政策。

3.4.2 e-Rad 系统的管理和服务对象

e-Rad 系统自2008年1月开始运行，其用户包括资金分配机构（分配竞争性经费的各府省以及独立行政法人）的业务主管人员、申请研究课题的研究人员、大学等研究机构的业务主管、项目负责人（PD）、项目官员（PO）以及项目评审人员。日本政府要求，除一些特殊情况外，管理竞争性研究资金项目的各府省及相关独立行政法人统一使用 e – Rad 系统。与此同时，在相关部门更新自身现有项目管理系统或网页时，要求其废除与 e – Rad 系统重复的功能。

e – Rad 系统的管理对象主要是日本中央政府的竞争性研究经费和部分项目研究经费。其中，项目研究经费需同时满足下述三个条件：一是预先设定研究目标，在一定期限内实施研究；二是按研究人员或研究团队进行分配；三是除人员费、设施设备费之外的资金超过一定规模。

3.4.3　e – Rad 系统的功能架构

e – Rad 系统的整个功能架构由项目介绍、研究机构登录、研究人员登录、评审人员登录、电子申请、审查业务、采用和交付以及成果报告和评估工作 8 个环节构成，这些环节以系统数据库为核心，相互交织，相互配合。

日本政府在进行 e – Rad 系统设计时，以课题、研究机构和研究人员信息数据库为基础平台，通过申请、审查、认证、评价、成果公开等网络流程，将政府、资金分配机构、研究机构、研究人员、评价机构以及国民联系起来。

此外，日本政府非常重视 e – Rad 系统的信息安全问题，规定所有用户在使用 e – Rad 系统时，都必须经过 ID 和密码认证，其中评审人员登录还额外需要随机发送的验证码，研究机构和资金分配机构主管必须使用预先登记过的电脑才能访问 e – Rad 系统。不同类别的用户仅能访问预设权限许可范围内的信息。

日本政府在对 e – Rad 系统进行更新时，针对一些府省的管理要求进行了适应性改动，并设置了一些标准接口以方便更多府省的更多竞争性资金管理业务接入 e – Rad 系统。经过几年运行，日本政府发现最初建设的 e – Rad 系统存在"面向研究人员和资金分配机构功能不足"和"系统结构扩张性较差"等问题，因此，对系统功能架构设计进行了完善，在 2013 年 1—2 月进行了系统转换，并于同年 3 月启用新一代系统提供全面服务。

3.5 国家科技研发设施管理

3.5.1 国立研究机构重大科研仪器设施政策和措施

日本政府在科技研发设施开放共享管理方面，注重制定科技政策和制订相关计划等措施，建立鼓励科技研发设施开放共享的运行机制。

（1）国家政策计划

日本从20世纪80年代就开始积极建立开放共享的科研政策，鼓励日本各层级科研机构实施技术转移，共享设施，这种环境基础为日本的防卫企业充分利用国家科研资源，保持日本国防技术优势提供了便利。

日本2001年3月通过了《第二期科学技术基本计划》，该计划要求制订改善国立大学等研究机构基础设施的5年计划，同年4月文部科学省就制订了"国立大学等设施紧急整备5年计划"，提出用5年时间改/新建基础设施，充实新的设备，完善具有卓越教育研究业绩的研究据点。需要改/新建设施的国立大学等高达1 100万平方米，其中以下列设施（210万平方米）的整备为优先目标，如充实研究生院等的设施120万平方米，卓越的研究据点等40万平方米，尖端医疗大学附属医院50万平方米，另外老化设施的改善390万平方米。总计所需费用1万6千亿日元。

在2002年6月通过的《知识产权战略大纲》中，提出加强研究设施改善等的环境建设。2002年以后，为加强产生创造性研究开发成果的环境建设，要加快不断老化、落后的研究机构重点设施的改善，同时充实和地区密切的教育设施，培养地区需要的人才，促进产学官联合以及前瞻性的研究活动，强化地方公共团体、国立大学和独立法人等之间的联合。

关于国立大学等将充实必要的先导性研究设备。作为私立大学等研究设施等整备的扶持，对大型的教育研究装置、设备以及校内LAN网、计算机等IT环境的整备等给予必要的补助。特别是对于私立大学进行的出色的研究项目，通过"私立大学学术研究高度化推进事业"等具有特色的教育研究项目给予研究设施以及研究费等一揽子援助。对于民间购置困难的大型且昂贵的共同利用设施，由国家配备，作为和民间共同利用设施。具体有：①以国立研究机构为例，实验研究设施（高度化、大规模化）的整备不仅有助于推进高效、高水平的研究，而且也是影响研究成果的重要条件。②在对研究设备（如大型器材）的购置方面，国立研究机构都可以向有关省厅提出特别预算申请，在通过专门委员会和省厅的相关部门审查合格后，就可以购置所需的设施仪器，设备报废前的产权全部归国家所有。以国立环境研究所为例，每年都向环境研究有关省厅申请相关的大型公用仪器。③在申请大型仪器时多数要求使用人员具备技术人员的条件，大型仪器的运行操作必须是熟练的专业技术人员。有时根据情况，也可能委托给民间的技术人员。④大型仪器，只要向社会开放，基本上都是免费的，但根据使用目的，也进行收费。

由于日本对科技资源实施积极的开放共享政策，所以各类科研机构会通过网站等多种途径宣传自己的技术成果和研究设施，鼓励企业使用和参与合作研究，对全社会进行开放共享。日本科研机构在日本国防研究中起到提供基础研究成果、管理大型设备设施、提供资源共享共用的作用。如日本原子能研究所和日本理化学研究所等拥有的大型放射光设施（加速器 Spring-8）向国内外研究人员开放，并且日本政府为更有效地发挥其作用，也已经制定出特定发射光设施共同促进法（草案）等，一年时间内共同利用该设施的课题便达到千余项。

（2）典型做法

以国立研究机构为例，实验研究设施（高度化、大规模化）的整备不仅有助于推进高效、高水平的研究，而且也是影响研究成果的重要条件。从1999年度，日本政府就利用补正预算，整备国立实验研究机构等老化的研究设施。

1）购置实行特别预算申请

在对研究设备（如大型器材）的购置方面，国立研究机构都可以向有关省厅提出特别预算申请，在通过专门委员会和省厅的相关部门审查合格后，就可以购置所需的仪器设备，设备报废前的产权全部归国家所有。以国立环境研究所为例，每年都向环境省申请相关的大型公用仪器。

2）人员管理方式

在申请大型仪器时多数要求使用人员具备技术人员的条件，大型仪器的运行操作必须是熟练的专业技术人员。至于操作人员的待遇，没有什么特殊。有时根据情况，也可能委托给民间的技术人员。对于运营费用，根据情况有的需要专门费用，有的则没有。

3）服务费用收取

大型仪器，只要向社会开放，基本上都是免费的，但根据使用目的，也进行收费。如独立行政法人国立健康营养研究所对其3套大型设备（HUMAN CALORIE METER，骨密度测定装置，运动设备安装研究设备）制定了"研究设施、设备相互利用等推进办法"，规定属于国、公、私立大学和研究机构的研究人员因研究需要，可以申请使用这些仪器，使用前需要提交"共同利用申请书"，并收取一定的电热费、数据分析人工费、专门指导费等。使用时，基本上都是通过该研究所的负责人进行。

3.5.2 设备管理学会

由日本产业界26家大公司、大企业的经理、厂长和学术界22所高等院校的教授等发起筹建的日本设备管理学会，于1989年4月1日正式成立。

近年来，随着产业界工厂设备向着高技术化、自动化发展，设备对产品质量的影响程度日益增加，以TPM为主导的维修技术的重要性今后将更加突出。但是维修技术是以实用技术在产业界发展起来的，而在高校工科体系中还没有设立维修工程专业。为使日本先进的TPM维修技术向着21世纪更高水平发展，今后必须与生产实践结合开展学术研究工作。为此目的，要把产业界和学术界的有识之士组织起来，以学会的形式推动和开展这方面的工作。该学会设名誉会员、正会员、准会员和赞助会员。正会员是工厂中设备管理维修方面有经验的技术人员，准会员是大学在校学生和研究生，赞助会员是法人或团体，对各类会员都征收一次性的入会费和会费（按年交纳）。

3.6 典例分析

3.6.1 产业技术综合研究所促进知识产权共享

产业技术综合研究所是日本最大的国立研究机构，在产业技术的广泛领域中开展各种各样的技术开发工作。2001年1月6日随着中央部委再编政策的实施，将通商产业省工业技术院和全国15个研究所统合起来形成了产业技术综合研究所（以下简称产综研）。同年3月31日暂定为经济产业省附属的综合研究所，4月1日起导入独立行政法人制度。

为了将产综研的知识产权积极加以利用，日本产业技术振兴协会在2001年4月1日设立了产综研技术转移部门，4月13日作为首批取得认定的机构开始运作。主要包括以下内容：

（1）技术转移工作

产综研TLO通过与产综研签订内部委托合约，接受专利权等知识产权相关的专用实施权，除此之外由市场企划部进行专利申请业务。

（2）专利、专业知识等的有偿公开

将产综研所有的知识产权通过信息公开合约等方式有偿公开。

（3）共同研究、委托研究等的支援和技术转移相关的追加研究

产综研TLO积极与产综研的产学官合作部门、知识产权部门和约60个研究领域的研究小组进行信息交流，进行共同研究、委托研究的支援和发挥其中介作用。其最大的特征就是能确保技术转移相关的追加研究的预算。国立研究机关开发研究出的技术一般不直接卖给企业，而是根据企业的需要进行对口研究，获得企业所需的数据和样品。利用这些追加的对口研究预算，进行各种各样的应用研究，促进技术转移的成功。

（4）专利调查、市场调查和咨询业务

产综研的研究者在进行专利调查、制作专利图等业务的同时，也进

行一定的市场调查业务，并接受相关内容的咨询。

产综研和产综研 TLO 的关系如下：

产综研 TLO 与产综研签订技术转移业务相关的委托业务，根据产综研的业务实施指示书开展业务。

取得专利、从共同研究到技术转移的许可证申请为止的相关业务，两者的责任分担如下：

专利取得业务、共同研究合约业务——产综研

合约秘密保持义务——产综研、产综研 TLO

设备提供义务——产综研 TLO

信息公开义务——产综研 TLO

实验设备、材料购买义务——产综研 TLO

许可证申请义务——产综研 TLO

由上可知，技术的研究开发和专利取得等相关业务是产综研的责任，技术转移相关的业务是产综研 TLO 的工作内容。

3.6.2 国立大学共同利用体制促进科研设施共享

国立大学共同利用体制是日本独特的科研设施共享与研究交流合作体制。其特点是经过多年建设与完善，形成大学共同利用机关、国立大学附设研究所和研究设施网络，将其所拥有的大型学术研究设备、资料、数据提供给全国的研究人员共同利用，开展合作研究，推动跨学校、跨领域的大规模、高水平、高效率的研究开发。日本1949年颁布《国立学校设置法》（2003年改为《国立大学法人法》），对设立大学共同利用机关以及作为大学共同利用设施的大学附设研究所及研究设施给予政策上的支持。其主要形态有：

（1）大型设备利用型

拥有大型设备并将之共享者，在建设这类设备时，各大学的研究人员社团从规划设计阶段即参与其中。典型案例如：高能加速器研究机构（光工厂）、东京大学宇宙线研究所（超级神冈仪等）、筑波大学计算科学研究中心等。

(2) 合作研究型

根据设定的研究课题开展相应的合作研究或研究讨论等。如人类文化研究机构综合地球环境学研究所、京都大学基础物理学研究所等。

(3) 研究资料提供型

收集与保存学术资料并将之共享者。如人类文化研究机构国立民族学博物馆（民族资料、标本）、信息系统研究机构国立遗传学研究所（数据库、系统保存）、东京外国语大学亚非语言文化研究所（亚非地区语言文化相关文献、辞典、字典）等。

(4) 信息基础中心

建设、完善并提供研究与教育等的信息化基础设备等。如东京大学信息基础中心（超级计算部门）等。

4 韩国科技研发设施开放共享管理

对于韩国科技研发设施开放共享管理的分析主要包括国家科技创新体系、科技研发设施的管理、科技研发设施开放共享管理模式以及日常监管等方面。

4.1 国家科技研发设施体系

4.1.1 国家科技研发设施体系构成

韩国国家科技研发机构主要包括政府研究机构、高等院校、企业和社会非营利机构等。国家投资的研发机构包括中央政府资助的科研机构、国立实验室、地方资助的科研机构和地方实验室4种类型,主要是为国家和地方社会发展服务。中央政府资助的科技研发机构主要有韩国科学技术研究院、原子能研究院、宇航研究院、能源技术研究院和机械材料研究院等。高等院校是基础研究的主要力量,韩国高等院校共计约220家,科技研发力量较强的是综合性大学,如首尔大学、延世大学、浦项工业大学等,基础研究是高校科研的主要任务,同时,也联合研究机构和企业开展应用研究和技术产品开发活动。韩国大型企业是科技创新和产业创新的主力,企业研发的重点是试验开发、应用研究和产品研制,也参与相关的基础研究,为其长远发展进行技术储备。韩国企业研发机构可分为两种:一种是企业附设的科技研发机构;另一种是产业技术联合研发机构，该机构是具有研发实力的企业与相关大学、研究机构共同构成，围绕产业发展目标分工合作共同研发。韩国主要科技研发机构见附表4。

4.1.2 国家科技研发设施管理体系

从国家层面来看，韩国在20世纪80年代后期，确定了科技立国的国家战略，20世纪90年代末，开始实行统一与各个政府部门分别管理相结合的模式，根据《科技创新特别法》成立了国家科学技术委员会。该委员会是韩国科技创新政策的最高决策机构，负责重大科技政策制定、发展规划制定、科研预算分配、科技基础建设管理等。各个、各级政府部门分别管理所属科技研发机构，对所属科技研发机构通过制定政策、实施计划、设施投资等实施管理；但在具体实施模式上进行改革，建立了基础科学技术研究会、产业科学技术研究会、公益科学技术研究会等五个研究会具体管理国家投资的科技研发机构。研究会采用理事会制，理事分别由各部门专家组成，以整合科技研发力量，合理配置资源，提高研发效率，加速成果转移转化。

从科技研发机构组织层面来看，按照韩国政府颁布实施的《关于政府资助研究机构的设立、运营及促进的法案》等法律法规实行管理，国家投资的科技研发机构注册为财团法人，使之具有较大的自主权，以提高研发效率，促进科技研发设施开放共享和科研成果转移转化。各个研究会具体管理国家投资的科技研发机构，主要是通过对法人进行管理。研究会所属的研究院所实行所长负责制，所长经招聘与推荐、理事会议、理事长任命，任期三年；所长代表机构每年向研究会提交管理目标并得到研究会批准执行；其内部还设有一名监事，负责监察和审计研究院所的事务和财务，监事也由理事会会长任命，任期三年。

4.1.3 国家战略科技研发设施的管理

韩国在航空、航天、电子、造船、兵器及核等国家战略科技研发设施方面门类较齐全，具有较强的实力。韩国国防科技工业科技研发实施主要由国家投资的科技研发机构、高等院校和企业等构成。国家投资的国防科技研发机构由国防科学技术研究院、航空航天研究院、原子能研究院等构成，高等院校研究机构和企业研究机构也参与相关研究工作。韩国的国防科技工业走的是军民结合、寓军于民模式。韩国没有独立的国有军工企业，而是在政府支持下，建立了以社会民间企业为主的国防科技工业。这些企业以民为主，在研发生产民用产品的同时，依据法规政策研发生产军事产品。因此，韩国在大力发展军民两用技术中，发挥了科技研发设施的开发共享重要作用。

4.2　韩国科技研发设施投入和建设管理

近几年，韩国政府加大了对尖端科学和基础科学研究领域的科研设施投入力度，以顺应世界经济发展的需要，在 21 世纪初将科技水平提高到先进国家水平。同时，韩国政府在国家重大科研设施投入和建设管理、提高其使用效率等方面，建立了科学的投入、管理、运行和共享使用机制。

4.2.1　审批购置情况

在国家重大科研设施购置方面，韩国政府主要靠国家拨款或者通过 IBRD（国际开发银行）、OECF（日本海外经济合作基金）等国际机构的贷款来筹措资金，将所筹措的资金分配给各所大学或科研机构，作为购置科研设施的投资。政府资助的研究机构，初期主要靠贷款购置仪器设备。随着 IBRD 对韩国贷款的结束，现在，借助国家支援购置的比例日渐增加。国家公立试验研究机构主要依赖国家拨款，政府资助的科研机构则通过贷款购置仪器设备。国家公立试验研究机构是依据政府组织法、中央政府的有关法令或地方政府有关条令和规定设立的，其成员（研究员和技术员）属公务员身份，主要从事试验、检测、检验、调查等业务。政府资助研究机构具有财团法人资格，经费主要由政府资助金名目提供，以接受委托的形式开展研究开发活动。最近，由于国策研究费的增加，政府资助的科研机构用国策研究费用添置科研仪器设备的情况越来越多。总之，科研机构的设施购置和运行费用主要来源于国库、贷款、自筹、研究费和其他有关单位的资助等。从政府对大学的投资情况来看，最近几年，教育部加大了对大学研究用仪器的投入力度，以提高大学教育水平和研究能力。国立大学研究设备费的80%是靠国家拨款及贷款解决的。但国家对私立大学的支援明显不足，致使一部分私立大学在研究设备方面只能自筹资金。

购置计划主要是由科研单位或大学向有关部门申报，国家在审批管理及购置费用的安排上，要综合各种因素。其中包括向社会开放共享的情况。

韩国每年从2月份开始运作下一年度预算编制，国家重大科研仪器设备预算编制亦不例外。韩国研究开发预算归口于企划预算署。政府各有关部门从2月份开始经过几次调整编制出预算（草案）。政府各有关部门再对预算（草案）进行多次协商和调整，最终于9月中旬向总统报告下年度预算草案。国会于11月份对预算草案进行审议，做出最后决定，科学技术预算12月份才能最终确定。

4.2.2 产权归属情况

由国家购置的重大科研设施，其产权归国家所有。另外，由国家购置的一部分重大科研设施虽设立在各大学或科研机构，但其产权仍属国家所有。由国家资助购置的重大科研设施的产权归购置方所有。通过贷款购置的科研设施产权归购置单位所有，贷款由贷款方偿还。但对中小企业，政府会实施一定的扶助政策。

4.2.3 技术管理人员情况

韩国科研设施技术管理人员在条件、培养、待遇方面与科研技术研究人员等同。在韩国各研究机关和大学，由专家或对技术精通的人来管理科研设施。有关科研设施技术管理人员的培养、待遇均由大学或研究机构自行决定。大学或研究机构为提高科研设施技术管理人员的业务水平而派出的培训人员费用由派出单位负责；个人参加的培训，其费用自理。

收费方法：一是直接来访，由行政室接收；二是网上付费，将账号输入到韩国基础科学支援研究院。据韩国基础科学支援研究院的有关人士介绍，到目前为止，韩国还没有制定对科研设施技术管理人员实行特殊待遇的规定及激励机制。

4.3 促进开放的典型做法

韩国为提高科技竞争力，正加大对科研设施扩充的投入力度。同时，采取积极措施，促进现有科研设施的使用效率。

4.3.1 立法保障开放共享

将现有的科研设施向社会开放共享，既可提高研究开发投资的使用效率，又可防止科研设施的重复购置。目前韩国通过立法来保障科研设施向社会开放共享。法规包括：《协同研究开发促进法》《科学技术革新特别法》《技术开发促进法》《基础科学振兴研究振兴法》《产业技术研究组合育成法》《韩国科学技术院法》《光州科学技术院法》《产业技术基础法律》《计量及检测法规》、获得科学器材及共享的规定等。

《协同研究开发促进法》第 8 条规定，从国家、地方政府或政府投资机构得到所需运营经费的大学或研究所在对该机构业务没有影响，收取费用的情况下，该机构拥有的研究开发设施应允许其他单位使用。

4.3.2 设立专门机构集中管理

韩国国家级重大科研设施主要集中在基础科学支援研究院（基础科学支援研究院位于韩国大田市，大德研究园区）及下属的 6 个分所（汉城①分所、釜山分所、大邱分所、光州分所、全州分所和春川分所），一部分配置在各大学和科研机构。政府为提高国家投入购置的设施的使用效率，建立科学的投入、管理、运行、共享使用机制，于 1988 年成立了韩国基础科学支援研究院。10 多年来，该研究院在确保本国最高水平的各种研究仪器和共同研究设施，构筑全国支援网，营造良好的基础科学研究环境等方面发挥着积极作用。

---

① 汉城：今为首尔。

4.3.3 网络信息服务系统

韩国基础科学支援研究院在网上为各科研机构及使用者提供了内容详尽的服务系统,在网上开设的服务项目有:

研究支援:研究设备及预约、新近购置的设备、国家指定研究室、本月教育训练、远程共同研究试验、核聚变、知识信息服务、研究设备信息、仪器会员制。

研究院介绍:设立目的、主要机能、组织/部门机能、远期规划及目标、国际合作、考察指南。

部门介绍:核聚变研究开发事业团、分所、企划室。

主要工作:尖端研究设备共享,国家大型共同研究设施设置、运营、世界大型共同研究设施开发。

研究成果:主要事业成果、前几年支援业绩、当年支援业绩。

尖端研究设备:研究设备目录及预约、教育训练、尖端仪器共享、远程共同研究试验系统、分析服务支援系统等。

同时,开设了仪器共享指南、现有仪器目录、仪器使用申请和受理人等。使用者可通过网络、直接访问、传真、邮寄、E-mail 申请。

4.3.4 实行共享会员制

韩国基础科学支援研究院为了充分利用该院现有的尖端仪器设备的使用效率,对通过使用仪器取得良好业绩的使用者,给予优惠待遇,特实行尖端仪器共享会员制。

通过研究设备信息网和尖端仪器共享互联网服务统管的研究设备网页吸纳会员并对其进行研究业绩登记管理。欲入会者可随时通过会员制网页入会。至于入会1年后能否享受会费优惠,要根据其被登记的业绩,每年(12月中旬)由研究院尖端仪器共享会员评选委员会评选,被选为可享受优惠会员后方可享受会费优惠待遇。

4.3.5 收费及考核评估

有关部门对政府资助购置的科研设施向社会开放情况进行考核、评估,依据其向社会开放的业绩决定对其科研设施运行费用的支援。同时，为了促进科研设施共享，韩国政府认为有必要在购置设备初期，经过有关部门评议，对信誉度高、向社会开放好的科研机构在购置费方面应予以优先考虑。

4.4 国家级实验室和研究实验基地内部体制机制

韩国国家级实验室和研究实验基地均以财团法人的形式建立，以混合方式（企业经营方式和公共机构运营方式）运营，即地位、作用和任务属于国立研究所性质，但制度上却属于民间性质。国家级实验室和研究实验基地设立依据是《关于政府资助研究机构等的设立、运营及育成法》，该法明确规定组织结构、人员设置、科研活动、成果分配等。混合方式给研究机构运营和研究活动提供了很大弹性和灵活性，可避开国立机构必须遵守的那些僵硬的预算会计法和公务员任用规定，在人事、工资管理、财务会计管理等方面创造宽松环境，保障研究成果的最大产出。

4.4.1 内部管理体制及组织结构

在研究会的内部组织结构和管理体制系统中，理事会是最高决策机构，研究会及研究机构的预算和工作计划的认定、所辖研究机构负责人和监事的任命、经营目标的认定、机构职能的调整、业绩和经营内容的评价、各研究机构间开展合作研究所需采取的措施等，均需理事会研究决定。研究会设包括理事长在内的15名理事和1名监事；理事长代表研究会统管业务工作；监事监查研究会的业务和财务。各研究会理事长的产生是由理事长推荐委员会推荐，国务总理任命；理事则由产业界、研究界、教育界推荐，经理事会议决，由国务总理任命；监事由国务总理任命；理事长、理事、监事的任期均为3年。研究部门负责人及监事由研究会理事长任命，采取公开招聘或经院（所）长推荐委员会推荐的方式产生候选人；任期为3年。

4.4.2 研究人员的薪酬、聘任和开放流动机制

韩国国家级实验室和研究实验基地内部一般自设劳动组合。政府在

薪酬方面没有具体政策和法规。薪酬通过劳动组合协商而定。在韩国，科研人员薪酬福利属中上水平，相当于大学教授的平均水平，由基本工资、可变薪酬和间接薪酬三部分组成。对于基本工资，各院所与劳动组合协商制定本部门基本工资的计算方法和增长机制。以科学技术研究院为例，基本薪金的增长机制大致分为两种：①年终评价机制，定量评价占50%，领导评价占50%，根据评价结果决定增长标准；②工作年限评价，在本单位或本系统工作10年以上才有资格参加这类评价，评价方式包括领导评价、同僚评价、服务保障部门评价。对于可变薪酬，其与奖金直接挂钩。研究课题所得利润的30%～50%作为奖金在课题组内分配，在与劳动组合协商后确定具体方案。

4.4.3 经费来源与分配机制

韩国国家级实验室和研究实验基地的经费来源由政府资助金、自身收入、基金和其他收入组成。政府资助金大部分来自国务总理室（这部分资金主要用于维持研究机构正常运转的经常性开支，约占国家科技预算的3/4），小部分来自政府其他部门。自身收入的大部分来自科技部委托的国家研究开发项目的拨款，小部分来自企业委托研究费和技术转让收入。基金和其他收入大部分来自科技部。研究经费绝大部分来自公共财源，来自民间的研究委托费仅占4%～5%。

政府对实验室和研究实验基地的财政拨款分为两部分：一部分为资助金（经常费+基本研究费），另一部分为政策研究费（研究开发费）。前者由国务总理室拨发，后者由政府有关部门拨发。

基金资助旨在提高研究人员的创造潜力和知识水平。对国家级实验室和研究实验基地的基金资助分为对基础研究的资助和对研究基地的资助两部分。基础研究资助包括核心项目和跨学科研究项目。核心项目对个人研究和创新研究给予资助，包括自然科学与工程技术各领域；承担者主要是讲师或讲师以上的职称，期限不超过2年。跨学科研究项目的支持领域主要是信息科学与工程、生物技术、精细化学、能源与自然资源、新材料、航空和空间科学及海洋学、医疗保健技术；承担者主要是助理教授以上，由3人或以上研究人员进行研究，期限不超过3年。对研究中心等研究基地的资助体现在：对有战略意义、可望产生重大研究成果、具有国际水平的研究团体和在大学中设立"优秀研究中心"，给予集中、长期、稳定的资助。通过资助，促进大学间合作、跨学科研究及人才培养。

4.4.4 资源共享机制

韩国国家级实验室和研究实验基地的科研设施的购置和运行费用来源于国家拨款、贷款、自筹、研究费和其他有关单位的资助。近年来，韩国政府加大对尖端科学和基础科学研究领域的科研设施投入力度。由于国策研究费的增加，国家级实验室和研究实验基地用国策研究费用添置科研设施的情况越来越多。

政府通过立法保障科研设施向社会开放共享。2004实施的《合作研究开发促进法》规定科研设施向社会开放共享。即从国家、地方政府或政府投资机构得到运营经费的大学或研究所在对该机构业务没有影响并收取费用的情况下，其研究开发设施应允许其他单位使用。政府委托有关机构或部门对政府资助购置的科研设施向社会开放情况进行考核、评估，依据其向社会开放的业绩决定对其科研设施运行费用的支援。

另外，韩国政府1988年成立韩国基础科学支援研究院。韩国最高水平的各种研究设施和国家级重大科研设施主要集中于此及下属的6个分所（汉城分所、釜山分所、大邱分所、光州分所、全州分所和春川分所）。国家级实验室和研究实验基地的科研人员可以通过网上开设的共享服务指南和尖端仪器共享会员制的形式，得到其提供的专业化研究设施服务。

4.4.5 科研机构评估监督机制

韩国根据《科学技术革新特别法》，成立韩国科技计划评价院，负责科技部的计划、项目、机构评估和相关调查研究，指导全国科技评估工作。韩国的各研究会主要依据《政府资助研究机构设立、运营及育成法》，对所属研究机构的研究业绩和经营内容进行评价。该法规定的评价内容包括以下8项：研究结果优秀性及应用程度；研究领域专业化程度；经营目标完成情况；研究业绩评价体系客观性及公正性程度；组织及人事管理的合理性；年薪制度、成果报酬体系运营状态；产、学、研合作研究利用情况；为提高其他研究机构实效，而进行的经营合理化情况。依据《政府资助研究机构设立、运营及育成法》而进行的评价结果将呈报国务总理和企划预算署。评价结果将影响研究机构的研究经费额度、是否被解散和研究机构的人事任免。

附表

附表1 以色列科技研发机构部分名录

序号	名　　称
1	魏茨曼科学研究院
2	特拉维夫大学
3	希伯来大学
4	以色列理工学院
5	巴伊兰大学
6	海法大学
7	以色列SOREQ原子能研究中心

附表2 印度科技研发机构部分名录

序号	名　　称
1	印度科学与工业研究理事会
2	查谟区域研究实验室
3	喜马拉雅生物资源研究所
4	中央科学仪器组织

续表

序号	名　称
5	国家科学通信及信息资源研究所
6	国家科学技术发展研究所
7	中央机械工程研究所
8	国家航天实验室
9	终端弹道学实验室
10	人工智能及机器人研究中心
11	国防研究实验室
12	印度空间研究组织
13	印度农业研究理事会
14	印度医学研究理事会
15	印度原子能有限公司
16	印度稀土有限公司
17	印度核能公司
18	印度气象局
19	印度测绘局
20	甘地生物技术中心
21	DNF 指纹识别和诊断学中心
22	生命科学研究院
23	太阳能中心
24	风能技术中心
25	地震风险评估中心
26	国家海洋技术研究所
27	国家海洋信息服务中心
28	海洋生物资源与生态中心

附表3 日本科技研发机构部分名录

序号	名称
1	国家信息通信技术研究机构
2	原子能研究开发机构
3	放射线医学综合研究所
4	防灾科学研究所
5	物质与材料研究所
6	理化学研究所
7	海洋研究开发机构
8	宇宙航空研究开发机构
9	日本产业技术综合研究所
10	酒类综合研究所
11	国立环境研究所
12	国立健康营养研究所
13	劳动安全卫生综合研究所
14	农业与食品产业技术综合研究机构
15	农业环境技术研究所
16	森林综合研究所
17	水产综合研究中心
18	土木研究所
19	交通安全环境研究所
20	港湾机场技术研究所
21	电子航法研究所
22	建筑研究所
23	东京大学
24	京都大学
25	大阪大学
26	东北大学（日本）

续表

序号	名称
27	科学技术振兴机构
28	名古屋大学
29	九州大学
30	日本理化学研究所
31	北海道大学
32	日本产业技术综合研究院
33	筑波大学
34	庆应义塾大学
35	广岛大学
36	千叶大学
37	冈山大学
38	神户大学
39	东京医科齿科大学
40	日本金泽大学
41	熊本大学
42	大阪城市大学
43	日本国立材料科学研究所
44	日本国立癌症中心
45	高能加速器研究组织

附表4 韩国科技研发机构部分名录

序号	名称
1	韩国科学技术院
2	韩国先进科技学院
3	韩国生命科学与生物技术研究院
4	韩国基础科学研究院

续表

序号	名　　称
5	国家核聚变研究所
6	数理科学国立研究所
7	韩国天文宇宙科学研究院
8	韩国传统医学研究院
9	标准科学研究院
10	余杭研究院
11	原子能研究院
12	海洋研究与开发研究院
13	基地研究所
14	化学技术研究院
15	毒理学研究所
16	电工技术研究院
17	能源技术研究院
18	机械与材料研究院
19	材料科学研究所
20	地质矿产资源研究院
21	食品研究所
22	铁道技术研究院
23	建筑技术研究院
24	电子通信研究院
25	国家安全研究院
26	工业技术研究院
27	高丽大学
28	韩国中央大学
29	建国大学
30	庆熙大学
31	成均馆大学
32	西江大学

参 考 文 献

[1] 陈光. 以色列国家创新体系的特点与启示[J]. 中国国情国力,2014(11):67-69.

[2] 刘辉. 以色列的国家技术创新体系[J]. 全球科技经济瞭望,1999(9):54.

[3] 张明龙,张琼妮. 以色列高效创新运行机制揭秘[J]. 科技管理研究,2010(23):22-25.

[4] 竺雅莉. 以色列的科技管理及全球链接的形成[J]. 昌吉学院学报,2014(1):31-35.

[5] 张义明. 印度推动科技进步的立法形式和政策机制[J]. 全球科技经济瞭望,2004(10):25-27.

[6] Department of Science and Technology. Scientific Policy Resolution[EB/OL]. [2011-08-16]. http://www.dst.gov.in/stsysindia/spr1958.htm.

[7] Erawatch. Structure of Research System Organogram. [EB/OL]. [2011-08-18]. http://cordis.europa.eu/erawatch/index.cfm?fuseaction=ri.content&topicID=35&countryCode=IN&parentID=34.

[8] Department of Science and Technology. Technology Policy Statement. [EB/OL]. [2011-08-16]. http://www.dst.gov.in/stsysindia/sps1983.htm.

[9] 张双鼓,薛克翘,张敏秋. 印度科技与教育发展[M]. 北京:人民教育出版社,2003:44.

[10] 赵昆,罗梓超. 俄罗斯科技创新体系浅析[J]. 科技创新导报,2015(29):2-3.

[11] 石卫平,魏雯,李浩悦. 浅谈俄罗斯国防科研机构管理[J]. 中国航天,2005(8):26-29.

[12] 邱举良. 俄罗斯的研发现状与发展目标[J]. 科学新闻, 2007(14).

[13] 欧阳向英. 俄罗斯创新战略的目标和效果[J]. 欧亚经济, 2014(2): 45-61.

[14] 吴淼, 张晓云, 好韵, 贺晶晶, 王丽贤. 俄罗斯重大科技基础设施建设状况研究[J]. 西伯利亚研究, 2015(4): 32-38.

[15] Современная Исследовательская Инфраструктура Российской Федерации. О Проекте "Современная Исследовательская Инфраструктура Российской Федерации" [EB/OL]. http://www.ckp-rf.ru/.

[16] В минобрануки России состоялось совещание по Мега-сайенс [J]. Минобрануки РФ, песс-служба, 2011, 6, 24: 1-2.

[17] 陈柯羽. 国内外国家实验室管理模式比较研究初探[D]. 西南交通大学, 2011: 23.

[18] 申畯, 哈悦, 陈皓, 尹航, 李莉. 国外国防技术转移现状研究[J]. 军民两用技术与产品, 2014(6): 8-12.

[19] 赵晶晶, 贾怡, 张楠楠. 国外国防科研设备设施共享管理制度与法律基础浅议[J]. 中国航天, 2017(11): 25-28.

第五篇　中国科技研发设施开放共享管理

本篇简述我国科技研发机构体系与科技研发设施体系的不同阶段发展情况以及国家科技研发设施开放共享管理现状，着重分析国防科技工业科技研发设施开放共享的问题，提出伴随科技研发机构改革发展，围绕建设创新型国家和军民融合发展的目标，不断完善科技研发设施开放共享管理的建议。

1 科技研发体系

我国科技研发机构在不断的建设、调整、改革、发展过程中，形成了有中国社会主义特色的科技研发机构体系。

1.1 科技研发机构体系的建立

中华人民共和国成立后，中国的科学技术发展开始谱写崭新的历史。新中国成立初期，基本仿照苏联模式，建立了军民分立的科技研发体系。随着不断的发展调整，中国形成了由中国科学院、高等院校、国务院各部门研究单位、地方科研单位、国防军事科研单位和企业研究单位等组成的科技研发机构体系。

1.1.1 民用科技研发机构体系

中国的民用科技研发机构体系主要由国家研究开发机构、高等学校、企业等方面的科技力量组成。在国家层面，主要有科技部、教育部等部局和科学院等设立的科技研发机构；在地方层面，主要有省、自治区、直辖市一级的科技研发机构及地市、县等科技研发机构。

（1）中国科学院

中国科学院成立于1949年11月，经过几十年的不断发展，现在拥有分布在全国各地的100多个研究所、400多家科技企业、3所院属大学，以及北京地区以外的13个分院（主要研究机构名录见附表1）。这些研究机构集中了国家科技研发的高精尖设施。中国科学院不仅是中国科学技术方面的最高学术机构,同时也是全国自然科学与高新技术综合研究的发展中心。它集合了一大批中国最优秀的科学家,他们主要从事基础研究、社会公益研究、高新技术研究与开发,以及兴办高新技术产业。它还培养了一大批优秀科技创新人才。中国科学院院士是国家设立的科学技术方面的最高学术称谓。

(2) 国家专业科技研发机构

国家专业科技研发机构是指由国家部委局管理的科技机构,是中国研究开发的主要力量之一。目前,国家建立的专业科技研发机构有700多个。中国农业科学院是中国的国家级农业科研机构,拥有39个研究所(中心),担负着全国农业重大基础与应用研究和高新技术产业开发研究的任务,在解决农业及农村经济建设中基础性、方向性、全局性、关键性重大科技问题等方面发挥着重要的作用。中国林业科学研究院是国家林业社会公益性科研机构,主要任务是:以林业应用研究为主,同时开展应用基础与高新技术研究、开发研究和软科学研究,着重解决林业建设中带有全局性、综合性、关键性和基础性的科学技术问题,为建设现代化林业服务。中国医学科学院是国家级医学科学学术中心和综合性科学研究机构。中国环境科学研究院是国家级综合性环境科研机构。北京钢铁研究总院是综合性钢铁冶金和材料研究开发机构,研究领域包括钢铁生产流程的工艺技术。北京有色金属研究总院是半导体材料、稀土冶金与材料、稀有贵金属材料、粉末冶金与材料、有色金属复合材料、有色金属加工、选矿冶金、能源及环境材料、超导材料等综合性研究机构。中国建筑材料科学研究总院是国内建筑材料与无机非金属新材料专业最大的综合性研究机构和技术开发中心。国家专业科技研发机构部分名录见附表2。

(3) 高等院校

和其他国家一样,在许多科学研究领域,尤其是自然科学的基础理论研究以及人文科学领域,中国高等学校所进行的研究工作是很重要的一部分,特别是研究型大学,它们拥有良好的基础性研究实验设施,已经成为中国基础研究方面的主力军、应用研究的重要方面军。近些年来，在中国的大学中，重点开展了"211工程""985工程"，以及"双一流"大学建设。随着建设的开展，高等院校的科技研发设施建设不断加强，有关应用性基础理论的研究进展很快，科技成果不断获得新突破。"211""985""双一流"大学名录见附表3。

(4) 地方专业科技研发机构

在国家建立专业科技研发机构的同时，各省、自治区、直辖市以及一些地级市、县也根据实际情况相应建立了专业科技研发机构，成为我国科研院所体系的组成部分。这些机构以本地社会经济发展需求为导向，开展科技研发活动，其研发设施建设得到本地财政大力支持，如北京市科学技术研究院、山东省科学院、广东省科学院、河南省科学院、江西省科学院、湖南省科学技术研究开发院等机构，还有北京工业大学、浙江工业大学等地方管理的高校等。

1.1.2 军工科技研发机构体系

中国的国防科技工业（常简称军工）研发机构体系相对独立建设、独立运行，主要由军工科研院所、军工企业、军工高等院校等组成。这些机构主要开展包括国防科学技术基础理论，武器装备的研制、试验、生产、使用、维修技术，国防工程技术，军事系统工程等与国防科学技术相关的工作。国防科学技术是构成军事实力的重要因素之一，是衡量国防现代化水平的显著标志，对军事思想、战略战术和军队建设有重大影响。

(1) 军工科研院所

专业从事国防科学技术研发和武器装备研制的机构可以定位为国防科技工业科研开发机构，一般称为军工科研院所。几十年来，我国国防科学技术已发展成为一个相对独立完整的技术体系，具有较完整的体系和科研机构，按应用领域分，有兵器技术、航空技术、航天技术、舰艇技术、核技术、电子技术等。当今世界国防科学技术发展的重点已转向现代高技术，我国围绕核、航天、航空、兵器、舰船、军事电子等领域国防科学技术的研发，建立了科研院所体系，包括中国运载技术研究院、中国空间技术研究院等多家研究院所。军工科研院所部分名录见附表4。

（2）军工企业

新中国成立后，党中央决定建立国防科技工业。在改造提高中国共产党领导的兵工厂和接受旧中国兵工厂的同时，"一五计划"（1953—1957年）期间在苏联援建的156个项目中安排了多个军工企业建设项目，形成了军工生产企业基础。与此同时，也建立了包括机械、冶金，有色、化工、轻工，纺织、建材等民口军品配套体系。20世纪60年代中期，为加强战备开始的"三线建设"是逐步改变我国生产力布局的一次由东向西转移的战略大调整，提出要大分散、小集中，少数国防尖端项目要"靠山、分散、隐蔽"，有的还要进洞。这次在中国中西部地区的13个省、自治区进行了大规模国防、科技、工业和交通基本设施建设，包括军工"三线建设"。经过两次大规模建设，形成了涵盖核、航天、航空、兵器、舰船、军事电子等行业的200多家军工企业，现在主要由各军工集团公司管理。我国军工集团公司有：中国核工业集团公司、中国航空工业集团公司、中国航天科技集团公司、中国航天科工集团公司、中国兵器工业集团公司、中国兵器装备集团公司、中国船舶工业集团公司、中国船舶重工集团公司、中国电子科技集团公司、中国电子信息产业集团公司、中国航空发动机集团公司等。

（3）军工高等院校

至20世纪60年代末，围绕核、航天、航空、兵器、舰船、军事电子等科技工业发展需要，我国建立了较为完整的军工高校体系，其中现进入国家重点大学行列且仍由国家工业部门管理的军工院校有：哈尔滨工业大学、哈尔滨工程大学、北京航空航天大学、北京理工大学、西北工业大学、南京理工大学、南京航空航天大学等。此外，还有教育部、地方政府和国防科工局共建的军工特色高校，如电子科技大学、西安电子科技大学、沈阳航空航天大学、南昌航空航天大学、中北大学、沈阳理工大学、长春理工大学、江苏科技大学、苏州大学、杭州电子科技大学、东华理工大学、南华大学、西安工业大学、桂林电子科技大学等。

1.1.3 军队科技研发机构体系

军队科技研发机构体系主要是军队所属的以军事科学技术研究开发为主的科研开发院所和军事院校。

（1）军队研究院所

现代科学技术迅猛发展，军队科技竞争日趋激烈，加速科技强军，是迎接世界新军事变革挑战、实现我军现代化建设跨越式发展的迫切要求，也是建设世界一流军队、高标准完成军队职能任务的重要保证。围绕军事和国防科技发展，建设现代化军队，我国在军队建立了相应的科技研发研究机构，包括研究院所、中心和基地等，如空气动力研究与发展中心、酒泉卫星发射中心、西北核技术研究所、北京跟踪与通信技术研究所、防化研究院、工程兵科研一所等，这些研究机构取得了许多高水平研究成果，为军队现代化建设、高科技发展和国家战略性产业发展做出了应有贡献。

（2）军事院校

军事院校是军队所属的以培养军事人才为主要任务的学历教育院校和非学历教育院校的统称，包括综合型院校、指挥院校、工程技术院校、军事医学院校、士官学校等，其中指挥院校又分为高级指挥院校、中级指挥院校、初级指挥院校。军事院校是培养军事人才的主要场所，对于国防和军队建设具有十分重要的作用。近年来，军事院校有较大改革发展。中国人民解放军国防大学和中国人民解放军国防科技大学由中央军委直接领导管理。陆军科技院校有中国人民解放军陆军工程大学、中国人民解放军陆军步兵学院、中国人民解放军陆军装甲兵学院、中国人民解放军陆军炮兵防空兵学院、中国人民解放军陆军航空兵学院、中国人民解放军陆军特种作战学院、中国人民解放军陆军边海防学院、中国人民解放军陆军防化学院、中国人民解放军陆军军医大学、中国人民解放军陆军军事交通学院、中国人民解放军陆军勤务学院。海军科技院校有中国人民解放军海军工程大学、中国人民解放军海军大连舰艇学院、中国人民解放军海军潜艇学院、中国人民解放军海军航空大学、中国人民解放军海军军医大学、中国人民解放军海军勤务学院。空军科技院校有中国人民解放军空军工程大学、中国人民解放军空军航空大学、中国人民解放军空军预警学院、中国人民解放军空军军医大学、中国人民解放军空军勤务学院。火箭军科技院校有中国人民解放军火箭军指挥学院、中国人民解放军火箭军工程大学。战略支援部队科技院校有中国人民解放军战略支援部队航天工程大学、中国人民解放军战略支援部队信息工程大学。武装警察部队科技院校有中国人民武装警察部队工程大学、中国人民武装警察部队后勤学院。

1.2 科技研发设施体系的建设与管理

新中国成立之后，国家建立了科技研发设施体系和相应的运行管理体制。

1.2.1 民用科技研发设施体系的建设与管理

总体来说，中国的科技发展管理体系模式是高度集中型的。在这种模式下，中国政府将科技活动管理、相关的生产活动管理和资源分配的最终权力集中在特定的权力部门，其他部门负责制定和实施相应的政策或短期项目。

（1）政府综合科技管理部门

科技部是国务院对科技工作进行归口管理和协调的政府部门，是中国科研活动的主要管理机构和决策部门。科技部的主要职责包括：研究提出科技发展的宏观战略和科技促进经济社会发展的方针、政策、法规；研究科技促进经济社会发展的重大问题；研究确定科技发展的重大布局和优先领域；推动国家科技创新体系建设，提高国家科技创新能力；组织编制全国民用科学技术发展的中长期规划和年度计划，研究制定加强基础性研究、高新技术发展的政策措施；负责重大基础性研究计划、高技术研究发展计划、科技攻关计划，负责国家科技能力建设和产业化环境条件建设；负责研究科技人才资源的合理配置，提出充分发挥科技人员积极性、创造科技人才成长良好环境的相关政策；推动科学技术普及工作，研究制定中国对外科技合作与交流的方针、政策；负责科技成果管理、奖励与推广转化等,并向研究项目提供科研经费,甚至直接参与一些研究工作的组织实施。中国各地方政府机构中也设有科技管理部门。

(2) 政府职能科技管理部门

国务院其他部委局,如发展和改革委员会、教育部、工业和信息化部、国家气象局等部委局均参与相关的科技管理,一般都设有科技专业司局,分别按照职能管理相应的科技发展工作。国家发展和改革委员会也具有重要的科技管理职能,负责国家综合计划管理,其中包括科技发展,设有专业科技管理部门,负责建设国家科技基础设施等,主要做好科学技术、教育、文化、卫生等社会事业以及国防建设与整个国民经济和社会发展的衔接平衡,推进重大高技术成果的产业化,提出经济与社会协调发展、相互促进的政策,协调各项社会事业发展中的重大问题。教育部负责:协同科技部拟定国家基础研究的方针、政策和发展规划,并指导高等学校的自然科学和哲学、社会科学研究;宏观指导高等学校的高新技术应用研究与推广、科研成果转化和"产学研"结合等工作;协调并指导高等学校承担国家重大科研项目、国防科技攻关项目的实施工作;指导高等学校国家科技研发实施的发展建设。

(3) 科技事业单位管理

国家自然科学基金委员会、中国科学院、中国工程院、中国科学技术协会等国务院管理的科技事业单位都具有相应的管理职能。

国家自然科学基金委员会的主要职责是根据国家科技发展的方针政策,运用国家财政拨款,资助基础研究;发现和培养人才;协同科技部拟定国家基础研究的方针、政策和发展规划;同外国的政府科技管理部门、科学基金会及有关学术组织建立联系并开展国际合作等。中国科学院不仅是中国科学技术方面的最高学术机构,同时也是全国自然科学与高新技术综合研究中心,下属大量科研机构。中国工程院是中国工程科学技术界的最高咨询性学术机构,对国家重要工程科学与技术问题开展战略研究,提供决策咨询,致力于促进工程科学技术事业的发展。中国科学技术协会是科学技术工作者的群众组织,现已发展成为拥有自然科学、技术科学、工程技术等的学科组织，以促进科学技术发展和普及为宗旨，有160多个全国性学会（协会、研究会）、31个省级科协及广泛的地方、基层组织的科技团体。中国科学院和国家自然科学基金会等的决策模式与国家行政系统的集权模式相类同。

1.2.2 国防科技工业研发设施体系的建设与管理

新中国成立之初，按照兵种和战争形态，且受苏联模式影响，国防科技工业设施体系的设计与建立按照中央分层纵条分割管理，在中央军委和国务院层面设立国防科学技术委员会和国防工业委员会，在部委层面设立了管理核、航天、航空、兵器、船舶和电子等行业的部委，这一体制几经改革，到1998年成立了统一管理军工行业的国家国防科学技术工业委员会，负责国防科技工业能力建设等职能。同时几个部级总公司改组为军工集团公司，相应的军工企业进入军工集团公司，军工科研事业单位由军工集团公司代为管理。2008年国家国防科学技术工业委员会撤销，同时成立国家国防科学技术工业局。

1.2.3 军队科技研发设施体系的建设与管理

中国人民解放军是中国共产党领导下的军队，由中央军委统一领导经过几十年的改革发展，形成了军委领导管理、军种管理、军队事业单位管理的军队科技研发设施体系。军队科技研发设施体系的建设与管理严格服务于国防军队建设，一般不进行商业性科技开发活动。

1.3 国家科技体制改革进程

1978年，中国进入了改革开放的历史新时期，迎来了科技大发展的春天。改革开放四十年来，中国科技体制的改革不断全面深入推进。随着中国以经济建设为中心和由计划经济向市场经济的转变，中国的科技政策进行了重大调整，科研体系也进行体制性改革。依据改革目标与政策调整重点，已经进行了三个阶段。

1.3.1 第一阶段改革

本阶段大致为1985—1992年。科技体制改革以前，中国采取的是苏联的计划式科技发展体系,即企业、科研院所、高校、国防科研相互独立,以计划来推动科技项目和任务,带动新技术的推广转化。1985年,开始从自发探索试点进入有领导的、全面展开阶段。体制改革的目的是使科技成果迅速地、广泛地应用于生产,使科技人员的作用得到充分发挥,解放科学技术生产力,促进科技和社会的发展。在这个过程中,中国政府对其科技发展目标和方式进行了影响深远的重大调整。1988年,中国政府先后批准建立了53个国家高新技术产业开发区,又先后制订了"星火计划"、"863计划"、"火炬计划"、"攀登计划"、重大项目攻关计划、重点成果推广计划等一系列重要计划,并建立了中国自然科学基金。同时,改革了对科研机构的拨款制度,开始依据科技活动特点与分工对各类科研机构的科研事业费实行分类管理,并建立开发技术市场,形成了新时期中国科技工作的大格局。

1.3.2 第二阶段改革

本阶段大致为1993—1998年。1995年5月召开的全国科学技术大会上,提出"科教兴国"战略,这是中国科技事业发展进程中新的里程碑。1997年,批准了中国科学院关于建设国家创新体系的方案,投资实施知识创新工程。1998年6月,成立国家科技教育领导小组,标志着中国从更高的层次上加强对科技工作的宏观指导和整体协调。1999年8月,中国政府召开全国技术创新大会,提出要努力在科技进步与创新上取得突破性进展。以政府为主导的中央计划体制开始转变,一种以"经济建设必须依靠科学技术,科学技术工作必须面向经济建设"为原则,政府科技机构、产业研究部门以及高等院校之间分工明确、良性互动的新型科技体制逐步形成。民营科技企业迅速发展。对于传统科研院所实施了"稳住一头,放开一片"改革。这里的"稳住一头"包括两方面的含义:一是国家稳定支持基础性研究,开展高技术研究和事关经济建设、社会发展和国防事业长远发展的重大研究开发,形成优势力量,力争重大突破,提高中国整体科技实力、科技水平和发展后劲,保持一支能在国际前沿进行拼搏的精干科研队伍;二是对研究机构分类定位,优化基础性科研机构的结构和布局,为准备"稳住"的科研院所提供现代科研院所的组织体制模式。"放开一片"是指放开各类直接为经济建设和社会发展服务的研究开发机构，开展科技成果商品化、产业化活动，使之以市场为导向运行。如鼓励各类研究机构实行技工贸一体化，与企业合作经营，鼓励科研机构实行企业化管理（即变为企业、进入企业成为企业的技术中心，或与企业结合这三种方式）等。

1.3.3 第三阶段改革

本阶段大致1999—2011年。这一阶段对科技发展战略和科技体制改革进行了实质性调整。1998年8月，中国发布了《关于加强技术创新，发展高科技，实现产业化的决定》，提出：促进企业成为技术创新的主体，全面提高企业技术创新能力；推动应用型科研机构和设计单位实行企业化转制，大力促进科技型企业的发展；加强国家高新技术产业开发区建设，形成高新技术产业化基地；支持发展多种形式的民营科技企业；大力发展科技中介服务机构等。2006年2月9日，中共中央、国务院同时发布决定公布施行《国家中长期科学和技术发展规划纲要（2006—2020年）》。这是中国市场经济体制基本建立及加入世贸组织后的首个国家科技规划。与其相适应，中国的科研机构进行转制，转制主要涉及面向产业的科研院所和公益性科研院所。

（1）面向产业科研院所的转制

1999—2000年年底，10个国务院产业部门所属的242个科研机构实施并完成了管理体制改革。根据改革方案，可以自主选择，包括转变成科研型企业、整体或部分进入企业和转为技术服务与中介机构等。经国家批准继续保留事业单位性质的少数科研机构，也要引进科技型企业运行机制，这是中国科研院所体制改革的一项重大举措。随着中央直属的这242家面向产业的科研院所全部实现企业化转制，其中一些科研院所进一步开始向股份制改造、上市筹资等方向发展，涌现出一大批"科"字头的上市公司，知识和资本结合得更加紧密，市场成为决定科技发展方向与规模的关键性因素。2000年，又有11个部委管理的134个技术开发类科研机构完成企业化转制。地方开发类科研机构改革也同时进行。转制科研院所部分名录见附表5。

（2）公益性科研院所的转制

分类改革在推进技术开发类科研机构向企业化转制的同时，也拉开了公益性科研院所的改革工作。2001年有18个部门、248个公益性科研院所基本制定了改革方案。248个公益性院所改革的分类主要目标是：按非营利性科研机构管理、由国家重点支持的院所；转为企业的院所；其他机构通过并入大学、转为其他事业单位、转为中介机构多种方式发展。转制公益性科研院所部分名录见附表6。

（3）企业研发中心的建设

在计划经济时期，中国的科研资源主要分布在独立科研院所，科研工作也主要在独立科研院所和高等学校中进行。随着中国科技体制改革的进行，中国的科技研发主体实现了从独立科研院所向企业的战略转变。随着高技术企业在中国迅速发展壮大，有的已经发展成为在中国举足轻重和具有相当规模的企业集团，如联想集团、海尔集团等，它们创造出了有足够影响力的著名品牌。为了提升中国的产业技术，中国政府开始建立国家企业技术中心等，支持企业研发设施的建设，建成国际一流的研发中心，推出一批居于国际前沿的原创性研发成果。

1.4 以管理创新为目标的体系建设

在科教兴国、加强国家创新体系建设、加速科技成果产业化等国家科技政策主导下，一方面国家大力推进科研院所改革，另一方面也同时加强了科技研发设施体系建设与管理的改革，不断优化提高科技研发设施的效益。

1.4.1 实验室类

（1）国家重点实验室

1984年，围绕国家发展战略目标，面向国际竞争，增强科技储备和原始创新能力，国家计委启动了国家重点实验室建设计划。国家重点实验室是依托一级法人单位建设、具有相对独立的人事权和财务权的科研实体，在组织构架上设有日常管理系统和学术委员会。国家重点实验室是国家组织高水平基础研究、应用基础研究、关键技术与共性技术研究、聚集和培养优秀科学家、开展高层次学术交流的重要基地,实验室实行"开放、流动、联合、竞争"的运行机制。国家重点实验室依托单位主要以研究院所和重点大学为主体,也有部分建在企业。国家重点实验室从事的创新研发活动,享受国家有关优惠政策。国家重点实验室要求拥有年龄与知识结构合理、高水平的科技创新队伍,具有良好的培养优秀中青年科技人才的条件与业绩,规章制度健全,建立创新、灵活的运行机制,具备较高的管理水平,管理规范。1984—1997年是国家重点实验室起步阶段,之后,经过不断完善相继建成了由155个国家重点实验室构成的国家重点实验室体系。国家重点实验室部分名录见附表7。

(2) 国家工程实验室

国家工程实验室是依托企业、转制科研机构、科研院所或高校等设立的研究开发实体,是国家科技创新体系的重要组成部分。作为重要的产业技术基础设施,国家工程实验室为提高产业自主创新能力和核心竞争力,突破产业结构调整和重点产业发展中的关键技术装备制约,强化对国家重大战略任务、重点工程的技术支撑和保障,推进战略性、前瞻性、关键性技术等核心技术开发与实验能力的整体提升,为加快中国产业发展和技术进步,建设创新型国家提供重要的技术支撑。国家工程实验室由国家发展和改革委员会主管,至2016年年底已经建设167家,国家工程实验室部分名录见附表8。

1.4.2 工程中心类

(1) 国家工程技术研究中心

国家工程技术研究中心作为国家研究开发条件能力建设的重要内容,是国家科技发展计划的重要组成部分。国家工程技术研究中心实行统筹规划,主要依托于行业、领域科技实力雄厚的重点科研机构、科技型企业或高校,拥有国内一流的工程技术研究开发、设计和试验的专业人才队伍,具有较完备的工程技术综合配套试验条件,能够提供多种综合性、行业公益性服务,与相关企业紧密联系,同时具有自我良性循环发展机制的科研开发实体。国家科技部是主管部门，有关部（委）或地方科委（简称上级主管部门，下同）具体负责对工程中心的组织实施与协调管理。国家工程技术研究中心部分名录见附表9。

(2) 国家工程研究中心

国家工程研究中心是组织具有较强研究开发和综合实力的高校、科研机构和企业等建设的研究开发实体，是国家创新体系的重要组成部分。国家工程研究中心的宗旨是以国家和行业发展为出发点，通过建立工程化研究、验证的设施和有利于技术创新、成果转化的机制，培育、提高自主创新能力，搭建产业与科研之间的"桥梁"，研究开发产业关键共性技术，加快科研成果向现实生产力转化，促进产业技术进步和核心竞争能力的提高。国家发展和改革委员会是主管部门。国家工程研究中心部分名录见附表10。

1.4.3 国家企业技术中心

在计划经济时期，学习借鉴了苏联模式，我国的科研资源主要分布在独立科研院所以及高等院校，科研工作也主要在独立科研院所和高等院校中进行。随着中国科技体制改革的进行，中国的科研主体已经实现了从独立科研院所向企业的战略转变，企业成为科技创新的主体。近些年来，中国政府已经采取了一系列措施，系统推进企业研发中心的建设，支持企业建设国际一流的研发中心，推出一批居于国际前沿的原创性研发成果。为推进企业技术中心建设，确立企业技术创新和科技投入的主体地位，国家为鼓励和引导企业不断提高自主创新能力，对国民经济主要产业中技术创新能力较强、创新业绩显著、具有重要示范作用的企业技术中心予以认定，并给予相应的优惠政策。科技部、财政部、海关总署、国家税务总局等部门负责企业技术中心的认定工作。国家企业技术中心部分名录见附表11。

1.4.4 新型研发机构

新型研发机构是改革开放新时期集聚高端创新资源、吸引高水平创新团队、开展产业关键技术研发、加速科技成果转化、支撑产业转型升级的新业态、新动力、新平台,通过这种新的体制机制,打造"重点实验室—工程中心—产业技术研究院—科技产业园"的创新创业链条,如深圳华大基因研究院、深圳光启理工研究院等已发展成为知名高水平研发机构。2006年年初,随着我国科技体制改革的不断深化,广东省率先进入新型研发机构蓬勃发展阶段,目前广东省有上百家新型研发机构是广东省着力推动科技体制创新,省、部、院产学研合作的重要成果。相比传统研发机构来说,其"新"突出表现在六个方面:一是机构建设模式新——建设主体多元化;二是管理运作机制新——坚持市场化导向;三是科研主攻方向新——更具有前瞻性,瞄准国际前沿;四是创新组织方式新——缩短了技术研发到产业化时间;五是成果转化路径新——多样化成果转化途径;六是创新融资渠道新——科技金融深度融合。其体制机制创新主要体现在四个方面:一是多元化的投资机制,形成校地共建、院(所)共建、企业自建、联盟共建、民间自办等多种投资模式。二是企业化的管理机制,跳出了传统的行政管理模式,运行机制既不像企业,又不像事业单位;既不像研究机构,又不像大学,不断创新科研机构的现代化管理模式。三是市场化的激励机制。新型研发机构普遍采用了合同制、匿薪制、动态考核、末位淘汰等管理制度,打破了传统研发机构固有的"铁饭碗"薪酬制度。四是产学研合作的创新机制。新型研发机构紧紧围绕产业发展需求,将研发创新立足点放在产业优化升级上,建立了融合"应用研究—技术开发—产业化应用—企业孵化"于一体的科技创新链条,采用科学发现、技术发明和产业发展结合的研发模式,同步研发、逆向创新、交叉融合开发等新型创新理念贯穿整个创新管理始终,形成了研发成果产业化与产业反哺研发的良性互动新局面。当前我国新型研发机构的发展方向是:培育一批重大新型研发机构;引进一批高端新型研发机构;依托创新型龙头企业探索建立一批产业技术研究院;支持建立一批军民融合新型研发机构;储备一批新型研发机构。

1.5 军工科技研发设施体系管理改革发展

1998 年国防科技工业管理开始了重大改革,军工科技研发设施体系管理随着军工科研院所等管理体制改革和国家科技体制改革而变化。

1.5.1 军工科研院所进入集团公司

1998 年成立了统一管理军工行业的国家国防科学技术工业委员会,负责国防科技工业能力建设等职能。同时几个部级总公司改组为军工集团公司,相应的军工企业进入集团公司,军工科研事业单位由军工集团公司代为管理。近二十年来,军工科研院所在国家大力投入下科技研发设施更加先进,承担了国防科技创新和高新武器装备研制的重任,取得了巨大的成就,同时,参照国家科技体制改革的做法,在军工集团公司领导下也进行了局部改革。

1.5.2 建设国防科技重点实验室

1992 年,为加强国防科技工业的发展,开始国防科技重点实验室建设。2008 年国家体制改革后,国防科技重点实验室由国家国防科技工业局和解放军总装备部共同建设和管理。国防科技重点实验室是国家级重点实验室,是国防科技创新体系的重要组成部分,是开展国防科技自主创新研究,培养与吸引高水平研究人才,进行学术交流、合作与科学实验的重要基地。国防科技重点实验室部分名录见附表 12。此外,还建立了若干国防重点学科实验室,这些实验室更多依托了各地高校。

1.5.3 建立创新中心体系

进入新时代,为建设先进国防科技工业体系,加强自主创新,按照建立"小核心、大协作、专业化、开放型"武器装备科研生产体系的要求,构建完整高效、开放融合的国防科研体系,推动各类创新主体各尽其责、协同合作,激发创新活力。在原国防科技工业先进技术研究实践的基础上,突出关键技术创新发展,建设创新中心体系,主要有国防科技工业航空技术创新中心、国防科技工业核动力技术创新中心、国防科技工业空间技术创新中心、国防科技工业光学超精密加工技术创新中心、国防科技工业航空发动机技术创新中心、国防科技工业海洋防务技术创新中心、国防科技工业核材料技术创新中心、国防科技工业网络安全技术创新中心、国防科技工业元器件封装技术创新中心、国防科技工业智能兵器技术创新中心。这些中心依托军工科研院所，充分利用科技研发设施，具有国防关键技术创新联盟特色，构建技术研发、专利共享和成果转化推广的平台及机制。

2 科技研发设施开放共享的现状

随着国家创新驱动发展战略的实施,科技创新和体制改革不断提速,国家科技研发设施开放共享成为国家科技政策支持的重点,开放共享的需求和供给呈现良好发展现状。

2.1 科技研发设施开放共享的需求

经过几十年的建设和管理,我国形成了基本完备的科技研发设施体系。这些设施分属于不同的科技研发机构,如何形成科研设施开放共享的格局,最大限度发挥科技研发设施的效能,是亟待解决的问题。

2.1.1 实现创新资源合理配置和高效利用的迫切要求

由于科技活动本身具有外部性、信息不对称等特征,导致市场在进行科技资源配置过程中存在失灵现象,而政府出台相关政策制度、采取相应措施,能够弥补市场失灵,提高科技资源配置效率。通过科技基础条件平台建设,整合优质科研设施对外开放共享,可以提高科技资源使用效率,避免重复投入建设,优化科技资源配置,有效降低全社会的创新创业成本和风险,同时大幅节约财政资金及社会资金的投入,提高资金使用效益。

2.1.2 推动科技进步、提升企业创新能力的重要保障

加快转变经济发展方式,根本是要靠科技的力量,关键是要大幅提

高自主创新能力,特别是增强企业创新能力,强化企业创新主体地位。现阶段,我国企业技术创新能力依然较为薄弱,产学研真正融合尚待推进,对政府提供低成本的条件支撑和技术服务的要求非常迫切。集成科研机构、高校、军工单位等相关优势科技资源,建立科研基础设施共享平台,畅通创新要素向企业集聚渠道,以更低的成本、更快的速度、更多的数量为社会企业提供条件和技术支撑,对于提升企业技术研发和产业化的能力和水平、提升企业创新能力和行业竞争力,推动全社会科技进步与创新具有重要意义。

2.1.3 提高国际影响力、推动国际科技合作交流的重要内容

科技合作是国际合作交流的重要内容,瞄准国际科技资源共享发展的前沿,不断推进国际间科技资源开放共享的合作与交流,积极借鉴国外先进经验及做法,推动大型科研设施国际共享合作,可有效提升我国科技工作的国际影响力。在推动我国科技资源开放共享的同时,积极利用国外先进的科技资源,为我国科技创新能力建设服务,同时促进我国同其他国家和国际组织开展科研交流,提升科技资源管理水平。

2.2 科技资源共享的相关法律与政策现状

随着科技基础条件平台建设的深入开展,特别是《中华人民共和国科学技术进步法》(以下简称《科技进步法》)修订实施以来,我国科技资源共享立法工作取得重要进展。

2.2.1 法律对科技资源共享做出了原则规定

《科技进步法》第46条、第64条、第65条、第68条,分别从政府和科技资源管理单位的权利、义务和责任等多个方面对科技资源共享做出了明确规定。《中华人民共和国促进科技成果转化法》对科技成果资源的后续试验、开发、应用等作出了明确规定。上述法律法规为促进我国科技资源开放共享构建了重要法律基础,发挥了重要保障作用。

2.2.2 民口科技资源共享法规政策

各部门、各地方围绕科技资源共享,制定了一系列法规政策。如气象局的《气象资料共享管理办法》,国土资源部①的《公益性地质资料提供利用暂行办法》《深部地球物理探测数据共享管理办法(试行)》,地震局的《地震科学数据共享管理办法(试行)》,农业农村部的《农作物种质资源管理办法》,中国科学院的《中国科学院生态系统研究网络数据共享和管理条例(暂行)》等许多部门规章性法规、制度的颁布实施,较好地促进了相关领域科技资源的共享。

2007年,上海市人大常委会审议通过了《上海市促进大型科学仪器设施共享规定》,这是全国第一个促进科技资源共享的地方性法规。2010年山西省人大常委会批准了《太原市科技资源开放共享条例》。各地方根据国家法律法规,结合实际制定了许多规章制度,有效促进了科技资源开放共享。如《重庆市大型科学仪器资源共享管理暂行办法》《江苏省大型科学仪器设备共享服务平台管理办法(试行)》等。

总体来看,我国正在形成以《科技进步法》为上位法,法律、行政法规、部门和地方规章与相关政策相协调,涵盖各主要领域的科技资源共享政策法规体系框架,并呈现出3个主要特点:一是科技资源共享的立法逐步受到重视,出现了一些明确规定科技资源共享的专门性法律规范;二是部门分散立法——各部门鉴于没有统一的科技资源共享立法,单独立法的情形较为普遍;三是地方立法先行——在某些科技资源领域,地方立法先于国家层面的立法。

2.2.3 军民融合相关法规政策

由于历史原因,我国建立了相对独立的国防科技工业体系,军工设备设施作为国防资产,长期封闭,一般不对民口开放。随着经济建设的发展,军工从封闭走向改革,从军民结合走向军民融合。党的十八大以来,我国军民融合发展不断加速推进。党的十八届三中全会发布的《中

---

① 国土资源部:现更名为自然资源部。

共中央关于全面深化改革若干重大问题的决定》指出"推动军民融合深度发展",进一步明确了我国军民融合发展的方向和任务。2015年3月12日,习近平主席再次强调:"把军民融合发展上升为国家战略,是我们长期探索经济建设和国防建设协调发展规律的重大成果,是从国家安全和发展战略全局出发做出的重大决策。"2015年以来,军队管理部门、工信部等推出了一系列推动军民融合深度发展的政策、措施,明确了重点推进的工作。其中打破军工资源封闭,实现开放共享是军民融合深度发展的基本体现和标志。特别是军工重大试验设施及大型科研仪器,是资源共享的重要内容。2015年4月,国防科工局发布《2015年国防科工局军民融合专项行动计划》,其中第9条明确提出:推动军工资源开放共享,要研究军工重大试验设施等开放共享管理办法。2017年12月国务院发布了《国防科技工业推进军民融合深度发展若干意见》,对军工设备开放共享提出明确部署。

2005—2017年以来我国军民融合相关政策法规见表5.1。

表5.1 2005—2017年有关军民融合的主要政策法规

序号	政策	相关内容
1	《国务院关于鼓励支持和引导个体私营等非公经济发展的若干意见》(非公36条)(2005年2月)	允许非公有制企业进入国防建设领域
2	《装备科研生产许可实施办法》(2005年6月)	为民口单位进入国防领域进行"正名",并给予"鼓励"
3	《装备科研生产许可审查专家管理暂行办法》(2005年6月)	
4	《装备科研生产许可现场审查规则》(2005年9月)	

续表

序号	政策	相关内容
5	《关于深化装备采购制度改革若干问题的意见》（2005年12月）	大力推进竞争性采购，把竞争择优作为今后装备研制、订购、保障的主要手段；培育竞争主体，进一步打破军民界限和军工行业部门的界限，形成装备采购竞争的格局
6	《国家中长期科学和技术发展规划纲要》及若干配套政策（2006年2月）	提出"促进军民融合"，扩大军品采购向民口科研机构和企业采购的范围；改革相关管理体制和制度，保障非军工科研企事业单位平等参与军事装备科研和生产的竞争
7	《关于进一步推动科研基地和科研基础设施向企业及社会开放的若干意见》（国科发基字〔2006〕558号）	科研基地和科研基础设施的开放工作情况将作为考核其运行绩效的重要指标，以促进开放工作的实施效果
8	《武器装备科研生产协作配套管理办法》（2007年1月）	武器装备科研生产应当充分利用社会资源优势，开展专业化协作配套；鼓励具有先进技术和经济实力的企事业单位通过竞争承担协作配套任务；鼓励协作配套单位采取自筹资金和风险投资等方式研制生产配套产品
9	《关于民营企业经济参与国防科技工业建设的指导意见》（2007年2月）	允许民营企业进入第二类军品领域（武器装备一般分系统、专用配套产品）
10	《深化国防科技工业投资体制改革的若干意见》（2007年3月）	鼓励民用单位发展军品，鼓励军工单位发展民品；促进军品一般加工、配套能力融入国民经济发展

续表

序号	政策	相关内容
11	《关于推进军工企业股份制改造的指导意见》（2007年7月）	鼓励和支持以民为主，从事军民两用产品、一般武器装备及配套产品生产的军工企业引入各类社会资本实施股份制改造
12	《民营企业经济参与国防科技工业建设指南》（2007年8月）	鼓励和引导民营企业参与军品科研生产任务的竞争和项目合作
13	《武器装备科研生产许可管理条例》（2008年3月）	国家对列入武器装备科研生产许可目录的武器装备科研生产活动实行许可管理。武器装备科研生产许可管理应当遵循统筹兼顾、合理布局、鼓励竞争、安全保密的原则
14	《关于加强竞争性装备采购工作的意见》（2009年2月）	引导开展分类、分阶段、分层次和一体化竞争，并规定对竞争实施保护
15	《武器装备科研生产许可实施办法》（2010年5月）	规范了许可管理的全过程，强调有效监管，进一步明确许可单位享有的权利和应承担的义务，加强了相应的惩罚措施
16	《关于建立和完善军民结合寓军于民武器装备科研生产体系的若干意见》（2010年10月）	明确了建立和完善军民结合、寓军于民武器装备科研生产体系的战略部署，提出了推进军民融合式发展的方向和目标
17	《关于鼓励和引导民间投资健康发展的若干意见》（2010年5月）	鼓励民间资本进入国防科技工业投资建设领域。引导和支持民营企业有序参与军工企业的改组改制，鼓励民营企业参与军民两用高技术开发和产业化，允许民营企业按有关规定参与承担军工生产和科研任务

续表

序号	政策	相关内容
18	《关于鼓励和引导民间资本进入国防科技工业领域的实施意见》（2012年6月）	进一步扩大民间资本进入国防科技工业的领域和范围，完善鼓励和引导的政策措施，促进武器装备和国防科技工业发展
19	《中共中央关于全面深化改革若干重大问题的决定》（2013年11月）	健全国防工业体系，完善国防科技协同创新体制，改革国防科研生产管理和武器装备采购体制，引导优势民营企业进入军品科研生长和维修领域
20	《国家重大科技基础设施建设中长期规划（2012—2030）》（2013年3月）	将重大科技基础设施建设作为深化科技体制改革的重要抓手，针对重大科技基础设施的基础性、公益性特征，建立完善高校的投入机制、开放共享的运行机制、产学研用协同创新机制、科学协调的管理制度，提高设施建设和运行的科技效益，形成持续健康发展的良好局面
21	《促进军民融合式发展的指导意见》（2014年4月）	到2020年，形成较为健全的军民融合机制和政策法规体系，军工与民口资源的互动共享基本实现，先进军用技术在民用领域的转化和应用比例大幅提高，社会资本进入军工领域取得新进展，军民结合高技术产业规模不断提升

续表

序号	政策	相关内容
22	《关于加快吸纳优势民营企业进入武器装备科研生产和维修领域的措施意见》（2014年5月）	坚持问题导向，消除准入壁垒，降低进入"门槛"。实施分类审查准入制度；建立跨部门审查工作协调机制；改进质量体系认证工作；逐步推进许可与承制资格的联合审查；统一设立资格审查申请受理点；规范保密资格认证等级审核工作；建立承制单位资质联合监管机制；取消各类收费制度
23	《2015年国防科工局军民融合专项行动计划》（2014年10月）	在军工开放、资源共享、军工高技术转化和产业化发展等方面明确了2015年推动军民融合发展的27项重点任务。除了修订出台新版武器装备科研生产许可目录之外，还包括修订军工企业股份制改造分类指导目录，拓宽社会投资领域，推动资本层面的"民参军"；研究制定国防科技工业促进科技成果转化的指导意见，鼓励国防科技知识产权向民用领域转让
24	《国务院关于国家重大科研基础设施和大型科研仪器向社会开放的意见》（2014年1月）	打破部门化、单位化、个人化和闲置浪费，解决分散、重复、封闭、低效和专业化服务能力差的问题。只有向社会开放才能释放服务潜能，为实施创新驱动发展战略提供有效支撑

续表

序号	政策	相关内容
25	《关于深化国防和军队改革的意见》（2015年12月）	构建统一领导、军地协调、顺畅高效的组织管理体系，国家主导、需求牵引、市场运作相统一的工作运行体系，系统完备、衔接配套、有效激励的政策制度体系。分类推进相关领域改革，健全军民融合发展法规制度和创新发展机制
26	《2016年国防科工局军民融合专项行动计划》（2016年3月）	推动资源共享，初步实现军工科技资源向社会开放以及与民口科技资源的互通
27	《关于经济建设和国防建设融合发展的意见》（2016年7月）	按照"四个全面"战略布局，坚持创新、协调、绿色、开放、共享的发展理念，坚持发展和安全兼顾、富国和强军统一，深化改革，统筹谋划，协同推进，健全体制机制，完善政策法规，创新发展模式，提升融合水平，促进经济建设和国防建设协调发展、平衡发展、兼容发展
28	《2017年国防科工局军民融合专项行动计划》（2017年6月）	在促进军民资源共享方面，将重点推进航天资源军地共享共用，开放一批军工计量仪器设备，继续开展国家公共服务平台建设、军民协同创新机制建设和军民标准通用化等工作

2017年3月12日，中共中央总书记习近平在出席十二届全国人大五次会议解放军代表团全体会议时强调，立足经济社会发展和科技进步的深厚土壤，顺势而为、乘势而上，深入实施军民融合发展战略，开展军民融合协同创新，推进军民科技基础要素融合，加快建立军民融合创

新体系，下更大力气推动科技兴军，坚持向科技创新要战斗力，为我军建设提供强大科技支撑。

2017年6月20日，习近平总书记在中央军民融合发展委员会第一次全体会议上强调，把军民融合上升为国家战略，是我们长期探索经济建设和国防建设协调发展规律的重大成果，是从国家发展和安全全局出发作出的重大决策，是应对复杂安全威胁、赢得国家战略优势的重大举措。要加强集中统一领导，贯彻落实总体国家安全观和新形势下军事战略方针，突出问题导向，强化顶层设计，加强需求统合，统筹增量存量，同步推进体制和机制改革、体系和要素融合、制度和标准建设，加快形成全要素、多领域、高效益的军民融合深度发展格局，逐步构建军民一体化的国家战略体系和能力。

通过对以上政策的梳理，不难看出，近十几年来国家出台的军民融合相关政策中，明确提出军民科技基础要素融合、科技资源开放共享的政策内容明显变多，特别是国家科研基础设施和仪器设备资源的开放共享越来越受到重视。军民融合发展上升为国家战略，打破军工资源封闭实现开放共享是推动军民融合深度发展的基本体现。在军民融合深度发展过程中，开放共享科技资源已成为解决军民融合深度发展问题的重要抓手和有效途径，只有向社会开放才能更好地释放其服务潜能。

2.2.4 军工资产管理政策

改革开放以来，我国国防科技工业经历了几次重要的机构调整，国防科技工业军工资产管理政策也在历次调整中不断更新完善，梳理军工资产管理政策的前提要先了解主管部门机构调整的历史沿革。

中华人民共和国国防科学技术工业委员会（简称国防科工委），设立于1982年5月10日，属军队序列，同时也作为国务院的组成部委，其在三个部门沿革基础上成立，这三个部门分别是：中国人民解放军国防科学技术委员会，即通常说的"国防科委"，1958年10月成立，是统一组织军队战略核武器研究、试制、试验、定型和监督生产的业务领导机关；国务院国防工业办公室，即通常说的"国防工办"，1961年11月成立，是国务院管理国防工业的办事机构；中央军委科学技术装备委员会,即通常所说的"军委科装委",1977年11月成立,是统一领导国防科学技术研究和国防工业生产的领导机关。

1998年3月,国防科工委改组为"总装备部",同时成立了一个属政府部门的"国防科工委"。将原国防科工委管理国防工业职能、国家计委国防司的职能,以及各军工总公司承担的政府职能,统归新组建的国防科工委管理;同时,将各军工总公司改组为若干企业集团公司;并保留了国家航天局和国家原子能机构。

2008年3月,按照《国务院机构改革方案》,不再保留"国防科工委",将国防科工委除核电管理以外的职责都纳入新成立的工业和信息化部,同时成立国家国防科技工业局(简称国防科工局),由工业和信息化部管理。

从国防科工委的成立到撤销,再到如今分管国防科技工业发展的国防科工局,各阶段都制定了若干保障军工发展的管理政策。军工资产管理政策的规范内容多围绕固定资产投资的项目管理及军工关键设备设施管理详见表5.2。

表5.2 国防科技工业军工资产管理政策

序号	政策	发布日期	相关内容
1	《军工关键设备设施管理条例》(国务院令第598号)	2011	企事业单位拟通过转让、租赁等方式处置使用国家财政资金购建的用于武器装备总体、关键分系统、核心配套产品科研生产的军工关键设备设施,应当经国务院国防科技工业主管部门批准,并提交相应材料(包括军工关键设施的基本情况、不影响军工任务完成情况、处置原因及方式、受让人或承租人基本情况。)

续表

序号	政策	发布日期	相关内容
2	《军工关键设备设施处置管理办法》	2012	对有关规定进一步细化、落实,以加强军工关键设备设施管理,保障其安全、完整和有效使用
3	《军工关键设备设施登记管理办法》	2012	
4	《军工核安全设备监督管理办法》(科工核应安〔2015〕544号)	2015	加强和规范军工核安全设备的监督管理,保障国防科技工业军用核设施安全(未涉及开放)
5	《国防科工局财政部关于推动军工重大试验设施和大型科研仪器向社会开放的通知》(科工计〔2015〕1229号)	2015	明确设施仪器信息在共享信息服务发布的要求,推动开放共享
6	《国防科技工业政府固定资产投资项目管理办法》(科工计〔2016〕737号)	2016	促进军品科研生产结构、能力与布局的调整,合理配置资源,避免重复建设,提高投资效益
7	《国防科技工业固定资产投资项目管理规定》(科工计〔2013〕1017号)	2013	国防科工局负责国防科技工业。固定资产投资项目的综合管理工作。国家相关部门、各军工集团公司等为项目责任管理主体

军工资产管理政策从固定资产投资角度明确管理办法,从军工关键设备设施角度明确管理规定。对于固定资产的管理提到要合理配置资源,避免重复建设,甚至明确提出了转让使用军工关键设备的相关规定,为设备设施的开放共享实施奠定了基础。2015年,国防科工局和财政部更是直接印发《关于推动军工重大试验设施和大型科研仪器向社会开放的通知》,要求各大军工企业、科研院所在共享信息服务平台上发布可开放的设备信息,直接为军工设备设施的开放共享铺平了道路。

2.3 国家科技基础条件平台建设与运行实践

2.3.1 国家科技基础条件平台发展历程

新世纪以来,在国家政策指引和国家科技基础条件平台建设的带动下,各地科技平台建设呈现出蓬勃发展的良好局面。总体上看,地方科技基础条件平台建设与同期国家和地方的政策导向和发展需求紧密衔接,大体可分为三个重要发展阶段。

(1) 2004—2009 年,贯彻落实平台建设纲要,科技基础条件平台大力发展

2004—2005 年,国家先后发布了《2004—2010 年国家科技基础条件平台建设纲要》和《"十一五"国家科技基础条件平台建设实施意见》。之后,各省、自治区和直辖市先后出台了地方科技基础条件平台建设和科技资源共享工作方面的政策文件。如北京市发布了《北京关于促进科技条件共享的若干意见》,上海市制定了《科技创新登山行动计划》,辽宁、河北、江苏、安徽、浙江、湖南、四川、陕西、甘肃、新疆等地都制定了科技条件平台建设的纲要、实施意见或管理办法。全国大部分地区都积极整合地方科技资源,开展大型科学研究设施的共享平台建设,为地方科技创新提供基础条件支撑。这一阶段,我国已基本建成由研究实验基地和大型科学仪器设备共享平台、自然科技资源共享平台、科学数据共享平台、科技文献共享平台、成果转化公共服务平台和

网络环境平台为主体的国家科技基础条件平台。

（2）2009—2011年，典型地方科技基础条件平台建设模式形成

一些典型平台品牌模式开始涌现。经过数年的建设探索，一些地方逐步打造了具有影响力的科技平台品牌，凝练出相对成熟且具有鲜明特色的平台工作模式，并通过专家学者研究和媒体报道，被社会广泛认知和接受。比较典型的模式有上海研发公共服务平台与"上海模式"，浙江行业、区域科技创新平台与"浙江模式"，首都科技条件平台与"北京模式"，等等。这一阶段，国家、地方各级科技管理部门积极开展了典型平台的研究、宣传和交流，进一步增强了典型模式经验的示范作用，有效带动了一些后发地区的科技平台工作。

（3）2012年以来，"十二五""十三五"规划和国家科技体制改革助推科技平台工作全面深入开展

国家规划和科技体制改革的一系列文件将科技基础条件平台建设作为科技工作的重点。因此，2012年以来，地方科技基础条件平台工作呈现全面发展的态势，各地积极摸索符合自身资源禀赋和需求特点的共享平台建设模式，相应的科技基础条件平台管理体系也更加健全。上海、黑龙江、内蒙古、广东、吉林、河北、浙江等地的科技管理部门都成立了专门负责科技基础条件平台工作的处室或管理中心。

2.3.2 科技平台建设整合工作全面开展

全国各地都积极开展了科技基础条件平台建设整合工作，在新建的同时，盘活科技存量资源。据不完全统计，仅2011—2012年，各地方累计建设科技资源共享平台超过200个，涉及资源单位超过5 000家，共整合大型仪器设备超过6万台套（各地大型仪器设备标识略有不同），仪器设备原值超过400亿元。如浙江省科技平台整合科研设施价值达56亿元，其中大型仪器设备共享平台共建单位162家，整合30万元以上仪器设备1 812台套，占全省可共享大型仪器设备的85%。地方科技基础条件平台的建设整合聚集了原本分散的地方科技资源，成为地方科技创新的基础支撑和国家科技平台的有益补充。

2.3.3 共享平台成为财政科技投入的重要方向

截至 2012 年,各个省市通过科技项目、运行补助、奖励等多种方式,支持科技平台建设运行经费超过 60 亿元,占科技总体投入比例超过 20% 的省市达三分之一以上,其中 60% 以上的省市设立了科技平台建设专项资金。例如,山西省自 2005 年起设立省级科技平台专项计划,安排专项经费予以支持,每年不低于 1 000 万元;新疆、辽宁、湖北、云南、贵州等地都将平台建设纳入专项预算,给予财政支持,同时引导社会资金参与平台建设。一些地方在科技平台建设过程中积极创新支持方式,提高科技平台工作的效益。例如,上海市通过设置大型仪器共享服务补贴资金鼓励中小企业积极利用加盟研发服务平台的大型科学仪器。仅 2009—2012 年,共为 1 900 余家中小企业提供 3 000 余万元的大型仪器共享服务补贴资金,推进企业依托共享平台的大型仪器设备开展各类科技研发项目 2 800 余项。

2.3.4 共享服务成效显著

各地方平台资源共享服务成效显著,成为区域创新体系建设的重要支撑载体,共为数十万余家企业和数万家大学、科研院所等提供科技服务,为共享平台带来了近百亿元的服务收入。通过科技服务支持,极大地提高了企业自主创新能力,也为用户带来了上千亿元的经济效益。随着地方科技基础条件平台建设与区域创新体系建设以及区域经济社会发展结合日趋紧密,支撑创新的作用逐步凸显,已经成为地方科技工作的重点和亮点。

2.3.5 "后补助"方式的激励效果显著

在过去的一段时期,我国大多数地区在科研设施共享方面主要是以公益性财政支持为主,政府作为科研设施的投资主体,这种方式在科学仪器设备共享平台建设前期阶段起到不可替代的主导作用。但随着推动大型科学仪器开放共享工作进一步深入,则需要在建立可持续性的发展机制方面采取一些有效的激励措施。在这一点上,有一些地区在共享设备有偿使用上进行了有益的探索，尝试通过"后补助"等共享费用补贴办法提高设备设施使用率，激励效果显著。"后补助"是政府运用财政资金补贴支持科技活动的一种方式，能保障资助经费的安全性，减少管理成本，强化市场主体地位，优化科技资源配置。

3 地方促进科技研发设施开放共享的主要做法

我国对科技研发设施开放共享问题的研究已有多年，但在不同的地区开放、协作、共享的情况各有不同，下面梳理了部分典型地区的主要做法和实践。

3.1 北京市：首都科技条件平台

多年来，北京市在整合科技基础条件资源方面不断进行探索，先后建立了北京科学仪器协作共用网、北京技术创新科学仪器设备协作共用资源网和京津冀科研条件协作网，开通了北京科研条件管理信息系统，整合了仪器设备等近万条信息。早在 2008 年 6 月，首都科技条件平台便建成了信息技术、新材料、先进制造等领域的基础条件平台共 20 个，汇聚了价值 61.5 亿元的可共享科技资源。

3.1.1 资源整合

经过建设，首都科技条件平台形成涵盖国家和北京市重点实验室、国家工程中心、中关村开放实验室等在内的系统化、网络化、规模化、专业化的条件平台工作体系和科技资源开放服务体系。2012 年，首都科技条件平台共整合了 562 个国家、市级重点实验中心和工厂中心，涉及原值 166 亿元的 36 383 台套仪器设备面向社会开放共享。

3.1.2 服务推广

一是小核心大网络，共建研发实验服务基地，促进科技资源整合开放，解决科技资源的分散和重复购置问题。"小核心、大网络"的建设思路：由12个领域中心、3类研发实验服务基地和区县工作站组成首都科技条件平台的小核心组织；通过建设首都科技条件平台的区域和国际合作站，加强同国家科技基础条件平台的对接，形成区域化和国际化支撑科技研发、成果转化与产业化合作的大网络。北京市科委联合高校、科研院所、大型企业等以签署协议的形式共建首都科技条件平台研发试验服务基地。采取科技资源整体开发模式，即对本单位与科研教学有关的所有仪器设备等科技资源进行系统梳理与分析，整合可以开放的资源量，促使高校、院所和企业可开放科技资源全部实现向社会开放共享，解决科技资源的分散和重复购置问题。

二是所有权与经营权分离，引入专业服务机构，开展市场化运营服务，解决科技资源市场化和利用效率问题。高校、院所和企业在不改变现有科技体制的框架结构下，对内部开放科技资源的管理和运营机制进行改革，采取资产所有权和经营权分离的手段，实现开放科技资源的最大化利用。

3.1.3 军民融合平台

2010年，随着北京市军民融合产业的不断发展，技术转移和装备制造在军民融合产业发展中的优势地位不断凸显，而由此产生的研发试验服务需求也日益增多。针对这一情况，北京市科委又适时建设成立了技术转移领域平台、装备制造领域平台和工业设计领域平台3家领域平台。2011—2012年，首都科技条件平台又新增军民融合、科技金融、科技孵化器等5家领域中心，目前，共有12个领域中心平台，每个领域中心平台均开放科研设备设施或提供技术服务。

2010年以来，北京市科委在实施"科技北京"行动计划，推进首都科技条件平台建设中，通过科学合理的市场化制度安排，实践出促进首都科技资源向社会开放共享的"北京模式"，取得了多方共赢的效果。总结来看,其核心内容:一是通过建立"小核心、大网络"的条件平台工作和服务体系,促进科技资源开放共享,解决科技资源的分散和重复购置问题;二是实行资产所有权与经营权分离,引入专业服务机构开展市场化运营服务,解决科技资源市场化的利用效率问题;三是建立科学合理的长效工作机制与利益分配机制,推动科研仪器设备拥有方、管理部门、实验室和专业服务机构成为利益共同体,形成长效的运行机制;四是创新财政收入方式,根据开放资源量和对外服务业绩进行绩效评价后补贴,对经费管理改革进行探索。

3.2 上海市:上海研发公共服务平台

上海市科委自20世纪90年代起,先后建设了一批技术服务平台,为企业、高校和科研院所的创新活动提供专业化技术支持。上海市政府工作报告中曾明确提出要建设研发公共服务平台,向全社会开放大型科技仪器、设备和公共实验室,为各种产业研发提供设计、检测、测试、标准化等专业技术服务。随后上海市科委牵头建设了上海研发公共服务平台,促进各类资源的共享共建。

3.2.1 重视法制建设,立法推动开放共享

为规范科技创新资源共享行为,最大限度地发挥现有科技创新资源的作用,2007年上海市制定并颁布了《上海市促进大型科学仪器设施共享规定》(以下简称《共享规定》),这是全国范围内第一个有关大型科学仪器共享的法规,也成为我国首部促进创新资源共享的地方性法规。《共享规定》自2007年11月1日起正式施行。为配合法规的有效落实,上海市科委会同市财政局、市质量技术监督局、市教委共同研究制定、颁布了《上海市大型科学仪器设施基本信息报送实施暂行办法》和《上海市大型科学仪器设施共享服务评估与奖励暂行办法》;联合市财政局、市发展改革委修订了《上海市新购大型科学仪器设施联合评议实施办法》;联合市财政局制定了《上海市大型科学仪器设施共享服务奖励资金暂行管理办法》。这些配套办法的制定和施行,使上海市在国

内率先建立了科学仪器共享的制度体系。

3.2.2 集聚科技资源，优化资源配置

以2007年《上海市促进大型科学仪器设施共享规定》实施前数据与共享规定实施到2012年的数据对比可发现，2012年入网大型科学仪器达7 000余台，仪器价值约90亿元，较2007年的1 500余台和20亿元分别增长了380%和304%。2011年，加盟获得共享奖励资金的大型科学仪器对外服务次数约18.1万次、服务总收入约4.3亿元，较共享规定实施前的4.6万次和2.16亿元分别增长了293%和99%。

平台的共享服务为上海市高新技术领域的中小企业自主研发提供了保障，这些企业依托科技研发设施共享开展的各类科技研发项目共2 800余项，有效降低了企业研发成本与研发风险，企业的创新积极性也得到了提升。

3.3 陕西省：陕西省科技资源统筹中心

陕西省科技资源统筹中心的主要职能是组织实施科技资源服务平台建设，开展科技资源开放共享服务，搭建区域科技资源大市场，向社会提供科技资源公益性服务。

按照"政府主导、整合集成、虚实结合、共享共建"原则，陕西省科技资源统筹中心设计了资源共享、研究开发、成果转化、综合服务等几大平台和仪器设施共享、科学数据共享、研发基础条件、技术转移服务等服务系统，通过采取物权分离、补贴奖励等手段，建立资源共享网络，创办研发实验基地，组建技术转移联盟，构建起旨在推动科技成果转化、提升技术创新能力的共建、共享、高效、集成的社会化服务体系。

3.3.1 军民融合示范基地

2006年11月，陕西省政府、西安市政府与中国航天科技集团公司合作共同建设成立军民融合示范基地——军民融合（航天）·陕西西安市。2010年2月，这一示范基地被工业和信息化部批准认定为国内首

批国家新型工业化产业示范基地（军民结合）。2010年2月22日，基地规划区域从23.04平方公里扩展至86.65平方公里，规划区域的扩展为基地建设国际化航天新城奠定了坚实的基础。

基地坚持"政府引导、企业主体、市场运作"的基本原则，吸纳国内外资源，加速项目建设，着力构建军民融合产业支撑体系，推进军民融合机制、理念和发展模式创新，推动军民融合产业跨越式发展，成为陕西军民结合产业发展的重要承载区。基地成立以来，主要经济指标年均增长30%以上。截至2012年年底，基地累计完成固定资产投资197亿元，实现工业总产值112亿元，工业增加值30亿元。

3.3.2 开放融合发展政策措施

陕西省研究出台了一系列政策措施推动基地开放融合发展。一是创新省部联建模式。地方政府与中央企业集团开展战略合作，成立了由主要领导挂帅的战略合作领导小组以及产业基地建设领导小组，研究确定基地建设方向和领域，协调各项重大问题。二是实施"双百工程"。2010年，省政府下发了"实施'双百工程'推进军民结合产业突破发展的意见"，促进一批军民两用技术成果向基地转移。三是积极开展军工"央企进陕"活动。在省政府与有关军工集团公司建立战略合作关系的基础上，围绕重点产业发展，以项目投资、资产重组为主要形式，进一步加强与央企的合作。四是支持军民结合项目建设。陕西省加大对军民融合产业财税支持力度，设立省级军转民专项扶持资金。"十二五"期间，以每年投入不低于1亿元的规模对军民结合项目予以贷款补贴或资金补助。省市发改委、工信厅局、科技厅局等部门合力支持基地军民结合项目。"十二五"期间，陕西省政府对航天基地建设，每年给予2 000万元资金支持；西安市政府对航天基地建设，每年给予4 000万元资金支持。五是出台相关优惠政策。中央在陕军工单位实施的军民结合重点项目，视同招商引资项目享受相关优惠政策；对新设立、新迁入的军工总部企业建设或者购买自用办公用房给予财政补助，并在享受西部大开发和关中天水经济区税收优惠政策的基础上，实行为期5年的税收增量返退等。

3.4 四川省：绵阳科技城

绵阳是我国重要的国防军工科研生产基地，拥有以中国工程物理研究院为代表的大型军工科研机构18家，以长虹、九洲等为代表的大中型骨干企业50余家，以西南科技大学为代表的高等院校14所，在许多重要科技领域聚集着大量高层次人才和设备资源。2008年12月28日，胡锦涛在绵阳视察时指出："绵阳具有明显的科技优势，有一批像九院、二十九基地、燃气涡轮研究院等这样的国家重点科研院所，也有一批像长虹、九洲这样的军民结合企业。要高度重视把军事技术向民用产品、民用产业的转变工作，军地结合，创建转化平台和共享机制，推进技术创新，形成一批具有技术优势的产业，这应当是科技城建设的重要任务。"

国家新型工业化产业示范基地——军民结合·四川绵阳科技城授牌以来，按照《绵阳科技城发展纲要》确立的方向、目标和任务，绵阳军民结合产业示范基地不断创新体制机制，推动科技资源优势向现实生产力转化，加速推进军民融合、科技创新和高新技术产业发展，初步探索出一条加速国防科研院所资源共享、成果转化、实现军民融合发展的道路。

3.4.1 坚持创新驱动，自主创新能力显著增强

示范基地始终将创新作为绵阳科技城建设的灵魂和科学发展、加快发展的不竭动力，大力实施创新人才战略，切实加强自主创新体系建设，加速推进科技优势向现实生产力转化，建设成效显著。一批国家科技项目和各类示范试点深入实施。开展了促进科技与金融结合试点、"三网"融合试点、技术创新工程示范、专利战略试点、重要技术标准研究试点等多项国家试点示范，多项成功做法和经验在全国推广运用。一大批科技创新成果得到应用。长虹集团"虹芯"、九洲集团"九洲之芯"等200多项新技术新产品填补国内空白，一批代表国内最高水平、国际领先的自主创新成果得到应用。

3.4.2 坚持军地联动，军民融合步伐明显加快

示范基地坚持军民结合、寓军于民，加快构建军工技术、民用技术、军民结合三大产业板块，推动"技术创新—产品创新—产业创新"的转化，逐步构建起军民融合的体制机制。建立了院（军）地协调机制和交流沟通机制，定期召开军地联席会议，定期举办绵阳科技城科技成果交易暨军转民高技术交易会，加快建设国家军民两用技术交易中心、军民融合技术转移中心，国防科研院所、高校、企业战略合作不断深入。中国工程物理研究院是集尖端科学技术理论、实验、设计、生产于一体的综合性科研机构，其科学新城拥有世界一流的特大型科研装置，开展的新一代能源探索研究具有战略性、前瞻性；中国空气动力研究与发展中心是亚洲规模最大、综合实力最强的空气动力试验研发机构，其空气动力新城为国际领先的新型空气动力中心；中国燃气涡轮研究院是我国航空发动机预研设计和大型试验研究基地，其航空新城为我国规模最大、用途最广的航空发动机试验基地。同时，还培育了利尔化学、东材科技、九九瑞迪等军民融合型高技术企业100余家，覆盖电子信息、空气动力、航空发动机、核物理与放射化学等300余个领域，初步形成军民融合高技术产业群体优势。

3.4.3 坚持开放促动，开放合作纵深推进

示范基地始终坚持扩大开放，切实推动区域合作。充分发挥绵阳的科研院所和国防军工优势，招商引资；积极承接产业转移，大力发展外向型经济，努力建设西部具有活力的发展前沿和开放高地。基地成功引进了艾默生、普思电子、富士康、拉法基、华能等世界500强企业和中国重汽、华晨汽车、华润集团、太极药业等一批国内知名企业；顺利承接了旭虹光电、金发科技等一批加工贸易转移项目。支持在绵阳的大型科研院所和大型企业实施走出去战略，建成西部地级市首个国家级出口加工区，进出口经营权企业达500余家。坚持"外融内聚"，全面主动融入成渝经济区，纵深推进与成德绵区域同城化发展，加强与长三角、珠三角、环渤海湾等区域和国外城市的交流合作，成功与美国罗斯维尔

市等 20 余个国外城市，以及与上海徐汇区、福建福州市等近 30 个国内城市缔结为友好城市。

绵阳科技城坚持以科技创新为源泉、军民融合为特色、开放合作为动力，努力把科技城建设成为西部地区乃至全国的军民融合示范地、科技创新策源地、科技成果集散地、创新人才汇聚地、高新技术产业集中地。2015 年，科技城地区生产总值突破 1 300 亿元，年均增长 17.5%，高新技术产业增加值占工业增加值比重达到 60%，示范基地军民结合产业增加值达到 450 亿元，在军民融合、人才集聚、科技创新、战略性新兴产业等方面取得新突破。力争到 2020 年，绵阳科技城地区生产总值在 2010 年基础上翻两番，达到 2 600 亿元，示范基地军民结合产业增加值达到 900 亿元，建成中国特色军民融合型科技城，为加快推进国家新型工业化产业示范基地探索经验、做出示范。

4 高校科技研发设施开放共享管理

科技研发设施是高校人才培养和科学研究的重要条件，开放共享是充分发挥其效益的有效手段。科技研发设施共享平台可以说是学校教学、科研和学科建设必不可少的公共服务体系之一，对提高教学与科研水平、促进学科交叉和融合、加强高层次创新人才的培养起着至关重要的作用。建立科技研发设施共享平台，有利于设施合理布局、规范管理、共用共享；有利于促进设施高效配置、综合集成；有利于提高资金使用的有效性，为高水平科学研究、高层次人才培养及创新成果的取得提供有力保障。

许多高校在推动科技研发设施开放共享的工作中总结经验教训，潜心研究机制、办法，不断实践和改进，形成了一批适用学校实际情况，体现学校文化特色和管理水平的规章制度，制度的形成和有效实施进一步促进和规范了学校的科技研发设施开放共享工作。本书选择了教育部直属高校 A、部管军工高校 B 和军队院校 C 进行具体阐述。

4.1 A 大学科技研发设施开放共享管理

为促进校园科技研发设施的合理配置和有效利用，A 大学根据《教育部直属高等学校国有资产管理暂行办法》《高等学校财务制度》《高等学校仪器设备管理办法》，以优先满足校内需要、积极开展对校外服务的原则实施开放共享工作。除涉密设备外，凡属 A 大学固定资产、单台（套）建账价值不低于 40 万元人民币、用于教学科研且具有一定共性需求的仪器设备，原则上应按照学校规定共享。

4.1.1 组织管理

学校科技研发设施开放共享服务体系由实体科研条件平台（以下简称实体平台）和开放共享网络管理系统（以下简称共享系统）两部分构成。实体平台分为校级科研条件平台、院系级科研条件平台和独立机组三种类型，在管理上实行学校、院系、实验室的三级管理机构。三级机构各负其责、相互配合，共同完成开放共享服务的各项工作。实体平台是开放共享的主体，共享系统是开放共享的主要方式和途径。

实体平台是仪器设备开放共享工作的执行机构和服务主体，开展分析测试、加工制备和设计计算等技术服务工作，负责仪器设备的日常运行、管理和维护，技术人员的组织管理，独立的经费核算，以及用户培训和使用管理等工作。校级平台须为学校建制的实验室，定位于为全校各学科提供开放共享服务，由依托院系和实验室与设备处共同管理。院系平台须为学校建制的实验室，定位于为本院系学科提供开放共享服务，由院系自主管理。学校鼓励院系平台积极为校内其他院系和校外开展开放共享服务。独立机组是学校各类建制实验室、课题组实验室的研究团队在科研活动中建设并能够独立、稳定地开展共享服务的仪器设备资源组合体。独立机组的开放服务由机组自主申请，院系审核，实验室与设备处认定。

各类平台中具有开放价值、配备较高水平技术人员的仪器设备都可申请加入开放共享系统。开放共享系统具备开放服务信息的维护、发布、查询、预约、授权使用及使用记录、测试扣款及结算、服务汇总及统计、测试数据传输等功能，信息公开透明，方便校内外各类用户使用。共享系统实现开放共享的信息化和网络化管理，以提高服务、管理的水平和效率。

4.1.2 收费管理

为保证科技研发设施开放共享工作的可持续发展，开放共享实行有偿服务，但并不以赢利为目的，收费标准不高于成本水平。实体平台应根据审核备案的收费标准收取服务费用，不得随意提高标准，收费遵循校内外有别、校内优惠的原则。

校内开放共享服务采取先服务后收费的方式，即开放共享服务平台先为校内用户提供服务，一段时间后财务处根据实际服务记录的统计情况定期结算收费，并按期拨付给提供开放共享服务的实体平台，其收入用于实验室运行、设备维护与更新升级、实验室技术人员学习培训、实验技术人员奖酬金、开放共享系统运行维护等。对校外开放共享服务可采取预收费或按次收费的方式进行。

4.1.3 考核激励与监督

由实验室与设备处组织对全校的开放共享平台年度使用效益进行考核、评价，并进行使用效益奖评选。效益评价工作与年度考核工作相结合。

实验室与设备处负责开放共享平台的监督管理，接受和处理投诉意见。一方面接受实体平台的投诉，限制拖欠服务费用的用户继续使用开放共享系统；另一方面，接受用户的投诉，对开放共享服务存在问题的实体平台进行限期整改，达不到整改要求者，将在年度考核等工作中进行处罚，并不得申报当年的开放共享使用效益奖。

4.2 B 大学科技研发设施开放共享管理

B 大学科技研发设施实行专管共用、开放共享的资源化运行管理。在完成本单位教学、科研任务的同时，科技研发设施所属单位必须通过开放共享的校内外技术服务，实现资源化利用，切实提高研发设施的使用效率，通过技术协作产生合理的经济效益和社会效益。根据学校规定，除涉密设备外，单台（套）价值 40 万元及以上的入网大型仪器设备或机组，全部纳入开放共享技术服务的范围。

4.2.1 组织管理

科技研发设施的开放服务采取申报审核制度，以实验室为单位进行申报核准。凡具备开放服务条件的学校各级实验室、具备对外服务功能的单台套仪器设备或机组，均可申报开放服务。

科技研发设施开放服务实行校、院、室三级管理。实验室与设备管理处是开放服务的组织管理机构，代表学校组织协调和统筹开放服务工作；学院是开放服务的责任管理单位，具体负责本单位所辖实验室开放服务的组织实施和监督管理工作；各级实验室是开放服务的主体，按照对外技术服务的要求和标准建立业务规范，包括对外技术服务项目、协作要求、收费标准、实验记录、成果形式、知识产权、保密规则等。

学校建立科技研发设施开放共享网络服务平台，及时发布和更新各级实验室开放服务的相关信息。

4.2.2 开放服务费用管理

B大学的开放共享服务，按照技术协作的业务性质实行有偿服务管理。开放服务主体根据核准备案的开放服务功能和委托方的技术协作要求，向委托方提供实验技术服务，并按照核定的费用标准向委托方收取技术服务费用。技术服务费，不以赢利为目的。开放服务费，用于满足仪器设备在运行保障、维修维护、功能开发和更新改造等方面的经费需求，保证设备机组或实验室的良性运行，促进学校实验技术整体水平的有效提升。

4.2.3 开放共享绩效考核

学校对科技研发设施的开放共享情况执行绩效考核制度。依据《B大学贵重仪器设备效益考核指标体系》，由实验室与设备管理处对全校分析测试类设备及纳入开放共享平台的仪器设备进行年度绩效考评。考评的主要内容包括：开放共享设备管理使用状况、人才培养和科研成果情况、开放共享的服务质量、开放服务的有效机时、经费收入、专项经费的使用情况等。

对开放共享工作成绩突出的单位和个人，学校参照有关规定予以奖励，并在开放基金申请、设备购置及实验室建设经费等方面予以倾斜。年度绩效考评中有效机时连续三年不能达到额定机时的，或者有条件实施但未执行开放服务，仪器设备利用率又很低的实验室或大型仪器设备，学校将予以通报，并在专项投资建设方面核减所在学院的投资额度。

4.3 C大学科技研发设施开放共享管理

C大学将贵重仪器设备定义为单价 10 万元以上的仪器设备，单价 40 万元以上的为大型贵重仪器设备，所有贵重仪器设备按照"统建专管共用"的原则进行管理。C大学要求各单位加强贵重仪器设备开放共享工作的组织管理，按自用、校内、军内及社会用户的顺序统筹安排好本单位仪器设备的使用计划。

4.3.1 管理体制

贵重仪器设备以机组为基本单元实施共享、技术服务和经费管理等工作。机组指能实现特定功能的设备或设备群及使用管理和技术人员组成的整体，机组要有明确的机组负责人。

贵重仪器设备开放共享按照"统一领导、按级负责、归口管理"的原则，实行学校、学院、机组三级管理。学校统一规划和建设贵重仪器设备共享信息平台、成立贵重仪器设备共享服务中心，由各学院及机组在服务中心的协调下具体实施共享使用。

学校训练部是全校贵重仪器设备共享管理归口职能部门，负责制定开放共享相关管理规定、统筹资源、建立共享信息平台、开展奖惩评价工作等；学校校务部是贵重仪器设备共享服务费的归口管理部门，负责审订收费标准、收取和管理服务费、财经监督等；各学院负责本单位贵重仪器设备具体共享管理工作；各机组是所登记的贵重仪器设备共享管理和使用的责任单位，为用户提供服务。

4.3.2 共享使用程序和方法

加入学校共享平台的机组需填写共享平台注册登记表，包括共享机组名称、设备范围、设备主要性能指标、机组负责人及成员、共享使用可能方式（设备租用、委托测试、协助测试、自行上机等）、开放时间段等机组信息，经学院审批后报服务中心。

服务中心在学校贵重仪器设备共享信息平台公布提供共享服务的机组信息，供用户查询、预约。公布的信息包括机组的介绍、年度自用计划、运行状况、联系方式、使用方式、收费标准、分类、单价、存放地等。

用户根据自身使用需求结合共享平台公布的机组信息，提出使用申请。申请用户与服务中心、机组共同签订经训练部和校务部审核后的共享服务合同，根据签订的合同，用户和机组制定共享使用设施计划，按合同实施共享使用。服务中心对共享使用合同执行情况进行必要的核查，用户每次试验完成后或合同执行完毕后，签字确认"仪器设备共享收费结算表"，并凭结算表按合同约定支付服务费，最后提供用户评价表，作为对机组评价考核的重要依据。

4.3.3 收费管理

贵重仪器设备开放共享按"教学免费使用、科研有偿使用"的原则进行，有偿使用按照部队总部和学校颁布的对外有偿服务管理相关规定执行，有偿使用收费须报学校批准后方可收费。

机组可根据不同的服务内容和服务方式等，按校内、军内和国内用户分别制定收费标准。材料费、水电消耗费依据消耗量按实收取，劳务费根据外聘的专职管理技术人员报酬确定，维护维修费根据该设备（群）的年平均维护维修费用分摊折算，折旧费及固定资产使用费不得对校内用户收取。

4.3.4 评价和奖惩

每年年底前，加入学校共享平台的机组都应提交年度总结，报告机组自用情况、开放共享机时、收入和开支以及产生的效益等情况，梳理开放共享经验做法、存在的问题和意见建议等。学校主要依据开放共享用户的评价、机组提交的报告和使用效益评价考核情况来评价各单位或各机组的开放共享工作，并对开放共享工作成绩突出的单位和机组给予表彰和奖励。

对因服务态度、维修维护不及时等主观原因影响设备开放共享，或无充分理由造成的设备使用效益低于同类设备评价标准的机组，应及时找出原因，限期整改。连续两年评价仍不达标的，将通报批评，并将该单位列为贵重仪器设备购置从严控制单位。对具备开放共享条件但拒绝为校内其他用户提供共享服务的，视情况责令其限期整改直至根据使用需求调剂到其他单位使用。校内用户不得利用学校优惠政策为校外人员提供任何形式的中介共享使用服务，发现后除通报批评外，必须按校外用户收费标准补缴所有差额。

5 军工科技研发设施开放共享实践

军工科技研发设施开放共享是国家科技研发设施开放共享发展中的一个重要部分。近年来在国家军民融合战略指引下,政府管理部门、军工集团公司军工企事业单位等都对军工科技研发设施开放共享管理进行了不断深入的研究和实践。

5.1 军工科技研发设施的特殊性

多年来,国防科技工业围绕武器装备基础性机理研究、应用研究、重大技术攻关和型号研制需要,通过多种渠道,建设了一批大型、关键试验验证设施、国防科技重点实验室、国防军工计量技术机构、军工野外科学观测研究站、分析测试中心等研究实验基地,形成了门类齐全、功能强大的军工科技研发设施。这些设施分布在国防科技工业多个单位,服务既面向全行业,也面向特定领域、特定对象,既有外场设施,也有实验室设施。国防科技工业是国家战略性产业的地位决定了军工科技研发设施具有其特殊性。

5.1.1 政治重要性

国防科技工业与其他行业的不同在于其以担负国家国防与军队建设重任为首责,而完成国家国防与军队建设的目的要求具有很强的政治性。同时,国防科技工业还要肩负国家科技创新体系建设和经济社会发展的任务，因此军工科技研发设施具有特殊的政治要求。

5.1.2 相对封闭性

军工科技研发设施应用于武器装备等军品研制生产技术中，特别是高精尖武器装备技术，涉及国家安全和战略意图的实现，因此这些设施同产品一样处于高度保密状态。同时，军工经济涉及的经济运行有着特殊规律，在其他产业运作良好的某些市场机制，在这里不能完全照搬通行，因此，存在相对的封闭性。

5.1.3 高风险性

国防科技工业属于资金、技术和人才密集型的高科技、高投入、高风险产业，军工科技研发设施建设需要巨额的资金投入，需要相当的技术基础、科研时间和建设时间，还要承担极高的科研生产风险，并且不同军工产品系列间互换性差，表现出较强的专用性和选择刚性，因此军工科技研发设施开放共享具有高风险性。

5.2 军工科技研发设施开放共享的原则要求

5.2.1 强军为本

军工科技研发设施的建设运行以支撑国防军队建设、提升武器装备供给保障能力为首要责任。军工科技研发设施的开放共享以确保完成武器装备科研生产任务和确保军工核心能力的完整性为前提。同时，充分利用民口科技研发设施资源为军工服务。

5.2.2 确保安全

国防科技工业事关国家安全和发展利益，大量军工科技研发设施涉及国家秘密，因此在开放共享上要有所区分，注重加强安全保密评估和审查，以确保国家秘密和敏感信息的安全。

5.2.3 健全制度

制定促进军工科技研发设施开放共享的管理制度和办法，明确管理部门和单位的责任，理顺开放运行的管理机制，从制度层面推进军工科技研发设施面向国内军工需求和民用需求两个市场开放共享。

5.2.4 统筹资源

既要盘活存量，统筹管理，挖掘现有军工科技研发设施的潜力，促进利用效率最大化；又要调控增量，合理布局新增军工科技研发设施的体系能力，在政策措施层面，推动开放共享，提高体系效能，解决重复购置和闲置浪费的问题，加强军工内部统筹和军民统筹。

5.2.5 分类管理

根据建设的定位和服务对象，按照其功能区分对不同类型的军工科技研发设施，采取不同的开放共享方式，制定相应的管理制度、支撑措施、评价办法和补偿机制，在保证武器装备研制的同时，促进规范有序。

5.2.6 信息共享

搭建军工科技研发设施网络管理平台，面向不同需求实现配置、管理、服务、监督、评价的信息共享和全链条有机衔接。对不涉密的军工科技研发设施，可同时纳入国家统一的网络管理平台，对涉密的军工科技研发设施，定向在内部相关范围信息开放共享。

5.2.7 奖惩结合

建立以开放共享应用效果为主、用户参与的评估监督体系，形成军工科技研发设施面向不同需求的开放共享服务的数量质量与利益补偿、后续支持紧密挂钩的奖惩结合机制，形成具有军工管理特色的面向军工科技研发设施管理单位和共享需求单位的约束机制，不断提升军工科技研发设施的体系效能。

5.3 军工科技研发设施开放共享的形势需求和政策重点

5.3.1 应对革命性创新挑战的必然要求

当前，世界科技进步加速发展，先进技术在全球快速扩散应用。特别是革命性技术的发展，对国防能力及经济发展都带来了重大的影响。改变游戏规则的革命性技术创新得到优先考虑，利用商业化成熟技术开发国防技术产品逐渐成为各国的选择。面对革命性技术可能改变游戏规则的重大态势，世界主要国家对可能改变游戏规则的技术——增材制造、自主系统、定向能、网络电磁（赛博）能力、增强或降级人类能力等进行了关注。美国、日本等国家实施了建立国家层面的重大创新机构的行动。企业和研究机构纷纷加强军政产学研结合，以加强创新能力，使开展广泛的军民联合成为不可逆转的趋势。在工业领域，主要发达国家正向着以智能制造为主导的第四次工业革命迈进。典型标志是德国将工业4.0纳入《高技术战略》，标志着工业4.0正式成为其国家发展战略。2015年5月19日，中国也正式印发了《中国制造2025》，这是站在增强我国综合国力、提升国际竞争力、保障国家安全的战略高度做出的重大战略部署，其核心是加快推进制造业创新发展、提质增效，实现智能转型。新一代信息技术与传统工业领域加速融合，对国防科技工业产生了重大影响，特别是军工企业的数字化、网络化、智能化研制生产成为趋势，这对各种技术的综合集成要求扩大，打破了地域限制和物理阻隔，基于新一代智能装备的生产组织方式将广泛普及，网络众包、异地协同设计、大规模个性化定制正在构建企业新的竞争优势。这就迫切要求打破军工资源封闭格局，特别是打破研发设施孤立的局面。开放共享不仅有利于充分发挥投入效益，更重要的是适应新的研制生产模式。

5.3.2 国家科技政策的重点导向

《国家"十二五"科学和技术发展规划》《促进军民融合式发展的指导意见》《2004—2010年国家科技基础条件平台建设纲要》《关于进一步推动科研基地和科研基础设施向企业及社会开放的若干意见》《国家重大科技基础设施中长期规划（2012—2030）》《国务院关于国家重大科研基础设施和大型科研仪器向社会开放的意见》《关于经济建设和国防建设融合发展的意见》等都明确提出，加强各类科技资源的整合和开放共享，要"推进科学仪器、设备、设施的共享与建设，逐步形成全国性的共享网络"。

近十几年来国家出台的军民融合相关政策,明确提出军民科技基础要素融合、科技资源开放共享的内容明显变多,特别是国家科研基础设施和仪器设备的开放共享越来越受到重视。军民融合发展上升为国家战略,开放共享是推动军民融合深度发展的基本体现,是解决军民融合深度发展问题的重要抓手和有效途径,只有向社会开放才能更好地释放其服务潜能。

5.3.3 实现军民融合战略的重要体现

党的十八大以来,我国军民融合不断向深度发展。党的十八届三中全会发布的《中共中央关于全面深化改革若干重大问题的决定》指出:在国家层面建立推动军民融合发展的资源共享机制,凸显了要从政策层面、以国家为主导推动军民资源共享的总体思路。党的十九大报告提出:坚持富国和强军相统一,强化统一领导、顶层设计、改革创新和重大项目落实,深化国防科技工业改革,形成军民融合深度发展格局,构建一体化的国家战略体系和能力。

2015年以来,国家推出了一系列推动军民融合深度发展的政策、措施,明确了重点推进的工作。2015年4月,国防科工局发布《2015年国防科工局军民融合专项行动计划》,其中第9条明确提出"推动军工资源开放共享"的重点实施项目。2016年3月,国防科工局发布的《2016年国防科工局军民融合专项行动计划》再次强调推动资源共享,实现军工科技资源向社会开放以及与民口科技资源的互通,特别是高性能、高价值的军工科技研发设施,在满足军工科研生产所需的前提下,逐渐扩展到为国家工业和国民经济发展服务,以解决科学前沿、经济社会发展和国家安全等方面的重大问题。

2017年3月22日,由工业和信息化部编制的首批军民融合科技评估机构推荐名录正式公布,推荐名录旨在落实军民融合发展战略、充分发挥市场机制作用、引导科技服务机构参与军民两用技术转移转化和军民设备设施资源共享。可以说,实现军工科技资源开放共享既是实现国家军民融合战略的基本体现,也是重要抓手。

5.4 军工科技研发设施开放共享的进展

5.4.1 军工行业内军民两用资源共享的进展

在国家科技资源共享宏观政策环境下，我国航天、船舶、核工业等军民两用科技资源共享取得了较为突出的成绩。随着航天科技基础能力大幅提升，以航天科技成果转化应用为特色的产业链条快速延伸，在信息安全、安防安保、空间生物、节能环保、物联网、新能源、软件、气象工程、特种装备等民用产业领域形成一定产业规模。船舶产业技术水平和综合竞争力不断提高，占世界市场份额提高到30%以上，居全球第一。核工业走"军民结合"道路，既为国防建设服务，又为国民经济建设服务，形成了包括核军工、核电、核燃料循环和核技术应用在内的完整的新型核工业体系，核心能力得到进一步加强，并实现系统性提升，一些重大系统研发平台及基础能力建设全面展开，军民结合能力体系进一步完善，为核工业军民两用的长远发展奠定了基础。

许多军民通用高新技术设施渐次开放，实现了军民资源共享，军工技术辐射带动作用明显增强。我国一些军民结合典型单位，在内部的军民两用资源共享上，成效比较显著。例如，中国运载火箭研究院既可以从事战略武器的设计研制，又可以开展大型运载火箭的设计研制。中国运载火箭研究院早在2010年便成立了军转民技术管理处，是航天科技集团内第一个专门负责军民结合工作的机构，在军转民技术信息平台、激励机制建设等方面取得良好进展。中国空间技术研究院是我国最早从事卫星研制的高科技单位，是目前国内最具实力的卫星、飞船主要研制基地。它既可以研制军用卫星，也可以研制民用卫星。近年来，中国空间技术研究院加速构建国际一流的大型宇航科研生产联合体，进一步推进了科研生产体系建设、产业基地建设和业务重组与资源整合，促进了军民紧密融合、国内外市场互动经济格局的形成。

5.4.2 民口科技资源积极参与国防建设

自 2005 年我国颁布了《国务院关于鼓励支持和引导个体私营等非公有制经济发展的若干意见》(国发〔2005〕3 号文,俗称"国 36 条")之后,我国形成了民口资源积极为国防建设开放服务的局面。2010 年,我国颁布了《国务院关于鼓励和引导民间投资健康发展的若干意见》(国发〔2010〕13 号文,俗称"新国 36 条")。同年,为贯彻落实《国务院关于深化国防科技工业投资体制改革若干意见的批复》的精神,国防科工局、中国人民解放军总装备部联合公布了《国防科技工业社会投资领域指导目录(放开类 2010 年版)》,从可操作的层面为指导民口资源为军工服务提供了依据。2012 年,为贯彻落实"新国 36 条"的精神,国防科工局和解放军总装备部还联合印发了《鼓励和引导民间资本进入国防科技工业领域的实施意见》,对促进民间资本资源为国防服务提出了具体意见。这些文件的颁布,对推进民口资源积极为军工服务发挥了极大的作用。

2017 年 3 月 12 日,中共中央总书记习近平在出席十二届全国人大五次会议解放军代表团全体会议时强调,立足经济社会发展和科技进步的深厚土壤,顺势而为、乘势而上,深入实施军民融合发展战略,开展军民融合协同创新,推进军民科技基础要素融合,加快建立军民融合创新体系,下更大力气推动科技兴军,坚持向科技创新要战斗力,为我军建设提供强大科技支撑。国家对推进军民科技基础要素融合的要求必然进一步推进民口科技资源积极参与国防建设,为军队建设提供更多服务。

5.4.3 军工科技研发设施开放共享进展滞后

以国家科技基础条件平台建设专项为牵引的国家科技资源共享平台,并没有深度覆盖军工科技研发设施等资源。在大型科学仪器设备方面,我国早在 2004 年就颁布实施了《中央级新购大型科学仪器设备联合评议工作管理办法》,并依托国家科技基础条件平台建设专项,在中国科技资源共享网上开通了大型科学仪器设备共享平台，要求价格在200万元人民币以上的新购大型科学仪器设备实行联合评议，向共享平台提交仪器设备信息。但开放共享目前主要在民口进行，虽然军口有一定参与，但规模很小、层次较低。军队科研部门和军工企业院所对依托国家科技基础条件平台建立的大型科学仪器设备共享服务体系，尚未展开充分利用。国防科技工业建立的军工关键试验验证设施、国防科技重点实验室等仍主要面向军用，存在开放共享不够、为军民不同需求服务不够、利用率低等问题。同时，重复购置、部门化、单位化和闲置浪费现象仍然存在。

5.4.4 军民大型设备设施共享工作

工业和信息化部于2013年开始开展《军民大型设备设施资源共享目录》的信息征集工作，以进一步促进大型设备设施在军工和民用领域的开放共享，减少对重大设备设施的重复投资建设，提高资源利用效率。根据工作安排，先期主要围绕"电子信息类设备设施"和"基础制造类设备设施"，面向全国企业、科研机构和高校，采集可向军工和民用领域开放的原采购价值在500万元人民币以上的大型设备设施信息。2013年，地方政府也开始积极推动军民重大设备设施资源共享工作，如北京市出台的《建设中关村军民融合科技创新示范基地行动计划（2013—2015）》提到，要加强军民共建共享，建设布局合理、装备先进、开放共享、高效运行的科研条件平台，推进军民共建共享国家重点实验室、测试验证平台、工程技术研究中心、博士后工作站、企业技术中心等研究平台建设，支持具备条件的军事科研院所（大学）、军工集团公司所属实验室面向社会开放。

2014年建成的国家军民融合公共服务平台为深入推进国家军民融合发展，提供了更为丰富、便捷的信息服务。当前，31个地区的军民结合主管部门、11个军工集团、中国工程物理研究院、7所工信部直属高校共同承担该平台的非涉密资源发布职责。截至2017年3月，平台发布的全部共享资源有军工科研设备设施1 614台套，其中军工试验设施 559 台套，军工大型科研仪器 1 055 台套，面向全社会开放。为落实《国务院中央军委关于建立和完善军民结合寓军于民武器装备科研生产体系若干意见》（国发〔2010〕37 号），推动资源互动共享，提高军民两用设备设施利用效率，2015 年 1 月，工业和信息化部以航空工业为试点组织编制完成《军民两用设备设施资源信息共享名录（航空工业）》，并予以印发。

目前，对于军工重大试验设施、购置费在 100 万元以上的设备、10 万美元以上的进口仪器设备以及所有非标设备，在国防科工局开展的军工关键设备设施登记工作中已进行了统计，形成了基本完整的数据信息。2015 年年底，国防科工局发布了《关于征集军工重大试验设施和大型科研仪器开放共享目录的通知》，组织编制了一批不涉密共享目录。2017 年 3 月 22 日，由工业和信息化部编制的首批军民融合科技评估机构推荐名录正式公布。推荐名录旨在落实军民融合发展战略，充分发挥市场机制作用，引导科技服务机构参与军民两用技术转移转化和军民设备设施资源共享。推荐名录设置了供需对接、创业孵化、科技评估、管理咨询和科技融资 5 个业务类别。

5.5　军工科技研发设施开放共享存在的主要问题

多年来，我国在推进军民科技资源开放共享方面已形成一定的共识基础，军民两用重点行业与军民两用典型企业的内部共享发展较好、进展较快，但在与外部共享方面，还存在政策指导、管理体制等方面的一些羁绊和障碍。同时，军工科研单位和企业也存在内在动力不足等问题，导致共享进展缓慢。

5.5.1　开放共享法规政策缺位

目前，我国还没有针对军工科技研发设施开放共享形成系统的政策法规，《中华人民共和国科学技术进步法》《中华人民共和国促进科技成果转化法》等科技领域的基本法律，仅对科技资源共享活动提出了指导性方向。2007年新修订的《中华人民共和国科学技术进步法》第46条规定："利用财政性资金设立的科学技术研究开发机构，应当建立有利于科学技术资源共享的机制，促进科学技术资源的有效利用。"实际上由于部门隶属关系分明，有的科研机构和人员不愿意将科研设施开放共享，使得科学设施的封闭使用、重复建设、利用效率不高的现象在一定范围内存在。

国务院发布的《国家中长期科学和技术发展规划纲要（2006—2020年）》明确指出，要推进大型科学设施的共享与建设，逐步形成全国性的共享网络。政府相关部门也制定和发布了配套文件，对大型科研设施共享提出了要求。鉴于国家的要求，市场对设备共享的呼声日益强烈，我国各省市、各高校都根据自身特点出台了各自的开放管理办法。但在国防科技工业领域，目前涉及的具体内容只有《国防科工局财政部关于推动军工重大试验设施和大型科研仪器向社会开放的通知》（科工计〔2015〕1229号），以及促进军民资源共享的2015年、2016年、2017年国防科工局军民融合专项行动计划。军工科技研发设施开放共享法规仍然缺位。

5.5.2 统筹不够和信息不畅造成共享潜力挖掘不够

由于受传统军民分割、条块分割管理方式的约束，军工大型科研设施分别隶属于军口和民口不同部门、不同地方，有一些同领域的资源由不同部门管理，造成各部门对资源的管理要求无法统一，甚至互相矛盾。如科技部大约有280家国家科技重点实验室，国防军工管理的有100余家国防科技实验室，但由于保密等原因，很多设备管理单位存在开放顾虑，所以尚未广泛涉及军工科研设施的开放信息。这类设施的开放，是资源共享价值量最大的部分，但由于缺乏能调动积极性的具体共享操作办法和指南，以及军民供需信息交流渠道不畅等因素，在实践中存在依据不足、实施困难等问题，这在较大程度上阻碍了科研设施通过开放共享为社会服务。

5.5.3 军品任务与开放共享的客观冲突

军品是与国家安全密切相关的特殊产品,军品研制是军工单位的第一要务。军工行业存在投入高、周期长、保密性要求高和风险高等特点,形成军品任务与市场开放的客观冲突。一方面,军工系统担心设施面向市场开放会增加损坏概率,由于军工单位的军品研制任务是刚性指标,不可能也不允许因设施损坏而随意改变计划,一旦设施在共享过程中发生损坏,将影响军品任务的研制生产。另一方面,军工系统承担军品任务的保密责任,担心因资源共享发生泄密,造成重大后果。因此在国防科技工业全行业内,缺乏科技资源共享动力。

5.5.4 内在动力不足成为推进开放共享的障碍

在军工科技研发设施开放共享的管理方面,目前缺少促进开放共享的有效激励机制,没有激发出各类设施所有者的积极性。国防科技工业管理机制、安全保密、风险责任、激励机制等多方面因素限制,开放共享的积极性不高。内在动力不足以成为驱动设施开放共享工作的障碍。

在科技资源开放共享的管理方面,国家层面目前缺少促进开放共享的有效激励机制。由于没有以经济利益为核心的共享激励机制,各类资源所有者难以通过有效的激励来最大限度地发挥共享积极性。这就需要政府的协调和组织,建立专管共用的运行管理机制,对设施的供给方给予补贴,并许可在一定范围内获得资源的维护和保养费用,从而实现资源需求与供给的相对平衡,实现需求方和供给方的双赢。

5.5.5 创新模式和市场机制运用不足

军工科技研发设施开放共享需要创新模式和有效发挥市场机制。中国航天科工集团率先践行"中国制造2025"国家重大战略、"互联网+"行动计划等大政方针,打造了世界第一批、中国第一家工业互联网云平台,形成了以云制造为核心,覆盖平台门户、云制造、大数据应用、创新创业、工业品商城等产业服务及一系列产融结合服务的服务体系，为广大企业提供全网营销、供应链管理、智能制造解决方案、工业大数据和"双创"等服务。虽然已有一些创新模式的实践，但由于军工单位的特殊性，军工系统在市场机制的运用方面有一定的封闭性，管理与市场模式创新明显不足。新形势下，迫切要求国防科技工业打破军工科技资源封闭格局。其开放共享不仅有利于充分发挥投入效益，更重要的是可以适应新的制造模式与抓住市场机遇，促进军工经济发展。

6 军工科技研发设施开放共享的启示与建议

军工科技研发设施是我国军工相关单位开展科研及军品研制生产的必备条件，也是国家国防科技研发设施能力和工业实力的重要体现和发展水平的重要标志。随着我军现代化武器装备研制的需求不断加大，对高性能、高价值的军工科技研发设施的需求也不断加大。作为国防科技工业核心能力建设的投资重点，特别是近十多年来，我国军工科技研发设施得到了很大改善。这些研发设施绝大多数具有很强的军民两用性，也具备向民用领域开放应用的基础，随着我国军民融合战略的深入实施，如何充分发挥军工科技研发设施的价值，扩大其在民用领域的共享成为我们需要深入研究的问题。

6.1 国外国防科技研发设施开放共享的启示

6.1.1 法律制度，规范健全

国外国防科技研发设施共享机制都有规范健全的法律法规作为保障和依据，比如美国的法典、欧洲科研基础设施联盟（ERIC）法律框架等。正是因为有一系列自上而下的健全的法律制度及政策规划做支撑和引导，才使得各层级对国防科技资源开放共享的工作有了统一认识，真正从本源上树立了国防科技资源开放共享的观念。

6.1.2 管理方式，系统有效

在国防科技研发设施开放共享的管理方式上，每个国家都有自己的一套管理体系，如美国按照科技研发设施资助方式、用户性质等的不同，将科技研发设施分为两类不同的平台进行管理，依此对用户的收费、保密管理等也按照两类不同的标准进行设计，实现了纵向上高度统筹、横向上细化拓展。这种管理方式既保证了政府对科技资源管理的系统有效，也促进了开放共享目的的实现。

6.1.3 市场收费，机制灵活

在国防科技研发设施开放共享的收费制度上，管理总体比较灵活，在符合国家要求的收费原则下，将收益的主动权和分配权交给科技研发设施依托单位。一般来说，非营利性质的开放共享服务不收费，而面向市场用户的服务在取得相关部门的批准后按照成本全部收回的原则进行收费，甚至有的国家规定对外服务费用不低于私营机构同类服务价格，以免造成不公平竞争。这种有偿使用机制能够很好地顺应市场经济的要求，利用市场经济规律和经济手段来强化管理，一方面实现了社会资源的优化配置，另一方面也调动了各级机构开放共享的积极性。

6.1.4 资源管理，高效配置

注重包括科学数据、科技人才、科研设施等在内的科技资源的高效配置。在科研设施管理方面，维护和更新响应速度快，使用率高；在人才资源管理方面，多采取灵活的用人政策，以项目团队为核心聚集人才，最大限度调动和发挥人才作用。除此之外，科研基础设施联盟的建立、人才的培养、广泛的国际交流以及有力的行业协会组织也对推动国家科技资源的优化配置起到了良好的作用。

6.2 中国步入建设科技强国的新征程

党的十八大提出实施创新驱动发展战略，强调要促进创新资源高效配置和综合集成。全国科技创新大会及中共中央、国务院《关于深化科技体制改革加快国家创新体系建设的意见》明确提出要强化科技资源开放共享,推动科技基础条件平台、产业技术创新服务平台建设。国家"十三五"科学和技术发展规划等都对科技基础条件平台建设做出了重要部署和要求。党的十九大召开标志着中国进入创新发展建设世界强国新时代。在这样的新形势下,国家经济社会发展比以往任何时候都更加需要发挥科技的支撑引领作用,更加需要发挥科技基础条件的支撑服务作用,对科技研发设施的开放共享提出了新的紧迫需求和重要任务。

6.2.1 国家科技研发设施的发展需求

当今世界,科技发展孕育着一系列革命性突破,发达国家和新兴工业化国家纷纷加大对科技研发实施的投入,特别是重大科技基础设施建设投入,扩大建设规模和覆盖领域,抢占未来科技发展制高点。国家科技研发设施建设运行面临机遇和挑战并存的新形势。

(1) 科学前沿的革命性突破越来越依赖科技研发设施的支撑能力

现代科学研究在微观、宏观等方面不断深入,学科分化与交叉融合加快,科学研究目标日益综合,技术支持要求越来越高。科学领域越来越多的研究活动特别需要大型研究设施的支撑,要求不断提高科技研发设施的单体规模和技术性能,强化相互协作,形成大型综合性设施群,进一步加强科技研发设施特别是重大科技基础设施建设,形成体系能力。

(2) 技术创新和产业发展越来越需要科技研发设施提供强大动力

当前,科学研究与技术研发相互依托、协同突破的趋势日益明显,技术创新和产业振兴的步伐不断加快。重大科技基础设施的建设和运行,越来越注重科学探索和技术变革的融合,可以衍生大量新技术、新工艺和新装备,加快高新技术的孕育、转化和应用。加强科技研发设施体系化建设,在若干重要领域超前部署一批重大科技基础设施,有利于更好地促进产业技术进步、破解经济社会发展中的瓶颈性科学难题,对加快培育战略性新兴产业、实现经济发展方式转变、支撑经济社会发展具有重要意义。

(3) 国家新时代发展需要科技创新的支撑

国家进入建设世界强国时代,科技创新已步入以跟踪为主转向跟踪和并跑、领跑并存的新阶段，经济社会各方面发展需要科技创新支撑，同时面临着在事关国家核心利益的科技领域的安全发展。国际上主要国家在重大基础设施建设方面的竞争日趋激烈，需要国家加快建设先进的科技研发实施体系，使我国成为世界科技强国，服务好国家新时代发展目标的实现。

6.2.2　新时代建设创新型国家的战略目标

十九大确定了中国新时代建设创新型国家的战略目标，即到2020年进入创新型国家行列，到2035年跻身创新型国家前列，到新中国成立100年时成为世界科技强国。新时代建设创新型国家的战略目标是加快建设国家科技研发设施体系的根本指导。新时代国家科技研发设施开放共享的法规政策制定、制度建设和运行管理，都需要以建设创新型国家战略目标为指引。

6.2.3　有效集成科技资源，实现新突破

坚定实施创新驱动发展战略成为科技研发设施发展的时代要求。目标已经确定，但是，在科技创新水平方面，我国处在跟跑、并跑、领跑"三跑"并存的历史性阶段。与科技发达国家相比，我国还有不小差距，主要是原始创新能力不足，科技大师和领军人才缺乏，创新文化和创新生态建设跟不上科技发展的需要，许多重大领域仍然受制于人，一些重要产业依然大而不强，整体创新能力与创新发展要求还不相适应，建设世界科技强国任重道远。因此，必须更加有效地集成科技资源，加快突破。一是加强基础研究和应用基础研究，强化新思想、新方法、新原理、新知识的源头储备。二是聚焦国家科技重大专项，在信息、生物、新能源、新材料、人工智能等领域突破一批关键共性技术。三是启动科技创新重大项目，突破并掌握一批原创性、颠覆性技术。四是推动现代工程技术攻关和示范应用，加强技术开发与集成、装备研制及大规模应用。五是推进科创中心、综合性国家科学中心和国家实验室建设，进一步优化战略布局，创新体制机制，以更大力度汇聚创新资源，建设若干全球创新高地，打造重大原始创新策源地。

6.2.4 科技研发设施体系建设

科技研发设施是为探索未知世界、发现自然规律、实现技术变革提供研究手段的复杂系统，是突破科学前沿、解决经济社会发展和国家安全重大科技问题的物质技术基础。搞好科技研发设施体系建设与运行是建设科技强国的必然要求。

（1）建设国家实验室体系

我国科技创新已步入以跟踪为主转向跟踪和并跑、领跑并存的新阶段，急需以国家目标和战略需求为导向，瞄准国际科技前沿，布局一批体量更大、学科交叉融合、综合集成的国家实验室，优化配置资源，形成协同创新格局。国家在"十三五"国家科技创新基地与条件保障能力建设专项规划中，明确提出全面推进以国家实验室为引领的国家科技创新基地与科技基础条件保障能力建设。国家实验室主要围绕国家使命，从事基础性和战略性科研任务，通过多学科交叉协助，解决事关国家安全和经济社会发展全局的重大科技问题。国家实验室是体现国家意志、实现国家使命、代表国家水平的战略科技力量，是面向国际科技竞争的创新基础平台，是我国实现科技强国梦的必然选择。建设国家实验室，有利于突破我国跨部门或机构科研合作的障碍，充分发挥我国科技体制优势，集中多方优势资源，组织完成战略性的国家重大科技任务。我国 2000 年开始试点筹建国家实验室，由于建设的复杂性，国家实验室长期处于研究、设计和论证阶段。从 2008 年开始，科技部在国家重点实验室基础上，开始批准建设国家实验室。国家实验室名录见附表 13。2017 年 11 月，筹建多年的 6 个国家实验室获批开始组建国家研究中心。2019 年年初，习近平总书记进一步强调，要加强重大创新战略研判和前瞻部署，抓紧布局国家实验室，重组国家重点实验室体系，建设重大创新基地和创新平台，完善产学研协同创新体系。这就要求我们要进一步完善国家重点实验室等的建设与运行管理。对已经启动但尚未完成建设任务的在建设施，加大工程管理和技术攻关力度，力争早日建成投入使用；对已经投入运行但仍有较大发展潜力的设施，进一步完善提升技术指标和综合性能，最大程度发挥其科学效益，同时，以战略高度搞好体系布局。

（2）建设国家产业创新中心体系

按照国家新时代高质量发展方针，根据国家战略性领域创新发展需要，结合产业集聚发展需要，结合产业转型升级，推进产业发展和区域经济迈向中高端，提升产业发展质量，建设现代经济体系，国家统筹规划、资金支持、政策引领，整合联合行业创新资源，构建高效协同创新网络，形成国家产业创新中心体系，迎接新科技与工业革命的挑战，做强实体经济，实现由制造大国向智造强国迈进。

（3）建设现代科研院所体系

科研院所体系是中国特色科技创新体系不可或缺的组成部分，无论是转制的科研院所还是公益性科研院所，都需要改革发展，建立现代科研院所体制，从而形成国家现代科研院所体系。进入新时代，建设现代科研院所体系要以新时代国家发展目标和发展战略为统领，依法建设，政策引导，分类管理，发挥科研院所在科技创新中的特有作用，实现科技研发设施效益最大化，实现应用基础研究、技术开发、成果转移转化产业化的系统链接。

（4）建设新型科技研发机构

新时代，新型研发机构在集聚高端创新资源、形成高水平创新团队、开展产业关键技术研发、加速科技成果转化、支撑产业创新发展方面成为国家科技研发设施管理创新的新引领。作为科技创新的新业态新动力新平台，新型研发机构要以中国特色、世界一流为目标，结合中国国情，吸纳发达国家经验，确立法律定位；构建完善治理体系，设立董事会作为最高决策机构，实行董事会领导下的专家型领导负责制，董事会和领导人依法行事职权，专家治研，民主管理，立德树人，社会参与；完善投资体制，创新融资渠道，实现科技金融深度融合，建立多元化投资机制，形成多种投资模式，努力成为国家创新体系新动能。

6.3 对于中国战略性科技研发设施开放共享的建议

国防科技工业是国家战略科技力量。在新时代，必须加强国家战略科技力量建设，建设中国特色的先进国防科技工业体系。我国的军工科技研发设施开放共享，应立足国防科技工业体系的发展背景，以国有资源本质和公用性、稀缺性等特征为基础，融入国家创新基地和创新平台建设体系，充分释放其服务潜能，加强军民统筹，抓紧建立军工科技研发设施开放共享机制，切实提高资源使用效益，充分发挥军工能力和技术优势，服务国防军队建设和国民经济发展。

6.3.1 完善相关法律法规制度

目前，我国军工科技研发设施的开放共享还没有国家层面的法律法规依据，只是在政府部门的相关文件中作了一些规定。许多科技研发设施平台建设和依托单位没有形成统一认识，有的单位甚至抵制开放共享。应尽快针对军工科技研发设施开放共享形成系统的政策法规，以法律法规形式确立开放共享的基本理念和原则，使各地方、各单位在推进军工科技研发设施开放共享方面有法可依、有制可循。

6.3.2 按照国家一体化战略体系，加强顶层设计

按照国家军民融合等国家战略的一体化要求，完善统筹协调机制，在顶层设计上把关，从源头上规范。一方面，加强科技研发设施建设的源头审查，国务院发布的《军工关键设备设施管理条例》中明确规定，军工关键设备设施目录由国务院国防科技工业主管部门会同军队武器装备主管部门、国务院国有资产监督管理机构和国务院有关部门制定。纳入《军工关键设备设施管理条例》的科技研发设施，都应作为新购设施的重点考察对象，严格审查，避免重复购置。另一方面，要加强军工资源开放的运行管理和创新氛围建设，构建灵活的激励和考核机制，吸引人才，实现先进设备、重大项目、高水平成果和杰出人才的协调统一，促进资源开放共享。

6.3.3 先行先试，分级分类开放共享

把握军民深度融合机遇期，在顶层设计上优化布局，贯彻先行先试，分级分类推进开放。一是完全开放，军民通用性强、不涉及军工秘密信息的军工设施。完全开放是指既能满足军事需要，同时也可用来研

制民用产品。二是围绕军品需要,向军工系统内部开放具有不宜公开信息的军工设施,双方协议规定不公开敏感信息。三是涉及国家核心秘密或有特殊信息限制要求的不能对外开放的军工设施,不进行开放。

6.3.4 依托信息平台完善开放共享服务机制

加强科技研发设施开放共享信息服务平台建设,是解决信息不透明的有效技术手段,是推进可共享资源信息公开的基础,也是创新共享机制的重要依托。要解决军工内部资源配置不合理、内外资源配置不协调、军民间科技研发设施资源共享程度低的问题,必须在现有国家军民融合公共服务平台等信息服务平台的基础上,进一步加强和完善相关基础条件的建设,进一步完善面向全社会开放的非密设备共享平台,搭建军工涉密设施系统信息与网络内部共享平台,在安全保密前提下尽快推出不同版本的开放目录。同时,为了进一步提高开放共享服务水平,应建立科学的评价机制,对开放共享效果进行评价。

6.3.5 鼓励"互联网+"思维运用

工业4.0时代的到来,催生了军工科研生产各环节智能的、自由的、动态的组合,以满足不断变化的需求,这就要求军工单位改变理念、适应新的转变,以适应智能制造下的科研体系的要求。军工单位应积极发挥主体作用,创新实践研发、生产和商业模式,推动大众创业创新,运用"互联网+"思维打破军工资源封闭,充分发挥互联网在生产要素配置中的优化集成作用,将互联网的创新成果深度融合于军工科技研发设施共享之中。

6.3.6 加强激励机制建设

在推动军工科技研发设施开放共享中,应采取国家调节与市场机制相结合的方针,在完善公益性要求的基本政策制度基础上,充分利用市场经济规律和手段来强化管理,调动单位、个人实施开放共享的积极性,使设施管理单位产生动力,主动开放,促进跨区域、跨单位合作,实现资源共享。一是共享收费机制的完善。通过开放共享,提高军工科技研发设施的使用效益和经济效益,是设备设施拥有单位顺应市场经济要求，实现社会资源优化配置的重要途径。二是"后补助"机制的建立。军工科技研发设施开放共享过程中，参与开放共享的科研仪器设备势必会带来运行维护成本的增加，在开放共享管理中引入"后补助"机制，设立开放共享基金，资助评价结果突出的单位。评价结果也可作为设施开放单位今后能力建设的重要依据。一定程度的激励和补偿，可以调动参与单位工作的积极性，使开放共享持续发展。

附表

附表1 中国科学院主要研究机构

序号	名 称
1	中国科学院数学与系统科学研究院
2	中国科学院物理研究所
3	中国科学院理论物理研究所
4	中国科学院高能物理研究所
5	中国科学院力学研究所
6	中国科学院声学研究所
7	中国科学院理化技术研究所
8	中国科学院化学研究所
9	中国科学院国家纳米科学中心
10	中国科学院生态环境研究中心
11	中国科学院过程工程研究所
12	中国科学院地理科学与资源研究所
13	中国科学院国家天文台
14	中国科学院云南天文台
15	中国科学院新疆天文台

续表

序号	名称
16	中国科学院长春人造卫星观测站
17	中国科学院南京天文光学技术研究所
18	中国科学院遥感与数字地球研究所
19	中国科学院地质与地球物理研究所
20	中国科学院兰州油气资源研究中心
21	中国科学院青藏高原研究所
22	中国科学院古脊椎动物与古人类研究所
23	中国科学院大气物理研究所
24	中国科学院植物研究所
25	中国科学院动物研究所
26	中国科学院心理研究所
27	中国科学院微生物研究所
28	中国科学院生物物理研究所
29	中国科学院遗传与发育生物学研究所
30	中国科学院农业资源研究中心
31	中国科学院北京基因组研究所
32	中国科学院计算技术研究所
33	中国科学院软件研究所
34	中国科学院半导体研究所
35	中国科学院微电子研究所
36	中国科学院电子学研究所
37	中国科学院自动化研究所
38	中国科学院电工研究所
39	中国科学院工程热物理研究所
40	中国科学院国家空间科学中心
41	中国科学院光电研究院
42	中国科学院自然科学史研究所
43	中国科学院科技战略咨询研究院

续表

序号	名　　称
44	中国科学院信息工程研究所
45	中国科学院数据与通信保护研究教育中心
46	中国科学院空间应用工程与技术中心
47	中国科学院北京综合研究中心
48	中国科学院天津工业生物技术研究所
49	中国科学院山西煤炭化学研究所
50	中国科学院大连化学物理研究所
51	中国科学院金属研究所
52	中国科学院沈阳应用生态研究所
53	中国科学院沈阳自动化研究所
54	中国科学院海洋研究所
55	中国科学院青岛生物能源与过程研究所
56	中国科学院烟台海岸带研究所
57	中国科学院长春光学精密机械与物理研究所
58	中国科学院长春应用化学研究所
59	中国科学院东北地理与农业生态研究所
60	中国科学院农业技术中心
61	中国科学院上海微系统与信息技术研究所
62	中国科学院上海技术物理研究所
63	中国科学院上海光学精密机械研究所
64	中国科学院上海硅酸盐研究所
65	中国科学院上海有机化学研究所
66	中国科学院上海应用物理研究所
67	中国科学院上海天文台
68	中国科学院上海生命科学研究院
69	中国科学院上海巴斯德研究所
70	中国科学院上海药物研究所
71	中国科学院上海高等研究院

续表

序号	名　称
72	中国科学院福建物质结构研究所
73	中国科学院宁波材料技术与工程研究所
74	中国科学院城市环境研究所
75	中国科学院南京地质古生物研究所
76	中国科学院南京土壤研究所
77	中国科学院南京地理与湖泊研究所
78	中国科学院紫金山天文台
79	中国科学院苏州纳米技术与纳米仿生研究所
80	中国科学院苏州生物医学工程技术研究所
81	中国科学院合肥物质科学研究院
82	中国科学院武汉岩土力学研究所
83	中国科学院武汉物理与数学研究所
84	中国科学院武汉病毒研究所
85	中国科学院测量与地球物理研究所
86	中国科学院水生生物研究所
87	中国科学院武汉植物园
88	中国科学院南海海洋研究所
89	中国科学院华南植物园
90	中国科学院广州能源研究所
91	中国科学院广州地球化学研究所
92	中国科学院长沙矿产资源勘查中心
93	中国科学院广州生物医药与健康研究院
94	中国科学院深圳先进技术研究院
95	中国科学院亚热带农业生态研究所
96	中国科学院深海科学与工程研究所
97	中国科学院成都生物研究所
98	中国科学院成都山地灾害与环境研究所
99	中国科学院光电技术研究所

续表

序号	名称
100	中国科学院重庆绿色智能技术研究院
101	中国科学院昆明动物研究所
102	中国科学院昆明植物研究所
103	中国科学院西双版纳热带植物园
104	中国科学院地球化学研究所
105	中国科学院西安光学精密机械研究所
106	中国科学院国家授时中心
107	中国科学院地球环境研究所
108	中国科学院近代物理研究所
109	中国科学院兰州化学物理研究所
110	中国科学院寒区旱区环境与工程研究所
111	中国科学院青海盐湖研究所
112	中国科学院西北高原生物研究所
113	中国科学院新疆理化技术研究所
114	中国科学院新疆生态与地理研究所

附表2 国家专业科技研发机构部分名录

序号	名称
1	中国医学科学院
2	铁道科学研究院
3	中国社会科学院
4	中国计量科学研究院
5	中国地质科学院
6	中国中医科学院
7	钢铁研究总院
8	中国建筑科学研究院

续表

序号	名　　称
9	中国工程物理研究院
10	煤炭科学研究总院
11	中国农业科学院
12	中国环境科学研究院
13	农业部①规划设计研究院
14	中国气象科学研究院
15	北京有色金属研究总院
16	军事医学科学院
17	国家体育总局科学研究所
18	中国建筑设计研究院
19	中国水利水电科学研究院
20	机械科学研究院
21	中国水产科学院
22	中国有色工程设计研究总院

附表3　"211""985""双一流"大学

序号	名称	类型
1	北京大学	"985""211""双一流"
2	清华大学	"985""211""双一流"
3	浙江大学	"985""211""双一流"
4	复旦大学	"985""211""双一流"
5	上海交通大学	"985""211""双一流"
6	南京大学	"985""211""双一流"
7	武汉大学	"985""211""双一流"
8	四川大学	"985""211""双一流"
9	中山大学	"985""211""双一流"

---

① 农业部：现更名为农业农村部。

续表

序号	名称	类型
10	山东大学	"985" "211" "双一流"
11	华中科技大学	"985" "211" "双一流"
12	哈尔滨工业大学	"985" "211" "双一流"
13	吉林大学	"985" "211" "双一流"
14	南开大学	"985" "211" "双一流"
15	中国科学技术大学	"985" "211" "双一流"
16	西安交通大学	"985" "211" "双一流"
17	中南大学	"985" "211" "双一流"
18	东南大学	"985" "211" "双一流"
19	中国人民大学	"985" "211" "双一流"
20	大连理工大学	"985" "211" "双一流"
21	天津大学	"985" "211" "双一流"
22	厦门大学	"985" "211" "双一流"
23	北京师范大学	"985" "211" "双一流"
24	华南理工大学	"985" "211" "双一流"
25	同济大学	"985" "211" "双一流"
26	北京航空航天大学	"985" "211" "双一流"
27	兰州大学	"985" "211" "双一流"
28	重庆大学	"985" "211" "双一流"
29	中国农业大学	"985" "211" "双一流"
30	西北工业大学	"985" "211" "双一流"
31	北京理工大学	"985" "211" "双一流"
32	华东师范大学	"985" "211" "双一流"
33	湖南大学	"985" "211" "双一流"
34	电子科技大学	"985" "211" "双一流"
35	东北大学	"985" "211" "双一流"
36	西北农林科技大学	"985" "211" "双一流"
37	中国海洋大学	"985" "211" "双一流"

续表

序号	名称	类型
38	中央民族大学	"985" "211" "双一流"
39	国防科学技术大学	"985" "双一流"
40	郑州大学	"211" "双一流"
41	云南大学	"211" "双一流"
42	新疆大学	"211" "双一流"
43	华东理工大学	"211"
44	苏州大学	"211"
45	南京航空航天大学	"211"
46	华中师范大学	"211"
47	南京农业大学	"211"
48	西南大学	"211"
49	武汉理工大学	"211"
50	上海大学	"211"
51	南京理工大学	"211"
52	东北师范大学	"211"
53	江南大学	"211"
54	西安电子科技大学	"211"
55	华中农业大学	"211"
56	西南交通大学	"211"
57	暨南大学	"211"
58	华北电力大学（北京）	"211"
59	北京科技大学	"211"
60	北京化工大学	"211"
61	东华大学	"211"
62	南京师范大学	"211"
63	北京交通大学	"211"
64	华南师范大学	"211"
65	西北大学	"211"

续表

序号	名称	类型
66	陕西师范大学	"211"
67	哈尔滨工程大学	"211"
68	河海大学	"211"
69	南昌大学	"211"
70	北京工业大学	"211"
71	湖南师范大学	"211"
72	福州大学	"211"
73	北京邮电大学	"211"
74	合肥工业大学	"211"
75	上海财经大学	"211"
76	中国药科大学	"211"
77	中南财经政法大学	"211"
78	长安大学	"211"
79	广西大学	"211"
80	西南财经大学	"211"
81	安徽大学	"211"
82	太原理工大学	"211"
83	贵州大学	"211"
84	北京林业大学	"211"
85	东北林业大学	"211"
86	中国政法大学	"211"
87	中国传媒大学	"211"
88	四川农业大学	"211"
89	中央财经大学	"211"
90	天津医科大学	"211"
91	辽宁大学	"211"
92	对外经济贸易大学	"211"
93	东北农业大学	"211"

续表

序号	名称	类型
94	河北工业大学	"211"
95	北京中医药大学	"211"
96	上海外国语大学	"211"
97	大连海事大学	"211"
98	北京外国语大学	"211"
99	内蒙古大学	"211"
100	石河子大学	"211"
101	海南大学	"211"
102	延边大学	"211"
103	宁夏大学	"211"
104	中央音乐学院	"211"
105	北京体育大学	"211"
106	青海大学	"211"
107	北京协和医学院	"211"
108	中国矿业大学（北京）	"211"
109	中国矿业大学（徐州）	"211"
110	西藏大学	"211"
111	解放军国防科学技术大学	"211"
112	解放军第二军医大学	"211"
113	解放军第四军医大学	"211"

附表4　军工科研院所部分名录

序号	名称
1	航天科工一院
2	航天科工二院
3	航天科工三院

续表

序号	名　　称
4	航天科工四院
5	航天科工六院
6	航天科工十院
7	中国运载火箭技术研究院
8	航天动力技术研究院
9	中国空间技术研究院
10	航天推进技术研究院
11	四川航天技术研究院
12	上海航天技术研究院
13	中国航天电子技术研究院
14	中国航天空气动力技术研究院
15	中国航天系统科学与工程研究所
16	中国航天标准化与产品保证研究院
17	中国航空综合技术研究所
18	北京航空精密机械技术研究所
19	北京长城计量测试技术研究所
20	沈阳飞机设计研究所
21	中国直升机设计研究所
22	中航工业第一飞机设计研究院
23	中国特种飞行器研究所
24	沈阳航空发动机研究所
25	中航雷达与电子设备研究院
26	中国航空动力机械研究所
27	中国航空附件研究所
28	中国航空救生研究所
29	成都飞机设计研究所
30	中国空空导弹研究院
31	洛阳电光设备研究所

续表

序号	名称
32	中国航空动力控制系统研究所
33	中国航空无线电电子研究所
34	西安飞行自动控制研究所
35	中国航空系统工程研究所
36	北京航空工艺研究所
37	中国飞机强度研究所
38	中国燃气涡轮研究院
39	中国航空工业制造工程研究所
40	中国航空工业空气动力研究院
41	中国航空信息中心
42	结构热强度研究所
43	中国飞行试验研究院
44	中国航空计算技术研究所
45	上海航空测控技术研究所
46	北京长城航空测控技术研究所
47	济南特种结构研究所
48	上海飞机研究所
49	贵州飞机设计所
50	贵州航空发动机设计所
51	南昌飞机设计研究所
52	北京航空材料研究院
53	西南自动化研究所
54	西南技术工程研究所
55	上海电控研究所
56	兵器装备研究所
57	中国兵器科学研究院
58	内蒙古金属材料研究所
59	山东非金属材料研究所

续表

序号	名　称
60	长春设备工艺研究所
61	中国北方发动机研究所
62	中国北方车辆研究所
63	西北机电工程研究所
64	西安现代控制技术研究所
65	西安近代化学研究所
66	西安应用光学研究所
67	西安电子工程研究所
68	北方自动控制技术研究所
69	西南技术物理研究所
70	北方科技信息研究所
71	昆明物理研究所
72	西安机电信息研究所
73	陕西应用物理化学研究所
74	华东光电集成器件研究所
75	中国船舶工业第七〇八研究所
76	中国船舶工业集团公司船舶系统工程部
77	中国船舶工业综合技术经济研究院
78	中船第九设计研究院
79	上海船舶研究设计院
80	中国船舶工业集团公司第六三五四研究所
81	广州船舶及海洋工程设计研究院
82	中国船舶及海洋工程设计研究院
83	中国船舶重工集团公司热加工工艺研究所
84	中国舰船研究院
85	中国舰船研究设计中心
86	中国船舶科学研究中心

续表

序号	名　称
87	哈尔滨船舶锅炉涡轮机研究所
88	上海船舶设备研究所
89	天津航海仪器研究所
90	武汉数字工程研究所
91	宜昌测试技术研究所
92	上海船用柴油机研究所
93	武汉船用电力推进装置研究所
94	郑州机电工程研究所
95	中国船舶信息中心
96	杭州应用声学研究所
97	江苏自动化研究所
98	华中光电技术研究所
99	邯郸净化设备研究所
100	武汉第二船舶设计研究所
101	武汉船舶通信研究所
102	扬州船用电子仪器研究所
103	南京船舶雷达研究所
104	洛阳船舶材料研究所
105	上海船舶电子设备研究所
106	大连测控技术研究所
107	昆明船舶设备研究试验中心
108	中国原子能科学研究院
109	中国核动力研究设计院
110	核工业理化工程研究院
111	核工业标准化研究所
112	核工业大连应用技术研究所
113	核工业北京化工冶金研究院
114	核工业二九〇研究所

续表

序号	名称
115	核工业西南物理研究院
116	核工业第四研究设计院
117	中国辐射防护研究院
118	核工业第八研究所
119	核工业计算机应用研究所
120	中国电子科技集团公司第三研究所
121	中国电子科技集团公司第八研究所
122	中国电子科技集团公司第九研究所
123	中国电子科技集团公司第十研究所
124	中国电子科技集团公司第十一研究所
125	中国电子科技集团公司第十二研究所
126	中国电子科技集团公司第十三研究所
127	中国电子科技集团公司第十四研究所
128	中国电子科技集团公司第十五研究所
129	中国电子科技集团公司第十六研究所
130	中国电子科技集团公司第十八研究所
131	中国电子科技集团公司第二十研究所
132	中国电子科技集团公司第二十一研究所
133	中国电子科技集团公司第二十二研究所
134	中国电子科技集团公司第二十三研究所
135	中国电子科技集团公司第二十七研究所
136	中国电子科技集团公司第二十八研究所
137	中国电子科技集团公司第二十九研究所
138	中国电子科技集团公司第三十二研究所
139	中国电子科技集团公司第三十六研究所
140	中国电子科技集团公司第三十八研究所
141	中国电子科技集团公司第四十三研究所

续表

序号	名 称
142	中国电子科技集团公司第四十六研究所
143	中国电子科技集团公司第四十七研究所
144	中国电子科技集团公司第四十九研究所
145	中国电子科技集团公司第五十一研究所
146	中国电子科技集团公司第五十三研究所
147	中国电子科技集团公司第五十五研究所

附表5 转制科研院所部分名录

序号	名 称
1	国家冶金工业局鞍山热能研究院
2	冶金工业部建筑研究总院
3	冶金工业部马鞍山矿山研究院
4	冶金工业局安全环保研究院
5	冶金工业部天津地质研究院
6	北京冶金设备研究院
7	冶金工业部长沙矿冶研究院
8	中南冶金地质研究所
9	冶金工业部信息标准研究院
10	冶金工业部长春黄金研究院
11	冶金工业部包头冶金建筑研究所
12	冶金工业部洛阳耐火材料研究院
13	冶金工业部钢铁研究总院
14	冶金经济发展研究中心
15	冶金工业部攀枝花钢铁研究院
16	冶金工业部金属制品研究院
17	冶金工业部自动化研究院

续表

序号	名　　称
18	冶金工业部包头稀土研究院
19	冶金工业部武汉冶金建筑研究所
20	中国烟草总公司郑州烟草研究院
21	北京橡胶工业研究设计院
22	标准化研究所
23	天津化工研究设计院
24	化学矿产地质研究院
25	沈阳化工研究院
26	沈阳橡胶研究设计院
27	感光化工研究院
28	光明化工研究设计院
29	大连化工研究设计院
30	锦西化工研究院
31	上海化工研究院
32	常州涂料化工研究院
33	连云港设计研究院
34	职业安全卫生研究院
35	海洋化工研究院
36	黎明化工研究院
37	株洲橡塑研究设计院
38	长沙设计研究院
39	合成材料研究院
40	曙光橡胶工业研究所
41	晨光化工研究院（自贡）
42	晨光化工研究院（成都）
43	炭黑工业研究设计院
44	西南化工研究设计院
45	西北橡胶塑料研究设计院

续表

序号	名　　称
46	西北化工研究院
47	化工机械及自动化研究设计院
48	涂料工业研究设计院
49	北京化工研究所
50	中国化工信息中心
51	化工科学技术研究总院
52	中国纺织工程学会
53	深圳纺织服装研究所
54	中国纺织科学技术信息研究所
55	中国纺织总会科学技术发展中心
56	中国纺织总会信息中心
57	中国纺织总会纺织机电研究所
58	中国纺织科学研究院
59	中国服装研究设计中心
60	包装研究所
61	标准化研究所
62	玻璃搪瓷研究所
63	电光源材料研究所
64	中国食品发酵工业研究所
65	甘蔗糖业研究所
66	广州机械设计研究所
67	杭州机械设计研究所
68	化学电源研究所
69	环境保护研究所
70	中国家用电器研究所
71	轻工业部科学技术情报所
72	中国皮革工业研究所
73	中国轻工总会科学研究院

续表

序号	名　称
74	西安机械设计研究所
75	中国日用化学工业研究所
76	煤炭科学研究总院
77	煤炭科学研究总院上海分院
78	煤炭科学研究总院唐山分院
79	煤炭科学研究总院西安分院
80	煤炭科学研究总院抚顺分院
81	煤炭科学研究总院太原分院
82	煤炭科学研究总院重庆分院
83	煤科总院常州自动化研究所
84	煤炭科学研究总院南京研究所
85	煤科总院杭州环境保护研究所
86	煤科总院淮北爆破研究所
87	职业医学研究所（北京职业病防治所）
88	煤炭科学研究总院合肥研究所
89	物资再生利用研究所
90	物资流通技术研究所
91	工程设计研究院
92	食品检测科学研究所
93	商用电子技术应用推广中心
94	商业经济研究中心（商业经济研究所）
95	中国物资经济研究所
96	苏州混凝土水泥制品研究设计院
97	咸阳非金属矿研究设计院
98	咸阳陶瓷研究设计院
99	西安墙体材料研究设计院
100	上海玻璃钢研究所
101	南京玻璃纤维研究设计院
102	合肥水泥研究设计院
103	山东工业陶瓷研究设计院

续表

序号	名　称
104	秦皇岛玻璃工业研究设计院
105	哈尔滨玻璃钢研究所
106	中国建筑材料科学研究院
107	北京机械标准化研究所
108	北京电工综合技术经济研究所
109	北京机床研究所
110	北京机电研究所
111	北京机械工业自动化研究所
112	北京起重运输机械研究所
113	北京农业机械化科学研究所
114	仪器仪表综合技术经济研究所
115	北京印刷机械所
116	长春气象仪器研究所
117	长春试验机研究所
118	成都电焊机研究所（含成都电焊机厂）
119	成都工具研究所
120	大连组合机床研究所
121	工程机械军用改装车试验场
122	广州电器科学研究所
123	广州机床研究所
124	桂林电器科学研究所
125	哈尔滨电工仪表研究所
126	哈尔滨电站设备成套设计研究所
127	哈尔滨焊接研究所
128	机械工业部杭州照相机械研究所
129	合肥通用机械研究所
130	呼和浩特畜牧机械研究所
131	济南铸造锻压机械研究所
132	机械部科技开发中心
133	昆明电器科学研究所

续表

序号	名称
134	兰州电源车辆所
135	兰州石油机械研究所
136	洛阳矿山机械研究所
137	洛阳拖拉机研究所
138	洛阳轴承所
139	秦皇岛视听设备机械研究所
140	上海材料研究所
141	上海电动工具所
142	上海电缆研究所
143	上海电器科学研究所
144	上海发电成套设计研究所
145	上海工业锅炉研究所
146	上海内燃机研究所
147	上海工业自动化仪表研究所
148	沈阳仪器仪表工艺研究所
149	沈阳真空技术研究所
150	沈阳铸造研究所
151	石化通用机械发展研究中心
152	苏州电加工机床研究所
153	天津电气传动设计研究所
154	天津复印技术研究所
155	机械工业部天津工程机械研究所
156	无锡油泵油嘴所
157	武汉材料保护研究所
158	武汉计算机外部设备研究所
159	西安电力电子技术研究所
160	机械工业部西安电炉研究所
161	西安微电机研究所
162	西安重型机械研究所
163	西宁高原工程机械研究所
164	机械部郑州机械研究所

续表

序号	名 称
165	郑州磨料磨具磨削研究所
166	中国农业机械化科学研究院
167	中国汽车工业经济技术研究所
168	重庆工业自动化仪表研究所
169	重庆仪表材料研究所
170	技术开发交流中心
171	人才研究与开发交流中心
172	稀土农用技术开发中心
173	钛技术开发中心
174	湖南有色冶金劳保研究所
175	北京矿产地质研究所
176	技术经济研究院
177	兰州有色金属建筑研究院
178	沈阳矿冶研究所
179	湖南稀土金属材料研究所
180	赣州有色冶金研究所
181	新疆有色金属研究所
182	四川冶金研究所
183	湖南有色金属研究所
184	矿产地质研究院
185	峨眉半导体材料研究所
186	西北稀有金属材料研究院
187	西北矿冶研究院
188	郑州轻金属研究院
189	西北有色金属研究院
190	广州有色金属研究院
191	长沙矿山研究院
192	昆明贵金属研究所
193	北京矿冶研究总院
194	北京有色金属研究总院

附表6 转制公益性科研机构部分名录

农业部 （注：现更名为 农业农村部）	1 中国农业科学院作物育种栽培研究所
	2 中国农业科学院生物技术研究所
	3 中国农业科学院畜牧研究所
	4 中国农业科学院哈尔滨兽医研究所
	5 中国农业科学院植物保护研究所
	6 中国水稻研究所
	7 中国农业科学院棉花研究所
	8 中国农业科学院油料作物研究所
	9 中国农业科学院兰州畜牧与兽药研究所
	10 中国农业科学院草原研究所
	11 中国农业科学院上海家畜寄生虫病研究所
	12 农业部环境保护科研监测所
	13 中国农业科学院农业经济研究所
	14 中国农业科学院科技文献信息中心
	15 中国农业科学院土壤肥料研究所
	16 中国农业科学院农业气象研究所
	17 中国农业科学院生物防治研究所
	18 中国农业科学院研究生院
	19 中国农业科学院农业自然资源和农业区划研究所
	20 中国农业科学院农田灌溉研究所
	21 中国农业科学院原子能利用研究所
	22 中国农业科学院蔬菜花卉研究所
	23 中国农业科学院郑州果树研究所
	24 中国农业科学院果树研究所
	25 中国农业科学院特产研究所

续表

农业部 （注：现更名为 农业农村部）	26 中国农业科学院茶叶研究所
	27 农业部成都沼气科学研究所
	28 中国农业科学院麻类研究所
	29 中国农业科学院兰州兽医研究所
	30 中国农业科学院蜜蜂研究所
	31 中国农业科学院饲料研究所
	32 中国农业科学院烟草研究所
	33 农业部南京农业机械化研究所
	34 中国农业科学院甜菜研究所
	35 南京农业大学农业遗产研究室
	36 中国农业科学院蚕业研究所
	37 中国农业科学院柑橘研究所
	38 中国农业科技出版社
	39 中国水产科学研究院
	40 中国水产科学研究院黄海水产研究所
	41 中国水产科学研究院东海水产研究所
	42 中国水产科学研究院南海水产研究所
	43 中国水产科学研究院黑龙江水产研究所
	44 中国水产科学研究院淡水渔业研究中心
	45 中国水产科学研究院长江水产研究所
	46 中国水产科学研究院珠江水产研究所
	47 中国水产科学研究院渔业工程研究所
	48 中国水产科学研究院渔业机械仪器研究所
	49 中国水产科学研究院北戴河增殖实验站
	50 中国水产科学研究院营口增殖实验站
	51 中国水产科学研究院长岛增殖实验站
	52 中国水产科学院下营增殖实验室
	53 中国热带农业科学院（下属14个机构）
	54 中国热带农业科学院橡胶研究所

续表

农业部 （注：现更名为 农业农村部）	55 中国热带农业科学院热带作物品种资源研究所
	56 中国热带农业科学院环境与植物保护研究所
	57 中国热带农业科学院热带生物技术研究所
	58 中国热带农业科学院南亚热带作物研究所
	59 中国热带农业科学院分析测试中心
	60 中国热带农业科学院科技信息研究所
	61 中国热带农业科学院农产品加工研究所
	62 中国热带农业科学院农业机械研究所
	63 中国热带农业科学院香料饮料研究所
	64 中国热带农业科学院椰子研究所
	65 中国热带农业科学院海口实验站
	66 中国热带农业科学院湛江实验站
	67 中国热带农业科学院广州实验站
国家广播电影 电视总局 （注：现更名为 国家新闻出版广播 电影电视总局）	1 国家广播电影电视总局广播科学研究院
	2 中国电影科学技术研究所
	3 中国电影艺术研究中心
新闻出版总署 （注：现更名为 国家新闻出版广播 电影电视总局）	1 中国出版科学研究所
	2 中国印刷科学技术研究所
国家体 育总局	1 国家体育总局体育科学研究所
	2 国家体育总局体育信息研究所
	3 国家体育总局运动医学研究所
	4 国家体育总局昆明体育电子设备研究所
	5 国家体育总局成都运动创伤研究所
中国地震局	1 中国地震局地球物理研究所
	2 中国地震局地质研究所
	3 中国地震局地壳应力研究所
	4 中国地震局分析预报中心
	5 中国地震局工程力学研究所
	6 中国地震局兰州地震研究所

续表

国家粮食局 （注：现更名为 国家粮食和 物资储备局）	1 国家粮食局科学研究院
	2 国家粮食储备局谷物油脂化学研究所
	3 国家粮食储备局武汉科学研究设计院
	4 国家粮食储备局郑州科学研究设计院
	5 国家粮食储备局无锡科学研究设计院
	6 国家粮食储备局西安油脂科学研究设计院
	7 国家粮食储备局成都粮食储藏科学研究所
国家测绘局 （注：现更名为 国家测绘 地理信息局）	1 中国测绘科学研究院
	2 国家测绘局经济管理科学研究所
	3 国家测绘局测绘标准化研究所
	4 四川省测绘科学研究所
供销合作总社	1 中华全国供销合作总社北京商业机械研究所
	2 中华全国供销合作总社天津再生资源研究所
	3 中华全国供销合作总社南京野生植物综合利用研究设计所
	4 中华全国供销合作总社杭州茶叶研究所
	5 中华全国供销合作总社济南果品研究所
	6 中华全国供销合作总社郑州棉麻工程技术设计研究所
	7 中华全国供销合作总社西安生漆涂料研究所
	8 中华全国供销合作总社昆明食用菌研究所
科技部	1 中国科技信息研究所
	2 科技部西南信息中心

附表7 国家重点实验室部分名录

序号	学科领域	实验室名称	依托单位	主管部门
1	化学领域	材料化学工程国家重点实验室	南京工业大学	江苏省科技厅

续表

序号	学科领域	实验室名称	依托单位	主管部门
2	化学领域	超分子结构与材料国家重点实验室	吉林大学	教育部
3		催化基础国家重点实验室	中国科学院大连化学物理研究所	中国科学院
4		电分析化学国家重点实验室	中国科学院长春应用化学研究所	中国科学院
5		多相复杂系统国家重点实验室	中国科学院过程工程研究所	中国科学院
6		分子反应动力学国家重点实验室	中国科学院大连化学物理研究所	中国科学院
7		高分子物理与化学国家重点实验室	中国科学院长春应用化学研究所	中国科学院
8		功能有机分子化学国家重点实验室	兰州大学	教育部
9		固体表面物理化学国家重点实验室	厦门大学	教育部
10		化工资源有效利用国家重点实验室	北京化工大学	教育部
11		化学工程联合国家重点实验室	清华大学　天津大学华东理工大学　浙江大学	教育部
12		化学生物传感与计量学国家重点实验室	湖南大学	教育部
13		结构化学国家重点实验室	中国科学院福建物质结构研究所	中国科学院
14		金属有机化学国家重点实验室	中国科学院上海有机化学研究所	中国科学院

续表

序号	学科领域	实验室名称	依托单位	主管部门
15	化学领域	精细化工国家重点实验室	大连理工大学	教育部
16		聚合物分子工程国家重点实验室	复旦大学	教育部
17		煤转化国家重点实验室	中国科学院山西煤炭化学研究所	中国科学院
18		生命分析化学国家重点实验室	南京大学	教育部
19		生命有机化学国家重点实验室	中国科学院上海有机化学研究所	中国科学院
20		羰基合成与选择氧化国家重点实验室	中国科学院兰州化学物理研究所	中国科学院
21		无机合成与制备化学国家重点实验室	吉林大学	教育部
22		稀土资源利用国家重点实验室	中国科学院长春应用化学研究所	中国科学院
23		现代配位化学国家重点实验室	南京大学	教育部
24		元素有机化学国家重点实验室	南开大学	教育部
25		重质油国家重点实验室	中国石油大学（北京）中国石油大学（华东）	教育部
26	数理领域	半导体超晶格国家重点实验室	中国科学院半导体研究所	中国科学院
27		波谱与原子分子物理国家重点实验室	中国科学院武汉物理与数学研究所	中国科学院

续表

序号	学科领域	实验室名称	依托单位	主管部门
28	数理领域	低维量子物理国家重点实验室	清华大学	教育部
29		非线性力学国家重点实验室	中国科学院力学研究所	中国科学院
30		高温气体动力学国家重点实验室	中国科学院力学研究所	中国科学院
31		固体微结构物理国家重点实验室	南京大学	教育部
32		核探测与核电子学国家重点实验室	中国科学院高能物理研究所 中国科学技术大学	中国科学院
33		核物理与核技术国家重点实验室	北京大学	教育部
34		精密光谱科学与技术国家重点实验室	华东师范大学	教育部
35		科学与工程计算国家重点实验室	中国科学院数学与系统科学研究院	中国科学院
36		强场激光物理国家重点实验室	中国科学院上海光学精密机械研究所	中国科学院
37		人工微结构和介观物理国家重点实验室	北京大学	教育部
38		声场声信息国家重点实验室	中国科学院声学研究所	中国科学院
39		湍流与复杂系统国家重点实验室	北京大学	教育部
40		应用表面物理国家重点实验室	复旦大学	教育部

续表

序号	学科领域	实验室名称	依托单位	主管部门
41	地学领域	冰冻圈科学国家重点实验室	中国科学院寒区旱区环境与工程研究所	中国科学院
42		测绘遥感信息工程国家重点实验室	武汉大学	教育部
43		城市和区域生态国家重点实验室	中国科学院生态环境研究中心	中国科学院
44		城市水资源与水环境国家重点实验室	哈尔滨工业大学	工业和信息化部
45		大地测量与地球动力学国家重点实验室	中国科学院测量与地球物理研究所	中国科学院
46		大陆动力学国家重点实验室	西北大学	陕西省科技厅
47		大气边界层物理与大气化学国家重点实验室	中国科学院大气物理研究所	中国科学院
48		大气科学和地球流体力学数值模拟国家重点实验室	中国科学院大气物理研究所	中国科学院
49		地表过程与资源生态国家重点实验室	北京师范大学	教育部
50		地震动力学国家重点实验室	中国地震局地质研究所	中国地震局
51		地质过程与矿产资源国家重点实验室	中国地质大学（武汉）中国地质大学（北京）	教育部
52		地质灾害防治与地质环境保护国家重点实验室	成都理工大学	四川省科技厅

续表

序号	学科领域	实验室名称	依托单位	主管部门
53	地学领域	冻土工程国家重点实验室	中国科学院寒区旱区环境与工程研究所	中国科学院
54		海洋地质国家重点实验室	同济大学	教育部
55		河口海岸学国家重点实验室	华东师范大学	教育部
56		湖泊与环境国家重点实验室	中国科学院南京地理与湖泊研究所	中国科学院
57		环境地球化学国家重点实验室	中国科学院地球化学研究所	中国科学院
58		环境化学与生态毒理学国家重点实验室	中国科学院生态环境研究中心	中国科学院
59		环境基准与风险评估国家重点实验室	中国环境科学研究院	环境保护部①
60		环境模拟与污染控制国家重点实验室	清华大学 中国科学院生态环境研究中心 北京大学 北京师范大学	教育部
61		荒漠与绿洲生态国家重点实验室	中国科学院新疆生态与地理研究所	中国科学院
62		黄土高原土壤侵蚀与旱地农业国家重点实验室	中国科学院教育部水土保持与生态环境研究中心	中国科学院
63		黄土与第四纪地质国家重点实验室	中国科学院地球环境研究所	中国科学院
64		近海海洋环境科学国家重点实验室	厦门大学	教育部

① 环境保护部：现更名为生态环境部。

续表

序号	学科领域	实验室名称	依托单位	主管部门
65	地学领域	空间天气学国家重点实验室	中国科学院空间科学与应用研究中心	中国科学院
66		矿床地球化学国家重点实验室	中国科学院地球化学研究所	中国科学院
67		流域水循环模拟与调控国家重点实验室	中国水利水电科学研究院	水利部
68		煤炭资源与安全开采国家重点实验室	中国矿业大学（北京） 中国矿业大学	教育部
69		内生金属矿床成矿机制研究国家重点实验室	南京大学	教育部
70		热带海洋环境国家重点实验室	中国科学院南海海洋研究所	中国科学院
71		生物地质与环境地质国家重点实验室	中国地质大学（武汉）	教育部
72		同位素地球化学国家重点实验室	中国科学院广州地球化学研究所	中国科学院
73		土壤与农业可持续发展国家重点实验室	中国科学院南京土壤研究所	中国科学院
74		卫星海洋环境动力学国家重点实验室	国家海洋局第二海洋研究所	国家海洋局
75		污染控制与资源化研究国家重点实验室	同济大学 南京大学	教育部
76		现代古生物学和地层学国家重点实验室	中国科学院南京地质古生物研究所	中国科学院
77		岩石圈演化国家重点实验室	中国科学院地质与地球物理研究所	中国科学院

续表

序号	学科领域	实验室名称	依托单位	主管部门
78	地学领域	遥感科学国家重点实验室	中国科学院遥感与数字地球研究所 北京师范大学	中国科学院
79		油气藏地质及开发工程国家重点实验室	西南石油大学 成都理工大学	四川省科技厅
80		油气资源与探测国家重点实验室	中国石油大学（北京）	教育部
81		有机地球化学国家重点实验室	中国科学院广州地球化学研究所	中国科学院
82		灾害天气国家重点实验室	中国气象科学研究院	中国气象局
83		植被与环境变化国家重点实验室	中国科学院植物研究所	中国科学院
84		资源与环境信息系统国家重点实验室	中国科学院地理科学与资源研究所	中国科学院
85		病毒学国家重点实验室	武汉大学 中国科学院武汉病毒研究所	教育部
86		草地农业生态系统国家重点实验室	兰州大学	教育部
87		淡水生态与生物技术国家重点实验室	中国科学院水生生物研究所	中国科学院
88		蛋白质与植物基因研究国家重点实验室	北京大学	教育部
89		动物营养学国家重点实验室	中国农业科学院畜牧研究所 中国农业大学	农业部[①]
90		分子发育生物学国家重点实验室	中国科学院遗传与发育生物学研究所	中国科学院

---

① 农业部：现更名为农业农村部，后同。

续表

序号	学科领域	实验室名称	依托单位	主管部门
91		分子生物学国家重点实验室	中国科学院上海生命科学研究院	中国科学院
92		旱区作物逆境生物学国家重点实验室	西北农林科技大学	教育部
93		家蚕基因组生物学国家重点实验室	西南大学	教育部
94		家畜疫病病原生物学国家重点实验室	中国农业科学院兰州兽医研究所	农业部
95		林木遗传育种国家重点实验室	中国林业科学研究院 东北林业大学	国家林业局① 教育部
96		棉花生物学国家重点实验室	中国农业科学院棉花研究所 河南大学	农业部 河南省科技厅
97	地学领域	农业虫害鼠害综合治理研究国家重点实验室	中国科学院动物研究所	中国科学院
98		农业生物技术国家重点实验室	中国农业大学	教育部
99		农业微生物学国家重点实验室	华中农业大学	教育部
100		神经科学国家重点实验室	中国科学院上海生命科学研究院	中国科学院
101		生化工程国家重点实验室	中国科学院过程工程研究所	中国科学院
102		生物大分子国家重点实验室	中国科学院生物物理研究所	中国科学院
103		生物反应器工程国家重点实验室	华东理工大学	教育部

① 国家林业局：现更名为国家林业和草原局，后同。

续表

序号	学科领域	实验室名称	依托单位	主管部门
104		膜生物学国家重点实验室	中国科学院动物研究所 清华大学 北京大学	中国科学院
105		食品科学与技术国家重点实验室	江南大学 南昌大学	教育部
106		兽医生物技术国家重点实验室	中国农业科学院哈尔滨兽医研究所	农业部
107		水稻生物学国家重点实验室	中国水稻研究所 浙江大学	农业部
108		微生物代谢国家重点实验室	上海交通大学	教育部
109		微生物技术国家重点实验室	山东大学	教育部
110	地学领域	微生物资源前期开发国家重点实验室	中国科学院微生物研究所	中国科学院
111		系统与进化植物学国家重点实验室	中国科学院植物研究所	中国科学院
112		细胞生物学国家重点实验室	中国科学院上海生命科学研究院	中国科学院
113		细胞应激生物学国家重点实验室	厦门大学	教育部
114		亚热带农业生物资源保护与利用国家重点实验室	广西大学 华南农业大学	广西壮族自治区科学技术厅 广东省科技厅
115		遗传工程国家重点实验室	复旦大学	教育部
116		遗传资源与进化国家重点实验室	中国科学院昆明动物研究所	中国科学院

续表

序号	学科领域	实验室名称	依托单位	主管部门
117	地学领域	有害生物控制与资源利用国家重点实验室	中山大学	教育部
118		杂交水稻国家重点实验室	湖南杂交水稻研究中心 武汉大学	湖南省科技厅 教育部
119		真菌学国家重点实验室	中国科学院微生物研究所	中国科学院
120		植物病虫害生物学国家重点实验室	中国农业科学院植物保护研究所	农业部
121		植物分子遗传国家重点实验室	中国科学院上海生命科学研究院	中国科学院
122		植物化学与西部植物资源持续利用国家重点实验室	中国科学院昆明植物研究所	中国科学院
123		植物基因组学国家重点实验室	中国科学院遗传与发育生物学研究所	中国科学院
124		植物生理学与生物化学国家重点实验室	中国农业大学 浙江大学	教育部
125		植物细胞与染色体工程国家重点实验室	中国科学院遗传与发育生物学研究所	中国科学院
126		作物生物学国家重点实验室	山东农业大学	山东省科技厅
127		作物遗传改良国家重点实验室	华中农业大学	教育部
128		作物遗传与种质创新国家重点实验室	南京农业大学	教育部

续表

序号	学科领域	实验室名称	依托单位	主管部门
129	信息领域	传感技术国家重点实验室	中国科学院上海微系统与信息技术研究所 中国科学院电子学研究所	中国科学院
130		电子薄膜与集成器件国家重点实验室	电子科技大学	教育部
131		发光学及应用国家重点实验室	中国科学院长春光学精密机械与物理研究所	中国科学院
132		复杂系统管理与控制国家重点实验室	中国科学院自动化研究所	中国科学院
133		工业控制技术国家重点实验室	浙江大学	教育部
134		毫米波国家重点实验室	东南大学	教育部
135		红外物理国家重点实验室	中国科学院上海技术物理研究所	中国科学院
136		机器人学国家重点实验室	中国科学院沈阳自动化研究所	中国科学院
137		集成光电子学国家重点实验室	吉林大学 中国科学院半导体研究所	教育部
138		计算机辅助设计与图形学国家重点实验室	浙江大学	教育部
139		计算机科学国家重点实验室	中国科学院软件研究所	中国科学院
140		计算机软件新技术国家重点实验室	南京大学	教育部

续表

序号	学科领域	实验室名称	依托单位	主管部门
141	信息领域	计算机体系结构国家重点实验室	中国科学院计算技术研究所	中国科学院
142		精密测试技术及仪器国家重点实验室	天津大学　清华大学	教育部
143		量子光学与光量子器件国家重点实验室	山西大学	山西省科技厅
144		流程工业综合自动化国家重点实验室	东北大学	教育部
145		模式识别国家重点实验室	中国科学院自动化研究所	中国科学院
146		区域光纤通信网与新型光通信系统国家重点实验室	上海交通大学　北京大学	教育部
147		软件工程国家重点实验室	武汉大学	教育部
148		软件开发环境国家重点实验室	北京航空航天大学	工业和信息化部
149		生物电子学国家重点实验室	东南大学	教育部
150		瞬态光学与光子技术国家重点实验室	中国科学院西安光学精密机械研究所	中国科学院
151		网络与交换技术国家重点实验室	北京邮电大学	教育部
152		微细加工光学技术国家重点实验室	中国科学院光电技术研究所	中国科学院
153		现代光学仪器国家重点实验室	浙江大学	教育部

续表

序号	学科领域	实验室名称	依托单位	主管部门
154	信息领域	信息安全国家重点实验室	中国科学院信息工程研究所	中国科学院
155		信息光子学与光通信国家重点实验室	北京邮电大学	教育部
156		虚拟现实技术与系统国家重点实验室	北京航空航天大学	工业和信息化部
157		移动通信国家重点实验室	东南大学	教育部
158		应用光学国家重点实验室	中国科学院长春光学精密机械与物理研究所	中国科学院
159		专用集成电路与系统国家重点实验室	复旦大学	教育部
160		综合业务网理论及关键技术国家重点实验室	西安电子科技大学	教育部
161	材料领域	材料复合新技术国家重点实验室	武汉理工大学	教育部
162		超硬材料国家重点实验室	吉林大学	教育部
163		发光材料与器件国家重点实验室	华南理工大学	教育部
164		粉末冶金国家重点实验室	中南大学	教育部
165		高分子材料工程国家重点实验室	四川大学	教育部
166		高性能陶瓷和超微结构国家重点实验室	中国科学院上海硅酸盐研究所	中国科学院

续表

序号	学科领域	实验室名称	依托单位	主管部门
167	材料领域	固体润滑国家重点实验室	中国科学院兰州化学物理研究所	中国科学院
168		光电材料与技术国家重点实验室	中山大学	教育部
169		硅材料国家重点实验室	浙江大学	教育部
170		硅酸盐建筑材料国家重点实验室	武汉理工大学	教育部
171		金属材料强度国家重点实验室	西安交通大学	教育部
172		金属基复合材料国家重点实验室	上海交通大学	教育部
173		晶体材料国家重点实验室	山东大学	教育部
174		凝固技术国家重点实验室	西北工业大学	工业和信息化部
175		纤维材料改性国家重点实验室	东华大学	教育部
176		新金属材料国家重点实验室	北京科技大学	教育部
177		新型陶瓷与精细工艺国家重点实验室	清华大学	教育部
178		信息功能材料国家重点实验室	中国科学院上海微系统与信息技术研究所	中国科学院
179		亚稳材料制备技术与科学国家重点实验室	燕山大学	河北省科技厅

续表

序号	学科领域	实验室名称	依托单位	主管部门
180	材料领域	有机无机复合材料国家重点实验室	北京化工大学	教育部
181		制浆造纸工程国家重点实验室	华南理工大学	教育部
182		爆炸科学与技术国家重点实验室	北京理工大学	工业和信息化部
183		材料成形与模具技术国家重点实验室	华中科技大学	教育部
184		电力设备电气绝缘国家重点实验室	西安交通大学	教育部
185		电力系统及大型发电设备安全控制和仿真国家重点实验室	清华大学	教育部
186		动力工程多相流国家重点实验室	西安交通大学	教育部
187		钢铁冶金新技术国家重点实验室	北京科技大学	教育部
188		高性能复杂制造国家重点实验室	中南大学	教育部
189		工业装备结构分析国家重点实验室	大连理工大学	教育部
190		轨道交通控制与安全国家重点实验室	北京交通大学	教育部
191		海岸和近海工程国家重点实验室	大连理工大学	教育部
192		海洋工程国家重点实验室	上海交通大学	教育部

续表

序号	学科领域	实验室名称	依托单位	主管部门
193	材料领域	火灾科学国家重点实验室	中国科学技术大学	中国科学院
194		机器人技术与系统国家重点实验室	哈尔滨工业大学	工业和信息化部
195		机械传动国家重点实验室	重庆大学	教育部
196		机械结构力学及控制国家重点实验室	南京航空航天大学	工业和信息化部
197		机械结构强度与振动国家重点实验室	西安交通大学	教育部
198		机械系统与振动国家重点实验室	上海交通大学	教育部
199		机械制造系统工程国家重点实验室	西安交通大学	教育部
200		流体动力与机电系统国家重点实验室	浙江大学	教育部
201		煤矿灾害动力学与控制国家重点实验室	重庆大学	教育部
202		煤燃烧国家重点实验室	华中科技大学	教育部
203		摩擦学国家重点实验室	清华大学	教育部
204		内燃机燃烧学国家重点实验室	天津大学	教育部
205		能源清洁利用国家重点实验室	浙江大学	教育部

续表

序号	学科领域	实验室名称	依托单位	主管部门
206	材料领域	汽车安全与节能国家重点实验室	清华大学	教育部
207		汽车车身先进设计制造国家重点实验室	湖南大学	教育部
208		汽车仿真与控制国家重点实验室	吉林大学	教育部
209		牵引动力国家重点实验室	西南交通大学	教育部
210		强电磁工程与新技术国家重点实验室	华中科技大学	教育部
211		深部岩土力学与地下工程国家重点实验室	中国矿业大学	教育部
212		输配电装备及系统安全与新技术国家重点实验室	重庆大学	教育部
213		数字制造装备与技术国家重点实验室	华中科技大学	教育部
214		水力学与山区河流开发保护国家重点实验室	四川大学	教育部
215		水利工程仿真与安全国家重点实验室	天津大学	教育部
216		水沙科学与水利水电工程国家重点实验室	清华大学	教育部
217		水文水资源与水利工程科学国家重点实验室	河海大学　南京水利科学研究院	教育部
218		水资源与水电工程科学国家重点实验室	武汉大学	教育部

续表

序号	学科领域	实验室名称	依托单位	主管部门
219		土木工程防灾国家重点实验室	同济大学	教育部
220		先进焊接与连接国家重点实验室	哈尔滨工业大学	工业和信息化部
221		新能源电力系统国家重点实验室	华北电力大学	教育部
222		亚热带建筑科学国家重点实验室	华南理工大学	教育部
223		岩土力学与工程国家重点实验室	中国科学院武汉岩土力学研究所	中国科学院
224		轧制技术及连轧自动化国家重点实验室	东北大学	教育部
225	材料领域	癌基因与相关基因国家重点实验室	上海市肿瘤研究所	国家卫生和计划生育委员会①
226		病原微生物生物安全国家重点实验室	中国人民解放军军事医学科学院	中国人民解放军总后勤部卫生部②
227		传染病预防控制国家重点实验室	中国疾病预防控制中心	国家卫生和计划生育委员会
228		传染病诊治国家重点实验室	浙江大学	教育部
229		创伤、烧伤与复合伤研究国家重点实验室	中国人民解放军第三军医大学	中国人民解放军总后勤部卫生部
230		蛋白质组学国家重点实验室	中国人民解放军军事医学科学院	中国人民解放军总后勤部卫生部
231		分子肿瘤学国家重点实验室	中国医学科学院肿瘤医院肿瘤研究所	国家卫生和计划生育委员会

① 2018年3月，经国务院机构调整，将国家卫生和计划生育委员会的职责整合，组建中华人民共和国国家卫生健康委员会，后同。

② 中国人民解放军总后勤部更名为中国共产党中央军事委员会后勤保障部。

续表

序号	学科领域	实验室名称	依托单位	主管部门
232		呼吸疾病国家重点实验室	广州医科大学	广东省科技厅
233		华南肿瘤学国家重点实验室	中山大学	教育部
234		干细胞与生殖生物学国家重点实验室	中国科学院动物研究所	国家卫生和计划生育委员会
235		口腔疾病研究国家重点实验室	四川大学	教育部
236		脑与认知科学国家重点实验室	中国科学院生物物理研究所	中国科学院
237		认知神经科学与学习国家重点实验室	北京师范大学	教育部
238	材料领域	肾脏疾病国家重点实验室	中国人民解放军总医院	中国人民解放军总后勤部卫生部
239		生物治疗国家重点实验室	四川大学	教育部
240		生殖医学国家重点实验室	南京医科大学	江苏省科技厅
241		实验血液学国家重点实验室	中国医学科学院血液病医院血液学研究所	国家卫生和计划生育委员会
242		天然药物活性物质与功能国家重点实验室	中国医学科学院药物研究所	国家卫生和计划生育委员会
243		天然药物活性组分与药效国家重点实验室	中国药科大学	教育部
244		天然药物与仿生药物国家重点实验室	北京大学	教育部

续表

序号	学科领域	实验室名称	依托单位	主管部门
245		心血管疾病国家重点实验室	中国医学科学院阜外心血管病医院	国家卫生和计划生育委员会
246		新药研究国家重点实验室	中国科学院上海药物研究所	中国科学院
247		眼科学国家重点实验室	中山大学	教育部
248		药物化学生物学国家重点实验室	南开大学	教育部
249		医学分子生物学国家重点实验室	中国医学科学院基础医学研究所	国家卫生和计划生育委员会
250	材料领域	医学基因组学国家重点实验室	上海交通大学	教育部
251		医学免疫学国家重点实验室	中国人民解放军第二军医大学	中国人民解放军总后勤部卫生部
252		医学神经生物学国家重点实验室	复旦大学	教育部
253		医学遗传学国家重点实验室	中南大学	教育部
254		医药生物技术国家重点实验室	南京大学	教育部
255		肿瘤生物学国家重点实验室	中国人民解放军第四军医大学	中国人民解放军总后勤部卫生部

附表8 国家工程实验室部分名录

序号	实验室名称	依托单位
1	生物冶金国家工程实验室	北京有色金属研究总院
2	下一代互联网宽带业务应用国家工程实验室	中国联合网络通信集团有限公司
3	真空冶金国家工程实验室	昆明理工大学
4	数字化造船国家工程实验室	中国船舶工业集团公司第十一研究所
5	大型铸锻件数值模拟国家工程实验室	中国第二重型机械集团公司
6	高速铁路建造技术国家工程实验室	中国铁路工程总公司
7	高压电气国家工程实验室	西安电力机械制造公司
8	汽车节能环保国家工程实验室	奇瑞汽车有限公司
9	特高压工程技术国家工程实验室(武汉、北京)	武汉高压研究院 中国电力科学研究院
10	现代丝绸国家工程实验室	苏州大学
11	石化工业水处理国家工程实验室	天津化工研究设计院
12	甲醇制烯烃国家工程实验室	中科院大连化物所
13	制革清洁技术国家工程实验室	四川大学
14	电力系统仿真国家工程实验室	中国电力科学研究院
15	艾滋病疫苗国家工程实验室	吉林大学
16	药物基因和蛋白筛选国家工程实验室	东北师范大学
17	西北濒危药材资源国家工程实验室	陕西师范大学
18	免疫诊断试剂国家工程实验室	曲阜裕隆生物科技有限公司 湖南景达生物工程有限公司
19	哺乳动物细胞高效表达国家工程实验室	鲁南制药集团股份有限公司 齐鲁制药有限公司
20	再生型医用植入器械国家工程实验室	广东冠昊生物科技有限公司

续表

序号	实验室名称	依托单位
21	棉花转基因育种国家工程实验室	中国农业科学院棉花研究所
22	工业酶国家工程实验室	中科院微生物研究所
23	中药标准化技术国家工程实验室	中国科学院上海药物研究所
24	西南濒危药材资源开发国家工程实验室	广西壮族自治区药用植物园
25	醇醚酯化工清洁生产国家工程实验室	厦门大学
26	煤炭间接液化国家工程实验室	中科院山西煤炭化学所
27	煤炭直接液化国家工程实验室	神华集团有限责任公司
28	生物饲料安全与污染防控国家工程实验室	浙江大学
29	兽用疫苗国家工程实验室	金宇保灵生物药品有限公司
30	酶高效表达国家工程实验室	福建福大百特科技发展有限公司
31	特高压工程技术国家工程实验室（昆明、广州）	中国南方电网有限责任公司
32	抗肿瘤蛋白质药物国家工程实验室	清华大学
33	特高压变电技术国家工程实验室	特变电工沈阳变压器集团有限公司　沈阳变压器研究所股份有限公司
34	钢铁制造流程优化国家工程实验室	冶金自动化研究设计院
35	先进金属材料涂镀国家工程实验室	新冶高科技集团有限公司
36	作物细胞育种国家工程实验室	中国农科院蔬菜花卉研究所
37	南方林业生态应用技术国家工程实验室	中南林业科技大学
38	林木育种国家工程实验室	北京林业大学
39	生物质化学利用国家工程实验室	中国林科院林产化学工业研究所

续表

序号	实验室名称	依托单位
40	低渗透油气田勘探开发国家工程实验室	长庆石油勘探局
41	油气管道输送安全国家工程实验室	中国石油天然气管道局
42	油气钻井技术国家工程实验室	中国石油集团钻井工程技术研究院
43	畜禽育种国家工程实验室	中国农业大学
44	作物分子育种国家工程实验室	中国农科院作物科学研究所
45	濒危药材繁育国家工程实验室	中国医学科学院药用植物研究所
46	煤矿深井建设技术国家工程实验室	北京中煤矿山工程有限公司、中煤矿山建设集团有限责任公司
47	煤矿采掘机械装备国家工程实验室	煤炭科学研究总院太原研究院
48	信息内容安全技术国家工程实验室	中国科学院信息工程研究所
49	TFT-LCD工艺技术国家工程实验室	京东方科技集团股份有限公司
50	遥感卫星应用国家工程实验室	中科院遥感应用研究所
51	超导材料制备国家工程实验室	西部超导材料科技有限公司
52	光纤传感技术国家工程实验室	武汉理工大学
53	难冶有色金属资源高效利用国家工程实验室	中南大学
54	结构性碳纤维复合材料国家工程实验室	中国航空工业集团公司北京航空材料研究院
55	下一代互联网互联设备国家工程实验室	北京交通大学
56	湿法冶金清洁生产技术国家工程实验室	中科院过程工程研究所

续表

序号	实验室名称	依托单位
57	功能性碳纤维复合材料国家工程实验室	中国航天科技集团公司航天材料及工艺研究所
58	燃煤污染物减排国家工程实验室	哈尔滨工业大学
59	塑料改性与加工国家工程实验室	金发科技股份有限公司
60	多晶硅材料制备技术国家工程实验室	洛阳中硅高科技有限公司
61	真空技术装备国家工程实验室	中科院沈阳科学仪器研制中心有限公司
62	中药质量控制技术国家工程实验室	中国中医科学院中药研究所
63	电子信息产品协同互联国家工程实验室	深圳闪联信息技术有限公司
64	数字家庭网络国家工程实验室	海尔集团公司
65	新能源汽车及动力系统国家工程实验室	同济大学
66	电动车辆国家工程实验室	北京理工大学
67	汽车电子控制技术国家工程实验室	上海交通大学
68	碳纤维制备技术国家工程实验室	中科院山西煤炭化学研究所
69	电子信息产品标准化国家工程实验室	中国电子技术标准化研究所
70	数字音频编解码技术国家工程实验室	广州广晟数码技术有限公司
71	数字视频编解码技术国家工程实验室	北京大学
72	TFT-LCD关键材料及技术国家工程实验室	上海中航光电子有限公司
73	高密度集成电路封装技术国家工程实验室	江苏长电科技股份有限公司
74	生物质发电成套设备国家工程实验室	华北电力大学
75	信息内容分析技术国家工程实验室	上海交通大学
76	碳纤维制备及工程化国家工程实验室	威海拓展纤维有限公司
77	医用植入器械国家工程实验室	威高集团有限公司

续表

序号	实验室名称	依托单位
78	下一代互联网接入系统国家工程实验室	华中科技大学
79	灾备技术国家工程实验室	北京邮电大学
80	制浆造纸国家工程实验室	中国制浆造纸研究院
81	下一代互联网核心网国家工程实验室	清华大学
82	新一代移动通信设备与终端技术国家工程实验室	中兴通讯股份有限公司
83	新一代移动通信测试验证国家工程实验室	工业和信息化部电信研究院
84	新一代移动通信技术应用国家工程实验室	中国移动通信集团公司
85	新一代移动通信无线网络与芯片技术国家工程实验室	大唐电信科技产业控股有限公司
86	特种显示国家工程实验室	安徽华东光电技术研究所
87	煤矿生态环境保护国家工程实验室	淮南矿业（集团）有限责任公司
88	海洋石油勘探国家工程实验室	中海石油研究中心
89	粮食储运国家工程实验室	国家粮食局①科学研究院
90	粮食加工机械装备国家工程实验室	国家粮食储备局无锡科学设计院
91	农业生产机械装备国家工程实验室	中国农业机械化研究院
92	小麦和玉米深加工国家工程实验室	河南工业大学
93	粮食发酵工艺及技术国家工程实验室	江南大学
94	稻谷及副产物深加工国家工程实验室	中南林业科技大学
95	小麦玉米国家工程实验室（济南）	山东省农业科学院
96	小麦国家工程实验室（郑州）	河南省农业科学院
97	水稻国家工程实验室（南昌）	江西省农业科学院
98	水稻国家工程实验室（长沙）	湖南杂交水稻研究中心

① 国家粮食局：现更名为国家粮食和物资保障局

续表

序号	实验室名称	依托单位
99	PDP国家工程实验室	四川虹欧显示器件有限公司
100	语音及语言信息处理国家工程实验室	安徽科大讯飞信息科技股份有限公司
101	轮胎先进装备与关键材料国家工程实验室	青岛科技大学
102	轮胎设计与制造工艺国家工程实验室	三角集团有限公司
103	作物高效用水与抗灾减损国家工程实验室	中国农业科学院农业环境与可持续发展研究所
104	旱区作物高效用水国家工程实验室	西北农林科技大学
105	玉米国家工程实验室（沈阳）	辽宁省农业科学院
106	玉米国家工程实验室（长春）	吉林省农业科学院
107	玉米国家工程实验室（哈尔滨）	黑龙江省农业科学院
108	耕地培育技术国家工程实验室	中国农业科学院农业资源与农业区划研究所
109	土壤肥料资源高效利用国家工程实验室	山东农业大学
110	土壤养分管理国家工程实验室	中国科学院南京土壤研究所
111	口腔数字化医疗技术和材料国家工程实验室	北京大学
112	高效节能环保内燃机国家工程实验室	广西玉柴机器集团有限公司
113	无线网络安全技术国家工程实验室	西安西电捷通无线网络通信股份有限公司
114	数字电视国家工程实验室（北京）	北京数字电视国家工程实验室有限公司
115	数字电视国家工程实验室（深圳）	深圳数字电视国家工程实验室股份有限公司
116	神经调控技术国家工程实验室	清华大学

续表

序号	实验室名称	依托单位
117	公路养护装备国家工程实验室	河南省高远公路养护技术有限公司
118	新型道路材料国家工程实验室	苏交科集团股份有限公司
119	公路隧道建设技术国家工程实验室	招商局重庆交通科研设计院有限公司
120	港口水工建筑技术国家工程实验室	交通运输部天津水运工程科学研究所
121	陆地交通气象灾害防治技术国家工程实验室	云南省交通规划设计研究院
122	陆地交通地质灾害防治技术国家工程实验室	西南交通大学
123	桥梁结构安全技术国家工程实验室	交通运输部公路科学研究所
124	交通安全应急信息技术国家工程实验室	中国交通通信信息中心
125	公路养护技术国家工程实验室	长沙理工大学
126	煤矿充填开采国家工程实验室	山东能源新汶矿业集团有限责任公司
127	电子商务交易技术国家工程实验室	清华大学
128	电子商务与电子支付国家工程实验室	中国银联股份有限公司
129	电子政务云计算应用技术国家工程实验室	深圳市永兴元科技有限公司
130	电子政务云集成与应用国家工程实验室	国家信息中心
131	电子政务建模仿真国家工程实验室	哈尔滨工程大学
132	移动互联网安全技术国家工程实验室	北京邮电大学
133	移动互联网系统与应用安全国家工程实验室	中国电信集团公司
134	互联网域名管理技术国家工程实验室	中国互联网络信息中心

续表

序号	实验室名称	依托单位
135	网络安全应急技术国家工程实验室	国家计算机网络与信息安全管理中心
136	信息安全等级保护关键技术国家工程实验室	公安部第三研究所
137	工业控制系统安全技术国家工程实验室	浙江大学
138	计算机病毒防御技术国家工程实验室	中国人民解放军61539部队
139	治疗性疫苗国家工程实验室	上海复旦海泰生物技术有限公司
140	计算机病毒防治技术国家工程实验室	国家计算机病毒应急处理中心
141	工业控制系统信息安全技术国家工程实验室	中国电子信息产业集团有限公司第六研究所
142	高档数控机床控制集成技术国家工程实验室	大连光洋科技工程有限公司
143	视觉信息处理与应用国家工程实验室	西安交通大学
144	平板显示玻璃工艺技术国家工程实验室	彩虹显示器件股份有限公司
145	平板显示玻璃技术和装备国家工程实验室	东旭集团有限公司
146	远程医疗设备及应用服务国家工程实验室	云南山瀚图像传输科技有限公司
147	现代材料表面工程技术国家工程实验室	广州有色金属研究院
148	主机系统国家工程实验室	浪潮集团有限公司
149	大型金属构件增材制造国家工程实验室	北京航空航天大学

续表

序号	实验室名称	依托单位
150	高分子复杂结构增材制造国家工程实验室	湖南华曙高科技有限责任公司
151	铟锡资源高效利用国家工程实验室	广西华锡集团股份有限公司
152	机器人视觉感知与控制技术国家工程实验室	湖南大学
153	出生缺陷防控关键技术国家工程实验室	北京军区总医院①
154	中药临床疗效和安全性评价国家工程实验室	中国中医科学院西苑医院
155	轨道交通系统测试国家工程实验室	中国铁道科学研究院
156	轨道交通车辆系统集成国家工程实验室	中国中车股份有限公司
157	城市轨道交通列车通信与运行控制国家工程实验室	北京交控科技股份有限公司
158	城市轨道交通系统安全保障技术国家工程实验室	中铁信息工程集团有限公司
159	城市轨道交通系统安全与运维保障国家工程实验室	广州地铁集团有限公司
160	城市轨道交通绿色与安全建造技术国家工程实验室	北京城建设计发展集团股份有限公司
161	城市轨道交通数字化建设与测评技术国家工程实验室	铁道第三勘察设计院集团有限公司
162	海洋工程总装研发设计国家工程实验室	中国船舶工业集团公司第七〇八研究所
163	海洋工程机电设备国家工程实验室	武汉船用机械有限责任公司
164	海洋物探及勘探设备国家工程实验室	中国石油大学（华东）
165	船舶与海洋工程动力系统国家工程实验室	中国船舶重工集团公司第七一一研究所

① 北京军区总医院：现更名为中国人民解放军陆军总医院。

续表

序号	实验室名称	依托单位
166	海洋工程装备检测试验技术国家工程实验室	中国船舶重工集团公司七五〇试验场
167	海洋水下设备试验与检测技术国家工程实验室	青岛国家海洋设备质检中心集团有限公司

附表9 国家工程技术研究中心部分名录

序号	名称	依托单位
1	国家计算机集成制造系统工程技术研究中心	清华大学
2	国家专用集成电路系统工程技术研究中心	东南大学
3	国家专用集成电路设计工程技术研究中心	中国科学院自动化研究所
4	国家数据通信工程技术研究中心	兴唐通信科技股份有限公司
5	国家平板显示工程技术研究中心	中国电子科技集团公司第五十五研究所
6	国家固体激光工程技术研究中心	中国电子科技集团公司第十一研究所
7	国家有色金属复合材料工程技术研究中心	北京有色金属研究总院
8	国家磁性材料工程技术研究中心	北京矿冶研究总院
9	国家树脂基复合材料工程技术研究中心	哈尔滨玻璃钢研究院
10	国家纤维增强模塑料工程技术研究中心	北京玻璃钢研究设计院

续表

序号	名 称	依托单位
11	国家碳纤维工程技术研究中心	北京化工大学 中国石油天然气股份有限公司吉林石化分公司
12	国家有机硅工程技术研究中心	中蓝晨光化工研究设计院有限公司
13	国家受力结构工程塑料工程技术研究中心	中蓝晨光化工研究设计院有限公司
14	国家液体分离膜工程技术研究中心	杭州水处理技术研究开发中心有限公司
15	国家反应注射成型工程技术研究中心	黎明化工研究设计院有限责任公司
16	国家合成纤维工程技术研究中心	中国纺织科学研究院
17	国家冶金自动化工程技术研究中心	冶金自动化研究设计院,东北大学
18	国家电力自动化工程技术研究中心	国网电力科学研究院
19	国家特种泵阀工程技术研究中心	北京航天动力研究所
20	国家水煤浆工程技术研究中心	煤炭科学研究总院
21	国家新能源工程技术研究中心	北京市太阳能研究所集团有限公司
22	国家非金属矿深加工工程技术研究中心	苏州中材非金属矿工业设计研究院有限公司
23	国家非金属矿资源综合利用工程技术研究中心	中国地质科学院郑州矿产综合利用研究所
24	国家给水排水工程技术研究中	中国市政工程华北设计研究总院
25	国家道路交通管理工程技术研究中心	公安部交通管理科学研究所
26	国家蔬菜工程技术研究中心	北京市农林科学院
27	国家昌平综合农业工程技术研究中心	中国农业科学院

续表

序号	名 称	依托单位
28	国家杨凌农业综合试验工程技术研究中心	西北农林科技大学
29	国家并行计算机工程技术研究中心	中国科学院计算技术研究所 江南计算技术研究所
30	国家建筑工程技术研究中心	中国建筑科学研究院
31	国家工业建筑诊断与改造工程技术研究中心	中冶建筑研究总院有限公司
32	国家催化工程技术研究中心	中国科学院大连化学物理研究所
33	国家碳一化学工程技术研究中心	西南化工研究设计院有限公司
34	国家玻璃纤维及制品工程技术研究中心	中材科技股份有限公司
35	国家工业控制机及系统工程技术研究中心	中国空间技术研究院第五〇二研究所
36	国家医疗保健器具工程技术研究中心	广东省医疗器械研究所
37	国家林产化学工程技术研究中心	中国林业科学研究院林产化学工业研究所
38	国家移动卫星通信工程技术研究中心	熊猫电子集团有限公司
39	国家数字交换系统工程技术研究中心	中国人民解放军信息工程大学
40	国家光学仪器工程技术研究中心	浙江大学
41	国家同位素工程技术研究中心	中国原子能科学研究院
42	国家金属矿产资源综合利用工程技术研究中心	北京矿冶研究总院 长沙矿冶研究院有限责任公司
43	国家超硬材料及制品工程技术研究中心	郑州磨料磨具磨削研究所有限公司

续表

序号	名　称	依托单位
44	国家钛及稀有金属粉末冶金工程技术研究中心	广州有色金属研究院
45	国家贵金属材料工程技术研究中心	昆明贵金属研究所
46	国家现代地质勘查工程技术研究中心	中国地质科学院地球物理地球化学勘查研究所
47	国家住宅与居住环境工程技术研究中心	中国建筑设计研究院
48	国家中药制药工程技术研究中心	上海市中药制药技术有限公司
49	国家中成药工程技术研究中心	辽宁华润本溪三药有限公司
50	国家城市环境污染控制工程技术研究中心	北京市环境保护科学研究院
51	国家工业水处理工程技术研究中心	中海油天津化工研究设计院
52	国家杂交水稻工程技术研究中心	湖南杂交水稻研究中心
53	国家小麦工程技术研究中心	河南农业大学
54	国家玉米工程技术研究中心	吉林省农业科学院　山东登海种业股份有限公司
55	国家棉花工程技术研究中心	新疆农业科学院　新疆农垦科学院
56	国家大豆工程技术研究中心	东北农业大学　吉林省农业科学院
57	国家半干旱农业工程技术研究中心	河北省农林科学院
58	国家乳业工程技术研究中心	东北农业大学
59	国家新药开发工程技术研究中心	中国医学科学院药物研究所
60	国家非晶微晶合金工程技术研究中心	中国钢研科技集团有限公司
61	国家消防工程技术研究中心	公安部天津消防研究所
62	国家多媒体软件工程技术研究中心	武汉大学
63	国家海洋药物工程技术研究中心	中国海洋大学

续表

序号	名　称	依托单位
64	国家生化工程技术研究中心	南京工业大学　华东理工大学　中国科学院过程工程研究所
65	国家家畜工程技术研究中心	华中农业大学　湖北省农业科学院
66	国家家禽工程技术研究	上海市家禽育种有限公司
67	国家肉类加工工程技术研究中心	中国肉类食品综合研究中心
68	国家电站燃烧工程技术研究中心	辽宁中电投电站燃烧工程技术研究中心有限公司
69	国家金属腐蚀控制工程技术研究中心	中国科学院金属研究所
70	国家仿真控制工程技术研究中心	广东省亚仿科技股份有限公司
71	国家企业信息化应用支撑软件工程技术研究中心	清华大学　华中科技大学
72	国家高性能计算机工程技术研究中心	曙光信息产业股份有限公司
73	国家遥感应用工程技术研究中心	中国科学院遥感应用研究所
74	国家天然药物工程技术研究中心	中国科学院成都生物研究所　成都地奥制药集团有限公司
75	国家中药现代化工程技术研究中心	广州中医药大学
76	国家新型电子元器件工程技术研究中心	广东风华高新科技股份有限公司
77	国家精密工具工程技术研究中心	成都工具研究所有限公司
78	国家卫星定位系统工程技术研究中心	武汉大学　中国地震局地震研究所　中国科学院测量与地球物理研究所　武汉市工程科学技术研究院
79	国家高效磨削工程技术研究中心	湖南大学

续表

序号	名　　称	依托单位
80	国家农产品保鲜工程技术研究中心	天津市农业科学院　珠海真绿色技术有限公司
81	国家节水灌溉工程技术研究中心	中国水利水电科学研究院　西北农林科技大学　新疆天业（集团）有限公司　新疆农垦科学院　石河子大学
82	国家玻璃深加工工程技术研究开发中心	中国建筑材料科学研究总院
83	国家消耗臭氧层物质替代品工程技术研究中心	浙江省化工研究院
84	国家农业机械工程技术研究中心	中国农业机械化科学研究院　广东省现代农业装备研究所
85	杨凌农业生物技术育种中心	西北农林科技大学
86	国家智能交通系统工程技术研究中心	交通运输部公路科学研究所
87	国家数控系统工程技术研究中心	华中科技大学
88	国家淡水渔业工程技术研究中心	北京市水产科学研究所　中国科学院水生生物研究所
89	国家生物医学材料工程技术研究中心	四川大学
90	国家特种矿物材料工程技术研究中心	中国有色桂林矿产地质研究院有限公司
91	国家电液控制工程技术研究中心	浙江大学
92	国家染整工程技术研究中心	东华大学
93	国家特种显示工程技术研究中心	安徽华东光电技术研究所
94	国家铁路智能运输系统工程技术研究中心	中国铁道科学研究院
95	国家数字化医学影像设备工程技术研究中心	东软集团股份有限公司

续表

序号	名　　称	依托单位
96	国家真空仪器装置工程技术研究中心	中国科学院沈阳科学仪器股份有限公司
97	国家仪表功能材料工程技术研究中心	重庆材料研究院
98	国家饲料工程技术研究中心	中国农业大学　中国农业科学院饲料研究所
99	国家磁浮交通工程技术研究中心	同济大学
100	国家信息安全工程技术研究中心	江南计算技术研究所
101	国家烟气脱硫工程技术研究中心	四川大学　中国工程物理研究院环保工程研究中心
102	国家农业信息化工程技术研究中心	北京市农林科学院
103	国家特种超细粉体工程技术研究中心	南京理工大学
104	国家干细胞工程技术研究中心	中国医学科学院血液学研究所
105	国家数据广播工程技术研究中心	西安交通大学　西安通视数据有限责任公司
106	国家燃气汽车工程技术研究中心	中国汽车工程研究院股份有限公司
107	国家氟材料工程技术研究中心	巨化集团公司
108	国家油菜工程技术研究中心	华中农业大学　中国农业科学院油料作物研究所
109	国家金属矿山固体废物处理与处置工程技术研究中心	中钢集团马鞍山矿山研究院有限公司
110	国家稀土永磁电机工程技术研究中心	沈阳工业大学
111	国家医用诊断仪器工程技术研究中心	深圳迈瑞生物医疗电子股份有限公司
112	国家羊绒制品工程技术研究中心	内蒙古鄂尔多斯羊绒集团有限责任公司

续表

序号	名称	依托单位
113	国家微检测工程技术研究中心	西北大学 陕西北美基因股份有限公司
114	国家光刻设备工程技术研究中心	上海微电子装备有限公司
115	国家经济林木种苗快繁工程技术研究中心	宁夏林业研究所股份有限公司
116	国家压力容器与管道安全工程技术研究中心	合肥通用机械研究院
117	国家瓜类工程技术研究中心	新疆西域实业集团有限责任公司
118	国家铝冶炼工程技术研究中心	中国铝业股份有限公司郑州研究院
119	国家非织造材料工程技术研究中心	欣龙控股（集团）股份有限公司
120	国家涂料工程技术研究中心	中海油常州涂料化工研究院
121	国家日用及建筑陶瓷工程技术研究中心	景德镇陶瓷学院
122	国家生物防护装备工程技术研究中心	军事医学科学院
123	国家金属采矿工程技术研究中心	长沙矿山研究院有限责任公司
124	国家花生工程技术研究中心	山东省花生研究所
125	国家钽铌特种金属材料工程技术研究中心	中色（宁夏）东方集团有限公司
126	国家奶牛胚胎工程技术研究中心	北京首都农业集团公司
127	国家花卉工程技术研究中心	北京林业大学
128	国家风力发电工程技术研究中心	新疆金风科技股份有限公司
129	国家超精密机床工程技术研究中心	北京市机床研究所
130	国家防伪工程技术研究中心	华中科技大学

续表

序号	名 称	依托单位
131	国家复合改性聚合物材料工程技术研究中心	贵州省材料技术创新基地
132	国家节能环保汽车工程技术研究中心	奇瑞汽车股份有限公司
133	国家草原畜牧业装备工程技术研究中心	中国农业机械化科学研究院呼和浩特分院
134	国家传染病诊断试剂与疫苗工程技术研究中心	厦门大学 养生堂有限公司
135	国家城市污水处理及资源化工程技术研究中心	中国工程物理研究院
136	国家工业烟气除尘工程技术研究中心	中钢集团天澄环保科技有限公司
137	国家水力发电工程技术研究中心	哈尔滨电机厂有限责任公司 哈尔滨大电机研究所
138	国家核技术工业应用工程技术研究中心	中国工程物理研究院
139	国家光电子晶体材料工程技术研究中心	中国科学院福建物质结构研究所
140	国家镍钴新材料工程技术研究中心	金川集团股份有限公司
141	国家工业陶瓷材料工程技术研究中心	山东工业陶瓷研究设计院
142	国家毛纺新材料工程技术研究中心	江苏阳光股份有限公司
143	国家农药创制工程技术研究中心	湖南化工研究院
144	国家镁合金材料工程技术研究中心	重庆大学
145	国家荒漠－绿洲生态建设工程技术研究中心	中国科学院新疆生态与地理研究所
146	国家绝缘材料工程技术研究中心	四川东材科技集团股份有限公司
147	国家竹藤工程技术研究中心	国际竹藤中心
148	国家重要热带作物工程技术研究中心	中国热带农业科学院

续表

序号	名　　称	依托单位
149	国家钨材料工程技术研究中心	厦门钨业股份有限公司
150	国家兽用生物制品工程技术研究中心	江苏省农业科学院　南京天邦生物科技公司
151	国家海藻与海参工程技术研究中心	山东东方海洋科技股份有限公司
152	国家钢结构工程技术研究中心	中冶建筑研究总院有限公司
153	国家糖工程技术研究中心	山东大学
154	国家橡胶助剂工程技术研究中心	山东阳谷华泰化工股份有限公司
155	国家网络新媒体工程技术研究中心	中国科学院声学研究所
156	国家马铃薯工程技术研究中心	乐陵希森马铃薯产业集团有限公司
157	国家手性制药工程技术研究中心	鲁南制药集团股份有限公司
158	国家硅钢工程技术研究中心	武汉钢铁（集团）公司
159	国家山区公路工程技术研究中心	重庆交通科研设计院有限公司
160	国家光栅制造与应用工程技术研究中心	中科院长春光学精密机械与物理研究所
161	国家绿色镀膜技术与装备工程技术研究中心	兰州交通大学　兰州大成科技股份有限公司
162	国家北方山区农业工程技术研究中心	河北农业大学
163	国家燃料电池汽车及动力系统工程技术研究中心	同济大学
164	国家柑橘工程技术研究中心	中国农业科学院柑橘研究所　重庆三峡建设集团有限公司
165	国家茶产业工程技术研究中心	中国农业科学院茶叶研究所

续表

序号	名　　称	依托单位
166	国家环境光学监测仪器工程技术研究中心	中国科学院合肥物质科学研究院
167	国家干燥技术及装备工程技术研究中心	天华化工机械及自动化研究设计院有限公司
168	国家板带生产先进装备工程技术研究中心	北京科技大学　燕山大学
169	国家免疫生物制品工程技术研究中心	中国人民解放军第三军医大学
170	国家苹果工程技术研究中心	山东农业大学
171	国家古代壁画与古遗址保护工程技术研究中心	敦煌研究院
172	国家轨道交通电气化与自动化工程技术研究中心	西南交通大学
173	国家木质资源综合利用工程技术研究中心	浙江农林大学
174	国家环境光催化工程技术研究中心	福州大学
175	国家海洋监测设备工程技术研究中心	山东省科学院海洋仪器仪表研究所
176	国家肉品质量安全控制工程技术研究中心	南京农业大学　江苏雨润食品产业集团有限公司
177	国家纳米药物工程技术研究中心	华中科技大学
178	国家金属材料近净成形工程技术研究中心	华南理工大学
179	国家工业结晶工程技术研究中心	天津大学
180	国家非粮生物质能源工程技术研究中心	广西科学院
181	国家海水利用工程技术研究中心	国家海洋局天津海水淡化与综合利用研究所

续表

序号	名　　称	依托单位
182	国家橡胶与轮胎工程技术研究中心	软控股份有限公司　青岛科技大学
183	国家重型汽车工程技术研究中心	中国重型汽车集团有限公司
184	国家节能环保制冷设备工程技术研究中心	珠海格力电器股份有限公司
185	国家聚氨酯工程技术研究中心	烟台万华聚氨酯股份有限公司
186	国家农产品现代物流工程技术研究中心	山东省商业集团有限公司
187	国家铜冶炼及加工工程技术研究中心	江西铜业集团公司
188	国家钢铁冶炼装备系统集成工程技术研究中心	中冶赛迪工程技术股份有限公司
189	国家盐湖资源综合利用工程技术研究中心	青海盐湖集团股份有限公司　华东理工大学
190	国家粮食加工装备工程技术研究中心	开封市茂盛机械有限公司
191	国家作物分子设计工程技术研究中心	北京未名凯拓农业生物技术有限公司
192	国家数码喷印工程技术研究中心	杭州宏华数码科技股份有限公司
193	国家宽带网络与应用工程技术研究中心	上海未来宽带技术股份有限公司
194	国家高压直流输变电设备工程技术研究中心	许继集团有限公司
195	国家救灾应急装备工程技术研究中心	中国人民解放军后勤工程学院
196	国家地球物理探测仪器工程技术研究中心	吉林大学
197	国家火力发电工程技术研究中心	华北电力大学

续表

序号	名　　称	依托单位
198	国家中小型电机及系统工程技术研究中心	上海电器科学研究院
199	国家有机毒物污染控制与资源化工程技术研究中心	南京大学
200	国家数字化学习工程技术研究中心	华中师范大学
201	国家食用菌工程技术研究中心	上海市农业科学院
202	国家枸杞工程技术研究中心	宁夏农林科学院
203	国家农业智能装备工程技术研究中心	北京市农林科学院
204	国家人体组织功能重建工程技术研究中心	华南理工大学
205	国家造纸化学品工程技术研究中心	杭州市化工研究院有限公司
206	国家植物功能成分利用工程技术研究中心	湖南农业大学
207	国家炭黑材料工程技术研究中心	中橡集团炭黑工业研究设计院
208	国家测绘工程技术研究中心	中国测绘科学研究院
209	国家植物航天育种工程技术研究中心	华南农业大学
210	国家皮革及制品工程技术研究中心	中国皮革和制鞋工业研究院
211	国家大坝安全工程技术研究中心	长江勘测规划设计研究院 长江水利委员会长江科学院
212	国家广播电视网工程技术研究中心	广播科学研究院
213	国家传感网工程技术研究中心	中科院无锡高新微纳传感网工程技术研发中心
214	国家缓控释肥工程技术研究中心	山东金正大生态工程股份有限公司
215	国家混凝土机械工程技术研究中心	中联重科股份有限公司
216	国家商用汽车动力系统总成工程技术研究中心	潍柴动力股份有限公司

续表

序号	名称	依托单位
217	国家海上起重铺管核心装备工程技术研究中心	上海振华重工（集团）股份有限公司
218	国家精密微特电机工程技术研究中心	贵州航天林泉电机有限公司
219	国家大型轴承工程技术研究中心	瓦房店轴承集团有限责任公司
220	国家桑蚕茧丝产业工程技术研究中心	鑫缘茧丝绸集团股份有限公司
221	国家兽用药品工程技术研究中心	洛阳惠中兽药有限公司
222	国家金属线材制品工程技术研究中心	江苏法尔胜泓集团有限公司
223	国家金融安全及系统装备工程技术研究中心	辽宁聚龙金融设备股份有限公司
224	国家空港地面设备工程技术研究中心	威海广泰空港设备股份有限公司
225	国家光伏工程技术研究中心	江西赛维LDK太阳能高科技有限公司
226	国家大容量注射制剂工程技术研究中心	四川科伦药业股份有限公司
227	国家蛋品工程技术研究中心	北京德青源农业科技股份有限公司
228	国家固态酿造工程技术研究中心	泸州老窖股份有限公司
229	国家商用飞机制造工程技术研究中心	中国商用飞机有限责任公司
230	国家海上风力发电工程技术研究中心	中船重工（重庆）海装风电设备有限公司
231	国家辅助生殖与优生工程技术研究中心	山东大学
232	国家水泵及系统工程技术研究中心	江苏大学
233	国家生物农药工程技术研究中心	湖北省农业科学院
234	国家果蔬加工工程技术研究中心	中国农业大学

续表

序号	名称	依托单位
235	国家内河航道整治工程技术研究中心	重庆交通大学
236	国家红壤改良工程技术研究中心	江西省农业科学院
237	国家科技信息资源综合利用与公共服务中心	中国科学技术信息研究所
238	国家硅基LED工程技术研究中心	南昌大学
239	国家胶体材料工程技术研究中心	山东大学
240	国家眼科诊断与治疗设备工程技术研究中心	首都医科大学附属北京同仁医院
241	国家核电厂安全及可靠性工程技术研究中心	苏州热工研究院有限公司
242	国家应急防控药物工程技术研究中心	军事医学科学院
243	国家半导体照明应用系统工程技术研究中心	上海科学院
244	国家列车智能化工程技术研究中心	浙江大学　浙江浙大网新集团有限公司
245	国家烧结球团装备系统工程技术研究中心	中冶长天国际工程有限责任公司
246	国家太阳能热利用工程技术研究中心	皇明太阳能股份有限公司
247	国家设施农业工程技术研究中心	上海都市绿色工程有限公司　同济大学
248	国家联合疫苗工程技术研究中心	武汉生物制品研究所有限责任公司
249	国家土方机械工程技术研究中心	广西柳工机械股份有限公司
250	国家家电模具工程技术研究中心	青岛海尔模具有限公司
251	国家宽带无线接入网工程技术研究中心	中兴通讯股份有限公司
252	国家高速动车组总成工程技术研究中心	青岛四方机车车辆股份有限公司

续表

序号	名称	依托单位
253	国家射频识别（RFID）系统工程技术研究中心	南京三宝科技集团有限公司
254	国家体育用品工程技术研究中心	泰山体育产业集团有限公司
255	国家石油天然气管材工程技术研究中心	宝鸡石油钢管有限公司
256	国家海产贝类工程技术研究中心	威海长青海洋科技股份有限公司
257	国家磷资源开发利用工程技术研究中心	云南磷化集团有限公司　武汉工程大学
258	国家棉花加工工程技术研究中心	中棉工业有限责任公司
259	国家数字家庭工程技术研究中心	中山大学　TCL集团股份有限公司
260	国家动物用保健品工程技术研究中心	青岛蔚蓝生物股份有限公司
261	国家宽带移动通信核心网工程技术研究中心	华为技术有限公司
262	国家车辆驾驶安全工程技术研究中心	安徽三联交通应用技术股份有限公司
263	国家煤加工与洁净化工程技术研究中心	中国矿业大学
264	国家特种分离膜工程技术研究中心	南京工业大学
265	国家预应力工程技术研究中心	东南大学
266	国家重金属污染防治工程技术研究中心	中南大学
267	国家光伏装备工程技术研究中心	中国电子科技集团公司第四十八研究所
268	国家远洋渔业工程技术研究中心	上海海洋大学
269	国家杂粮工程技术研究中心	黑龙江八一农垦大学　大庆中禾粮食股份有限公司

续表

序号	名　称	依托单位
270	国家海洋设施养殖工程技术研究中心	浙江海洋学院
271	国家应急交通运输装备工程技术研究中心	中国人民解放军军事交通学院
272	国家橡塑密封工程技术研究中心	广州机械科学研究院有限公司
273	国家油茶工程技术研究中心	湖南省林业科学院
274	国家菌草工程技术研究中心	福建农林大学
275	国家海洋腐蚀防护工程技术研究中心	中国科学院海洋研究所
276	国家单糖化学合成工程技术研究中心	江西师范大学
277	国家高压超高压电缆工程技术研究中心	青岛汉缆股份有限公司
278	国家钢铁生产能效优化工程技术研究中心	中冶南方工程技术有限公司
279	国家信息存储工程技术研究中心	浪潮集团有限公司
280	国家防爆电机工程技术研究中心	佳木斯电机股份有限公司 佳木斯防爆电机研究所
281	国家油气钻井装备工程技术研究中心	宝鸡石油机械有限责任公司
282	国家农产品智能分选装备工程技术研究中心	合肥美亚光电技术股份有限公司
283	国家泥水平衡盾构工程技术研究中心	上海隧道工程股份有限公司
284	国家黄酒工程技术研究中心	中国绍兴黄酒集团有限公司
285	国家铝镁电解装备工程技术研究中心	贵阳铝镁设计研究院有限公司
286	国家电子电路基材工程技术研究中心	广东生益科技股份有限公司
287	国家半导体泵浦激光工程技术研究中心	北京国科世纪激光技术有限公司
288	国家靶向药物工程技术研究中心	江苏恒瑞医药股份有限公司
289	国家粳稻工程技术研究中心	天津天隆农业科技有限公司

续表

序号	名 称	依托单位
290	国家胶类中药工程技术研究中心	山东东阿阿胶股份有限公司
291	国家风电传动及控制工程技术研究中心	大连华锐重工集团股份有限公司
292	国家电动客车整车系统集成工程技术研究中心	安徽江淮汽车集团有限公司
293	国家眼视光工程技术研究中心	温州医科大学
294	国家有色金属新能源材料与制品工程技术研究中心	北京有色金属研究总院
295	国家海洋食品工程技术研究中心	大连工业大学
296	国家电磁辐射控制材料工程技术研究中心	电子科技大学
297	国家阻燃材料工程技术研究中心	北京理工大学
298	国家短波通信工程技术研究中心	中国人民解放军理工大学 南京熊猫汉达科技有限公司
299	国家地理信息系统工程技术研究中心	中国地质大学（武汉）
300	国家科技资源共享服务工程技术研究中心	北京航空航天大学
301	国家电能变换与控制工程技术研究中心	湖南大学
302	国家观赏园艺工程技术研究中心	云南省农业科学院
303	国家脐橙工程技术研究中心	赣南师范学院
304	国家土建结构预制装配化工程技术研究中心	同济大学
305	国家喀斯特石漠化防治工程技术研究中心	贵州师范大学
306	国家功能食品工程技术研究中心	江南大学
307	国家可信嵌入式软件工程技术研究中心	中国电子科技集团公司第三十二研究所 华东师范大学

续表

序号	名称	依托单位
308	国家技术创新方法与实施工具工程技术研究中心	河北工业大学
309	国家空管监视与通信系统工程技术研究中心	四川九洲电器集团有限责任公司
310	国家芳纶工程技术研究中心	烟台泰和新材集团有限公司
311	国家重载快捷铁路货车工程技术研究中心	中车齐齐哈尔车辆有限公司
312	国家生猪种业工程技术研究中心	广东温氏食品集团有限公司 华南农业大学
313	国家心脏病植介入诊疗器械及设备工程技术研究中心	乐普（北京）医疗器械股份有限公司
314	国家饲料加工装备工程技术研究中心	江苏牧羊集团有限公司
315	国家离子型稀土资源高效开发利用工程技术研究中心	赣州稀土集团有限公司 江西理工大学 赣州有色冶金研究所
316	国家铁路大型养路机械工程技术研究中心	中国铁建高新装备股份有限公司
317	国家企业互联网服务支撑软件工程技术研究中心	金蝶软件（中国）有限公司
318	国家采油装备工程技术研究中心	胜利油田高原石油装备有限责任公司
319	国家炭/炭复合材料工程技术研究中心	湖南博云新材股份有限公司
320	国家锂离子动力电池工程技术研究中心	天津力神电池股份有限公司
321	国家药用辅料工程技术研究中心	湖南尔康制药股份有限公司
322	国家铝合金压力加工工程技术研究中心	山东南山铝业股份有限公司

续表

序号	名　称	依托单位
323	国家稀散金属工程技术研究中心	广东先导稀材股份有限公司
324	国家乘用车自动变速器工程技术研究中心	盛瑞传动股份有限公司
325	国家特种计算机工程技术研究中心	研祥智能科技股份有限公司
326	国家种子加工装备工程技术研究中心	酒泉奥凯种子机械股份有限公司
327	国家轨道客车系统集成工程技术研究中心	中车长春轨道客车股份有限公司
328	国家化学原料药合成工程技术研究中心	浙江工业大学
329	国家移动超声探测工程技术研究中心	华南理工大学
330	国家有机类肥料工程技术研究中心	江苏新天地生物肥料工程中心有限公司　南京农业大学
331	国家车用超级电容器系统工程技术研究中心	上海奥威科技开发有限公司
332	国家卫生信息共享技术及应用工程技术研究中心	万达信息股份有限公司　上海申康医院发展中心
333	国家特高压变压器工程技术研究中心	特变电工股份有限公司
334	国家电子废弃物循环利用工程技术研究中心	湖北荆门市格林美公司
335	国家纺纱工程技术研究中心	山东如意科技集团
336	国家煤基合成工程技术研究中心	山西潞安矿业（集团）有限责任公司
337	国家母婴乳品健康工程技术研究中心	北京三元股份有限公司
338	国家煤矿水害防治工程技术研究中心	皖北煤电集团有限责任公司
339	国家城市道路交通装备智能化工程技术研究中心	青岛海信网络科技股份有限公司

续表

序号	名称	依托单位
340	国家电动客车电控与安全工程技术研究中心	郑州宇通客车股份有限公司
341	国家苗药工程技术研究中心	贵州益佰制药股份有限公司
342	国家茶叶质量安全工程技术研究中心	福建安溪铁观音集团股份有限公司
343	国家抗艾滋病病毒工程技术研究中心	上海迪赛诺药业有限公司
344	国家水运安全工程技术研究中心	武汉理工大学
345	国家甘蔗工程技术研究中心	福建农林大学
346	国家网络安全应急工程技术研究中心	国家计算机网络与信息安全管理中心

附表10　国家工程研究中心部分名录

2013年

序号	名称	依托单位
1	半导体材料国家工程研究中心	有研半导体材料股份有限公司
2	光纤通信技术国家工程研究中心	武汉邮电科学研究院
3	染料国家工程研究中心	沈阳化工研究院有限公司
4	工业自动化国家工程研究中心	浙江大学
5	大规模集成电路CAD国家工程研究中心	北京华大九天软件有限公司
6	光电子器件国家工程研究中心	中国科学院半导体研究所
7	高档数控国家工程研究中心	中国科学院沈阳计算技术研究所有限公司
8	电子出版新技术国家工程研究中心	北京大学
9	机器人技术国家工程研究中心	中国科学院沈阳自动化研究所

续表

序号	名　　称	依托单位
10	工程塑料国家工程研究中心	海尔科化工程塑料国家工程研究中心股份有限公司
11	计算机软件国家工程研究中心	东北大学
12	电气传动国家工程研究中心	天津电气传动设计研究所
13	火电机组振动国家工程研究中心	东南大学
14	连铸技术国家工程研究中心	中达连铸技术国家工程研究中心有限责任公司
15	水煤浆气化及煤化工国家工程研究中心	兖矿鲁南化肥厂
16	粉末冶金国家工程研究中心	中南大学粉末冶金工程研究中心有限公司
17	炼油工艺与催化剂国家工程研究中心	中国石油化工股份有限公司石油化工科学研究院
18	电站锅炉煤的清洁燃烧国家工程研究中心	西安热工研究院有限公司
19	精馏技术国家工程研究中心	天津大学
20	制造业自动化国家工程研究中心	北京机械工业自动化研究所
21	精密成形国家工程研究中心	北京机电研究所
22	高性能均质合金国家工程研究中心	中国科学院金属研究所
23	船舶运输控制系统国家工程研究中心	上海交技发展股份有限公司
24	激光加工国家工程研究中心	华中科技大学
25	流体机械及压缩机国家工程研究中心	西安交通大学
26	视像音响数字化产品国家工程研究中心	南京熊猫数字化技术开发有限公司
27	聚烯烃国家工程研究中心	中国石油化工股份有限公司北京化工研究院
28	无污染有色金属提取及节能技术国家工程研究中心	北京矿冶研究总院

续表

序号	名　称	依托单位
29	精细石油化工中间体国家工程研究中心	中国科学院兰州化学物理研究所
30	城市污染控制国家工程研究中心	上海城市污染控制工程研究中心有限公司
31	木材工业国家工程研究中心	中国林业科学研究院木材工业研究所
32	耐火材料国家工程研究中心	中钢集团洛阳耐火材料研究院有限公司
33	玉米深加工国家工程研究中心	吉林华润生化玉米深加工科技开发有限责任公司
34	变流技术国家工程研究中心	株洲电力机车研究所
35	稀有金属材料加工国家工程研究中心	西北有色金属研究院
36	传感器国家工程研究中心	沈阳仪表科学研究院
37	稀土材料国家工程研究中心	有研稀土新材料股份有限公司
38	农药国家工程研究中心（天津）	南开大学
39	农药国家工程研究中心（沈阳）	沈阳化工研究院有限公司
40	药物制剂国家工程研究中心	上海现代药物制剂工程研究中心有限公司
41	油气勘探计算机软件国家工程研究中心	中油油气勘探软件国家工程研究中心有限公司
42	合成纤维国家工程研究中心	中石化上海石油化工股份有限公司
43	橡塑新型材料合成国家工程研究中心	中国石油化工股份有限公司北京燕山分公司
44	工业环境保护国家工程研究中心	中冶集团建筑研究总院
45	船舶设计技术国家工程研究中心	上海中船船舶设计技术国家工程研究中心有限公司

续表

序号	名　　称	依托单位
46	光盘系统及应用技术国家工程研究中心	清华大学
47	工业锅炉及民用煤清洁燃烧国家工程研究中心	清华大学
48	新型电源国家工程研究中心	中国电子科技集团公司第十八研究所
49	移动通信国家工程研究中心	中国电子科技集团公司第七研究所
50	电力系统自动化－系统控制和经济运行国家工程研究中心	国家电网公司南京自动化研究院
51	通信软件与专用集成电路设计国家工程研究中心	中国电子科技集团公司第五十四研究所
52	软件工程国家工程研究中心	北京北大软件工程发展有限公司
53	纤维基复合材料国家工程研究中心	中国纺织科学研究院
54	输配电及节电技术国家工程研究中心	中国电力科学研究院
55	工业过程自动化国家工程研究中心	上海工业自动化仪表研究所
56	高效焊接新技术国家工程研究中心	哈尔滨焊接研究所
57	表面活性剂国家工程研究中心	中国日用化学工业研究院
58	橡塑模具计算机辅助工程国家工程研究中心	郑州大学
59	模具计算机辅助设计国家工程研究中心	上海交通大学
60	造纸与污染控制国家工程研究中心	华南理工大学
61	超细粉末国家工程研究中心	上海华明高技术（集团）有限公司
62	光盘及其应用国家工程研究中心	中科院上海光学精密机械研究所

续表

序号	名 称	依托单位
63	电力电子应用技术国家工程研究中心	浙江大学
64	高效轧制国家工程研究中心	北京科技大学
65	化肥催化剂国家工程研究中心	福州大学
66	煤矿安全技术国家工程研究中心	煤炭科学研究总院重庆研究院
67	基本有机原料催化剂国家工程研究中心	中国石油化工股份有限公司上海石油化工研究院
68	固体废弃物资源化国家工程研究中心	云南华威废弃物资源化有限公司
69	微生物农药国家工程研究中心	华中农业大学
70	聚合物新型成型装备国家工程研究中心	广州华新科实业有限公司
71	炼焦技术国家工程研究中心	中唯炼焦技术国家工程研究中心有限责任公司
72	西部植物化学国家工程研究中心	杨凌西部植物化学工程研究发展有限公司
73	膜技术国家工程研究中心	天邦膜技术国家工程研究中心有限责任公司
74	病毒生物技术国家工程研究中心	北京凯因生物技术有限公司
75	稀土冶金及功能材料国家工程研究中心	瑞科稀土冶金及功能材料国家工程研究中心有限公司
76	发电设备国家工程研究中心	哈电发电设备国家工程研究中心有限公司
77	轻合金精密成型国家工程研究中心	上海轻合金精密成型国家工程研究中心有限公司
78	生物芯片北京国家工程研究中心	北京博奥生物芯片有限责任公司

续表

序号	名称	依托单位
79	经济领域系统仿真技术应用国家工程研究中心	航天科工仿真技术有限责任公司
80	小卫星及其应用国家工程研究中心	航天东方红卫星有限公司
81	生物芯片上海国家工程研究中心	上海生物芯片有限公司
82	农业生物多样性应用技术国家工程研究中心	云南农业大学
83	发酵技术国家工程研究中心	安徽丰原发酵技术工程研究有限公司
84	卫星导航应用国家工程研究中心	天合导航通信技术有限公司
85	中药提取分离过程现代化国家工程研究中心	广州汉方现代中药研究开发有限公司
86	微生物药物国家工程研究中心	华北制药集团新药研究开发有限责任公司
87	中药固体制剂制造技术国家工程研究中心	江西本草天工科技有限责任公司
88	中药复方新药开发国家工程研究中心	北京中研同仁堂医药研发有限公司
89	中药制药工艺技术国家工程研究中心	南京海陵中药制药工艺技术研究有限责任公司
90	南海海洋生物技术国家工程研究中心	广东中大南海海洋生物技术工程中心有限公司
91	纳米技术及应用国家工程研究中心	上海纳米技术及应用国家工程研究中心有限公司
92	先进钢铁材料技术国家工程研究中心	中联先进钢铁材料技术有限责任公司
93	人类干细胞国家工程研究中心	湖南海利惠霖生命科技有限公司

续表

序号	名　　称	依托单位
94	重型技术装备国家工程研究中心	天津重型装备工程研究有限公司
95	大豆国家工程研究中心	吉林东创大豆科技发展有限公司
96	煤矿瓦斯治理国家工程研究中心	淮南矿业（集团）有限责任公司　中国矿业大学
97	手性药物国家工程研究中心	成都凯丽手性技术有限公司
98	细胞产品国家工程研究中心	天津昂赛细胞基因工程有限责任公司
99	超声医疗国家工程研究中心	重庆融海超声医学工程研究中心有限公司
100	组织工程国家工程研究中心	上海国睿生命科技有限公司
101	燃料电池及氢源技术国家工程研究中心	大连新源动力股份有限公司
102	金属矿产资源高效循环利用国家工程研究中心	华唯金属矿产资源高效循环利用国家工程研究中心有限公司
103	快速制造国家工程研究中心	西安瑞特快速制造工程研究有限公司
104	精密超精密加工国家工程研究中心	北京工研精机股份有限公司
105	基因工程药物国家工程研究中心	广东暨大基因药物工程研究中心有限责任公司
106	蛋白质药物国家工程研究中心	北京正旦国际科技有限责任公司
107	制造装备数字化国家工程研究中心	华工制造装备数字化国家工程中心有限公司

续表

序号	名称	依托单位
108	水资源高效利用与工程安全国家工程研究中心	南京河海科技有限公司
109	船舶制造国家工程研究中心	大连船舶制造国家工程研究中心有限公司
110	信息安全共性技术国家工程研究中心	中科正阳信息安全技术有限公司
111	煤层气开发利用国家工程研究中心	中联煤层气国家工程中心有限责任公司
112	城市水资源开发利用（南方）国家工程研究中心	上海城市水资源开发利用国家工程中心有限公司
113	船舶导航系统国家工程研究中心	大连船舶导航系统国家工程研究中心有限公司
114	城市水资源开发利用（北方）国家工程研究中心	哈尔滨工业大学水资源国家工程研究中心有限公司
115	新型疫苗国家工程研究中心	北京微谷生物医药有限公司
116	计算机病毒防治技术国家工程研究中心	国家计算机病毒应急处理中心、北京瑞星科技股份有限公司 等
117	电子政务应用基础设施国家工程研究中心	北京航空航天大学 中国电子技术标准化研究所 等
118	基础软件国家工程研究中心	中国科学院软件研究所 等
119	燃气轮机与煤气化联合循环国家工程研究中心	清华大学 等
120	清洁高效煤电成套设备国家工程研究中心	上海发电设备成套设计研究院 等
121	轨道交通运行控制系统国家工程研究中心	北京交通大学 等

续表

序号	名称	依托单位
122	生物饲料开发国家工程研究中心	中国农业科学院饲料研究所 等
123	动物用生物制品国家工程研究中心	中国农业科学院哈尔滨兽医研究所 等
124	抗体药物国家工程研究中心	上海中信国健药业有限公司 等
125	水泥节能环保国家工程研究中心	天津水泥工业设计研究院有限公司 等
126	先进储能材料国家工程研究中心	湖南科力远新能源股份有限公司 等
127	数字电视国家工程研究中心	上海高清数字科技产业有限公司 等

2014 年

序号	名称	依托单位
1	煤与煤层气一体化高效开采国家地方联合工程研究中心（山西）	山西晋城无烟煤矿业集团有限责任公司
2	白云鄂博共伴生矿废弃物资源综合利用国家地方联合工程研究中心（内蒙古）	内蒙古科技大学
3	中蒙药饮片及药材质量控制国家地方联合工程研究中心（内蒙古）	赤峰市新州中药饮片有限责任公司
4	农作物生物育种国家地方联合工程研究中心（内蒙古）	内蒙古巴彦淖尔市科河种业有限公司
5	生鲜农产品贮藏加工及安全控制技术国家地方联合工程研究中心（辽宁）	渤海大学
6	盾构机/TBM 隧道掘进机技术国家地方联合工程研究中心（辽宁）	辽宁三三工业有限公司

续表

序号	名　　称	依托单位
7	人参创新药物开发国家地方联合工程研究中心（吉林）	吉林华康药业股份有限公司
8	微生物资源保藏和利用国家地方联合工程研究中心（黑龙江）	黑龙江省工业技术研究院
9	中药标准提取物提取分离与制备技术国家地方联合工程研究中心（黑龙江）	黑龙江双兰星制药有限公司
10	通信与网络技术国家地方联合工程研究中心（江苏）	南京邮电大学
11	肉品绿色加工集成技术国家地方联合工程研究中心（江苏）	江苏雨润肉类产业集团有限公司
12	长效多肽生物药物开发国家地方联合工程研究中心（江苏）	江苏豪森药业股份有限公司
13	自动化装备技术国家地方联合工程研究中心（安徽）	安徽巨一自动化装备有限公司
14	智能交通（ITS）技术国家地方联合工程研究中心（安徽）	安徽科力信息产业有限责任公司
15	现代农业装备国家地方联合工程研究中心（安徽）	奇瑞重工股份有限公司
16	固废、危废焚烧处理装置及尾气控制国家地方联合工程研究中心（安徽）	安徽盛运环保（集团）股份有限公司
17	肿瘤免疫药物开发国家地方联合工程研究中心（福建）	福建医科大学
18	康复医疗技术国家地方联合工程研究中心（福建）	福建中医药大学
19	药用真菌技术国家地方联合工程研究中心（江西）	江西百神药业股份有限公司
20	昆虫病毒生物农药开发国家地方联合工程研究中心（江西）	江西省新龙生物科技有限公司

续表

序号	名　　称	依托单位
21	手性化学药物制造技术国家地方联合工程研究中心（江西）	江西施美制药有限公司
22	激光医疗技术国家地方联合工程实验室（山东）	山东瑞华同辉光电科技有限公司
23	高性能铝合金板带材制造技术国家地方联合工程研究中心（山东）	山东南山铝业股份有限公司
24	光纤激光器技术国家地方联合工程研究中心（湖北）	武汉锐科光纤激光器技术有限责任公司
25	柑橘优质高效栽培与深加工国家地方联合工程研究中心（湖北）	湖北土老憨生态农业开发有限公司
26	优质水稻育种国家地方联合工程研究中心（湖北）	湖北省种子集团有限公司
27	南方地区桥梁长期性能提升技术国家地方联合工程实验室（湖南）	长沙理工大学
28	医药化工用酶技术国家地方联合工程研究中心（湖南）	湖南福来格生物技术有限公司
29	汽车安全驾驶辅助技术国家地方联合工程研究中心（广东）	惠州市德赛集团有限公司
30	热带亚热带果蔬加工技术国家地方联合工程研究中心（广东）	广东省农业科学院蚕业与农产品加工研究所
31	RFID与物联网标签技术国家地方联合工程研究中心（广东）	中山达华智能科技股份有限公司
32	长效微球技术国家地方联合工程研究中心（广东）	丽珠医药集团股份有限公司
33	冻干制剂开发国家地方联合工程研究中心（重庆）	重庆药友制药有限责任公司
34	超临界流体技术及装备国家地方联合工程研究中心（贵州）	贵州航天乌江机电设备有限责任公司

续表

序号	名　　称	依托单位
35	冶金及化工行业废气资源化国家地方联合工程研究中心（云南）	昆明理工大学
36	钛资源深加工国家地方联合工程研究中心（云南）	云南新立有色金属有限公司
37	干细胞与免疫细胞生物医药技术国家地方联合工程实验室（云南）	成都军区昆明总医院[①]
38	钛合金加工技术国家地方联合工程研究中心（陕西）	西部钛业有限责任公司
39	力学量传感器及系统集成国家地方联合工程研究中心（陕西）	陕西电器研究所
40	真空电器技术国家地方联合工程研究中心（陕西）	陕西宝光真空电器股份有限公司
41	功能材料加工国家地方联合工程研究中心（陕西）	西安建筑科技大学
42	现代牛业生物技术与应用国家地方联合工程研究中心（陕西）	西北农林科技大学
43	高原油菜马铃薯良种创制国家地方联合工程研究中心（青海）	青海省农林科学院
44	临床级细胞治疗技术国家地方联合工程研究中心（宁夏）	中航（宁夏）生物有限责任公司
45	轻烃深加工技术国家地方联合工程研究中心（宁夏）	宁夏宝塔石化科技实业有限公司
46	多晶硅材料国家地方联合工程研究中心（新疆）	新特能源股份有限公司
47	节水滴灌技术国家地方联合工程研究中心（新疆兵团）	新疆天业（集团）有限公司
48	海藻综合利用技术国家地方联合工程研究中心（青岛）	青岛明月海藻集团有限公司

① 成都军区昆明总医院：现更名为解放军联勤保障部队第907医院。

续表

序号	名称	依托单位
49	电化学保护与海水处理国家地方联合工程研究中心（青岛）	青岛双瑞海洋环境工程股份有限公司
50	海陆地理信息集成与应用国家地方联合工程研究中心（青岛）	青岛市勘察测绘研究院
51	船舶辅助导航技术国家地方联合工程研究中心（厦门）	集美大学

2015 年

序号	名称	依托单位
1	下一代互联网关键技术和评测国家地方联合工程研究中心（北京）	下一代互联网关键技术和评测北京市工程研究中心有限公司
2	循环流化床机组清洁发电技术国家地方联合工程研究中心（山西）	山西国际能源集团有限公司
3	煤基固废高值化利用国家地方联合工程研究中心（内蒙古）	内蒙古工业大学
4	蒙药现代提取工艺及制剂关键技术国家地方联合工程研究中心（内蒙古）	内蒙古天奇药业投资（集团）有限公司
5	新能源通用飞机技术国家地方联合工程研究中心（辽宁）	沈阳航空航天大学
6	航空和轨道交通用铝材加工技术国家地方联合工程研究中心（辽宁）	辽宁忠旺集团有限公司
7	生物质天然气与城乡固废处理国家地方联合工程研究中心（吉林）	吉林省昊海天际科技有限公司
8	老年性疾病干细胞技术国家地方联合工程研究中心（黑龙江）	黑龙江天晴干细胞股份有限公司
9	中成药智能制造技术国家地方联合工程研究中心（江苏）	江苏康缘药业股份有限公司

续表

序号	名　　称	依托单位
10	分布式控制技术国家地方联合工程研究中心（安徽）	合肥工大高科信息科技股份有限公司
11	数控锻压机床装备国家地方联合工程研究中心（安徽）	合肥合锻机床股份有限公司
12	热安全技术国家地方联合工程研究中心（安徽）	中国科学技术大学
13	数字电视智能化技术国家地方联合工程研究中心（福建）	福州大学
14	酶制剂生物发酵技术国家地方联合工程研究中心（山东）	山东隆科特酶制剂有限公司
15	纳米杂化材料应用技术国家地方联合工程研究中心（河南）	河南大学
16	高性能金属耐磨材料技术国家地方联合工程研究中心（广东）	暨南大学
17	智能数字安全技术国家地方联合工程研究中心（广东）	东信和平科技股份有限公司
18	生猪良种繁育技术国家地方联合工程研究中心（广西）	贵港市扬翔股份有限公司
19	抗肿瘤药物开发国家地方联合工程研究中心（广西）	广西慧宝源医药科技股份有限公司
20	缓控释制剂开发国家地方联合工程研究中心（重庆）	重庆科瑞制药（集团）有限公司
21	高性能特种线缆制造技术及应用国家地方联合工程研究中心（贵州）	贵州钢绳股份有限公司
22	分离膜材料及应用技术国家地方联合工程研究中心（贵州）	贵阳时代沃顿科技有限公司
23	红球藻种质培育与虾青素制品开发国家地方联合工程研究中心（云南）	云南爱尔发生物技术股份有限公司

续表

序号	名　　称	依托单位
24	三七资源保护与利用技术国家地方联合工程研究中心（云南）	云南三七科技有限公司
25	金属增材制造国家地方联合工程研究中心（陕西）	西安铂力特激光成形技术有限公司
26	黄姜皂素加工技术国家地方联合工程研究中心（陕西）	山阳县金川封幸化工有限责任公司
27	过滤与分离技术国家地方联合工程研究中心（陕西）	西安宝德粉末冶金有限责任公司
28	西北特色农畜产品深加工国家地方联合工程研究中心（甘肃）	甘肃省轻工研究院
29	特色药用植物资源高值化利用国家地方联合工程研究中心（甘肃）	中科院兰州化学物理研究所
30	高纯纳米氧化铝材料制备技术国家地方联合工程研究中心（青海）	青海圣诺光电科技有限公司
31	太阳能热发电技术国家地方联合工程研究中心（青海）	青海中控太阳能发电有限公司
32	锂离子正极材料制备技术国家地方联合工程研究中心（青海）	青海泰丰先行锂能科技有限公司
33	大中型拖拉机配套农机装备技术国家地方联合工程研究中心（新疆兵团）	新疆科神农业装备科技开发股份有限公司
34	动物疫苗基因工程技术国家地方联合工程研究中心（青岛）	青岛易邦生物工程有限公司
35	生物发酵技术国家地方联合工程研究中心（青岛）	青岛琅琊台集团股份有限公司
36	海洋生物制品开发技术国家地方联合工程研究中心（青岛）	中国科学院海洋研究所
37	水产品深加工技术国家地方联合工程研究中心（厦门）	集美大学

2016 年

序号	名称	依托单位
1	沙棘综合利用加工技术国家地方联合工程研究中心（内蒙古）	内蒙古宇航人高技术产业有限责任公司
2	稀土改性表面再制造国家地方联合工程研究中心（内蒙古）	内蒙古中天宏远再制造股份公司
3	集成电路装备零部件精密制造技术国家地方联合工程研究中心（辽宁）	沈阳富创精密设备有限公司
4	人体自身免疫病诊疗技术国家地方联合工程研究中心（黑龙江）	哈尔滨医科大学
5	寒地小浆果开发利用国家地方联合工程研究中心（黑龙江）	东北农业大学
6	稀土永磁无刷电机开发制造技术国家地方联合工程研究中心（江苏）	江苏苏美达五金工具有限公司
7	观赏作物资源开发国家地方联合工程研究中心（浙江）	浙江省农业科学院
8	可再生能源电能变换技术国家地方联合工程研究中心（安徽）	阳光电源股份有限公司
9	薄膜晶体管液晶显示技术国家地方联合工程研究中心（安徽）	合肥京东方光电科技有限公司
10	智能机器人先进机构与控制技术国家地方联合工程研究中心（安徽）	埃夫特智能装备股份有限公司
11	高性能合金材料制备及成形技术国家地方联合工程研究中心（安徽）	安徽应流集团
12	微生物菌剂开发与应用国家地方联合工程研究中心（福建）	福建省农业科学院
13	生物药光动力治疗技术国家地方联合工程研究中心（福建）	福州大学
14	闽台中药分子生物技术国家地方联合工程研究中心（福建）	福建中医药大学

续表

序号	名 称	依托单位
15	基础设施安全监测与评估国家地方联合工程研究中心（江西）	江西飞尚科技有限公司
16	半导体专用化学品制造技术国家地方联合工程研究中心（江西）	江西佳因光电材料有限公司
17	海藻炼制技术国家地方联合工程研究中心（山东）	山东洁晶集团股份有限公司
18	起重装备轻量化设计国家地方联合工程研究中心（河南）	卫华集团有限公司
19	高温材料与炉衬技术国家地方联合工程研究中心（湖北）	武汉科技大学
20	测控与导航技术国家地方联合工程研究中心（湖南）	湖南省导航仪器工程研究中心有限公司
21	金融智能终端系统安全技术国家地方联合工程研究中心（广东）	广州广电运通金融电子股份有限公司
22	自润滑流动动力机械技术国家地方联合工程研究中心（广东）	佛山市广顺电器有限公司
23	畜禽产品精准加工与安全控制技术国家地方联合工程研究中心（广东）	华南农业大学
24	智能制造信息物理融合系统集成技术国家地方联合工程研究中心（广东）	广东工业大学
25	汽车曲轴及离合器制造技术国家地方联合工程研究中心（广西）	桂林福达股份有限公司
26	射频识别智能交通管理技术物联网国家地方联合工程研究中心（重庆）	重庆市城投金卡信息产业股份有限公司
27	液力变速器开发技术国家地方联合工程研究中心（贵州）	贵州凯星液力传动机械有限公司
28	食品安全生物检测技术国家地方联合工程研究中心（贵州）	贵州勤邦食品安全科学技术有限公司

续表

序号	名　　称	依托单位
29	现代苗药创制技术国家地方联合工程研究中心（贵州）	贵州百灵企业集团制药股份有限公司
30	手性小分子药物制备及制剂技术国家地方联合工程研究中心（云南）	昆明积大制药股份有限公司
31	西南中药材种质创新与利用国家地方联合工程研究中心（云南）	云南农业大学
32	特种泵系统技术国家地方联合工程研究中心（陕西）	西安航空学院
33	二氧化碳捕集与封存技术国家地方联合工程研究中心（陕西）	西北大学
34	通信设备设计与制造国家地方联合工程研究中心（陕西）	陕西烽火电子股份有限公司
35	水性合成革制造技术国家地方联合工程研究中心（甘肃）	兰州科天新材料股份有限公司
36	医用微生态制品开发国家地方联合工程研究中心（青岛）	青岛东海药业有限公司
37	饲料安全与高效利用技术国家地方联合工程研究中心（青岛）	山东新希望六和集团有限公司
38	城镇污水处理与资源化国家地方联合工程中心（青岛）	青岛理工大学

2017 年

序号	名　　称	依托单位
1	大数据智能管理与分析技术国家地方联合工程研究中心（北京）	北京京东尚科信息技术有限公司
2	物联网电力能效管控技术国家地方联合工程研究中心（北京）	北京德威特继保自动化科技股份有限公司
3	企业治理管控软件开发与应用国家地方联合工程研究中心（北京）	北京慧点科技有限公司

续表

序号	名　　称	依托单位
4	企业智能云开发与应用国家地方联合工程研究中心（北京）	用友网络科技股份有限公司
5	高性能纤维及纺织复合材料制备技术国家地方联合工程研究中心（天津）	天津工业大学
6	轨道交通智能供电系统安全与控制技术国家地方联合工程研究中心（天津）	天津凯发电气股份有限公司
7	建筑固体废弃物资源化利用国家地方联合工程研究中心（天津）	天津城建大学
8	微网与智能配电系统开发与应用国家地方联合工程研究中心（天津）	天津大学
9	智能车路协同与安全技术国家地方联合工程研究中心（天津）	天津职业技术师范大学
10	新能源乘用车动力系统开发与应用国家地方联合工程研究中心（河北）	长城汽车股份有限公司
11	挥发性有机物与恶臭污染防治技术国家地方联合工程研究中心（河北）	河北科技大学
12	精密光栅测控技术与应用国家地方联合工程研究中心（河北）	北华航天工业学院
13	马铃薯高效育种及质量检测技术国家地方联合工程研究中心（河北）	河北省高寒作物研究所
14	半导体精密加工技术国家地方联合工程研究中心（河北）	唐山晶玉科技有限公司
15	园艺植物脱毒与繁育技术国家地方联合工程研究中心（山西）	山西省农业科学院果树研究所
16	退化土壤改良与新型肥料研发国家地方联合工程研究中心（山西）	山西省农业科学院农业环境与资源研究所
17	乌兰布和沙漠肉苁蓉良种繁育与开发国家地方联合工程研究中心（内蒙古）	内蒙古王爷地苁蓉生物有限公司

续表

序号	名　　称	依托单位
18	现代蒙医药研发与测试国家地方联合工程研究中心（内蒙古）	内蒙古自治区蒙医药研究所
19	玉米生物育种与应用技术国家地方联合工程研究中心（内蒙古）	赤峰宇丰科技种业有限公司
20	新型生物饲料研发与应用国家地方联合工程研究中心（辽宁）	辽宁禾丰牧业股份有限公司
21	北方园艺设施设计与应用技术国家地方联合工程研究中心（辽宁）	沈阳农业大学
22	煤焦油系新型材料制备技术国家地方联合工程研究中心（辽宁）	中钢集团鞍山热能研究院有限公司
23	石油化工环境污染防治技术国家地方联合工程研究中心（辽宁）	中国石油化工股份有限公司抚顺石油化工研究院
24	神经退行性疾病药物研发国家地方联合工程研究中心（辽宁）	大连医科大学
25	人参新品种选育与开发国家地方联合工程研究中心（吉林）	吉林农业大学
26	环保高分子材料开发与应用国家地方联合工程研究中心（吉林）	中国科学院长春应用化学研究所
27	智能配电网测控与安全运行技术国家地方联合工程研究中心（吉林）	长春工程学院
28	先进导航与海洋智能装备技术国家地方联合工程研究中心（黑龙江）	哈尔滨工程大学
29	大型电机电气与传热技术国家地方联合工程研究中心（黑龙江）	哈尔滨理工大学
30	矿盐资源深度利用技术国家地方联合工程研究中心（江苏）	淮阴工学院
31	复合涂层薄膜新材料开发与应用国家地方联合工程研究中心（江苏）	斯迪克新型材料（江苏）有限公司

续表

序号	名　　称	依托单位
32	安全防护用特种纤维复合材料研发国家地方联合工程研究中心（江苏）	南通大学
33	机电产品可靠性分析与测试国家地方联合工程研究中心（浙江）	浙江理工大学
34	视觉感知技术研发与应用国家地方联合工程研究中心（浙江）	杭州海康威视数字技术股份有限公司
35	先进结构设计与建造技术国家地方联合工程研究中心（浙江）	浙江大学
36	电动客车整车系统开发与应用国家地方联合工程研究中心（安徽）	安徽安凯汽车股份有限公司
37	农业生态大数据分析与应用技术国家地方联合工程研究中心（安徽）	安徽大学
38	轻型通用飞机整机研发与集成应用国家地方联合工程研究中心（安徽）	中电科芜湖钻石飞机制造有限公司
39	高性能稀土永磁材料开发与应用国家地方联合工程研究中心（安徽）	安徽大地熊新材料股份有限公司
40	汽车智能网联与主动安全技术国家地方联合工程研究中心（安徽）	中国电子科技集团公司第三十八研究所
41	动力与储能锂电池技术研发与集成国家地方联合工程研究中心（福建）	宁德时代新能源科技股份有限公司
42	微生物新药研制技术国家地方联合工程研究中心（福建）	福建省微生物研究所
43	卫星空间信息技术综合应用国家地方联合工程研究中心（福建）	福州大学
44	轨道交通基础设施运维安全保障技术国家地方联合工程研究中心（江西）	华东交通大学
45	农产品生物高效转化技术国家地方联合工程研究中心（江西）	南昌大学

续表

序号	名称	依托单位
46	人源性蛋白类生物药品制造技术国家地方联合工程研究中心（江西）	江西浩然生物医药有限公司
47	碳化硅半导体材料研发技术国家地方联合工程研究中心（山东）	山东天岳先进材料科技有限公司
48	新型防火阻燃材料开发与应用国家地方联合工程研究中心（山东）	山东旭锐新材有限公司
49	风电轴承保持架技术国家地方联合工程研究中心（山东）	聊城市新欣金帝保持器科技有限公司
50	智能建筑物联网技术与应用国家地方联合工程研究中心（河南）	天筑科技股份有限公司
51	高效显示与照明技术国家地方联合工程研究中心（河南）	河南大学
52	金属材料磨损控制与成型技术国家地方联合工程研究中心（河南）	河南科技大学
53	药物高通量筛选技术国家地方联合工程研究中心（湖北）	湖北大学
54	微小卫星商业发射与应用技术国家地方联合工程研究中心（湖北）	湖北航天技术研究院总体设计所
55	制冷压缩机高效节能技术国家地方联合工程研究中心（湖北）	黄石东贝电器股份有限公司
56	先进包装材料研发技术国家地方联合工程研究中心（湖南）	湖南工业大学
57	感染性疾病及肿瘤基因诊断技术国家地方联合工程研究中心（湖南）	湖南圣湘生物科技有限公司
58	网络安全检测与防护技术国家地方联合工程研究中心（广东）	暨南大学
59	新能源汽车动力电池循环利用国家地方联合工程研究中心（广东）	广东邦普循环科技有限公司

续表

序号	名　　称	依托单位
60	电子信息产品可靠性分析与测试技术国家地方联合工程研究中心（广东）	工业和信息化部电子第五研究所
61	工业摩擦润滑技术国家地方联合工程研究中心（广东）	广州机械科学研究院有限公司
62	半导体显示与光通信器件研发国家地方联合工程研究中心（广东）	华南理工大学
63	轻型运动飞机研制技术国家地方联合工程研究中心（湖北）	中国特种飞行器研究所
64	富硒生物食品开发与应用国家地方联合工程研究中心（湖北）	恩施土家族苗族自治州农业科学院
65	轨道交通列车安全保障技术国家地方联合工程研究中心（湖南）	中南大学
66	卫星导航定位与位置服务国家地方联合工程研究中心（广西）	桂林电子科技大学
67	香蕉品种遗传改良和栽培技术国家地方联合工程研究中心（广西）	广西壮族自治区农业科学院
68	工程建设智能装备技术国家地方联合工程研究中心（广西）	广西柳工机械股份有限公司
69	热带设施农业技术与装备国家地方联合工程研究中心（海南）	三亚市南繁科学技术研究院
70	库区环境地质灾害防治国家地方联合工程研究中心（重庆）	重庆大学
71	化学药物合成研发技术国家地方联合工程研究中心（重庆）	重庆圣华曦药业股份有限公司
72	页岩气勘探开发国家地方联合工程研究中心（重庆）	重庆地质矿产研究院
73	微生物药物生物合成技术国家地方联合工程研究中心（四川）	成都雅途生物技术有限公司

续表

序号	名　　称	依托单位
74	高速重载钢轨研发与制造技术国家地方联合工程研究中心（四川）	攀钢集团攀枝花钢铁研究院有限公司
75	发电与输变电设备绝缘材料开发与应用国家地方联合工程研究中心（四川）	四川东材科技集团股份有限公司
76	食品用酶生物发酵技术国家地方联合工程研究中心（四川）	四川省丹丹郫县[①]豆瓣集团股份有限公司
77	安全无线路由器逆向光通信技术国家地方联合工程研究中心（四川）	成都三零盛安信息系统有限公司
78	磷化工废弃物资源化利用技术国家地方联合工程研究中心（贵州）	贵州开磷集团股份有限公司
79	西南药食两用资源开发利用技术国家地方联合工程研究中心（贵州）	贵州大学
80	基于物联网精准爆破技术国家地方联合工程研究中心（贵州）	贵州新联爆破工程集团有限公司
81	冶金化工节能环保技术国家地方联合工程研究中心（云南）	昆明理工大学
82	高原木本油料种质创新与利用技术国家地方联合工程研究中心（云南）	云南省林业科学院
83	林业生物质资源高效利用技术国家地方联合工程研究中心（云南）	西南林业大学
84	精准外科与再生医学国家地方联合工程研究中心（陕西）	西安交通大学第一附属医院
85	航空安全综合监控系统国家地方联合工程研究中心（陕西）	西北工业大学
86	新型网络智能信息服务国家地方联合工程研究中心（陕西）	西北大学
87	新型贵金属催化剂研发技术国家地方联合工程研究中心（陕西）	西安凯立新材料股份有限公司

① 郫县：今为郫都区

续表

序号	名　　称	依托单位
88	机器人减速器研发技术国家地方联合工程研究中心（陕西）	陕西渭河工模具有限公司
89	特种工程塑料研发与应用国家地方联合工程研究中心（甘肃）	敦煌西域特种新材股份有限公司
90	大型电气传动及自动化装备制造技术国家地方联合工程研究中心（甘肃）	天水电气传动研究所有限责任公司
91	特色中药复方配伍与新药研发国家地方联合工程研究中心（甘肃）	兰州和盛堂制药股份有限公司
92	电梯物联网安全监管技术国家地方联合工程研究中心（宁夏）	宁夏电通物联网科技股份有限公司
93	碳基先进陶瓷制备技术国家地方联合工程研究中心（宁夏）	北方民族大学
94	干空气能蒸发制冷技术国家地方联合工程研究中心（新疆）	新疆绿色使者空气环境技术有限公司
95	水污染治理技术国家地方联合工程研究中心（新疆）	新疆德安环保科技股份有限公司
96	饲草料营养调控与高效利用技术国家地方联合工程研究中心（新疆兵团）	新疆农垦科学院
97	新型纺纱工艺与装备制造技术国家地方联合工程研究中心（新疆兵团）	新疆如意纺织服装有限公司
98	现代农业生产信息管理与应用技术国家地方联合工程研究中心（新疆兵团）	新疆石达赛特科技有限公司
99	生物医学材料研发技术国家地方联合工程研究中心（大连）	辽宁垠艺生物科技股份有限公司
100	车载智能终端研发技术国家地方联合工程研究中心（大连）	东软集团（大连）有限公司
101	热能综合利用技术国家地方联合工程研究中心（大连）	大连理工大学

续表

序号	名　称	依托单位
102	海水养殖装备与生物育种技术国家地方联合工程研究中心（青岛）	中国水产科学研究院黄海水产研究所
103	兔高效生物育种技术国家地方联合工程研究中心（青岛）	青岛康大外贸集团有限公司
104	电动汽车智能化动力集成技术国家地方联合工程研究中心（青岛）	青岛大学
105	纳米材料制备技术国家地方联合工程研究中心（厦门）	厦门大学
106	海洋生物种业技术国家地方联合工程研究中心（厦门）	福建省水产研究所
107	多频谱多传感器一体化感知系统国家地方联合工程研究中心（深圳）	深圳市大疆创新科技有限公司
108	健康大数据智能分析技术国家地方联合工程研究中心（深圳）	中国科学院深圳先进技术研究院
109	发动机高温合金材料与部件研发技术国家地方联合工程研究中心（深圳）	深圳市万泽中南研究院有限公司
110	锂电池隔膜制备及检测技术国家地方联合工程研究中心（深圳）	深圳市星源材质科技股份有限公司
111	网络空间治理技术国家地方联合工程研究中心（深圳）	任子行网络技术股份有限公司

附表11　国家企业技术中心部分名录

序号	名　称
1	联想（北京）有限公司
2	北大方正集团有限公司
3	中国地质装备总公司

续表

序号	名　称
4	北京北开电气股份有限公司
5	首钢总公司
6	中国远洋运输（集团）总公司
7	北京城建集团有限责任公司
8	北京燕京啤酒股份有限公司
9	中国石油天然气股份有限公司
10	中国石油天然气集团公司大庆油田有限责任公司
11	中国石油集团济柴动力总厂
12	中国石油集团渤海石油装备制造有限公司
13	中国电子信息产业集团有限公司
14	中国长城计算机集团公司
15	夏新电子股份有限公司
16	上海贝岭股份有限公司
17	中国软件与技术服务股份有限公司
18	熊猫电子集团有限公司
19	同方股份有限公司
20	同方威视技术股份有限公司
21	中国铝业股份有限公司
22	中铝洛阳铜业有限公司
23	西南铝业（集团）有限责任公司
24	金堆城钼业集团有限公司
25	北京和利时系统工程有限公司
26	北汽福田汽车股份有限公司
27	中国印钞造币总公司
28	中国石油化工股份有限公司
29	大唐电信科技股份有限公司
30	中国普天信息产业股份有限公司

续表

序号	名　称
31	普天科创实业有限公司
32	东方通信股份有限公司
33	中国建筑材料集团有限公司
34	北新建材（集团）有限公司
35	中国洛阳浮法玻璃集团有限责任公司
36	连云港中复连众复合材料集团有限公司
37	合肥神马科技集团有限公司
38	巨石集团有限公司
39	中牧实业股份有限公司
40	安泰科技股份有限公司
41	用友软件股份有限公司
42	中国黄金集团公司
43	北京中科三环高技术股份有限公司
44	中国建筑工程总公司
45	中国水利水电建设集团公司
46	北京金隅集团有限责任公司
47	北京四方继保自动化股份有限公司
48	时代集团公司
49	北京江河幕墙股份有限公司
50	北京北一机床股份有限公司
51	有研半导体材料股份有限公司
52	北京东方雨虹防水技术股份有限公司
53	中国华电工程（集团）有限公司
54	北京启明星辰信息技术股份有限公司
55	汉王科技股份有限公司
56	北京神州泰岳软件股份有限公司
57	北京双鹭药业股份有限公司
58	中铁十六局集团有限公司

续表

序号	名　称
59	北京三元食品股份有限公司
60	国家核电技术有限公司
61	百度在线网络技术（北京）有限公司
62	京东方科技集团股份有限公司
63	新奥特（北京）视频技术有限公司
64	北京汽车股份有限公司
65	北京资源亚太饲料科技有限公司
66	北京建工集团有限责任公司
67	中国电子工程设计院
68	中国建筑科学研究院
69	中铁第五勘察设计院集团有限公司
70	中煤北京煤矿机械有限责任公司
71	中国种子集团有限公司
72	中铁十九局集团有限公司
73	中国京冶工程技术有限公司
74	北京二七轨道交通装备有限责任公司
75	北京天地玛珂电液控制系统有限公司
76	北京中科科仪股份有限公司
77	北京科诺伟业科技股份有限公司
78	北京神州绿盟信息安全科技股份有限公司
79	北京神雾环境能源科技集团股份有限公司
80	北京伟嘉人生物技术有限公司
81	天津钢管集团股份有限公司
82	天津药业集团有限公司
83	天津渤海化工集团有限责任公司
84	天津灯塔涂料有限公司
85	天津天士力集团
86	北京当升材料科技股份有限公司

续表

序号	名　　称
87	中国路桥工程有限责任公司
88	天津天地伟业数码科技有限公司
89	中材节能股份有限公司
90	天津大桥焊材集团有限公司
91	中国铁建大桥工程局集团有限公司
92	天津冶金集团中兴盛达钢业有限公司
93	河北诚信有限责任公司
94	阜新德尔汽车部件股份有限公司
95	上海微电子装备有限公司
96	万达信息股份有限公司
97	网宿科技股份有限公司
98	上海人本集团有限公司
99	上海置信电气股份有限公司
100	上海东富龙科技股份有限公司
101	上海市建筑科学研究院（集团）有限公司
102	江苏鱼跃医疗设备股份有限公司
103	南京天加空调设备有限公司
104	张家港富瑞特种装备股份有限公司
105	苏州巨峰电气绝缘系统股份有限公司
106	无锡华光锅炉股份有限公司
107	江苏亚星锚链股份有限公司
108	江苏林洋电子股份有限公司
109	江苏太平洋精锻科技股份有限公司
110	常熟市龙腾特种钢有限公司
111	莱克电气股份有限公司
112	江苏康力源健身器材有限公司
113	浙江京新药业股份有限公司
114	南方泵业股份有限公司

续表

序号	名　称
115	浙江万里扬变速器股份有限公司
116	浙江开山集团
117	浙江永太科技股份有限公司
118	浙江传化股份有限公司
119	浙江大东南集团有限公司
120	浙江金洲管道科技股份有限公司
121	浙江生辉照明有限公司
122	浙江星星家电股份有限公司
123	安徽蓝盾光电子股份有限公司
124	中国能源建设集团安徽电力建设第一工程有限公司
125	中盐安徽红四方股份有限公司
126	中国十七冶集团有限公司
127	芜湖伯特利汽车安全系统股份有限公司
128	福建龙溪轴承（集团）股份有限公司
129	福建立达信集团有限公司
130	九牧厨卫股份有限公司
131	晶科能源公司
132	寿光富康制药有限公司
133	金能科技股份有限公司
134	淄博工陶耐火材料有限公司
135	山东晨阳新型碳材料股份有限公司
136	济南澳海碳素有限公司
137	史丹利化肥股份有限公司
138	山东鲁花集团有限公司
139	山东洁晶集团股份有限公司
140	烟台正海磁性材料股份有限公司
141	山东三星集团有限公司
142	河南佰利联化学股份有限公司

续表

序号	名　称
143	昊华骏化集团有限公司
144	河南巨龙生物工程股份有限公司
145	黄河勘测规划设计有限公司
146	中航锂电（洛阳）有限公司
147	武汉高德红外股份有限公司
148	湖北华强科技有限责任公司
149	湖南尔康制药股份有限公司
150	湖南方盛制药股份有限公司
151	湖南长高高压开关集团股份公司
152	湖南柿竹园有色金属有限责任公司
153	郴州市金贵银业股份有限公司
154	广东易事特电源股份有限公司
155	佛山佛塑科技集团股份有限公司
156	珠海罗西尼表业有限公司
157	重庆建工集团股份有限公司
158	四川明日宇航工业股份有限公司
159	海天水务集团股份公司
160	中铁二十三局集团有限公司
161	贵州安吉航空精密铸造有限责任公司
162	贵州航天精工制造有限公司
163	玉溪大红山矿业有限公司
164	云南临沧鑫圆锗业股份有限公司
165	中核四〇四有限公司
166	中铁二十一局集团有限公司
167	新疆中泰化学股份有限公司
168	新疆北新路桥集团股份有限公司
169	中国北车集团大连机车研究所有限公司
170	青岛三利集团有限公司

续表

序号	名 称
171	青岛特锐德电气股份有限公司
172	青岛瀚生生物科技股份有限公司
173	青岛红领集团有限公司
174	宁波天安(集团)股份有限公司
175	宁波音王电声股份有限公司
176	得力集团有限公司
177	厦门强力巨彩光电科技有限公司
178	福建安井食品股份有限公司
179	深圳科士达科技股份有限公司
180	华润三九医药股份有限公司
181	深圳市科陆电子科技股份有限公司
182	深圳迈瑞生物医疗电子股份有限公司
183	深圳市贝特瑞新能源材料股份有限公司
184	三一重机有限公司
185	南通中远川崎船舶工程有限公司
186	合肥华耀电子工业有限公司
187	合肥中辰轻工机械有限公司
188	河南晋开化工投资控股集团有限责任公司
189	东风汽车股份有限公司
190	特变电工衡阳变压器有限公司
191	中国电建集团成都勘测设计研究院有限公司
192	中交第一公路工程局有限公司
193	中铁二十二局集团有限公司
194	航天长征化学工程股份有限公司
195	北京星航机电装备有限公司
196	北京高能时代环境技术股份有限公司
197	北矿科技股份有限公司
198	北京首航艾启威节能技术股份有限公司

续表

序号	名称
199	海洋石油工程股份有限公司
200	中海油田服务股份有限公司
201	中国汽车技术研究中心
202	天津红日药业股份有限公司
203	呼伦贝尔东北阜丰生物科技有限公司
204	卡斯柯信号有限公司
205	上海良信电器股份有限公司
206	上海保隆汽车科技股份有限公司
207	中铁二十四局集团有限公司
208	中国二十冶集团有限公司
209	江苏永鼎股份有限公司
210	安佑生物科技集团股份有限公司
211	江苏俊知技术有限公司
212	江苏武进不锈股份有限公司
213	江苏鹏飞集团股份有限公司
214	招商局重工（江苏）有限公司
215	江苏江动集团有限公司
216	江苏辉丰农化股份有限公司
217	江苏井神盐化股份有限公司
218	浙江双环传动机械股份有限公司
219	杰克缝纫机股份有限公司
220	浙江星星科技股份有限公司
221	永兴特种不锈钢股份有限公司
222	联化科技股份有限公司
223	杭州永创智能设备股份有限公司
224	浙江伟星新型建材股份有限公司
225	天通控股股份有限公司
226	福达合金材料股份有限公司

续表

序号	名称
227	安徽大地熊新材料股份有限公司
228	合肥晶弘电器有限公司
229	安徽佳通乘用子午线轮胎有限公司
230	安徽捷迅光电技术有限公司
231	双胞胎（集团）股份有限公司
232	江西江铃底盘股份有限公司
233	山东福瑞达医药集团公司
234	山东齐都药业有限公司
235	山东信得科技股份有限公司
236	翔宇药业股份有限公司
237	山东东方海洋科技股份有限公司
238	山东隆科特酶制剂有限公司
239	威海金泓集团有限公司
240	海汇集团有限公司
241	山东鲁能智能技术有限公司
242	东营方圆有色金属有限公司
243	中色科技股份有限公司
244	河南心连心化肥有限公司
245	河南森源电气股份有限公司
246	濮阳惠成电子材料股份有限公司
247	中建商品混凝土有限公司
248	湖北回天新材料股份有限公司
249	湖北江山重工有限责任公司
250	中国一冶集团有限公司
251	九芝堂股份有限公司
252	株洲中车时代电气股份有限公司
253	永清环保股份有限公司
254	湖南杉杉能源科技股份有限公司

续表

序号	名 称
255	湖南海利化工股份有限公司
256	湖南省农友机械集团有限公司
257	康美药业股份有限公司
258	广州天赐高新材料股份有限公司
259	潮州三环（集团）股份有限公司
260	广州机械科学研究院有限公司
261	广东兴发铝业有限公司
262	重庆材料研究院有限公司
263	重庆水泵厂有限责任公司
264	成都硅宝科技股份有限公司
265	中国五冶集团有限公司
266	四川海特高新技术股份有限公司
267	四川省丹丹郫县豆瓣集团股份有限公司
268	云南省贵金属新材料控股集团有限公司
269	大禹节水集团股份有限公司
270	青岛环球集团股份有限公司
271	青岛易邦生物工程有限公司
272	中石化宁波工程有限公司
273	宁波美康生物科技股份有限公司
274	宁波韵升股份有限公司
275	浙江大丰实业股份有限公司
276	贝发集团股份有限公司
277	厦门华联电子有限公司
278	厦门金达威集团股份有限公司
279	深圳市共进电子股份有限公司
280	昂纳信息技术（深圳）有限公司

续表

序号	名　称
281	天津港航工程有限公司
282	合肥乐凯科技产业有限公司
283	鲁丰织染有限公司
284	烟台中集来福士海洋工程有限公司
285	武汉中原电子集团有限公司
286	东风商用车有限公司
287	国网电力科学研究院武汉南瑞有限责任公司
288	贵阳铝镁设计研究院有限公司

附表 12　国防科技重点实验室部分名录

序号	名　称	依托单位
1	水下机器人技术国防科技重点实验室	哈尔滨工程大学
2	水声技术国防科技重点实验室	
3	精密热加工国防科技重点实验室	哈尔滨工业大学
4	特种环境复合材料技术国防科技重点实验室	
5	空间环境材料行为及评价技术国防科技重点实验室	
6	可调谐气体激光国防科技重点实验室	
7	水下信息与控制国防科技重点实验室	西北工业大学
8	无人机特种技术国防科技重点实验室	
9	超高温复合材料国防科技重点实验室	
10	翼型、叶栅空气动力学国防科技重点实验室	
11	固体火箭发动机燃烧、热结构与内流场国防科技重点实验室	
12	航天飞行动力学技术国防科技重点实验室	

续表

序号	名称	依托单位
13	雷达信号处理国家重点实验室（雷达信号处理国防科技重点实验室）	西安电子科技大学
14	天线与微波技术国防科技重点实验室	中国电子科技集团公司第十四研究所 西安电子科技大学
15	航空等离子体动力学国防科技重点实验室	空军工程大学
16	航空发动机气动热力国防科技重点实验室	北京航空航天大学
17	飞行器控制一体化技术国防科技重点实验室	
18	可靠性与环境工程技术国防科技重点实验室	
19	计算流体力学国防科技重点实验室	
20	惯性技术国防科技重点实验室	
21	并行与分布处理国防科技重点实验室	国防科技大学
22	新型陶瓷纤维及其复合材料国防科技重点实验室	
23	精确制导自动目标识别国防科技重点实验室	
24	毁伤与防护国防科技重点实验室	北京理工大学
25	车辆传动实验室国防科技重点实验室	
26	机电工程与控制国防科技重点实验室	北京理工大学 西安212所
27	多谱图像信息处理技术国防科技重点实验室	华中科技大学
28	脉冲功率技术国防科技重点实验室	
29	大功率微波电真空器件技术国防科技重点实验室	电子科技大学 中国电子科技集团公司第十二研究所
30	抗干扰技术国防科技重点实验室	电子科技大学
31	电磁防护国防科技重点实验室	军械工程学院
32	装备再制造技术国防科技重点实验室	装甲兵工程学院

续表

序号	名　　称	依托单位
33	舰船综合电力技术国防科技重点实验室	海军工程大学
34	直升机旋翼动力学国防科技重点实验室	南京航空航天大学
35	弹道国防科技重点实验室	南京理工大学
36	电子测试技术国防科技重点实验室	中北大学
37	轻质高强结构材料国防科技重点实验室	中南大学
38	高功率半导体激光国防科技重点实验室	长春理工大学
39	砷化镓超高速集成电路和功率器件国防科技重点实验室	中国电子科技集团公司第十三研究所
40	电波环境特性及模化技术国防科技重点实验室	中国电波传播研究所
41	电子对抗国防科技重点实验室	中国电子科技集团公司第二十九研究所
42	通信对抗技术国防科技重点实验室	中国电子科技集团公司第三十六研究所
43	先进复合材料国防科技重点实验室	北京航空材料研究院
44	先进高温结构材料国防科技重点实验室	北京航空材料研究院
45	超精密加工技术国防科技重点实验室	北京航空精密机械研究所
46	计量与校准技术国防科技重点实验室	北京无线电计量测试技术研究所
47	火力控制技术国防科技重点实验室	洛阳电光设备研究所
48	高能束流加工技术国防科技重点实验室	北京航空制造工程研究所
49	直升机旋翼动力学国防科技重点实验室	中国直升机设计研究所

续表

序号	名　称	依托单位
50	导弹制导与控制技术国防科技重点实验室	中国运载火箭技术研究院
51	空间微波基础国防科技重点实验室	中国空间院西安空间无线所
52	导弹控制系统仿真国防科技重点实验室	中航科工集团北京仿真中心
53	柔性制造系统技术国防科技重点实验室	中国兵器工业集团第55研究所
54	火工品安全性可靠性国防科技重点实验室	中国兵器工业集团第213研究所（西安）
55	电磁兼容性国防科技重点实验室	中国舰船研究设计中心
56	声呐技术国防科技重点实验室	杭州应用声学研究所
57	海洋腐蚀与防护国防科技重点实验室	洛阳船舶材料研究所
58	高功率微波技术国防科技重点实验室	中国工程物理研究院
59	火炸药燃烧国防科技重点实验室	中国兵器工业集团第204研究所

附表13　国家实验室部分名录

序号	名　称	依托单位
1	国家同步辐射实验室	中国科学技术大学
2	正负电子对撞机国家实验室	中国科学院高能物理研究所
3	北京串列加速器核物理国家实验室	中国原子能科学研究院

续表

序号	名　　称	依托单位
4	兰州重离子加速器国家实验室	中国科学院近代物理研究所
5	沈阳材料科学国家（联合）实验室（转为沈阳材料科学国家研究中心）	中国科学院金属研究所
6	北京凝聚态物理国家实验室（筹）（转为北京凝聚态物理国家研究中心）	中国科学院物理研究所
7	合肥微尺度物质科学国家实验室（筹）（转为合肥微尺度物质科学国家研究中心）	中国科学技术大学
8	清华信息科学与技术国家实验室（筹）（转为北京信息科学与技术国家研究中心）	清华大学
9	北京分子科学国家实验室（筹）（转为北京分子科学国家研究中心）	北京大学　中国科学院化学研究所
10	武汉光电国家实验室（筹）（转为武汉光电国家研究中心）	华中科技大学　中国科学院武汉物理与数学研究所　中国船舶重工集团公司第七一七研究所
11	青岛海洋科学与技术国家实验室	中国海洋大学　中科院海洋研究所　等
12	磁约束核聚变国家实验室（筹）	中科院合肥物质科学研究院　核工业西南物理研究院
13	洁净能源国家实验室（筹）	中国科学院大连化学物理研究所
14	船舶与海洋工程国家实验室（筹）	上海交通大学
15	微结构国家实验室（筹）	南京大学
16	重大疾病研究国家实验室（筹）	中国医学科学院

续表

序号	名　称	依托单位
17	蛋白质科学国家实验室（筹）	中国科学院生物物理研究所
18	航空科学与技术国家实验室（筹）	北京航空航天大学
19	现代轨道交通国家实验室（筹）	西南交通大学
20	现代农业国家实验室（筹）	中国农业大学

参 考 文 献

[1] 韩璞,汤文仙. 中国军民融合发展与成果年鉴[M]. 北京:西苑出版社,2015.

[2] 晋煜,许延. 新时期推动我国军民融合深入发展的对策建议——基于制度经济学视角[J]. 军民两用技术与产品,2016(8).

[3] 侯光明. 国防科技工业军民融合发展研究[M]. 北京:科学出版社,2009.

[4] 马海涛,王爱君. 中国国有资产管理体制改革30年经验回顾与展望[J]. 广西财经学院学报,2009(8).

[5] 陈伟杰. 论区域性科学仪器设备共享平台的构建[J]. 中国科技资源导刊,2012,44(1).

[6] 国家科技基础条件平台中心. 国家科技基础条件平台发展报告(2011—2012)[M]. 北京:科学技术文献出版社,2013.

[7] 谭文华. 科技政策与科技管理研究[M]. 北京:人民出版社,2011.

[8] 宋立荣,王弋波,白力萌. 26家省级科学仪器共享平台评价分析[J]. 中国科技资源导刊,2013(6).

[9] 谢敏蓉. 浅议大型科学仪器设备共享平台的建设[J]. 技术与市场,2011,1(9).

[10] 宋立荣,刘春晓,张薇. 我国大型科学仪器资源开放共享建设中问题及对策思考[J]. 情报杂志,2014(11).

[11] 北京市科学技术委员会. 首都科技条件平台研发实验服务手册[M]. 北京:北京市科学技术委员会,2012.

[12] 许晶. 高校大型仪器管理科学化研究[D]. 华中农业大学,2014.

[13] 程建平,李平,高晓杰,武晓峰. 高等学校仪器设备开放共享制度选

编[M].北京:清华大学出版社,2015.

[14] 贾怡,张楠楠.军工科研生产设备设施开放共享研究[J].军民两用技术与产品,2015(9).

[15] 姜鲁鸣,刘晋豫,罗永光,等.中国军民融合发展报告2013[M].北京:国防大学出版社,2013.

[16] 靖泽.大型仪器设备共享共用的问题和实现的设想[J].商业现代化,2011(12).

[17] 赵晶晶.军工重大科研设备设施开放共享平台建设研究[J].军民两用技术与产品,2015(9).

[18] 许屹,姚娟,刘晓民,吕青,丁其华,蒲洪波.国外国防科技基础条件建设给中国国防的启示[J].中国航天,2004(10).

[19] 田林涛,赵晶晶,钱翰博,张楠楠,贾怡.关于推进军工科研设备设施开放共享的思考与探讨[J].军民两用技术与产品,2016(11).

[20] 《军民两用技术与产品》编辑部.2015中国军民两用技术年度发展报告[M].北京:中国航天系统科学与工程研究院,2015.

[21] 温珂,宋琦,张敬.促进科研基础设施共享的探索与启示[J].中国科学院院刊,2012(6).

[22] 陈建均.军工科研大型仪器设备共享平台建设[J].设备管理与维修,2014(12).

[23] 王锐,唐晓波.对军工科研院所科研资源开放共享的思考[J].军民两用技术与产品,2015(9).

[24] 陈光,尚智丛,王艳芬.关于大型科研仪器共享问题的一个产权理论解释[J].中国基础科学,2013(1).

[25] 陈光,王艳芬.关于中国大型科研仪器共享问题的分析[J].科学学研究,2014(10).

[26] 关兵峰,邹美霞.关于航天高科技研究所建设开放型研发平台的思考[J].军民两用技术与产品.2016(11).

[27] 韩红亮.大型仪器共享系统研究与实现[D].河北师范大学,2011.

[28] 梁清文,孟庆贵,兰卫国.军工集团军民融合发展机制研究[J].西安

财经学院学报,2010(11).

[29]王祎,华夏.促进我国科学仪器管理与共享的政策建议[J].中国科技论坛,2012(11).

[30]刘嘉南.大型仪器设备开放共享基金建设的探索[J].实验室科学,2009(6).